AF637058

321 SUPERSCHLAUE DINGE, DIE DU ÜBER TIERE WISSEN MUSST

Mathilda Masters

mit Illustrationen von Louize Perdieus

321 SUPERSCHLAUE DINGE die du über TIERE wissen musst

Aus dem Niederländischen
von Stefanie Ochel

Carl Hanser Verlag

INHALT

– 1 –

VERBLÜFFEND SCHLAU

1 BONOBOS AN DER UNIVERSITÄT

Wäre es nicht großartig, wenn wir mit Tieren sprechen könnten? Dann könnten wir unsere Katze fragen, was so toll ist am Mäusefangen, und den Hund, warum er immer seinem eigenen Schwanz hinterherjagt. Wissenschaftler versuchen schon seit Langem, mit Tieren zu kommunizieren. Vor allem mit den Menschenaffen, weil die unsere nächsten Verwandten sind.

Bonobo Kanzi

In den Dreißigerjahren versuchte ein Wissenschaftler, einen jungen Schimpansen zusammen mit seinem Sohn großzuziehen. Am Anfang lernte der Schimpanse schneller als der Junge, nur das mit dem Sprechen wollte nicht gelingen. Kein Wunder: Die Sprechwerkzeuge von Schimpansen sind ganz anders aufgebaut als die des Menschen. Ein U-U-Uh oder A-A-Ah bekommen sie noch hin, aber mehr Laute können sie nicht produzieren.

Später folgten weitere Experimente, unter anderem mit dem Gorillaweibchen Koko, das über tausend Ausdrücke der Gebärdensprache produzieren und etwa zweitausend verstehen konnte. Dazu wurden die Gebärden an die Gorillahand angepasst, die sich stark von der menschlichen Hand unterscheidet. Darum heißt diese Sprache Gorilla-Gebärdensprache *(Gorilla Sign Language)*. Koko konnte damit Sätze von drei bis sechs Zeichen bilden.

Der beste »Sprecher« ist aber wohl der Bonobo Kanzi. Seine Mutter Matata war Teil eines wissenschaftlichen Experiments, bei dem sie lernen sollte, sich mithilfe einer Tastatur mit verschiedenen Symbolen auszudrücken. Ihr kleiner Sohn schien sich nicht für das zu interessieren, was seine Mutter da tat, bis sie eines Tages nicht da war. An dem Tag lief er auf die Tastatur zu und begann, mithilfe der Symbole mit den Forschern zu sprechen. Kanzi war wirklich ein aufgewecktes Kerlchen. Er lernte sehr schnell und formte schon bald verständliche Sätze, die sogar grammatikalisch korrekt waren. Das war selbst Gorilladame Koko nicht gelungen. Inzwischen gebraucht Kanzi ganze 348 Symbole auf der Tastatur. Er versteht außerdem dreitausend englische Wörter und spricht Bonobo-Sprache mit seinen Artgenossen. Damit ist Kanzi dreisprachig.

2 HUMMELN SIND HERVORRAGENDE FUSSBALLER

Du suchst Verstärkung für deine Fußballmannschaft? Einen klasse Stürmer ohne teure Transferkosten, möglichst treffsicher und günstig im Unterhalt? Dann solltest du vielleicht eine Hummel anheuern.

Biologen wissen schon länger, dass man Tieren – also auch Insekten – schwierige Aufgaben beibringen kann, wenn man sie mit der Futterbeschaffung verbindet.

In einem Experiment sollten Hummeln lernen, einen Minifußball an einen bestimmten Platz zu rollen. Für jeden Treffer wurden sie mit Futter belohnt.

Das Forscherteam trainierte drei Hummelgruppen mit jeweils unterschiedlichen Methoden. Die erste Gruppe sah, wie eine andere Hummel die Aufgabe ausführte. Die zweite Gruppe beobachtete, wie der Ball mit einem unsichtbaren Magneten zum Ziel geschoben wurde. Und bei Gruppe drei lagen am

Anfang sowohl der Ball als auch die Belohnung zusammen am Zielpunkt. Sie mussten selbst dahinterkommen, was zu tun war.

Die Hummeln, die eine Artgenossin bei der Arbeit beobachten konnten, lernten am schnellsten. Doch nicht nur das: Sie dachten sogar selbst mit.

Und so lief es ab: Beim Training der Lehrerhummeln waren zwei von drei Bällen festgeklebt. Nur der Ball, der am weitesten vom Ziel weg lag, konnte bewegt werden. Das begriffen die Lehrerhummeln schnell. Sobald sie raushatten, dass sich nur der hinterste Ball rollen ließ, rührten sie die anderen nicht mehr an.

Wenn nun die Lehrerinnen ihr Kunststück den neuen Hummeln vorführten, nahmen sie immer nur den hintersten Ball, so hatten sie es ja gelernt. Aber bei den Lehrlingen gab es keinen festgeklebten Ball. Alle Fußbälle konnten weiter zum Ziel gerollt werden. Und die Lehrlinge nahmen nicht automatisch den hintersten Ball, wie es ihnen die Lehrerinnen vorgemacht hatten. Stattdessen gingen sie zum nächstbesten Ball und rollten diesen ins Ziel.

Hummeln sind also imstande, ungeheuer komplizierte Aufgaben zu lernen, wenn man sie nur richtig ermuntert. Eigentlich genau wie wir Menschen ...

Fußballtraining

3 WEISSWANGENGÄNSE KÖNNEN DAS WETTER VORAUSSAGEN

Wenn du wissen willst, wie morgen das Wetter wird, schaust du einfach den Wetterbericht im Fernsehen an. Weißwangengänse haben natürlich keinen Fernseher. Trotzdem ist es für sie wichtig zu wissen, ob es in ihrem Brutgebiet kalt oder warm wird. Das liegt nämlich in der eiskalten Polarregion, und die Gänse fliegen ein paar tausend Kilometer, um dorthin zu gelangen. Sie müssen sich sicher sein, dass der Schnee bei ihrer Ankunft vollständig geschmolzen ist, damit sie ein Nest bauen können, aber sie dürfen auch nicht zu spät kommen, sonst haben ihre Küken geringere Überlebenschancen.

Durch die Klimaerwärmung verändert sich dieser Zeitrahmen, und die Gänse müssen das Wetter besser einschätzen können. Forscher haben die Reise der Gänse in wärmeren und kälteren Jahren untersucht. Sie fanden heraus, dass die Vögel jeden Tag aufs Neue bestimmen müssen, ob sie an einem Ort bleiben oder weiterfliegen. Wenn sie bleiben, können sie mehr Gras fressen und sich eine größere Fettreserve aufbauen. Dennoch müssen sie rechtzeitig an ihrem Brutplatz ankommen.

Die Ergebnisse zeigen nicht nur, dass die Gänse das Wetter ziemlich gut vorhersagen können, sondern dass sie auch sehr schnell Informationen an die nachfolgende Generation weitergeben können.

das stolze Huhn

das coole Huhn

das neugierige Huhn

4 EIN HUHN IST (VIELLEICHT) NOCH SCHLAUER ALS DU ...

Du findest, Hühner mit ihrem ewigen Gegacker klingen nicht besonders intelligent? Dann musst du deine Meinung unbedingt überdenken. Hühner sind nämlich viel schlauer, als wir früher dachten. Sie können manchmal besser logische Schlüsse ziehen als Kinder.

Natürlich wird ein Huhn nie Shakespeare lesen oder eine Rakete zum Mond schicken, aber es kann eine ganze Menge anderer Dinge. Experimente zeigten unter anderem, dass alle Hühner eine eigene Persönlichkeit haben, dass sie Rechenaufgaben lösen und allerlei Probleme auf intelligente Art bearbeiten können.

Hier ein paar Beispiele:

- Ein Huhn kann sich die Strecke, die ein Ball zurückgelegt hat, mindestens eine Minute und manchmal bis zu drei Minuten merken.
- Es lässt einen Leckerbissen liegen, wenn es weiß, dass es einen noch leckereren Happen bekommt, wenn es nur abwartet.
- Hühner gebrauchen mindestens 24 verschiedene Rufe und ihre Körpersprache, um miteinander zu kommunizieren.
- Hähne krähen den Hennen zu, dass sie Nahrung gefunden haben, auch wenn das nicht der Fall ist. Kommen die Hennen dann angerannt, versucht der Hahn, sich mit ihnen zu paaren. Allerdings haben die Weibchen schnell raus, dass der Hahn bloß blufft. Wendet er seine Strategie zu häufig an, lassen sie ihn links liegen.
- Hähne kämpfen miteinander, um zu entscheiden, wer das Leittier sein darf. Wer bei so einem Kampf den Kürzeren zieht, ruft von da an weniger laut. Aber sobald der Chef außer Sichtweite ist, dreht der Unterlegene seine Rufe wieder etwas auf, um Hennen anzulocken – er schlüpft also in die Rolle des Leittiers.
- Hühner verfügen über ein ausgezeichnetes Gedächtnis. Sie können mehr als hundert Individuen unterscheiden und wiedererkennen – auch ihre menschlichen Herrchen und Frauchen.

Denk also beim nächsten Mal lieber zweimal nach, bevor du jemanden als dummes Huhn beschimpfst!

das stille Huhn

5 GOLDFISCHE HABEN EIN PRIMA GEDÄCHTNIS

Hat dir schon mal jemand gesagt, du hättest ein Gedächtnis wie ein Goldfisch? Und wollte er oder sie dir damit sagen, dass du alles immer sofort vergisst? Auf Goldfische trifft das jedenfalls nicht zu. Die haben nämlich ein außerordentlich gutes Gedächtnis. Sie können bestimmte Informationen monatelang behalten.

Woher wir das wissen? Ein schlaues Forscherteam hat Experimente mit Goldfischen durchgeführt. Dafür platzierten sie einen kleinen Hebel im Aquarium. Wenn die Fische dagegendrückten, bekamen sie etwas zu fressen. Das hatten sie natürlich schnell raus. Aber dann veränderten die Forscher den Hebel. Jetzt gab es nur noch Futter, wenn die Fische zu einem bestimmten Zeitpunkt am Tag den Hebel drückten. Und siehe da … nach kurzer Zeit drückten die Goldfische nur noch im richtigen Moment auf den Hebel.

In einem anderen Experiment mit anderen Goldfischen ertönte während der Fütterung ein Ton. Nach einiger Zeit hatten die Fische raus, dass es immer Futter gab, wenn sie dieses Geräusch hörten. Danach wurden die Fische in die Freiheit entlassen. Fünf Monate später wurde ihnen das Geräusch erneut vorgespielt. Und du glaubst es nicht! Die Goldfische schwammen zurück an ihren früheren Futterort. Sie konnten sich also sehr gut daran erinnern, dass es bei einem bestimmten Geräusch Futter gab. Wir wissen ja nicht, wie du das siehst, aber wir hätten gern ein Gedächtnis wie ein Goldfisch!

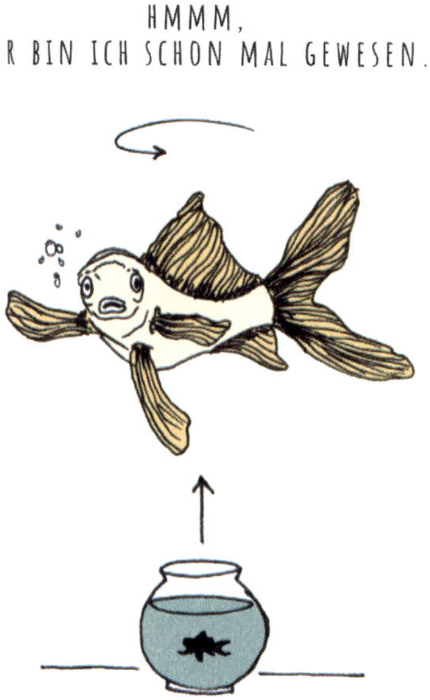

das Goldfischgedächtnis

Kapuzineräffchen unter der Zitrusdusche

6 SCHAU DOCH MAL BEI DER APOTHEKE VORBEI

Dass Affen schlau sind, wusstest du ja schon. Aber wusstest du auch, dass sie intelligent genug sind, um zu wissen, was sie fressen müssen, wenn es ihnen nicht so gut geht? Wenn Affen Bauchweh haben, machen sie sich auf die Suche nach Blättern, die sie normalerweise nicht fressen. Sie sind also vermutlich kein Leibgericht – genau wie Medizin das für uns auch nicht ist –, aber die Affen wissen, dass es ihnen danach besser geht.

Stummelaffen zum Beispiel sind ganz heiß auf die Blätter des Mangobaums. Nur bekommen sie davon leider starke Bauchschmerzen und Durchfall. Diese Affen sind sehr froh, wenn irgendwo in der Nähe Menschen ein Feuer gemacht haben, denn dabei bleibt Holzkohle übrig, die sich sehr gut dazu eignet, Bauchkrämpfe zu lindern.

Es geht noch besser. Manche Affenarten wie die Kapuzineräffchen sorgen vor, damit sie nicht krank werden. Sie wissen instinktiv, dass Mücken und Zecken allerlei Krankheiten übertragen können. Darum möchten sie lieber nicht gestochen werden. Also sammeln sie Zitronen, Limonen oder Orangen und drücken die Früchte aus. Mit dem Fruchtfleisch reiben sie sich ein, um die Insekten abzuhalten, genau wie wir das mit Zitrusöl tun.

Auch Schimpansen verwenden verschiedene Heilmittel aus der Natur. Zur Entwurmung nutzen sie zum Beispiel die Blätter der *Vernonia amygdalina*. Die schmecken furchtbar bitter, und die Schimpansen schneiden beim Runterschlucken die wildesten Grimassen, doch sie tun es trotzdem, weil sie wissen, dass sie nur so die Würmer loswerden können.

Bei Fieber fressen Schimpansen wieder andere Pflanzen. Wissenschaftler rechnen damit, dass aus den Blättern dieser Pflanzen irgendwann mal ein Heilmittel gegen die Krankheit Malaria entwickelt werden kann, an der jedes Jahr Tausende Menschen sterben.

Manche Affen nutzen Pflanzen sogar als Verhütungsmittel. Spinnenaffen aus Brasilien essen die Blätter bestimmter Bäume, die dafür sorgen, dass sie weniger leicht trächtig werden. Es gibt auch den umgekehrten Fall: Manche Affen fressen gezielt Blätter, die die Fruchtbarkeit ankurbeln.

Schließlich gibt es noch die Brüllaffen. Die Weibchen fressen bestimmte Pflanzen, um die Chance auf männlichen Nachwuchs zu erhöhen. Nur Männchen können nämlich Anführer werden, und als Mutter des Leittiers hätte das Weibchen einen guten Stand in der Kolonie.

7 UND DER SCHLAUSTE UND LISTIGSTE VON ALLEN …

Füchse trifft man überall: auf dem Land, in kalten Polarregionen, in der Wüste und heutzutage auch immer öfter in Städten. Das liegt daran, dass sie sich sehr schnell an eine neue Umgebung anpassen können.

- Füchse fressen Nagetiere, Vögel, Insekten, Würmer, Eier und Abfälle. Wann immer ein Fuchs es im Gras rascheln hört, verharrt er mucksmäuschenstill. Nur seine großen Ohren bewegen sich wie eine Art Radar, um das Geräusch zu orten. Er spitzt einfach seine Ohren und wartet ab. Sobald er weiß, wo die Beute sich befindet, springt er mit allen vieren gleichzeitig in die Luft, um – im Idealfall – auf der Maus oder Ratte, die gerade durchs Gras huscht, zu landen. Diesen Sprung wiederholt er – falls nötig – ein paarmal hintereinander, was aussieht, als würde er Trampolin springen.

scheintoter Fuchs

- Füchse spielen in vielen Geschichten die Hauptrolle. Darin werden sie oft als besonders listig und schlau dargestellt. Und das sind sie auch. So kann ein Fuchs zum Beispiel auf dem Boden liegen und sich tot stellen. Das lockt neugierige Krähen an, die nachsehen wollen, ob es Aas zu fressen gibt. Sobald sie nah genug herangekommen sind, springt der Fuchs auf und packt den Vogel bei den Federn.

- In einem Hühnerstall kann ein Fuchs ein regelrechtes Gemetzel anrichten. Eigentlich wollte er zwar nur ein einziges Hühnchen fangen, aber wenn sie alle gleichzeitig drauflosgackern, erwacht sein Jagdinstinkt. Dann tötet er viel mehr Hühner, als er eigentlich braucht. Manchmal vergräbt er einen Teil davon, um ihn später aufzufressen, oder er bringt Frau (Fähe) und Kindern (Welpen), die während der Jagd im Fuchsbau geblieben sind, ein Hühnchen mit.

8 GEMEINSAM GEHT ES LEICHTER

Im Allgemeinen arbeiten Tiere vor allem mit ihren eigenen Artgenossen zusammen. Ab und zu aber brauchen sie die Hilfe anderer Arten, genauso wie der Mensch ein Pferd vor den Karren spannt oder einen Blindenführhund einsetzt.

- Der Honigdachs und der Große Honiganzeiger haben sich zusammengetan, weil sie beide verrückt nach Honig sind. Der Große Honiganzeiger ist ein Vogel, der sehr gut darin ist, Bienennester aufzuspüren. Aber alleine bekommt er sie mit seinem kleinen Schnabel nicht auf. Also schnattert er drauflos, um den Honigdachs auf das Nest aufmerksam zu machen. Der läuft immer etwas unbeholfen durch die Gegend und hat überhaupt kein Talent für die Honigsuche. Wenn er den Vogel sieht, beginnt er zu knurren und folgt ihm zum Bienennest. Für ihn ist das Öffnen des Nests ein Klacks. Der Honigdachs nascht sich am süßen Honig den Bauch voll, und wenn er fertig ist, macht sich der Große Honiganzeiger über die Bienenlarven und das Wachs her. Und beide sind zufrieden!

Team Honigdachs und Großer Honiganzeiger

- Haie wiederum arbeiten gut mit Lippfischen zusammen. Die Fische entfernen abgestorbene Hautteile und lästige Parasiten wie Läuse, die auf der Haut des Hais sitzen. Sie schwimmen auch in das große Maul des Hais hinein, um Fleischreste und Schmutz zwischen den Zähnen hervorzuholen. Für den Hai eine kostenlose Haut- und Zahnreinigung. Und für den Lippfisch eine Mahlzeit, für die er sich kaum anstrengen musste. Ein guter Deal, oder?

Team Einsiedlerkrebs und Seeanemone

- Der Einsiedlerkrebs und die Seeanemone haben sich ebenfalls zusammengetan. Die Krebse nutzen leere Schneckenhäuser als Unterkunft. Die Oberseite vermietet er an eine Seeanemone. Diese ernährt sich von den Futterresten des Krebses – Unterkunft und Verpflegung sind für sie also kostenlos. Im Gegenzug beschützt die Anemone mit ihren stechenden Tentakeln den Einsiedlerkrebs vor Angreifern. Manchmal werden die beiden so gute Freunde, dass die Anemone mitgeht, wenn der Krebs in eine andere Muschel umzieht.

- Die Kreischeule schließlich mag es nicht, dass ihre Jungen von allerlei Insekten bedrängt werden. Also fängt sie sich eine kleine Schlange, die sich von den Krabbeltieren ernährt, aber die Küken in Ruhe lässt. Die perfekte Babysitterin!

Pritchardhuhn

9 FAULE (ODER SCHLAUE) VÖGEL

- Das Thermometerhuhn erinnert ein bisschen an einen Fasan. Es ist in Australien heimisch und lebt in trockenen Busch- und Waldgebieten, wo der Boden schön sandig und von Blättern bedeckt ist. Aus dem Sand und den Blättern baut es sein Nest. Dazu gräbt es ein flaches Loch in den Sand und füllt es mit Blättern. Das Weibchen legt die Eier auf die Blätter und bedeckt sie dann schnell mit einer Schicht Sand. Nach einiger Zeit beginnen Bakterien die Blätter zu zersetzen, wodurch sie verrotten und Kompost entsteht. Dadurch steigt die Temperatur im Nest. Das Thermometerhuhn muss nicht brüten, sondern kann in Ruhe in der Umgebung nach Nahrung suchen. Ab und zu kontrolliert es mit dem Schnabel, ob die Temperatur im Nest noch stimmt. Ist es zu warm? Dann trägt es ein paar Blätter ab. Zu kalt? Dann kommen noch ein paar dazu. Der Schnabel funktioniert also tatsächlich wie ein Thermometer.

- Das Pritchardhuhn überlässt die Brutarbeit einem Vulkan. Frau Pritchardhuhn legt ihre Eier in einen Bruthügel am Rand eines aktiven Vulkans oder vergräbt sie an einem Platz mit Erdwärme und vulkanischer Asche. Da bleiben die Eier schön warm, ohne dass sie auf dem Nest hocken muss. Bleibt nur zu hoffen, dass der Vulkan nicht plötzlich ausbricht.

10 RAUBVÖGEL ALS BRANDSTIFTER

In Australien entstehen regelmäßig große Waldbrände. Die Feuer ziehen Raubvögel an. Sie warten am Rand, bis Kaninchen, Mäuse, Ratten und andere Beutetiere aus Angst vor den Flammen aus dem Feld oder Wald hervorgerannt kommen. Das macht das Jagen sehr viel einfacher. Und vielleicht finden die Vögel den leicht angebrannten Geschmack der Beute auch ganz lecker.

Aber das ist noch nicht alles. Parkaufseher, Feuerwehrleute und andere Augenzeugen berichten, dass manche Raubvögel waschechte Pyromanen sind, die mit Absicht Feuer legen. Der Schwarzmilan, der Keilschwanzweih und der Habichtfalke holen glühende Zweige aus dem Feuer und lassen sie auf einer Fläche fallen, wo es noch nicht brennt. Dort warten sie ruhig ab, bis ein neues Feuer entsteht. Da es an diesem Ort noch keine Konkurrenz von anderen Raubvögeln gibt, haben sie alle Beutetiere, die aus dem Flammenmeer fliehen, für sich allein.

Allerdings sind sich die Wissenschaftler noch nicht ganz sicher, ob die Vögel es wirklich mit Absicht tun. Vielleicht greifen sie auch versehentlich brennende Zweige mit auf, wenn sie ihre Beute packen. Doch die Aborigines, die Ureinwohner Australiens, wissen es längst. Sie erzählen schon in ihren Legenden und Volksmärchen von brandstiftenden Raubvögeln.

Sollten sie aber wirklich mit Absicht den Brand legen, sind sie neben dem Menschen die einzigen Tiere, die bewusst Feuer machen. Das würde ihre hohe Intelligenz beweisen. Denn sie wüssten nicht nur, dass ein glimmender Zweig ein neues Feuer verursachen kann, sondern auch, dass das Feuer ihre Beute in die Flucht jagt. Ganz schöne Schlauköpfe also!

11 DOHLEN SIND FAMOSE TASCHENDIEBE

Dohlen erkennt man an ihrem hellgrauen Nackengefieder und der weißen Iris. Die hebt sich stark von ihrem schwarzen Kopf ab. Sie leben meist auf dem Land, aber sind auch in der Stadt anzutreffen. Sie passen sich nämlich leicht ihrer Umgebung an. Dohlen kommunizieren miteinander und sind sehr soziale Tiere. Wenn eine Dohle eine Stelle mit viel Nahrung entdeckt, ruft sie ihre Artgenossen und zeigt ihnen, wie sie dorthin kommen.

Weil sie so schlau sind, treiben sie auch manchmal Unfug. In England und Wales zum Beispiel stellen Milchbauern den Dorfbewohnern die Milch in Flaschen vor die Tür. Die Dohlen wissen genau, wie sie den Deckel dieser Flaschen öffnen können, um an die Milch zu gelangen.

Manche Menschen zähmen Dohlen und bringen ihnen Tricks bei. Meistens sind das lustige Dinge, wie mit dem Ball zu spielen oder sich selbst im Spiegel zu bewundern. Aber wer böse Absichten hat, kann die schlauen Vögel auch zu Taschendieben ausbilden. So brachte eine italienische Diebesbande einer Dohle das Geldstehlen bei. Der Vogel hatte es auf Menschen abgesehen, die sich am Bankautomaten Geld holten. Er schnappte ihnen die Scheine unter der Nase weg. Sieh dich also beim nächsten Mal am Automaten besser um, ob dich nicht ein kleiner schwarzer Vogel mit wachen Knopfaugen im Visier hat.

12 EINE KRÄHE ERINNERT SICH AN DICH (UND SIE IST NACHTRAGEND!)

Krähen sind sehr gut darin, Gesichter zu erkennen. In einem besonderen Experiment fand ein Forscherteam heraus, dass die Vögel Menschen nicht nur erkennen, sondern auch Informationen über sie an ihre Artgenossen weitergeben.

Das Experiment verlief so: Einige der Forscher behandelten die Tiere neutral oder freundlich. Andere ärgerten die Krähen und waren gemein zu ihnen. Alle Untersuchenden trugen lebensechte Masken, damit sie sichergehen konnten, dass die Krähen sie vorher noch nie gesehen hatten. Sie wollten herausfinden, ob sie Gesichter erkannten.

Die Krähen unterschieden deutlich zwischen den »freundlichen« und den »unfreundlichen« maskierten Forschenden. Die freundlichen ließen sie einfach in Ruhe. Die unfreundlichen griffen sie an. Sie rasten im Sturzflug dicht über ihren Köpfen entlang, um ihnen zu zeigen, dass sie nicht willkommen waren. Sobald die unfreundlichen Wissenschaftler ihre Masken nicht mehr trugen, wurden sie von den Krähen in Ruhe gelassen.

Aber die Geschichte wird noch spannender: Krähen scheinen nämlich ganz schön nachtragend zu sein. Die Krähen aus dem Experiment teilten anderen Krähen mit, welche der Wissenschaftler die bösen waren. Nach kurzer Zeit wurden sie auch von den anderen Krähen angegriffen. Und diese gaben die Informationen wiederum an ihre Jungen weiter, die die bösen Wissenschaftler ebenfalls sofort erkannten. Die Krähen waren offenbar in der Lage, einander etwas über die Menschen mitzuteilen.

das Krähenexperiment

Sollten Krähen je die Macht übernehmen, werden sie also sehr gut wissen, wer früher freundlich zu ihnen war und wer nicht ... Dann sollten wir uns wohl besser gut mit ihnen stellen!

13 DIE SAATKRÄHE IST EIN GANZ SCHLAUES KÖPFCHEN

Stell dir vor: Vor dir steht ein Röhrenglas, das zur Hälfte mit Wasser gefüllt ist. Auf der Oberfläche schwimmt etwas, das du gerne haben willst. Aber die Röhre ist zu hoch und zu schmal, um mit der Hand hineinzugreifen. Daneben liegen allerdings ein paar Kieselsteine ...

Kinder brauchen oft ziemlich lange, um eine Lösung für dieses Problem zu finden. Saatkrähen aber kommen erstaunlich schnell darauf. In einem Experiment bekamen zwei Krähenpaare eine durchsichtige Röhre vor sich gestellt, mit einer dicken Larve drin. In der Röhre befand sich Wasser und daneben ein Haufen mit kleinen und großen Steinen. Eines der Paare hatte sofort raus, was zu tun war. Sie warfen die Steine ins Wasser, sodass der Pegel anstieg und die Larve nach oben kam. Die anderen beiden Krähen warfen auch ein paar Steine in die Röhre, aber gaben auf, bevor sie die Larve zu fassen bekamen. Beim zweiten Versuch aber klappte es: Der Pegel stieg, und die Larve kam ganz nach oben.

Die Saatkrähen begriffen offenbar auch, dass der Wasserpegel schneller anstieg, wenn sie größere Steine verwendeten. Sie hüpften auch um die Röhre herum und sahen sich alles ganz genau an, bevor sie die Sache in Angriff nahmen. Wir können also davon ausgehen, dass sie über die Situation nachdachten und versuchten, sie einzuschätzen. Die schlauen Vögel verfügen also über ein Grundverständnis von Naturwissenschaft – und das, obwohl sie nie die Schulbank gedrückt haben.

das Saatkrähenexperiment

14 ECHSEN SIND ABSOLUT KEINE DUMPFBACKEN

Lange betrachtete die Wissenschaft Reptilien als wechselwarme Dummköpfe, die kaum etwas Schlaues zustande brachten. Inzwischen weiß man es besser! Eidechsen und ihre Verwandten sind zu erstaunlichen Leistungen fähig, wenn sie erst mal »Betriebstemperatur« erreicht haben. Wenn es warm genug ist, werden ihr Körper und ihr Hirn aktiv.

Echsen lösen Probleme oft sogar schneller als andere Tiere. Sie haben zum Beispiel schnell raus, wie sie einen Deckel entfernen können, um an Futter zu kommen. Sie benutzen sogar verschiedene Methoden, um den Behälter aufzubekommen.

Die Forscher sahen, wie Bartagamen kaum zehn Minuten brauchten, um herauszufinden, wie sich eine Tür öffnen ließ.

Die Echsen lernen außerdem voneinander. Bartagamen, die durchs Fenster einen Artgenossen eine Tür öffnen sahen, wussten genau, was zu tun war, als sie in der gleichen Situation steckten. Die Echsen imitierten einander, ohne auch nur einen Moment zu zögern.

Denk also nicht, dass eine Eidechse, die sich reglos auf einer Mauer sonnt, nicht besonders helle ist. Sie lädt nur ihre Batterie auf, um danach Höchstleistungen zu vollbringen.

Nach dem Aufwärmen ist die Echse in Topform.

15 WASCHBÄREN KRIEGEN ALLES AUF

Kämpfst du manchmal mit dem Deckel vom Nutella- oder Marmeladenglas? Ruf doch mal einen Waschbären zu Hilfe. Der bekommt nämlich alles auf.

In der kanadischen Großstadt Toronto leben viele Waschbären. Sie sehen zwar sehr süß aus, machen aber auch viele Probleme. Die Tiere haben es nämlich auf die Abfalltonnen abgesehen, die an den Straßen und in den Hinterhöfen stehen. Obwohl die Stadtverwaltung schon mit den verschiedensten Schlössern experimentiert hat, sind die Waschbären immer einen Tick schlauer. Und wenn sie es einmal geschafft haben, wissen sie genau, wie es funktioniert, und bekommen die anderen Tonnen auch auf.

Die Wissenschaftler gehen davon aus, dass die Waschbären deshalb so schlau sind, weil sie mit den Menschen in die Stadt gezogen sind. Ursprünglich waren sie in den Tropen zu Hause, aber mit der Zeit zogen sie weiter und passten sich an. In der Stadt begegneten sie viel mehr Herausforderungen als in den dünn besiedelten Gebieten, wo sie ursprünglich lebten. Und mit jeder neuen Herausforderung verbesserten sie ihre Fähigkeiten.

In Toronto, wo man schon lange nach Lösungen sucht, um die Waschbären von Mülltonnen fernzuhalten, hat ein gewisser Simon Treadwell ein ganz neuartiges Schloss entworfen. Für die Testphase füllte er die Mülltonne mit Katzentrockenfutter, gebratenem Hähnchen und Sardinen und bestrich auch die Außenseite damit. Die Waschbären stürzten sich sofort darauf. Fünf aufeinanderfolgende Nächte probierten sie, die Tonne aufzubekommen. Doch als es ihnen immer noch nicht gelang, gaben sie auf. Zum Öffnen des Schlosses braucht man nämlich einen opponierbaren Daumen. Das ist ein Daumen, der sich in viele Richtungen bewegen und die Spitzen der anderen Finger berühren kann. Menschen und Primaten haben diesen Daumen, Waschbären aber zum Glück nicht. Simon Treadwell hat es also geschafft, die Abfalltonnen vor den Waschbären zu schützen … vorerst jedenfalls.

** totes Kaninchen*

16 SCHIMPANSEN SIND DIE KLASSENBESTEN

Dass Schimpansen schlau sind, wissen wir natürlich schon. Aber Forschungen haben jetzt gezeigt, dass sie manche Aufgaben sogar besser ausführen als Menschen.

So haben Schimpansen zum Beispiel ein besseres Kurzzeitgedächtnis als Menschen. Das ist das Gedächtnis, das wir brauchen, um neue Informationen einige Sekunden oder Minuten lang zu behalten. Hier kann nur eine kleine Menge an Informationen gespeichert werden, wie etwa eine Telefonnummer.

In einem Experiment ließen die Forscher Ziffern auf einem Bildschirm in schneller Folge vorbeiziehen. Die Schimpansen mussten sie dann in der richtigen Reihenfolge antippen. Das erledigten sie fehlerfrei und enorm schnell. Sie schafften acht Ziffern. Menschen sind langsamer und kommen bei dieser Aufgabe nur auf fünf oder sechs. Wahrscheinlich verfügen Schimpansen über ein fast fotografisches Gedächtnis. Das heißt, dass ihr Gehirn blitzschnell ein Foto von dem macht, was der Affe sieht. So etwas ist natürlich besonders in gefährlichen Situationen sehr praktisch.

Andere Wissenschaftler entdeckten, dass Schimpansen zum Jagen Werkzeuge verwenden. Im Allgemeinen fressen Schimpansen kein Fleisch. Wenn aber die Nahrung knapp ist, gehen sie auf die Jagd. In der Fongoli-Savanne im Senegal beobachteten Forscher Schimpansen dabei, wie sie Äste von Bäumen abbrachen. Indem sie die Blätter und Zweige entfernten, bastelten sie sich einen schönen Stock. Das Stockende zerkauten die Schimpansen zu einer Spitze. Mit ihrem selbst gemachten Speer gingen sie dann auf Jagd. Dazu stachen sie die Spitze des Speers in ein Loch, in dem sie schlafende kleine Tiere vermuteten. Dann schnupperten sie an der Speerspitze: Wenn sie Blut rochen, wussten sie, dass sie ein Tier gefunden hatten, das sie fressen konnten. Es waren vor allem junge Schimpansen, die auf diese Art jagten. Die älteren Schimpansenmännchen jagten noch auf die althergebrachte Art, nämlich indem sie ihrer Beute hinterherrannten. Also hatten die jungen Schimpansen eine ganz neue Methode entwickelt, um sich Nahrung zu beschaffen, ohne dass ihnen die Älteren dabei im Weg waren. Ganz schön schlau, die jungen Leute!

– 2 –

TIERE UND DIE LIEBE

17 VERLIEBTE SEEADLER SCHLAGEN SALTOS

Hattest du schon einmal Schmetterlinge im Bauch? Verliebtsein ist schon ein seltsames Gefühl, aber hoffentlich drehst du davon nicht so durch wie die Weißkopfseeadler. Bei diesen Vögeln, die einander das ganze Leben lang treu bleiben, geschieht zur Paarungszeit etwas Besonderes. Dann werden sie nämlich zu richtigen Draufgängern, die in der Luft wahnsinnige Kunststücke vollführen.

Das Männchen und das Weibchen fliegen gemeinsam hoch in die Luft. Dort verhaken sie ihre Krallen ineinander, stürzen in schwindelerregendem Tempo wieder nach unten und drehen sich dabei umeinander. Erst kurz bevor sie auf dem Boden aufkommen, lassen sie voneinander ab. Manchmal endet das Manöver in einem tödlichen Aufprall. Vielleicht nutzen die Seeadler diesen Liebestanz, um die Fitness des Partners zu testen.

Und dabei bleibt es nicht. Die Weißkopfseeadler setzen einander manchmal auch in der Luft nach und fliegen, als wären sie in einer Achterbahn. Einer der beiden Vögel macht den Anfang, indem er so hoch wie möglich fliegt und dann mit unglaublicher Geschwindigkeit nach unten schießt. Der andere Vogel rast hinterher.

Seeadler bauen ihr Nest gemeinsam. Manchmal hilft das Männchen richtig mit, aber oft bringt es einfach die Zweige an und überlässt das Bauen selbst dem Weibchen. Nach einiger Zeit stellen die beiden ihre Luftakrobatik ein, und es kommt zur Paarung. Frau und Herr Seeadler ziehen die Jungen gemeinsam groß. Dabei bleibt leider wenig Zeit für gemeinsame Achterbahnfahrten und verrückte Saltos.

18 HAIE HABEN ZWEI SCHNIEDEL

Ein Ichthyologe oder eine Ichthyologin (so nennt man Fischexperten) wird dir sofort erklären, dass Haie gar keinen Penis haben. Stattdessen haben sie »Klaspern«, das sind Organe mit einer feinen Rille. Die beiden Klaspern sind Teile der Bauchflosse hinten am Bauch des Hais. Wenn der Hai schwimmt, liegen die Klaspern flach auf seinem Unterbauch auf. Begegnet er einer fruchtbaren Dame, führt er ein Schwimmtänzchen auf, um sie zu beeindrucken. Dabei beißt er sie auch sanft in den Rücken oder die Seite. Geht sie auf diesen Annäherungsversuch ein, ergreift das Männchen ihre Brustflosse, die hinter den Kiemen liegt. Es schwimmt noch näher an sie heran, sodass sich ihre Bauchflossen fast berühren. Jetzt steckt das Männchen den Klasper, der der Haidame am nächsten ist, in ihr Paarungsorgan, die Kloake. Das Ende des Klaspers rollt sich aus und setzt sich mit Haken fest.

Was nach der Befruchtung passiert, hängt von der Haiart ab. Die meisten Katzenhaie zum Beispiel legen ein paar stattliche Eier. Die Eier sind in etwas

verpackt, das aussieht wie ein Lederbeutel mit Bändern an den Ecken, die dazu dienen, sich an Seegras oder Steinen festzuklammern, bis die Junghaie schlüpfen.

Hai-Ei

Die meisten Haiarten sind *ovovivipar*, das heißt »eierlebendgebärend«. Das Junge kommt lebend auf die Welt, ist aber im Körper des Mutterhais mit einem Dottersack verbunden. Der Dottersack enthält die Nahrung, die der kleine Hai zum Wachsen braucht. Der Körper der Mutter dient allein als sichere Umgebung. Wobei, sicher ist relativ: Bei manchen Arten fressen die stärksten Haijungen ihre Geschwister noch in der Gebärmutter auf. Diese Art Kannibalismus nennt man *Adelphophagie*. Wenn die Junghaie in der Gebärmutter arteigene Eier fressen, spricht man von *Oophagie*. Das führt dazu, dass nur die stärksten Jungen zur Welt kommen.

Adelphophagie

Und dann gibt es noch Haiarten, die lebend gebärend sind. Dabei wächst das Junge in der Gebärmutter heran und bekommt Nahrung aus dem Mutterkuchen.

Haie stellen sicher, dass nicht mehr Junge geboren werden, als mit der vorhandenen Nahrung und in dem vorhandenen Lebensraum versorgt werden können. So sorgen sie dafür, dass sie nicht so schnell aussterben.

19 DAS UNGEWÖHNLICHE SEXLEBEN DER AMPHIBIEN

Auch wenn man es nicht erwarten würde, führen Amphibien ein besonderes und abwechslungsreiches Sexleben.

So riskieren manche Salamandermännchen beispielsweise ihr Leben, um die richtige Partnerin zu finden. Mit ihren kurzen Beinen legen sie dafür bis zu vierzehn Kilometer zurück. Für so kleine Tiere ist das unglaublich weit. Außerdem laufen sie Gefahr, unterwegs aufgefressen zu werden.

Sobald sie dem Weibchen ihrer Träume begegnen, beginnt oft ein kompliziertes Paarungsritual. Bei den Wassersalamandern beschnuppert das Männchen die Kloake des Weibchens – die Öffnung, aus der Urin, Kot und Eier herauskommen. Wenn das Weibchen es zulässt, dreht das Männchen sich um und wackelt mit dem Schwanz. Dabei treten Lockstoffe aus, die dazu dienen sollen, die Dame zu verführen. Danach legt das Männchen ein Samenpaket ab, das in der Fachsprache *Spermatophore* heißt. Das Weibchen nimmt das Paket mit der Kloake auf.

Frösche und Kröten gehen die Sache anders an. Das Männchen packt das Weibchen und hält es fest, bis es Eier legt. Dann versprüht er seinen Samen darüber. Männliche Frösche und Kröten haben es während der Paarungszeit leicht: Sie werden buchstäblich blind vor Lust. Dadurch greifen sie nach allem, was sie zu packen kriegen, in der Hoffnung, dass es ein Weibchen ist. Es kann mal ein Fisch sein, aber genauso gut deine Hand. Wenn Herr Kröte aus Versehen mal einen anderen Krötenmann zu fassen kriegt, beginnt dieser zur Warnung laut zu quietschen. Kein Wunder: Das paarungswillige Männchen lässt nicht so schnell los, und es kann passieren, dass es den anderen unabsichtlich erwürgt oder ertränkt.

20 Wenn Vogel Strauss schmusen will, übt er sich im Ausdruckstanz

Auf den trockenen, heißen Ebenen Afrikas kann man manchmal Straußenvögel während der Paarungszeit bei einem ganz seltsamen Tanz beobachten. Dabei handelt es sich um ihr Balzritual, das beeindruckend und amüsant zugleich ist.

Es beginnt damit, dass die Männchen um die Weibchen kämpfen. Dabei teilen sie heftige Schläge aus, die für so manchen Straußenmann tödlich enden können. Am Ende versammelt der Sieger einen sogenannten »Harem« um sich, eine Gruppe von ungefähr zehn Weibchen.

Herr Strauß verjagt fortan alle Eindringlinge aus seinem Paarungsrevier. Um die Aufmerksamkeit der Straußendame seiner Träume zu erregen, beginnt er aufgeregt mit den Flügeln zu schlagen, abwechselnd links und rechts. Mit dem Schnabel pickt er in den Boden und gräbt ein symbolisches Nest in den Sand. Das Weibchen fühlt sich geschmeichelt von der Aufmerksamkeit und fängt an, Runden um ihren Verehrer zu ziehen. Der behält sie die ganze Zeit im Blick und dreht dabei seinen Hals in eine Art Spirale, bis sich das Weibchen schließlich zu Boden fallen lässt.

Im Gegensatz zu den meisten anderen Vögeln haben Straußenmännchen einen Penis. Der ist etwa zwanzig Zentimeter lang und dient dazu, die Weibchen zu begatten.

Nur das ranghöchste Weibchen, die Haupthenne, baut ein Nest, in das es seine Eier legt. Die Nebenhennen legen ihre Eier in dasselbe Nest. Manchmal liegen bis zu sechzig Eier in diesem Gemeinschaftsnest. Jedes davon wiegt etwa 1,3 Kilo.

Das Männchen und das ranghöchste Weibchen brüten alle Eier gemeinsam aus, aber die anderen Weibchen merken sich, welches Ei zu ihnen gehört.

Tagsüber hockt das Weibchen auf dem Nest und nachts das Männchen. Das ist kein Zufall. Frau Strauß fällt nämlich am Tag mit ihrer braunen Farbe im Sand fast nicht auf, während das schwarz-weiße Männchen im Dunkeln so gut wie unsichtbar ist.

Nach ungefähr 45 Tagen schlüpfen die Jungen aus dem Ei. Da haben sie etwa die Größe eines gewöhnlichen Huhns. Das Männchen beschützt die kleinen Straußenküken und bringt ihnen das Fressen bei. Die Weibchen unterstützen ihn dabei. Bei einem Angriff versucht das Männchen den Gegner abzulenken, während die Weibchen mit den Küken fliehen. Der Angreifer sollte sich besser in Acht nehmen, wenn ein Strauß erst mal wütend wird. Darüber erfährst du mehr in Info 245.

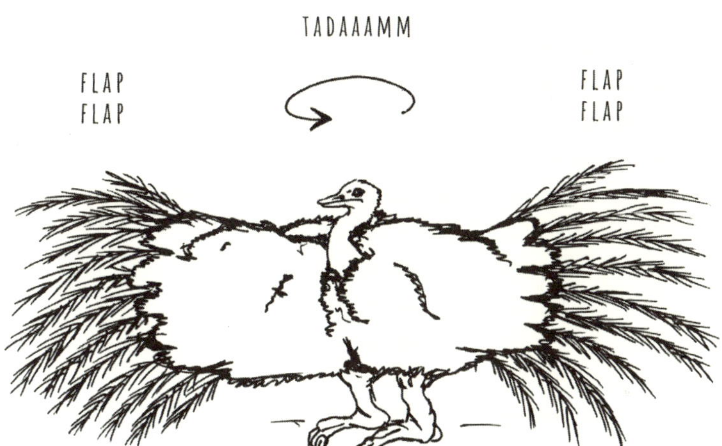

Straußvogel bei der Balz

21 HERR STACHELSCHWEIN PINKELT SEINE GELIEBTE AN

Stachelschweine sind Einzelgänger, das heißt, sie leben am liebsten allein. Das wird erst zum Problem, wenn sie einen Partner suchen müssen, um Nachwuchs zu zeugen.

Ein Stachelschweinweibchen ist nur zwölf Stunden im Jahr fruchtbar. Um die Männchen in der Umgebung wissen zu lassen, dass sie zur Paarung bereit ist, scheidet sie ein moschusartiges Sekret aus, dessen Geruch an Urin erinnert. Die davon angelockten Männchen kommen herbei und kämpfen miteinander. Der Sieger darf das Weibchen von oben bis unten vollpinkeln. Sie entscheidet nun anhand des Geruchs des Urins, ob sie sich mit dem Männchen paaren will.

Brasilianischer Greifstachler

Die Paarung selbst geht natürlich sehr vorsichtig vonstatten. Das Männchen muss aufpassen, seine edlen Teile nicht an einem der 30 000 langen Stacheln zu verletzen, die aus dem Rücken des Weibchens wachsen.

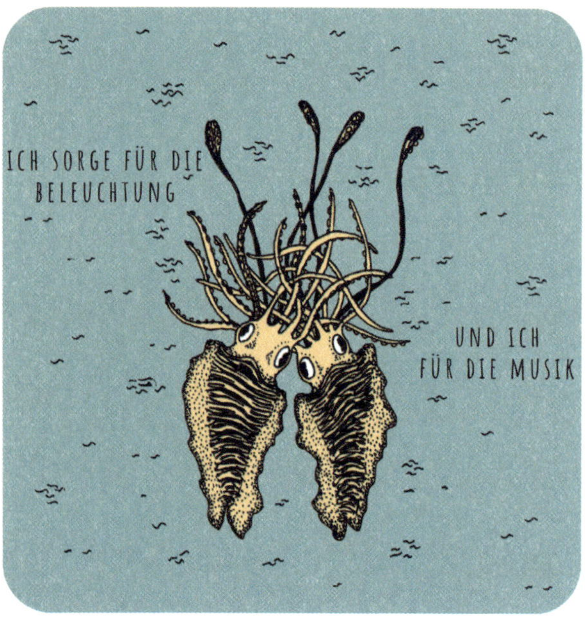

die Tanzdisco der Tintenfische

22 DIE SEPIA VERANSTALTET EINE UNTERWASSER-DISCO

Sepien oder Echte Tintenfische sind in der Nordsee heimisch. Sie verfügen über zehn Arme: acht normale und zwei extralange, um damit Beute zu fangen. Wenn ein Tintenfisch eine leckere Krabbe oder Garnele sieht, streckt er einen langen Arm aus. Mithilfe der Saugnäpfe hält der Tintenfisch die Beute fest, sodass er den Happen ins Maul führen kann, wo er ihn mit seinem scharfen Schnabel in Stücke teilt. Die beiden langen Tentakel sitzen versteckt zwischen den kürzeren Armen. Im Körper der Tintenfische befindet sich eine ovale Schale, der sogenannte Schulp. Diese weißen Sepiaschalen sind manchmal am Strand zu finden.

Im Frühling schwimmen die Männchen und die Weibchen zurück an den Ort, an dem sie geboren wurden, um sich dort zu paaren. Häufig ist das der Meeresarm Oosterschelde. Während die Weibchen nach einem geeigneten Plätzchen Ausschau halten, kämpfen die Männchen miteinander. Sobald ein

Männchen und ein Weibchen ein Auge aufeinander geworfen haben, beginnt das Männchen mit einer Discoshow. Muster erscheinen auf seinem Rücken, während es immer wieder schnell die Farbe wechselt. Das Weibchen lässt ihn wissen, wenn es von der Vorführung beeindruckt ist. Am Schluss nehmen die beiden sich zärtlich in den Arm, und es sieht aus, als würden sie tanzen.

Beim Männchen kommt schließlich ein weiterer Arm zum Vorschein. Der hat weniger Saugnäpfe und eine auffällige Musterung. Es handelt sich dabei um eine Art Penis, den Herr Tintenfisch nicht nur dazu benutzt, um ihn in die Paarungsöffnung des Weibchens zu stecken, sondern auch, um damit andere Männchen in der Nähe auf Abstand zu halten und um anderen Weibchen anzudeuten, dass er sie durchaus wahrgenommen hat.

Herr Tintenfisch befruchtet zwei- bis dreihundert Eier, die Frau Tintenfisch danach in Kapseln an Korallenästen, an Seetang oder auch mal an einer Ankerkette befestigt. Einen Monat später schlüpfen dann die jungen Sepien, aber leider kann die Mutter das nicht mehr miterleben, denn die ist inzwischen an Erschöpfung gestorben.

23 TANZ WIE EINE KREUZOTTER!

Eigentlich versteckt sich die Kreuzotter am liebsten im Gebüsch und lebt in aller Ruhe vor sich hin. Sie kommt nur zum Vorschein, um sich in der Sonne aufzuwärmen oder um den Kreuzottertanz aufzuführen. Der ist etwas ganz Besonderes.

Kreuzottern halten etwa drei Monate lang Winterschlaf. Wenn es kalt wird, kriechen sie alle zusammen, um sich gegenseitig so warm wie möglich zu halten. In Finnland wurde einmal ein Nest mit gut achthundert Kreuzottern entdeckt.

Im Februar und März erwachen die Männchen aus der Winterstarre.

der Kreuzottertanz

Anstatt sich sofort satt zu fressen, warten sie, bis die Weibchen herauskommen, um sich zu paaren. Treffen zwei Männchen aufeinander, führen sie einen Tanz auf, um zu bestimmen, wer das Weibchen für sich beanspruchen kann. Dabei richten sie sich gerade auf und schlängeln sich umeinander. Das Ziel ist, höher als der andere zu kommen und ihn gleichzeitig zu Boden zu drücken. Wer das am besten schafft, hat gewonnen.

Wenn das Weibchen befruchtet ist, trägt es die Eier im Bauch, weil sie dort warm bleiben. Allerdings passt dann leider kein Futter mehr hinein. Ein trächtiges Kreuzotterweibchen kann zwei bis drei Monate ohne Futter leben.

24 FÜR EIN SPINNENMÄNNCHEN IST DIE LIEBE LEBENSGEFÄHRLICH

- Weil Spinnenmännchen keinen Penis haben, müssen sie auf allerlei Kniffe zurückgreifen, um sich mit einem Weibchen zu paaren. Das Männchen produziert die Spermien in seinem Hinterleib. Wenn es sich paaren will, webt es ein spezielles »Spermanetz«. Dann reibt es die Geschlechtsöffnung in seinem Hinterleib über das Netz, bis das Sperma zum Vorschein kommt. Das nimmt es mit seinen Kiefertastern auf und bewahrt es dort in speziellen Hohlräumen, den *Bulbi,* auf. Wenn es ein paarungswilliges Weibchen trifft, führt er den Samen aus den Bulbi in die zwei Geschlechtsöffnungen des Weibchens ein.

- Bei den verschiedenen Spinnenarten unterscheiden sich die Bulbi in Größe und Form. So ist sichergestellt, dass sich die Spinnen immer mit der richtigen Art paaren.

- Bei manchen Spinnen passiert noch mehr: Das Männchen spült nach der Paarung eine Flüssigkeit in die Geschlechtsöffnungen des Weibchens. Diese Flüssigkeit wird fest und verhindert so, dass das Weibchen sich mit weiteren Männchen paaren kann. So sorgt das Männchen dafür, dass der Nachwuchs von ihm ist.

- Spinnenmännchen laufen Gefahr, nach dem Sex vom Weibchen aufgefressen zu werden. Zur Sicherheit bringt die männliche Raubspinne immer ein Geschenk mit zum Date: ein in Seide gesponnenes, frisch getötetes Beutetier. Bei den Kreuzspinnen wissen die Männchen, dass Sex für sie den Tod bedeutet. Das Weibchen schlägt während der Paarung seine Giftklauen in den Körper des Partners und fängt an, ihn aufzufressen, während er noch seinen Samen ablädt. Nur so kann sie garantieren, die Sache zu einem guten Abschluss zu bringen. Wieder andere Spinnenmännchen wickeln das Weibchen vorher in Seide ein, damit es sie nicht sofort angreifen kann. Bei den Vogelspinnen und Streckerspinnen wiederum hält das Männchen mit den vordersten Beinen die Giftklauen des Weibchens fest, um nicht vor dem Ende der Begattung getötet zu werden.

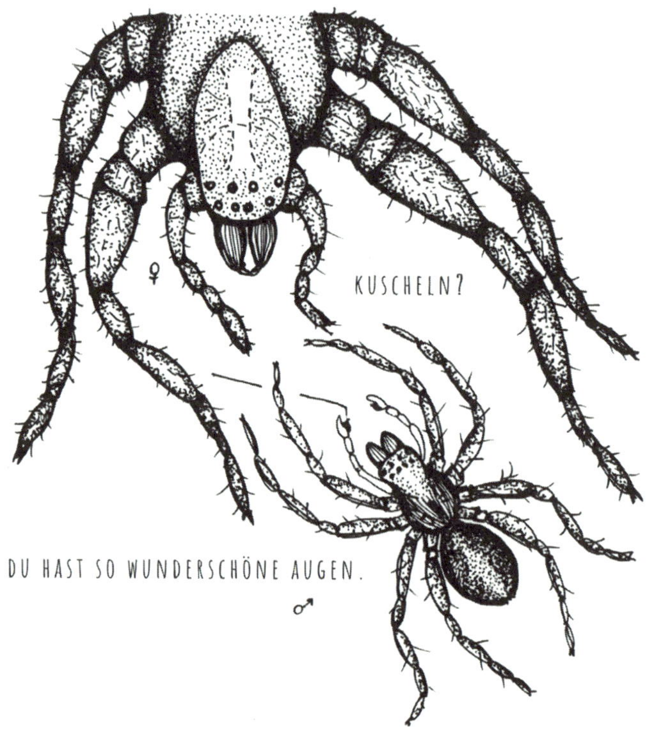

die romantische Klappmütze

25 FÜR HERRN KLAPPMÜTZE GEHÖRT ZUR LIEBESERKLÄRUNG EIN ROTER BALLON

- Die Klappmütze ist ein Meeresräuber aus der Familie der Hundsrobben. Sie hat graues Fell mit schwarzen Flecken. Über der Stirn und der Nase befindet sich bei den Männchen eine schwarze Wulst, die an eine Mütze erinnert. Daher der Name »Klappmütze«.

- Im Juli bricht bei den Klappmützen die Paarungszeit an. Die Männchen versuchen, die Weibchen mit einem roten Ballon anzulocken. Natürlich ist das kein echter Ballon, sondern ein Hautsack an ihrem Nasenloch, der aussieht wie ein Ballon. Herr Klappmütze muss ein Nasenloch verschließen, um aus dem anderen den Ballon aufzublasen. Indem es den aufgeblasenen Sack hin und her schüttelt, erzeugt das Männchen ein schwirrendes Geräusch. So lockt es nicht nur Weibchen an, sondern hält auch andere Männchen auf Abstand.

- Eine Klappmütze hat nicht viele Feinde. Vor allem vor dem Menschen muss sie sich hüten, weil der ihre Jungen jagt. Diese haben nämlich ein prächtiges blaues Fell, das bei Pelzmantelträgern sehr beliebt ist. Eigentlich ist die Jagd auf Klappmützen verboten, aber trotzdem werden immer wieder Junge erschlagen. Außerdem ist die Klappmütze ein Leckerbissen für Eisbären und Grönlandhaie, also sollte sie sich auch vor denen besser fernhalten.

26 GLEICHGESCHLECHTLICHE LIEBE IN DER TIERWELT

Manche Männer stehen auf Männer. Und manche Frauen auf Frauen. So ist das bei den Menschen. Aber wie sieht es bei den Tieren aus?

Genau wie Menschen können auch Tiere homosexuell sein. Bei über 1500 Tierarten wurde gleichgeschlechtlicher Sex beobachtet. Forscher gehen davon aus, dass es wahrscheinlich noch viel häufiger vorkommt. Homosexualität wurde unter anderem bei manchen Schafarten, Löwen, Affen, Giraffen, Delfinen, Schwertwalen, Kraken, Würmern und verschiedenen Insekten beobachtet.

Nehmen wir etwa die Kampfläufer. Manche Männchen dieser Vogelart sehen wie Weibchen aus und verhalten sich auch so. Diese Männchen (»Faeder« genannt) paaren sich häufig mit Männchen.

Bei den japanischen Makaken, einer Affenart, haben die Weibchen Sex miteinander. Während der Paarungszeit müssen die Männchen also nicht nur miteinander, sondern auch mit anderen Weibchen um die Gunst des Weibchens kämpfen.

Kampfläufermännchen im Prachtkleid

Aber warum tun Tiere das?

- Manchmal ist die Erklärung ganz einfach. In ihren ersten dreißig Lebensminuten paaren sich männliche Fruchtfliegen mit jeder anderen Fruchtfliege, die ihnen begegnet – Weibchen wie Männchen. Erst wenn das Männchen heraushat, wie ein Weibchen riecht, geht es zielgerichteter ans Werk. In diesem Fall dient die »Homosexualität« also dazu, so schnell wie möglich eine Befruchtung zu garantieren.

- Manche Albatrosse gehen eine Beziehung mit einem Artgenossen desselben Geschlechts ein, weil sie alleine die Jungen nicht durchbringen können. Wenn zum Beispiel das Männchen stirbt, kann es passieren, dass das Weibchen das Junge gemeinsam mit einem Weibchen aufzieht.
- Forscher glauben, dass Affen vor allem mit gleichgeschlechtlichen Partnern Sex haben, weil es ihnen Spaß macht. Der Sex scheint außerdem den Gruppenzusammenhalt zu fördern. Dies lässt sich auch bei einigen Delfinarten beobachten.

Viele Tiere sind also eigentlich bisexuell, was bedeutet, dass sie sowohl mit Partnern ihres eigenen als auch des anderen Geschlechts Sex haben.

Fossas kämpfen um Aufmerksamkeit.

27 DIE FOSSADAME WACHT IM BAUM, WÄHREND UNTEN DIE MÄNNCHEN ZANKEN

Legenden zufolge schleicht sich die Fossa, auch Frettkatze genannt, nachts in die Häuser der Einwohner Madagaskars und leckt ihnen übers Gesicht. Dadurch werden sie in eine Art Trance versetzt, aus der sie nicht mehr erwachen. In anderen Legenden wird erzählt, dass die Fossa Babys aus ihren Wiegen stiehlt.

Das ist natürlich nicht wahr, denn Fossas halten sich am liebsten vom Menschen fern. Mit einer Höhe von bis zu 90 Zentimetern und 12 Kilo Gewicht sind sie die größten Raubtiere auf der Insel Madagaskar und stehen an der Spitze der Nahrungskette. Sie haben also keine natürlichen Feinde. Außer dem Menschen, der die großen Raubkatzen nicht besonders schätzt.

Im September und Oktober ist die Paarungszeit der Fossas. Dazu setzt sich das Weibchen erst mal in Ruhe auf einen Baum, von dem aus es das Geschehen beobachten kann. Darunter versammeln sich mehrere Männchen. Sie brüllen und raufen, um die Aufmerksamkeit des Weibchens zu bekommen. Anschließend paart sich das Weibchen mit mehreren Partnern, und zwar oben im Baum. Das Ganze kann bis zu zweieinhalb Stunden dauern. Wenn das Weibchen genug hat, nimmt ein anderes seinen Platz ein.

Nach drei Monaten bringt das Weibchen ein bis sechs Junge zur Welt, die es in einem unterirdischen Loch oder einem hohlen Baumstamm versteckt. Die Jungen wiegen anfangs kaum 100 Gramm, haben keine Zähne und sind blind. Erst mit zwei Wochen öffnen sie die Augen, und ab dem Alter von zwölf Wochen fressen sie feste Nahrung. Mit viereinhalb Monaten verlassen sie schließlich das Loch. Aber auch danach sind sie zum Überleben noch mindestens ein halbes Jahr von ihrer Mutter abhängig.

28 WIE PAAREN SICH STACHELSCHWEINE? GANZ VORSICHTIG …

Auf dem Körper eines Stachelschweins können bis zu 30 000 Stacheln wachsen. Meistens liegen sie flach an, sodass das Stachelschwein aussieht wie ein groß gewachsenes Murmeltier. Wenn es aber wütend wird oder sich bedroht fühlt, richten sich die Stacheln auf, und das Stachelschwein wirkt plötzlich doppelt so groß. Es rasselt mit den aufgestellten Stacheln, stampft mit den Hinterbeinen auf und macht dazu ein knurrendes Geräusch, um dem Feind noch mehr Angst einzujagen. Wenn das nichts hilft, geht es zum Angriff über. Es rennt seit- oder rückwärts auf den Angreifer zu und sticht ihn mit seinen Stacheln. Stecken die einmal in der Haut, bekommt man sie nur schwer heraus, weil kleine Widerhaken daran sitzen. Zwar sind die Stacheln nicht giftig, aber voller Bakterien, weil die Stachelschweine sich in ihrem eigenen Kot wälzen. Dadurch können sich die Wunden entzünden und der Angreifer daran sterben. Dass Stachelschweine ihre Stacheln wie Pfeile abschießen können, ist allerdings eine Legende.

Bei der Paarung stellen die Stacheln auf dem Rücken des Weibchens natürlich ein Hindernis für das Männchen dar. Darum legt das Weibchen die Stacheln eng an den Körper an und hebt seinen Schwanz so hoch wie möglich. So kann das Männchen sie begatten, ohne sich zu verletzen.

Die jungen Stachelschweine kommen etwa zwei Monate nach der Befruchtung zur Welt. Sie haben noch ganz weiche, kurze Stacheln, die ihrer Mutter bei der Geburt keine Schmerzen zufügen. Etwa zehn Tage später sind die Stacheln hart, und der Nachwuchs kann erstmals mit Mama nach draußen. Bei den Stachelschweinen kümmert sich die ganze Gruppe gemeinsam um die Aufzucht der Jungen.

Online-Dating im Tierreich

29 ONLINE-DATING UNTER GEIERN

Es ist ein lustiger Anblick: ein Geier, der per Computer einen Partner sucht. In Wirklichkeit kommt das natürlich nur vor, wenn der Geier im Zoo lebt.

Mitarbeiter eines Zuchtprogramms für Mönchsgeier müssen geeignete Partner für ihre Vögel finden. Dazu nutzen sie ein Online-Stammbuch, in dem unter anderem Informationen über die Eltern und Großeltern der Tiere zu finden sind. Um gesunde Nachkommen zu zeugen, dürfen die Geier nicht zu nah miteinander verwandt sein.

Wenn zwei Vögel aufgrund dieser Online-Daten füreinander infrage kommen, bedeutet das noch lange nicht, dass sie sich auch in echt ineinander verlieben. Geier bestimmen gern selbst, wem sie ihr Herz schenken. Darum setzen die Pfleger eine Handvoll Jungtiere in eine »Dating-Voliere« – einen großen Käfig – und warten ab, was passiert. Mit etwas Glück finden zwei Geier Gefallen aneinander und begrüßen sich mit einem Kopfnicken. Von da an verbringen sie immer mehr Zeit zusammen. Erst wird hier und da mal eine Feder beim anderen geglättet, und wenn alles gut läuft, folgt ein gemeinsamer Tanz. Auch wenn die Balzphase ziemlich lange dauert, ist der eigentliche Paarungsakt schon nach wenigen Sekunden vorbei. Die beiden Vögel pressen ihre Kloaken aufeinander – und fertig! Dann wird das Ei gelegt, um das sich die Eltern gemeinsam kümmern.

Mit seinem scharfen Schnabel wirkt der Mönchsgeier ein bisschen Furcht einflößend, dabei gehört er selbst eigentlich zu den bedrohten Tierarten. Die Vögel aus den Zuchtprogrammen sollen später ausgewildert, das heißt in die freie Wildbahn entlassen werden.

30 IN BLAUEN VELOURSLEDERSCHUHEN TANZEN

Kennst du das Lied von Elvis Presley, *Blue Suede Shoes,* in dem er erzählt, dass niemand auf seine blauen Schuhe treten darf? Vielleicht hatte Elvis ja einen Blaufußtölpel gesehen, der ihn zu dem Song inspirierte. Die Füße und Schwimmhäute dieser Vögel sind nämlich leuchtend blau. Wenn das Männchen sich einem Weibchen annähern will, versucht es durch einen Tanz zu beeindrucken. Dabei schlägt es mit den Flügeln, reckt seinen Schnabel in die Luft und hebt seine Füße so hoch wie möglich, damit Madame sie begutachten kann. Weibchen wählen nämlich bevorzugt das Männchen mit den allerblausten Füßen. Die blaue Färbung ist ein Zeichen von Gesundheit und Stärke.

Fühlt sich das Weibchen von ihm angesprochen, ahmt es seine Bewegungen genau nach, sodass es aussieht wie ein Spiegelbild.

Blaufußtölpel tanzen auch nach dem Nestbau noch miteinander. Und mit anderen! Während zum Beispiel das Männchen im Meer auf Fischfang geht, flirtet das Weibchen hemmungslos mit dem Nachbarn.

Blaufußtölpel können ganz hervorragend fischen. Sie können im vollen Flug einen fliegenden Fisch aus der Luft schnappen. Und sie erkennen Fische im Wasser aus fünfzehn Metern Höhe. Dann legen sie einen beeindruckenden Sturzflug hin, wobei sie kurz vor dem Berühren der Wasseroberfläche ihre Flügel einklappen.

Blaufußtölpel sind auf den Galapagosinseln heimisch. Weil dort keine Säugetiere leben, die Vögel fressen, haben die Tölpel keine natürlichen Feinde und sind deshalb auch nicht scheu. Man kann ihnen also ziemlich nahe kommen. Zieh dann nur deine *Blue Suede Shoes* an, damit du mittanzen kannst …

Blaufußtölpel

31 HERR PFAU FÜHRT DIE DAMEN HINTERS LICHT

Das Auffallendste an einem Pfau ist zweifellos seine prächtige Schleppe, die aus gut 150 langen Federn besteht. Nur die männlichen Pfauen verfügen über diesen leuchtend bunten Schwanz. Das Federkleid der Weibchen hingegen ist von einem etwas tristen Braun. Ist das Männchen auf Suche nach einer Partnerin, fächert es seinen Schwanz auf und dreht keck und stolz seine Runden. Dabei macht es ein Geräusch mit seinem Schwanz. Es lässt seine Federn erzittern, was ein Rascheln erzeugt, das wir Menschen nicht hören können. Je nachdem, welche Teile es flattern lässt, kann er ein Weibchen anlocken, das sich weiter weg oder ganz in der Nähe befindet. Gleichzeitig stößt das Männchen auch einen lauten Paarungsruf aus.

Interessanterweise macht der Pfau all das nicht nur, wenn er sich paaren will, sondern auch zwischendurch. So teilt er den Weibchen mit, dass er immer paarungsbereit ist. Sie sollen schließlich sofort zu ihm kommen, sobald es Zeit für die Fortpflanzung ist. Herr Pfau lacht sich ins Fäustchen, wenn ihm die Weibchen so auf den Leim gehen.

Wenn die Jungtiere schlüpfen, sehen sie ganz anders aus als die Mutter. Männliche und weibliche Küken sind anfangs nicht auseinanderzuhalten. Ihre schöne Farbe bekommen die Männchen erst mit etwa sechs Monaten. Auf ihren prächtigen langen Schwanz müssen sie noch bis zum Alter von drei Jahren warten.

Nach der Balz werfen die Männchen in der Mauser ihre langen Federn ab. Wer also gern eine Pfauenfeder haben möchte, muss dem Pfau nicht wehtun – nur abwarten. Wusstest du eigentlich, dass gefundene Pfauenfedern Glück bringen sollen?

die Baukünste des Laubenvogels

32 DIE ARBEITSTIERE …

Im Vogelreich gibt es viele, die sich beim Nestbau richtig abrackern.

Nehmen wir zum Beispiel den Laubenvogel. Das Männchen ist ein absoluter Laubenbau-Champion, wobei man eigentlich eher von einer prächtigen Villa sprechen sollte! Die Laube, die als Balzplatz dient, kann bis zu einem Meter hoch und anderthalb Meter breit werden. Vorab legt der Herr einen kleinen Garten an, den er mit bunten Blumen, Obststücken, Pilzen und allerlei anderen Zierobjekten schmückt. Das tut er natürlich, um die Weibchen zu beeindrucken. Denn die Laubenvogelweibchen interessieren sich nicht für das Aussehen der Männchen, sondern nur für deren architektonisches Talent. Je schöner die Laube eines Männchens, desto wahrscheinlicher, dass das Weibchen bei ihm einzieht. Schließlich weiß sie, dass nur fitte und fleißige Männchen so etwas bauen können, wodurch ihre Chance, ebensolchen Nachwuchs zu zeugen, steigt.

Der Nashornvogel ist ein prachtvoller Tropenvogel mit einem besonderen und meist farbenfrohen Schnabel. Auf der Oberseite befindet sich ein Horn. Für den Nestbau suchen sich die Nashornvögel eine Baumhöhle. Das Weibchen klettert in die Höhle hinein und mauert sich darin ein. Dazu werden meist Lehm und Exkremente benutzt. Oft hilft ihr das Männchen dabei. Nur ein kleiner Spalt bleibt offen, durch den das Weibchen gefüttert werden kann. Das passiert nicht, weil das Männchen Angst hätte, dass das Weibchen wegfliegt. Das Einmauern dient dazu, die Partnerin und ihre Eier vor Feinden zu schützen. Während das Weibchen die Eier ausbrütet, kommt das Männchen ab und zu mit leckeren Happen vorbeigeflogen. Um die Bruthöhle sauber zu halten, kotet das Weibchen durch den Spalt nach draußen. Wenn die Jungen geschlüpft sind, bricht bei einigen Nashornvogelarten das Weibchen das Loch mit dem Schnabel auf, um sich selbst auf Nahrungssuche zu begeben. Mithilfe der Jungtiere versiegelt sie es anschließend wieder. Die Bruthöhle bleibt verschlossen, bis die Jungen flügge sind.

33 DER VOGEL, DER AM HÖCHSTEN SPRINGT

Stell dir vor, du bist im Urlaub in Afrika. Du liegst im Gras auf dem Bauch und liest in Ruhe ein Buch. Plötzlich raschelt es im Gras. Ein schwarzer Vogel mit langem Schwanz springt neben dir in die Luft. Du setzt dich etwas aufrechter hin, um dir die Sache genauer anzusehen, und siehst weiter entfernt noch einen anderen Vogel aus dem Gras springen. In kürzester Zeit ist die ganze Wiese ein riesiges Trampolin geworden, auf dem Dutzende Vögel um die Wette in die Höhe springen.

Der Vogel ist wahrscheinlich ein Hahnenschweifwida. Seine Springkünste setzt er ein, um Weibchen zu beeindrucken. Dabei zählt nicht nur, wer am höchsten springen kann, sondern auch, wer am längsten durchhält. Das Weibchen sieht sich die Vorstellung von einem Zweig aus in Ruhe an. Das Männchen, das sowohl hoch als auch lange springen kann, darf sich mit ihr paaren.

Aus Grasstängeln baut das Männchen dann ein Nest zwischen zwei Grasbüscheln. Indem es die Stängel oben miteinander verflicht, sorgt es dafür, dass das Nest fast unsichtbar ist. Das Weibchen legt zwei bis vier Eier. Während das Männchen das Revier verteidigt, brütet das Weibchen die Eier allein aus und kümmert sich um die Küken. Es dauert etwa zwei Jahre, bis das männliche Jungtier sein schönes Federkleid entwickelt hat und zum Trampolinspringer werden kann, um selbst Weibchen zu beeindrucken.

Hochsprungwettbewerb – Ausdauer zahlt sich aus

34 HASEN HAUEN EINFACH DRAUFLOS

Von allen Säugetieren teilen Hasen im Verhältnis zu ihrem Körpergewicht die härtesten Schläge aus. Das tun sie vor allem in der Paarungszeit. Dann sieht man sie aufrecht stehen, während sie ihrem Gegner mit den Vorderbeinen heftige Hiebe versetzen.

Lange nahm man in der Wissenschaft an, dass nur die Männchen solche Boxwettkämpfe abhielten, um Weibchen zu erobern. Inzwischen wissen wir es besser. Die Weibchen kämpfen nämlich genauso hart, wenn sie noch nicht zur Paarung bereit sind. Mit ein paar gezielten Aufwärtshaken schlagen sie aufdringliche Männchen in die Flucht.

Die Paarungszeit der Hasen wird auch als Rammelzeit bezeichnet und das paarungswillige Männchen als »Rammler«. Ein Hasenweibchen nennt man »Zibbe« oder »Häsin«.

Peter teilt Prügel aus.

– 3 –

(UN)GEWÖHN-LICHE TIERE

35 DEIN HUND WEISS, WIE ES DIR GEHT

Hast du einen Hund? Der findet es bestimmt toll, mit dir zu spielen. Und vielleicht tröstet er dich auch, wenn du traurig bist. Das ist ganz normal.

Finnische Wissenschaftler haben eine ganze Reihe von Experimenten mit Hunden durchgeführt. Sie zeigten ihnen Fotos von Menschen mit verschiedenen Gesichtsausdrücken: wütend, traurig, glücklich ... Dabei stellte sich heraus: Je nach gezeigter Emotion konzentrierten sich die Hunde dabei auf andere Teile des Gesichts. Außerdem blickten Hunde anders auf Menschengesichter als auf andere Hunde.

Sahen die Hunde ein Bild von einem verärgerten Hund, schauten sie ihm vor allem auf die Schnauze. Außerdem sahen sie lange hin. Beim Bild eines verärgerten Menschen blickten sie auf die Augen und wandten sich dann wieder ab. Die Hunde konnten es nicht gut aushalten, wenn Menschen böse waren.

Aber warum blickten sie den wütenden Hund länger an als den wütenden Menschen? Das liegt wohl daran, dass sie sich den Menschen angepasst haben. Vor sehr langer Zeit begannen wilde Hunde, sich dem Menschen anzuschließen.

Der Mensch nutzte nur die gutmütigsten und gehorsamsten für die Zucht. Diese Hunde wussten am besten, wann sie sich ruhig verhalten mussten. Über Hunderte von Jahren hinweg lernten sie, die Emotionen aus dem Gesicht ihrer Herrchen oder Frauchen herauszulesen.

Wusstest du übrigens, dass Hunde vertraute Menschen auf Fotos wiedererkennen können? Entdecken sie ein bekanntes Gesicht auf einem Foto, blicken sie länger darauf. Bei Menschen, die sie nicht kennen, zeigen sie weniger Interesse. Probier es doch einmal mit deinem eigenen Hund!

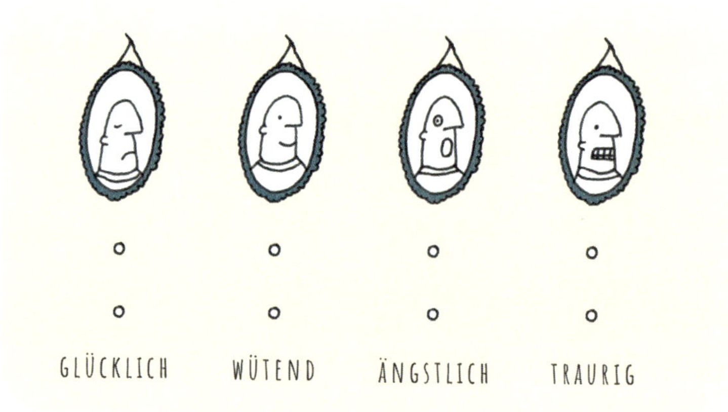

Verbinde die Emotionen mit dem passenden Bild.

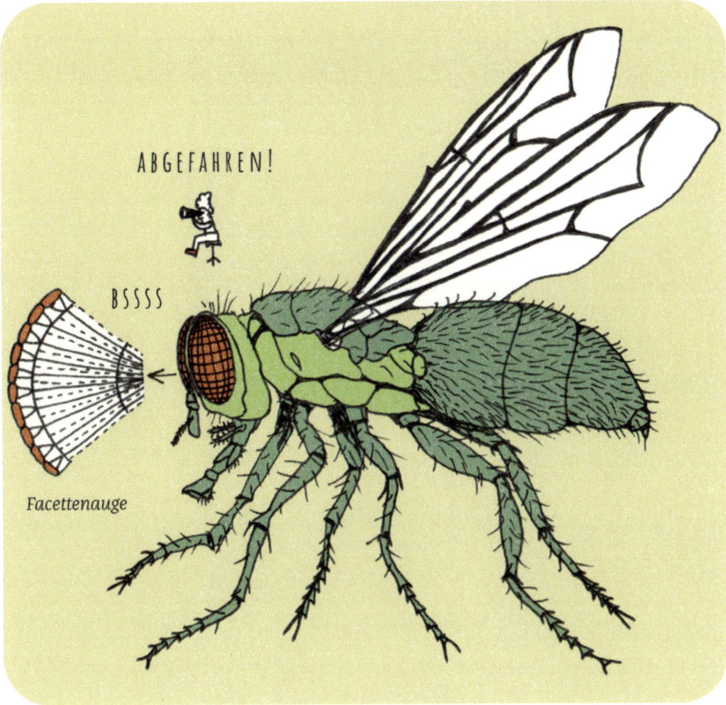

36 SIEH DIE WELT DURCH DIE AUGEN EINER FLIEGE

Ein Fliegenauge sieht ganz anders aus als deins. Es handelt sich dabei um ein »Facettenauge«, das aus Tausenden winzig kleinen Äugelchen besteht. Der Fachausdruck dafür lautet *Ommatidien*. Jedes Ommatidium ist ein Einzelauge, das Informationen ins Gehirn der Fliege sendet.

Was also sieht eine Fliege? Man kann es ein bisschen mit einem Mosaik vergleichen. Tausende von Einzelbildern werden zusammengefügt zu einem großen Gesamtbild. So, wie wenn man ein Zeitungsfoto stark vergrößert und alle Punkte sieht, aus denen es aufgebaut ist. Weil die Fliegenaugen keine Pupillen haben, die bestimmen, wie viel Licht ins Auge dringt, können sie nicht fokussieren. Also sehen sie stets ein etwas verschwommenes Bild. Eigentlich nehmen sie vor allem Formen und Bewegungen wahr. Die Farbe Rot erkennen sie nicht, und sie können auch nicht zwischen Gelb und Weiß unterscheiden. Allerdings nehmen sie linear polarisiertes Licht wahr – also Licht, das nur in einer Ebene schwingt –, was wir nicht können.

Eine Fliege sieht zwar nicht alles, doch sie reagiert auf jede Bewegung. Wenn etwas in ihre Nähe kommt, fliegt sie sofort weg. Schon mal versucht, eine Fliege zu fangen? Das kann ziemlich lange dauern.

37 ES IST KEINE EINBILDUNG: VÖGEL SINGEN VOR ALLEM AM MORGEN

Vielleicht schläfst du gerne aus – auch im Sommer, wenn es schon zeitig hell wird. Nur leider wohnt im Baum neben deinem Fenster eine Amsel, die schon ganz früh morgens gern auf den Putz haut. Noch vor Sonnenaufgang singt sie, als würde ihr Leben davon abhängen. Und weckt dich natürlich mit ihrem Gesang auf.

Viele Singvögel sind bei Tagesanbruch schon längst ... ähm ... aus den Federn. Rotkehlchen, Kohlmeisen, Heckenbraunellen und Amseln zum Beispiel. Die Männchen singen dann aus voller Brust. Das tun sie, um ihr Revier zu verteidigen und auch, um Weibchen zu beeindrucken. Die Vogelweibchen sind nämlich auch schon früh auf, um ein Ei zu legen. Nachdem sie diese Aufgabe vollbracht haben, sind sie besonders fruchtbar und bereit zur Paarung. Die Männchen beginnen darum manchmal schon eine halbe Stunde vor Sonnenaufgang mit dem Singen, um zu beweisen, dass sie der fitteste Partner von allen sind. Sobald die Vögel mit dem ... ähm ... Vögeln fertig sind, hört auch der Gesang auf und es ist Zeit, sich auszuruhen.

Manche Forscher gehen davon aus, dass es noch andere Gründe gibt, warum die Männchen so früh mit dem Singen anfangen. Zunächst einmal kann man den Gesang morgens weiter hören, weil Geräusche dann weiter tragen. Aber vielleicht singen sie auch am liebsten zu einem Zeitpunkt, wenn es noch nicht ganz hell ist, um von Räubern nicht gesehen zu werden.

Wenn dich also das nächste Mal eine Amsel aus dem Schlaf reißt, weißt du, dass sie nur auf der Suche nach Liebe ist. Und was gibt es Schöneres als die Liebe?

38 WER SITZT IM SCHATTEN SEINES EIGENEN SCHWANZES?

- Das rote Eurasische Eichhörnchen ist ein prächtiges Nagetier mit rotbraunem Fell, das blitzschnell Bäume erklimmen kann. Eichhörnchen fressen am liebsten Bucheckern, Kastanien, Haselnüsse und die Samen aus Tannenzapfen. Im Frühling mögen sie auch Knospen, Sprossen und Blüten von Bäumen, verschiedene Beeren und Pilze. Manchmal steht auch ein Insekt, eine Raupe oder ein Vogelei auf dem Speiseplan. Und ganz selten holen sich Eichhörnchen auch einmal einen Jungvogel aus dem Nest.

- Bei ihrem Namen könnte man auf die Idee kommen, dass Eichhörnchen gerne Eicheln fressen. Das ist aber nicht der Fall. Unser Eurasisches Eichhörnchen lässt lieber die Pfoten von diesen Nüssen, da sie aufgrund ihres hohen Gerbsäuregehalts nicht gut verdaulich sind. Der lateinische Name *Sciurus* passt schon besser – der kommt von den griechischen Wörtern *skia* (Schatten) und *oura* (Schwanz): ein Tier, das im Schatten seines eigenen Schwanzes sitzen kann.

Eurasisches Eichhörnchen
Sciurus vulgaris

- Sein Nest ist ein kugelrundes Gebilde aus Ästen und Zweigen von etwa 30 Zentimetern Durchmesser, das »Kobel« genannt wird. Die Innenseite ist mit Baumrinde, Moos und Gras ausgepolstert. Im Winter kann es darin manchmal bis zu 20 °C wärmer sein als draußen! Das finden Flöhe und andere Insekten natürlich auch angenehm. Wenn zu viele der lästigen Flöhe sein Nest bevölkern, lässt das Eichhörnchen es zurück und sucht sich ein neues Plätzchen.

- Wusstest du, dass manche Hörnchen fliegen können? Na ja – nicht richtig fliegen, aber gleiten. Gleithörnchen verfügen über eine spezielle Gleithaut zwischen den Vorder- und Hinterbeinen. Wenn sie von einem Baum zum anderen springen, strecken sie ihre vier Beine weit aus. So können sie wie mit einem Drachen Dutzende Meter weit gleiten. Die Hörnchen schweben so elegant von Baum zu Baum, dass sie so gut wie nie den Boden betreten müssen. Wenn du also mal ein Gleithörnchen sehen willst, musst du nach oben gucken!

39 GÄHNEN IST ANSTECKEND – AUCH FÜR HUNDE!

Hast du schon mal gegähnt, als du mit anderen Menschen zusammen warst? Bestimmt haben die anderen auch sofort angefangen zu gähnen. Dieses Mitgähnen wird von der *Chasmologie* erforscht, der Wissenschaft vom Gähnen.

Interessanterweise kannst du nicht nur Menschen, sondern auch Hunde mit deinem Gähnen anstecken. Der Forscher Joly-Mascheroni nahm Augenkontakt mit einem Hund auf und begann zu gähnen, sobald der Hund ihn anblickte. Er gähnte mehrmals hintereinander. Nach durchschnittlich anderthalb Minuten begann auch der Hund zu gähnen. Den Test führte der Forscher mit verschiedenen Hunden durch, und jedes Mal passierte das Gleiche.

Aber warum tun Hunde das? Können sie sich in Menschen hineinversetzen? Empathische, das heißt mitfühlende Menschen gähnen schneller mit als Menschen, die weniger mitfühlend sind. Das gilt auch für Hunde. Sie gähnen schneller mit, wenn ihr Herrchen oder Frauchen vor ihnen sitzt, als wenn sie einer fremden Person gegenübersitzen. Und sie übernehmen das Gähnen auch nur von Menschen und nicht von anderen Hunden. Damit ist wohl der Hund wirklich der beste Freund des Menschen.

40 KAKERLAKEN ♡ MENSCHEN (WAS ABER NICHT AUF GEGENSEITIGKEIT BERUHT)

- Schon seit über 350 Millionen Jahren kriechen Kakerlaken auf dieser Erde herum. Was vor allem daran liegt, dass sie sich spielend leicht neuen Gegebenheiten anpassen können. Anfangs lebten diese Insekten in Höhlen, aber dann schlossen sie sich dem Menschen an und wurden richtige »Haustiere«. Manche Kakerlakenarten sind so von der Nähe zum Menschen abhängig, dass sie in der Wildnis gar nicht mehr vorkommen.

einseitige Liebe

- Kakerlaken fressen alles gern, und spüren mit ihrem ausgezeichneten Riech- und Schmeckorgan zielsicher Nahrung auf. Und wenn sie weder Vorräte noch Abfälle finden, fressen sie auch Dinge, die eigentlich gar nicht essbar sind. Küchenschränke zum Beispiel. Bei großem Hunger werden sie sogar zu Kannibalen, sodass ihre Artgenossen dran glauben müssen.

- Meist kommen Kakerlaken nur nachts zum Vorschein, um zu fressen oder sich zu paaren. Sie pflanzen sich rasend schnell fort. Rekordhalterin im Eierlegen ist die Deutsche Schabe. Eine von ihnen kann zusammen mit ihren Jungen bis zu 300 000 Nachkömmlinge produzieren.

- Mehr als viertausend Schabenarten bevölkern unsere Erde. Manche von ihnen sind kaum einen Zentimeter groß. Bei den größten Arten hingegen, wie der Riesenschabe *Blaberus giganteus*, wird das Weibchen bis zu zehn Zentimeter lang.

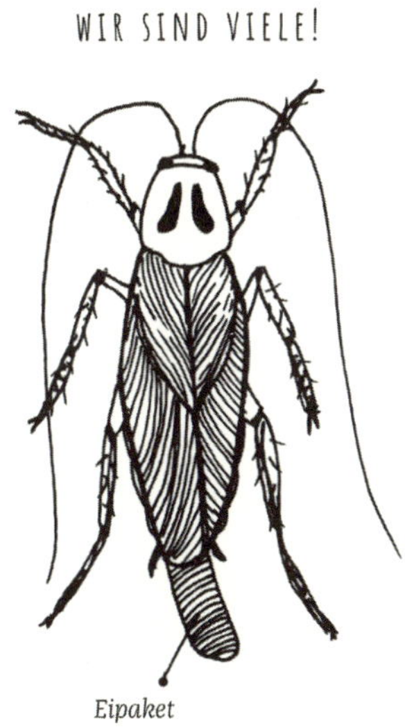

Frau Küchenschabe

41 GRÜNDELENTE ODER TAUCHENTE?

Gehst du auch gern sonntags in den Park, um die Enten im Teich zu füttern? Wir haben hier ein paar Informationen, mit denen du die anderen Parkbesucher beeindrucken kannst.

Siehst du eine Ente, die den Hintern aus dem Wasser streckt? Dann handelt es sich dabei um eine Gründel- oder Schwimmente. Wenn sie den Kopf unter Wasser steckt, ragt ihr Schwanz in die Höhe. Sie sucht im flachen Wasser nach Nahrung. Das nennt man »gründeln«. Gündelenten tauchen so gut wie nie. Allerdings können sie ohne Anlauf vom Wasser auffliegen. Zu den Gründelenten gehören die Stockenten, die Moschusenten, Mandarinenten und die Pfeifenten.

Tauchenten gehen die Sache anders an. Sie tauchen unter und schwimmen zum Boden des Gewässers, wo sie nach Schnecken und Wasserpflanzen suchen. Dank ihrer kurzen Flügel sind sie sehr gute Schwimmer, brauchen aber einen kleinen Anlauf, um loszufliegen. Sind sie erst einmal in der Luft, können sie ausgezeichnet fliegen. Reiherenten, Kolbenenten und Tafelenten sind typische Vertreter der Tauchenten.

Tauchente *Gründelente*

WIE SOLL ICH DAS BLOß ALLES SCHLEPPEN?

Feldhamster
Cricetus cricetus

42 FÜNF HANDLICHE HAMSTERINFOS

1 Hamster sind *Omnivoren*, also Allesfresser, die nicht nur Samen und Kerne mögen, sondern auch mal Appetit auf ein Insekt haben. Weil ihre Vorderzähne nicht aufhören zu wachsen, brauchen sie ständig etwas zum Nagen.

2 Wenn sie sich nicht sicher fühlen, etwa weil sie ein Raubtier in der Nähe vermuten, stopfen sich Hamster die Wangen mit Nahrung voll. Die nehmen sie dann mit in ihre sichere Höhle, um sie in Ruhe aufzufressen.

3 Goldhamster sind in der Türkei und in Syrien heimisch. Im Sommer sammeln sie Früchte als Vorrat für den Winter. Diese verstecken sie irgendwo. Nach einiger Zeit beginnt das Obst zu faulen oder zu »fermentieren«, wobei viel Alkohol entsteht. Um den abbauen zu können, verfügt der Goldhamster über eine ziemlich große Leber. Prost!

4 Ein Weibchen kann bis zu 24 Junge bekommen. Manchmal frisst die Mutter einen Teil ihres Wurfs auf. So kann sie sich selbst stärken, um genug Kraft für die Ernährung der anderen Nachkommen zu haben.

5 Von den über zwanzig Hamsterarten, die es gibt, eignen sich nur fünf als Haustiere.

43 RATE MAL, WO DIE ABORTFLIEGE WOHNT …

Vielleicht hast du am Ausguss oder an der Badewanne schon mal kleine dreieckige Insekten sitzen sehen. Dabei handelt es sich um sogenannte Abwassermücken oder Abortfliegen.

- Abwassermücken und Abortfliegen gehören zu den Schmetterlingsmücken. Diese Insekten werden kaum 0,5 Zentimeter groß und sehen aus wie winzige dreieckige Falter. Mit ihren behaarten Flügeln können sie nicht besonders gut fliegen. Pro Flugstrecke überwinden sie nur einen bis anderthalb Meter. Dadurch lassen sie sich auch leicht fangen.

- Schmetterlingsmücken lieben feuchte Lebensmittelreste, die schon am Verfaulen sind und übel riechen. Im Ausguss des Spülbeckens werden sie leicht fündig. In das verrottende Gemisch legen sie ihre Eier, aus denen winzige, durchsichtige Larven schlüpfen, die sich von den Abfällen ernähren. Ihre Lieblingsplätze sind der Ausguss der Spüle und der Abfluss von Dusche oder Badewanne, wo sich meist schöne dicke Haarknäuel finden. Solange es nur genug stinkt!

- Schmetterlingsmücken verfügen zwar über einen Stechapparat, aber sie stechen nicht. Und die Larven sind sogar nützlich, weil sie die Abfälle, den Geruch und den Schmutz, der sich festgesetzt hat, beseitigen.

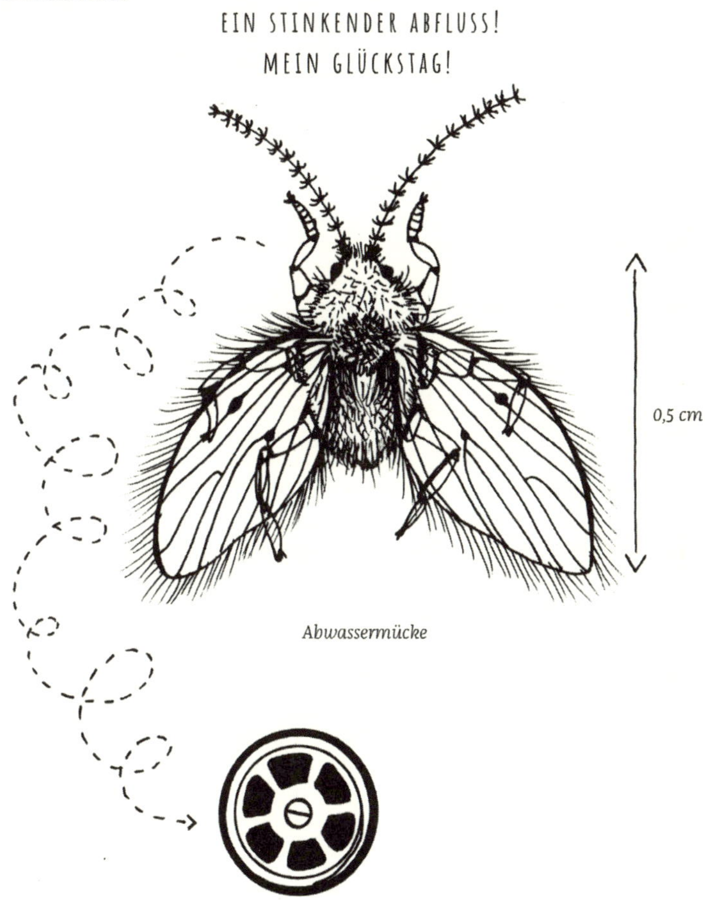

Abwassermücke

44 ACHT KNACKIGE KATZENINFOS

1 Katzen sind neben Hunden die beliebtesten Haustiere. Die Anzahl von Hauskatzen weltweit beträgt geschätzt 500 Millionen, und es gibt über 50 verschiedene Rassen.

2 Experten zufolge zogen Katzen vor rund 7000 Jahren erstmals in unseren Häusern ein. Landwirte schätzten ihre Anwesenheit, schließlich waren sie kostenlose Arbeitskräfte, die Mäuse und anderes Ungeziefer von den Getreidevorräten fernhielten.

3 Die ersten Hauskatzen lebten in Südwestasien. Sie verbreiteten sich auf der ganzen Welt durch Seefahrer, die sie unter anderem nach Zypern und Ägypten mitnahmen. Aber nicht zum Kuscheln, sondern damit sie an Bord Ratten und Mäuse fingen.

4 Nur Hauskatzen strecken ihren Schwanz beim Laufen kerzengerade in die Luft. Damit teilen sie dir mit, dass sie sich freuen, dich zu sehen. Bei Wildkatzen steht der Schwanz entweder waagerecht ab, oder liegt zwischen den Hinterbeinen an. Wenn deine Katze den Schwanz zwischen die Hinterbeine einzieht, hat sie Angst.

5 Hauskatzen miauen öfter als Wildkatzen. Das tun sie, um den Menschen auf sich aufmerksam zu machen und mit ihm zu kommunizieren.

6 Eine Katze hat normalerweise fünf Zehen an jeder Vorderpfote. In der kanadischen Stadt Halifax aber haben die meisten Hauskatzen sechs Zehen an den Vorderpfoten. Dabei handelt es sich um eine genetische Abweichung, die schon lange von Generation zu Generation weitergegeben wird.

7 Im Durchschnitt werden Katzen vierzehn Jahre alt. Die älteste bekannte Katze namens Creme Puff aus dem amerikanischen Bundesstaat Texas wurde sogar 38 Jahre alt! Sie wurde am

3. August 1967 geboren und starb drei Tage nach ihrem Geburtstag im Jahr 2005.

8 Deine Katze ist eine Schlafmütze? Das ist ganz normal. Durchschnittlich schläft eine Katze etwa 14 Stunden pro Tag. Nachts aber, wenn du schläfst, ist deine Katze viel aktiver, als du denkst, und schleicht sich bis zu einem Kilometer weit weg, um die Nachbarschaft auszukundschaften.

45 DAS TIER MIT DER SUPERNASE

Ein Mensch hat etwa fünf Millionen Riechzellen in der Nase. Mit diesen Zellen nimmt er Gerüche wahr. Ein Hund hat aber viel mehr davon! Die Nase eines kleinen Dackels hat 125 Millionen dieser Zellen. Ein Beagle und ein Deutscher Schäferhund haben sogar 225 Millionen. Aber der Schnupperkönig ist der Bloodhound mit 300 Millionen Geruchsrezeptoren in seinem Riechkolben.

Die Hundenase ist außerdem viel besser dafür gemacht, Gerüche aufzunehmen, als die des Menschen. Während wir über denselben Kanal riechen und atmen, sind beim Hund der Atem- und Geruchsteil getrennt. In der Hundenase befindet sich eine hauchdünne Membran (ein Häutchen), die die Geruchsrezeptoren enthält.

Bei manchen Hunden helfen sogar die Ohren noch mit. Ein Hund mit Schlappohren fächert damit die Gerüche näher an seine Nase.

Und wahrscheinlich weißt du schon, dass die Nase eines Hundes nass ist. Auch das trägt zum besseren Riechen bei. Hunde sondern eigens Feuchtigkeit ab, um Gerüche besser wahrzunehmen. Und sie lecken ihre Nase immer sauber, nachdem sie gegessen oder die Nase in den Schmutz gesteckt haben.

Ein ausgebildeter Spürhund folgt geradewegs einer Duftspur. Von vorbeihuschenden Katzen oder Eichhörnchen lässt er sich nicht ablenken. Darum werden Spürhunde häufig eingesetzt, um zum Beispiel Drogen oder Leichen ausfindig zu machen.

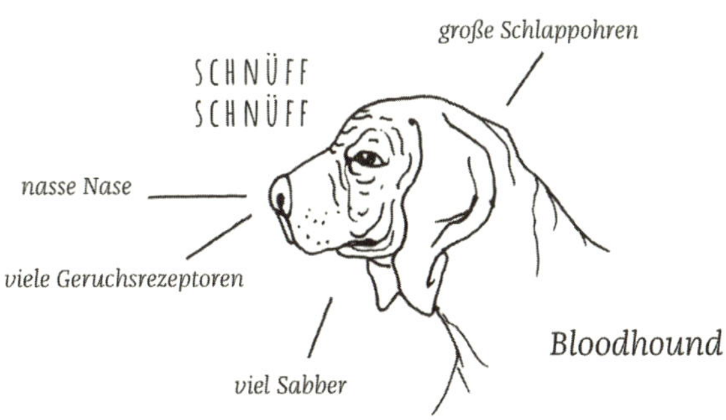

46 ZIEGENMILCH IST DIE MEISTGETRUNKENE MILCH WELTWEIT

Das ist auch logisch. Ziegen sind nämlich die Tiere, die vom Menschen schon am längsten gehalten werden. Vor mehr als 10 000 Jahren entwickelte sich der Mensch vom Jäger und Sammler zum Ackerbauern. Er begann, verschiedene Pflanzen anzubauen, und legte sich einen Viehbestand zu. Das waren zu Beginn Ziegen, deren Milch, Fell und Fleisch er nutzte.

Auch heute noch trinken weltweit mehr Menschen Ziegenmilch als Kuhmilch. Sie ist nicht nur lecker, sondern auch gesund. Und sie ist leicht verdaulich, selbst für Menschen, die keine Kuhmilch vertragen. Darüber hinaus enthält sie viele Vitamine und Kalzium, was gut für die Knochen ist.

Aus dem Fell mancher Ziegenrassen lässt sich besonders feine Wolle spinnen. Die nennt sich Kaschmirwolle oder Cashmere und wird aus der feinen Unterwolle des Winterfells gewonnen. Für einen Kaschmirpullover muss man ziemlich tief in die Tasche greifen.

47 WENN DU EINEM SEESTERN EINEN ARM ABHACKST ...

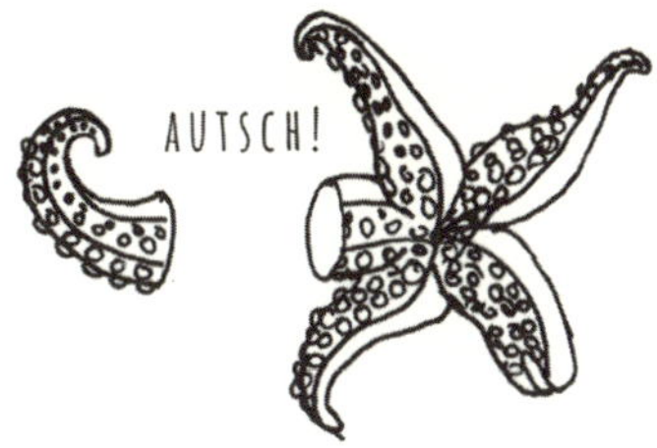

... wächst er einfach wieder nach. Das mussten die Muschelzüchter erfahren, die Seesterne in Stücke hackten, weil sie ihnen die Muscheln wegfraßen. Anstatt dass sie starben, kamen sogar immer neue Seesterne dazu.

- Ein Seestern stirbt also nicht, wenn er einen, zwei oder mehr Arme verliert. Bei einigen Arten wachsen die Arme einfach wieder nach. In seltenen Fällen wächst sogar ein neuer Seestern aus den abgerissenen Armen.

- Wenn die Paarungszeit anbricht, ziehen Seesterne an höhergelegene Plätze und stellen sich auf ihre Armspitzen. Aus den Geschlechtsöffnungen in den »Achseln« strömen Samenzellen oder Eizellen nach außen. Wenn die im Wasser zufällig aufeinandertreffen, wächst ein Embryo* daraus. Erst ein Jahr später ist der Seestern ausgewachsen.

- Auf den Armen befinden sich Saugnäpfe oder Füßchen. Damit tasten die Tiere den Boden ab oder wühlen ihn um. Sie fressen Nahrung, die auf dem Meeresgrund liegt, und nehmen über das Wasser Nährstoffe auf. Finden sie eine Muschel, eine Schnecke, ein Krebstier oder einen Seeigel, führen sie die Beute mit ihren Flimmerhärchen zum Mund. Ihr Körper ist eigentlich ein großer Magen, den sie ausstülpen können. Der Seestern umschließt die Muschel, und die Saugfüßchen spreizen die Schale auf. Dann rutscht der Magen in den Spalt, und der Seestern frisst das Muscheltier auf.

- In der Tiefe des Ozeans leben Seesterne von bis zu einem Meter Größe. Die meisten haben fünf Arme, aber es sind auch schon welche mit mehr als fünfzig Armen entdeckt worden.

* Als »Embryo« bezeichnet man ein Tier oder eine Pflanze in der allerersten Entwicklungsphase.

Meerschweinchen, ab sofort auch in Ihrer Feinkostabteilung

48 MEERSCHWEINCHEN SIND KEINE SCHWEINE UND WOHNEN AUCH NICHT IM MEER

Wer hätte das gedacht? Aber nicht nur im Deutschen tragen sie das Schwein im Namen, sondern auch im Englischen (*guinea pig*, »guineisches Schwein«), Niederländischen (*Guinees biggetje*, »guineisches Ferkel«) und Portugiesischen (*porquinho-da-índia*, »indische Schweinchen«). Aber woher kommt die Verbindung mit dem Schwein? Manche Leute behaupten, dass der Geruch von gegrilltem Meerschweinchen an gegrilltes Schweinefleisch erinnert.

Gegrilltes Meerschweinchen? Aber ja doch. In Peru, Bolivien, Ecuador und Kolumbien stehen die Tiere regelmäßig auf dem Speiseplan. Meerschweinchenkotelett vom Grill gefällig?

Der Verweis auf das »Schweinchen« kann aber auch mit den Lautäußerungen der Meerschweinchen zu tun haben, die an das Quieken von Schweinen erinnern. Das Meer im Namen könnte darauf verweisen, dass das Nagetier über das Meer nach Europa gelangt ist.

Ursprünglich kommen die Tiere nämlich aus dem Andengebirge in Südamerika, wo sie vor über 3000 Jahren gezähmt wurden. Sie wurden von den Andenbewohnern als Haustier, als Nahrung und als Opfergabe für die Götter genutzt. Die spanischen Eroberer brachten sie im 16. Jahrhundert auf ihren Schiffen mit nach Europa, wo sie schnell zum beliebten Haustier wurden.

49 SCHMEISSFLIEGEN ALS ARZTASSISTENTEN
(NICHTS FÜR SCHWACHE NERVEN)

Nein, am Operationstisch helfen Schmeißfliegen nicht mit. Aber Gerichtsmedizinern sind sie bei der Untersuchung von Leichen eine große Hilfe.

Bevor Gerichtsmediziner mit der Untersuchung beginnen, prüfen sie den Wetterbericht der vergangenen Tage. Sie müssen nämlich herausfinden, wie warm und feucht es war, wie viele Sonnenstunden es gab und wie lange es hell gewesen ist. All diese Faktoren können das Auftauchen von Schmeißfliegen und anderen Aasfressern beschleunigen oder verzögern.

Blaue und grüne Schmeißfliegen finden eine Leiche in weniger als einer Stunde, weil sie den Geruch aus bis zu zehn Kilometern Entfernung wahrnehmen können. Sie fliegen zu dem Leichnam hin, um ihre Eier darin abzulegen. Ihre Larven ernähren sich nämlich von totem Fleisch und halten so die Umwelt sauber.

Die Eier werden in den Wunden und um alle Öffnungen herum abgelegt (Mund, Augen … – wie gesagt, nichts für schwache Nerven!). Bei warmem Wetter schlüpfen die Maden schon nach einem Tag aus dem Ei und graben sich ein, um vor Fressfeinden sicher zu sein. Im Laufe ihrer Entwicklung häuten und verpuppen sich die Schmeißfliegen drei Mal. Nach etwa einundzwanzig Tagen ist die Schmeißfliege fertig, und zurück bleibt nur die braune, leere Hülle.

Die Gerichtsmediziner nehmen die Puppen, die Larven und die Eier, die sie in der Leiche finden, mit ins Labor, wo sie bei gleichbleibender Temperatur weiter ausgebrütet werden. Mit den dabei gewonnenen Informationen kann später unter anderem der Zeitraum des Todes eingegrenzt werden.

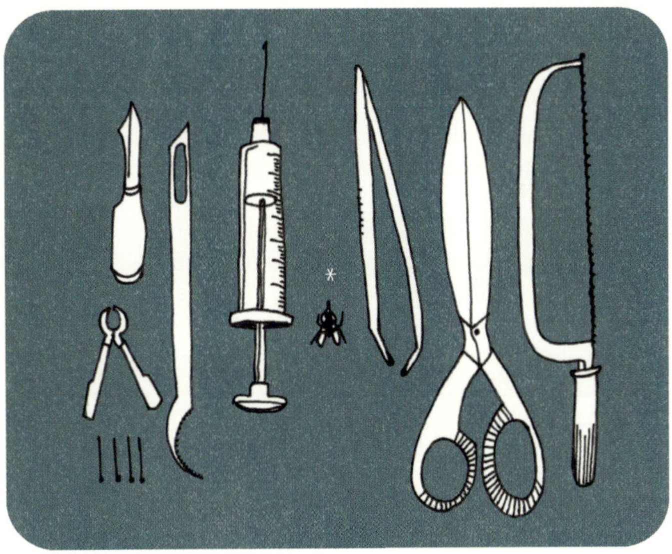

Instrumente in der Gerichtsmedizin

50 DIE BÄNDERSCHNECKE KOMMT MIT EINEM HÄUSCHEN AUF DEM RÜCKEN ZUR WELT

- Schnecken sind *Hermaphroditen* oder »Zwitter«, was bedeutet, dass sie sowohl männliche als auch weibliche Geschlechtsorgane haben. Haben zwei Schnecken Sex miteinander, kommt es zur Befruchtung. Beide legen Eier, aus denen die Jungen schlüpfen.

- Um einen Partner zu finden, folgt eine Schnecke einfach der Schleimspur einer anderen. Die beiden Weichtiere betasten einander mit ihren Fühlern, um die Geschlechtsorgane zu finden. Die befinden sich recht weit vorne am Körper, knapp hinter dem Kopf. Wenn sie den richtigen Fleck gefunden haben, stoßen sie den sogenannten Liebespfeil, eine Art Stachel, in den Körper des Partners, worauf es zur Befruchtung kommt. Das Liebesspiel der Schnecken kann stundenlang dauern.

- Hain-Bänderschnecken legen winzig kleine, meist durchsichtige Eier, die sie unter Blättern oder Steinen verstecken. Aus denen kriechen kurz darauf fertige kleine Jungschnecken, die schon ein winziges Haus auf dem Rücken tragen. Das sogenannte »Embryonalgehäuse« wächst mit der Schnecke mit. Dafür produziert ein spezielles Organ namens »Mantel« im Zentrum des Gehäuses Kalk. Schnecken halten sich auch gern auf Böden mit viel Kalk auf, mit dem sie ihr Häuschen stabiler machen können.

- Hain-Bänderschnecken brauchen nicht nur unheimlich lange bei der Paarung, sondern schlafen manchmal auch sehr, sehr lange. Bis zu drei Jahre am Stück! Das passiert allerdings nur unter extremen Bedingungen. Wenn es zum Beispiel zu warm oder zu kalt ist oder zu wenig Nahrung vorhanden ist, verkriechen sie sich tief in ihrem Häuschen, wo sie wohl von besseren Zeiten träumen. Auf diese Weise können Schnecken also einen Krieg oder, wer weiß, sogar eine Eiszeit überleben ...

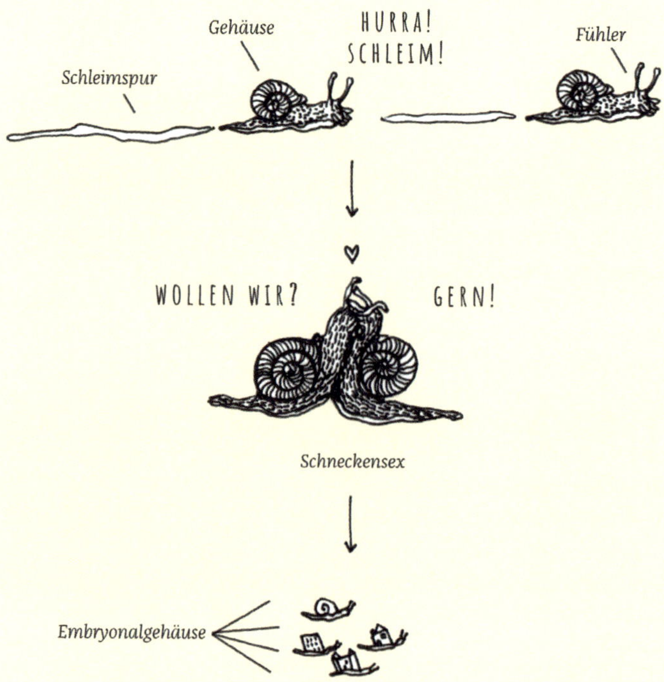

Minka *Tommy* *Felix*

51 DEINE KATZE SCHNURRT NICHT UNBEDINGT, WEIL SIE ZUFRIEDEN IST …

Frage 1: Wie schnurren Katzen?

Das Wort »schnurren« beschreibt ein anhaltendes, eher leises und tiefes Brummen, das Katzen von sich geben. Aber wie genau machen sie das? Das ist zwar noch nicht abschließend geklärt, aber viele Experten glauben, dass der besondere Aufbau des Kehlkopfes dafür verantwortlich ist.

Eine schnurrende Katze spannt und entspannt ihre Stimmritze. Dadurch verengt und weitet sie sich abwechselnd. Dazwischen ist für den Bruchteil einer Sekunde Ruhe, aber das nehmen wir nicht wahr. Wir hören ein anhaltendes Rrrrrrrrrrrr-Geräusch.

Frage 2: Können nur Hauskatzen schnurren?

Aber nein! Kleinkatzen, Hyänen, Waschbären und Meerschweinchen schnurren auch. Großkatzen, die brüllen können, wie Löwen, Tiger und Leoparden, schnurren nicht. Ihr Kehlkopf ist nicht steif genug für diese Lauterzeugung.

Frage 3: Warum schnurren Katzen?

Das ist die Frage aller Fragen. Auch die Wissenschaftler sind sich hier noch nicht einig.

Klar, deine Mieze schnurrt, wenn sie auf deinem Schoß liegt und hinter den Ohren gekrault wird. Katzen schnurren aber auch, wenn sie verletzt sind, Schmerzen oder Angst haben.

Katzenjunge schnurren schon gleich nach der Geburt, und zwar vor allem, wenn sie bei ihrer Mutter trinken. Es kann gut sein, dass das Schnurren die Milchproduktion bei der Katzenmutter anregt. Und ihr Schnurren wiederum dient dazu, die Jungen anzulocken, die bei der Geburt noch blind und taub sind. Die Vibrationen beim Schnurren können sie dagegen wahrnehmen.

Erwachsene Kater aber schnurren auch. Forscher vermuten, dass sie damit Artgenossen vermitteln, dass sie friedfertig sind. Eine in der Sonne dösende Katze zum Beispiel will einfach in Ruhe gelassen werden. Durch das Schnurren geht sie Raufereien mit anderen Katzen aus dem Weg.

Das Schnurren kann aber auch eine Methode sein, mit der die Katze sich selbst beruhigt, wenn sie verletzt oder ängstlich ist. Ein bisschen wie das nervöse Lachen beim Menschen.

Katzen, die mit Menschen zusammenleben, setzen das Schnurren ein, um mit Herrchen oder Frauchen zu kommunizieren. So machen sie ihnen klar, dass sie das Gekraule hinter den Ohren angenehm finden. Oder dass sie sich freuen, wenn die Katzenfutterdose aufgemacht wird.

52 DEIN HUND STAMMT VOM WOLF AB

Dass der Hund vom Wolf abstammt, weißt du wahrscheinlich schon. Die beiden ähneln sich zwar im Aussehen, unterscheiden sich aber im Charakter. Hunde sind treu, kuscheln gern mit Frauchen oder Herrchen und spielen gern mit Menschen. Sie sehen die Familie, in der sie leben, als ihr Rudel an. Das macht den Hund zum zweifellos beliebtesten Haustier der Welt.

Wie sich der Wolf zum Hund entwickelte, ist nicht abschließend geklärt. Vermutlich folgten die am wenigsten Schüchternen unter den Wölfen den ersten Menschen, um sich deren Essensreste zu stibitzen. So gewöhnten sie sich an den Menschen und blieben in seiner Nähe. Aber wahrscheinlich steckt noch mehr dahinter. Forscher aus den USA glauben, dass auch eine genetische Abweichung eine Rolle gespielt hat, und zwar in Form des Williams-Beuren-Syndroms. Menschen mit diesem Syndrom sind sehr aufgeschlossen und freundlich und haben vor niemandem Angst. Hunde scheinen auch über dieses Gen zu verfügen, Wölfe jedoch nicht.

53 ESEL SIND NICHT STÖRRISCH, SONDERN VORSICHTIG

Kennst du den Ausdruck »störrischer Esel«? Damit bezeichnet man eine Person, die stur nur ihrem eigenen Willen folgt. Eigentlich sind Esel aber überhaupt nicht störrisch. Sie sind nur vorsichtig.

Auch wenn Esel Pferden ähneln, verhalten sie sich ganz anders. Erschreckt sich ein Pferd, rennt es weg. Ein Esel hält an, wenn er Gefahr wittert, und überlegt. Will ein Esel wirklich nicht weitergehen, gibt es einen guten Grund dafür. Erst wenn er sich überzeugt hat, dass alles sicher ist, wird er weitergehen. Stehen bleiben und nachdenken ist also die Überlebensstrategie des Esels.

Natürlich haben Esel manchmal Angst vor etwas, vor dem sie überhaupt keine Angst haben müssten: ein Stück Geröll, das einen Berg hinunterrollt, eine raschelnde Plastiktüte, ein knackender Zweig. Als Besitzer musst du deinen Esel dann überzeugen, dass es in Ordnung ist weiterzulaufen. Wenn er dir erst mal vertraut, macht er es bestimmt.

Stell dir vor, du machst einen Ausflug auf dem Rücken eines Esels. Ihr kommt zu einem kleinen Flusslauf, der leicht zu überqueren ist. Aber der Esel traut der Sache nicht und bleibt stehen. Um ihn zu überzeugen, dass keine Gefahr besteht, kannst du absteigen und selbst ins Wasser gehen und ihm so zeigen, dass es nicht tief ist. Sieht der Esel erst einmal, dass für dich alles in Ordnung ist, wird er sich selbst auch trauen. Mit einem leckeren Stück Apfel oder Möhre kannst du ihn danach für seinen »Mut« belohnen.

Ein Esel lernt schnell. Nach kurzer Zeit wird er wissen, was gefährlich ist und was nicht. Dann wird er nicht mehr so oft stehen bleiben und sich mit allen vieren gegen das Weitergehen sträuben. Und das nicht, weil er weniger störrisch ist, sondern weil er gelernt hat, dass er keine Angst haben muss.

Steht der Esel also wie ein Esel vorm Berg, wird er einen guten Grund haben. Und wenn du es mal richtig eilig hast, kannst du ja immer noch den Drahtesel nehmen!

54 TAUBEN SIND DIE BESTEN ZOCKER

Damit du verstehst, was wir meinen, müssen wir erst das Monty-Hall-Problem, auch »Ziegenproblem« genannt, erklären. In den 1960er-Jahren moderierte Monty Hall eine Fernsehshow, bei der die Teilnehmer zwischen drei Türen wählen mussten. Hinter einer von drei Türen befand sich ein Auto, hinter den anderen beiden eine Ziege.

Angenommen, ein Teilnehmer entschied sich für Tür 1. Monty Hall wählte dann aus den beiden verbleibenden (also Tür 2 oder 3) eine Tür aus, von der er sicher wusste, dass sich dahinter eine Ziege befand. Diese Tür fiel dann weg. Der Teilnehmer musste nun entscheiden, ob er an seiner ersten Wahl (Tür 1) festhalten oder die verbleibende Tür nehmen wollte.

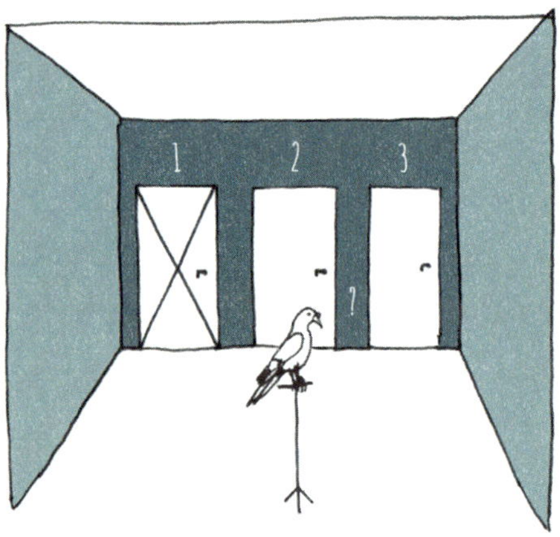

das Monty-Hall-Problem

** unanständige Bemerkung*

Die beste Strategie war es, die Tür zu wechseln.

Um das zu verstehen, braucht man ein Mathehirn. Wenn du aus drei Türen auswählst, hast du eine Chance von 1 zu 3, die richtige zu finden. Folglich ist die Chance, dass der Preis sich hinter einer anderen Tür befindet, 2 zu 3.

Aber nun wählt der Moderator eine der verbleibenden Türen. Von den zwei Dritteln ist eins weggefallen. Natürlich ist es immer noch möglich, dass sich der Preis hinter der Tür befindet, die du zuerst gewählt hast, aber die Wahrscheinlichkeit, dass er sich hinter der anderen Tür befindet, ist nun mathematisch gesehen viel größer.

Ausnahmsweise dürfte es klarer sein, wenn wir große Zahlen heranziehen. Angenommen, du musst eine von hundert Türen öffnen und der Moderator öffnet daraufhin 98 andere. Jetzt wirst du eher zum Wechseln neigen und die letzte verbleibende Tür wählen.

Während viele Menschen hier ein Verständnisproblem haben, steigen Tauben offenbar schnell durch. Jede Taube, der man eine solche Aufgabe gestellt hatte, entschied sich für den Wechsel. Tauben sind also besser darin, das Monty-Hall-Problem zu lösen, als Menschen – was nicht unbedingt bedeutet, dass sie schlauer sind. Sie wollen es wahrscheinlich simpel halten. Menschen denken zu angestrengt nach, wodurch sie es sich selbst schwerer machen.

Dennoch sind Tauben sehr schlaue Vögel. Sie können bis neun zählen, Bilder in verschiedene Kategorien einteilen und sogar Wörter aus der Menschensprache erkennen. Umgekehrt gelingt das noch nicht. Oder weißt du etwa, was eine Taube mit einem leisen »Rukuu« ausdrücken will?

55 SPINNEN SPINNEN SEIDE

Siehst du ein Spinnennetz im Garten? Schau es dir einmal aus der Nähe an. Es ist wirklich ein Wunder der Natur!

Spinnennetze bestehen aus Seide. Das ist ein starker, haltbarer und dehnbarer Stoff, viel fester als Kevlar – der stärkste Stoff, den Menschen produzieren können und der zur Herstellung von kugelsicheren Westen verwendet wird.

Spinnen nutzen die Seide für allerlei Zwecke. Wenn eine Spinne aus dem Ei schlüpft, spinnt sie einen Seidenfaden und wartet auf einen Windzug, um sich wegtragen zu lassen. Der Seidenfaden sorgt dafür, dass sie nicht geradewegs auf den Boden fällt. Später spinnt die Spinne ein Netz aus Seide, um damit Insekten und andere Nahrung zu fangen. Manche Spinnenarten weben ein großes Netz zwischen Zweigen, andere spinnen ein kleineres Netz, das sie zwischen ihren Beinen aufspannen und als eine Art Wurfnetz gebrauchen.

Große Spinnen wie die Wolfsspinne gebrauchen die Seide nicht zum Netzbau, sondern um damit ihre Höhlen auszukleiden. So bleibt die Erde fest an Ort und Stelle, und die Höhle kann nicht so schnell einstürzen. Vielleicht liegt es sich so auch einfach angenehmer.

Frau Wolfsspinne wickelt ihre Eier in einen Seidenkokon. Außerdem spannt sie Seidenfäden vor und neben ihrem Loch, um möglichen Angreifern eine Falle zu stellen. Soweit wir wissen, gibt es leider keine Spinnen, die Auftragsarbeiten für schöne Ballkleider übernehmen.

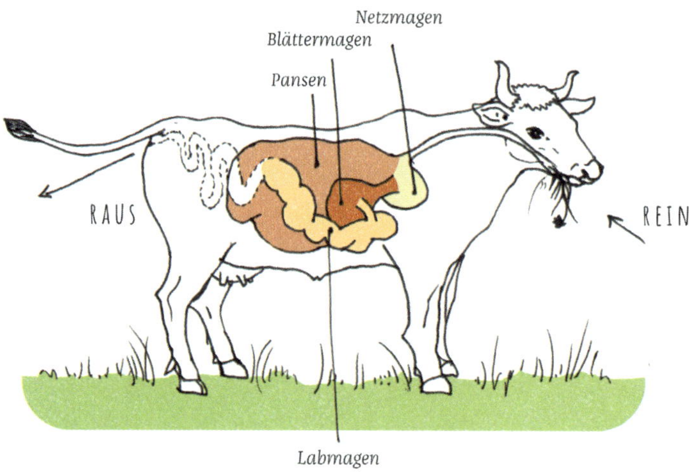

der Wiederkäuer

56 KÜHE HABEN VIER MÄGEN (UND DU NUR EINEN!)

Eine Kuh hat ganze vier Mägen: einen Blättermagen, einen Labmagen, einen Pansen und einen Netzmagen. Sie alle sind miteinander verbunden und helfen der Kuh dabei, das Gras, das sie den ganzen Tag lang frisst, zu verdauen.

Das Gras oder Heu wird durch Bakterien zersetzt. Dieser Vorgang heißt *Fermentation* und ist sehr aufwendig. Ein einfacher Magen wäre dazu nicht in der Lage. Drei Vormägen sind nötig, um alles ein bisschen »vorzuverdauen«.

Kühe grasen etwa acht bis zehn Stunden täglich und nehmen so im Durchschnitt rund hundert Kilo Gras auf. Sie rupfen das Gras aus dem Boden und schlucken es, ohne groß zu kauen. Das Gras landet zuerst im Pansen, einem großen Magen, der gut 120 Liter fasst. Ist der voll, wandert die Nahrung wieder zurück Richtung Maul, wo die Kuh es zerkaut. Die zerkleinerte Masse geht dann in den zweiten Magen: den sogenannten Netzmagen. Der erinnert ein bisschen an ein Fischernetz, daher der Name. Darin wird alles zu Bällchen gerollt und dann im Maul weiter zermahlen. Magen Nummer drei ist der Blättermagen, dessen viele kleine Falten an die Blätter eines Buchs erinnern. Hier werden dem Grasbrei Feuchtigkeit und Mineralien entzogen, woraufhin alles in den Labmagen wandert. Dieser funktioniert wie der Magen von uns Menschen. Durch die Säure der Verdauungssäfte wird der Grasbrei weiter zersetzt.

Der Rest rutscht weiter in den Dünn- und den Dickdarm und kommt als flacher Kuhfladen hinten wieder raus. Vom Gras bis zum Fladen muss also viel passieren.

57 KÖNNEN HUNDE DIE UHR LESEN?

Angenommen, du kommst jeden Tag um vier Uhr aus der Schule. Aber dein Hund ist immer schon ab kurz vor vier aufgeregt. Er wartet längst an der Tür, voller Vorfreude auf seinen Spielkameraden. Als ob er die Uhr lesen könnte!

Das ist nicht der Fall. Schenkst du deinem Hund eine schöne Uhr, wird er nichts damit anfangen können. Aber wie funktioniert es dann?

Wissenschaftler gehen davon aus, dass es der Geruchssinn ist, der dem Hund vermittelt, wie spät es ist. Hunde können nämlich sehr gut riechen. Die Nase ist ihr wichtigstes Sinnesorgan, und ein großer Teil ihres Gehirns wird dafür verwendet, Gerüche zu erkennen. Ein Hund hat um die 220 Millionen Riechzellen in der Nase; ein Mensch dagegen »nur« 5 Millionen.

Wenn du zu Hause bist, ist dein Geruch für den Hund sehr stark. Aber sobald du weggehst, fängt dein Geruch an nachzulassen. Anhand der Konzentration eines Geruchs können Hunde mehr oder weniger genau die Zeit bestimmen. Sinkt der Geruch auf einen bestimmten Pegel, weiß der Hund, dass der Moment naht, dass etwas passiert.

Du kannst es selbst ausprobieren, indem du deinen Hund hinters Licht führst. Angenommen, dein Hund steht immer um vier Uhr bereit, um dich zu begrüßen. Bitte doch mal deine Eltern, gegen halb vier ein paar Kleidungsstücke, die du kürzlich anhattest, im Haus auszulegen. Am besten klappt das mit Sachen, die stark riechen – deine Sportklamotten zum Beispiel. Diesmal wird dein Hund um vier wahrscheinlich nicht auf dich warten. Durch die Kleidungsstücke hängt dein Geruch nämlich immer noch in der Luft. Also verrät die Nase deinem Hund nicht, dass es Zeit ist, sich an die Tür zu stellen.

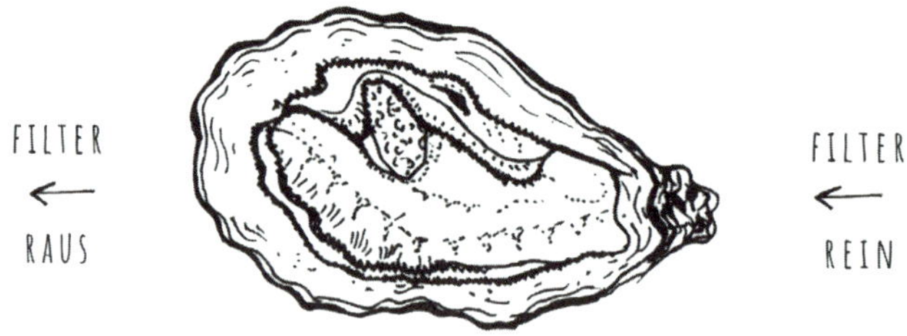

Der Austernfilter filtert 190 Liter Wasser pro Tag.

58 KEINER FILTERT WASSER SO GUT WIE DIE AUSTER

Eine Auster filtert etwa 190 Liter Wasser pro Tag. Ein ganzes Austernriff kommt im Durchschnitt sogar auf 90 Millionen Liter pro Tag. Das entspricht dem Inhalt von 36 olympischen Schwimmbecken.

Über die Kiemen fließt das Wasser ins Innere der Auster, wobei es über feine, »Zilien« genannte Härchen strömt. Alle festen Teilchen im Wasser, darunter Plankton und Algen, bleiben an den Zilien und im Schleim der Auster kleben. Von dort wandert die Nahrung in den Mund der Auster. Sie frisst also ihren eigenen Schnodder auf, aber holt gleichzeitig eine Menge Zeugs aus dem Wasser. Das gefilterte Wasser strömt wieder nach draußen und ist jetzt schön sauber für andere Meerestiere. Darum ziehen Austernriffe oft auch andere Meereslebewesen an. Erst kommen kleine Fische und Seeanemonen, die ihrerseits wiederum größere Arten anziehen.

Ein Austernriff ist also eine perfekte Kläranlage, aber es kann noch mehr. Es bildet nämlich während eines Sturms ein natürliches Hindernis gegen hohe Wellen und kann zwischen 76 und 93 % der Energie einer Welle auffangen. So wird die Erosion des Bodens verlangsamt, Überschwemmungen werden verhindert, und Stürme verursachen weniger Schäden.

Leider sind inzwischen 85 bis 90 % aller Austernriffe in freier Wildbahn verschwunden. Schuld daran ist vor allem der Mensch. Er pflückt die Austern nicht nur, um sie zu essen, sondern beschädigt die Riffe auch durch falsche Fischfangmethoden. Die schlechtere Wasserqualität tut der armen Auster auch nicht gut.

Aber zum Glück gibt es auch gute Nachrichten: Überall entstehen Projekte zur Ansiedlung von Austern. Und die lohnen sich: In einem Projekt hat ein Wachstum der Austernriffe um 212 % dazu geführt, dass die Anzahl der anderen Meerestiere um 850 % gestiegen ist. Damit ist die Auster eine wahre Umweltaktivistin!

59 AUSTERN MACHEN JUWELEN

Austern sind *Hermaphroditen*, also Zwitter. Das bedeutet, dass sie zugleich männlich und weiblich sind. Allerdings können sie sich nicht selbst befruchten wie einige andere zwittrige Tierarten. Manche Austern bringen im zweiten Jahr ihrer Geschlechtsreife Samenzellen hervor und im Jahr darauf Eizellen. Andere Austern sind anfangs noch Männchen, aber verändern mit der Zeit, abhängig von Temperatur- und Nahrungsbedingungen, ihr Geschlecht.

Sind die Eizellen einer weiblichen Auster befruchtet, entwickeln sich Larven in der Schale. Ein paar Tage später werden sie ausgestoßen und sacken auf den Meeresgrund. Dort heften sie sich mit der offenen Seite an etwas fest. Viele der Larven schaffen es nicht und sterben. Diejenigen, die sich festhaken und überleben, entwickeln sich innerhalb von zwei bis fünf Jahren zu einer ausgewachsenen Muschel.

Manchmal enthalten Austern eine Perle. Die entsteht, wenn ein winziger Fremdkörper zwischen Mantel und Schale gelangt ist. Normalerweise bildet der Mantel Perlmutt an der Innenseite der Schale, aber jetzt überzieht der Mantel auch den Fremdkörper mit einer Schicht Perlmutt. Die dadurch entstehende Kapsel ist eine wunderschöne wilde Perle.

Der Mensch findet Perlen schon lange schön. Er entdeckte schon vor Tausenden von Jahren, dass sich in einer Auster manchmal ein Juwel verbirgt. Mal galt die Perle als Glücksbringer, mal wurde sie als Medizin verwendet.

Naturperlen sind schwer zu finden. Nur eine von fünftausend Austern formt auf natürliche Weise eine Perle. Der Japaner Kokichi Mikimoto aber erfand im 19. Jahrhundert eine Methode, wie sich Perlen in Austern heranzüchten lassen. Dabei wird ein winzig kleines Körnchen Perlmutt in die Auster gelegt, und zwei Jahre später kann die Perle geerntet werden. Diese Methode kommt heute noch zum Einsatz.

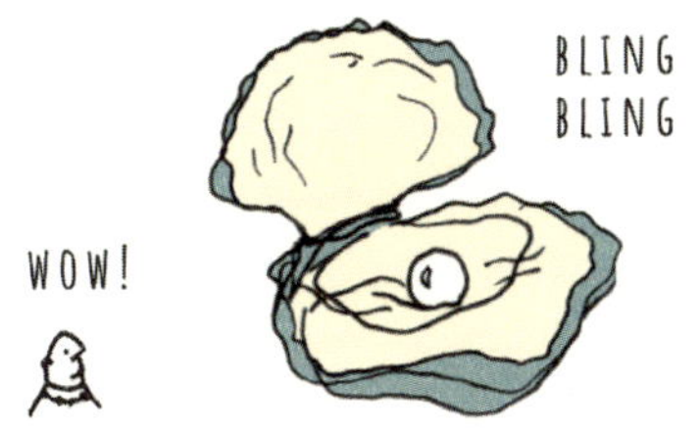

60 DEIN SIND ALLE MEINE HERZEN

Willst du Regenwürmer fangen? Dann stell dich am besten nach einem Schauer ins nasse Gras und stampfe mit den Füßen auf oder tanze im Kreis. Nach kurzer Zeit werden die Regenwürmer von selbst hochkommen, sodass du sie genauer unter die Lupe nehmen kannst. Das hat zwei Gründe. Erstens glauben Regenwürmer, wenn die Erde bebt, dass ihnen ein Maulwurf auf der Spur ist. Also sehen sie zu, dass sie so schnell wie möglich ans Tageslicht kommen, um nicht von ihm erwischt zu werden. Zweitens brauchen Regenwürmer Luft zum Atmen. Wenn ihre Gänge mit Wasser volllaufen, ertrinken sie.

Regenwürmer bestehen aus verschiedenen Segmenten oder Gliedern. Wenn sie an der Vorderseite einige (maximal vier) Segmente verlieren, können sie einfach weiterleben. Das verlorene Stück wächst kurze Zeit später nach. Auf den Segmenten sitzen Borsten. Die Würmer sondern auch Schleim ab, der gemeinsam mit den Borsten dafür sorgt, dass sie sich unter der Erde fortbewegen können.

Wir wissen nicht, ob das Herz eines Regenwurms schneller schlägt, wenn er verliebt ist. Oder besser: seine zehn Herzen, denn so viele hat er.

Es gibt keine Regenwurmmännchen und Regenwurmweibchen. Sie sind nämlich beides zugleich, also »Zwitter«. Trotzdem brauchen Regenwürmer einen Partner für die Befruchtung. Dabei legen sie sich nebeneinander und tauschen Samen aus. Nach einiger Zeit entsteht auf Höhe des Gürtels (das ist das hellere, dickere Glied) ein Schleimring. Der Wurm kriecht rückwärts und schiebt sich den Ring über den Kopf. Dann verschließt er den Schleimring zu einem Kokon, aus dem nach ein paar Wochen kleine Regenwürmer kommen. Wetten, dass du die langweiligen braunen Würmer ab jetzt mit anderen Augen siehst?

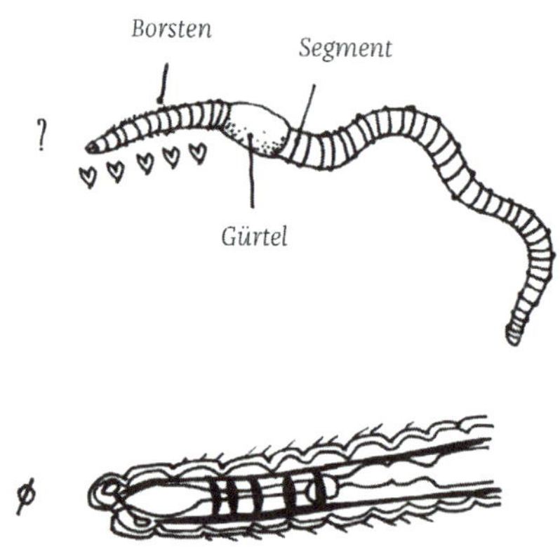

die Liebe des Regenwurms

– 4 –

TIERISCHER SPEISEPLAN

61 ERDFERKEL SIND VERRÜCKT NACH AMEISEN UND »ERDFERKELGURKEN«

Was hat den Körper eines Schweins, die Ohren eines Kaninchens, die Zunge eines Ameisenbären und den Schwanz eines Kängurus? Das einzig wahre Erdferkel natürlich!

Erdferkel sind in Afrika heimisch. Ihren Namen verdanken sie niederländischen Kolonisten aus dem 17. Jahrhundert. Als sie die Tiere sahen, die ein wenig an Schweine erinnerten und Löcher in die Erde gruben, stand der Name für sie fest: »Aardvarken«, Erdferkel. Der Name wird so ähnlich auch in vielen anderen Sprachen verwendet. Allerdings gehört das Erdferkel gar nicht zur Familie der Schweine. Sein nächster Verwandter ist der Elefant!

Erdferkel ernähren sich von Ameisen und Termiten. Mit ihren scharfen, schaufelförmigen Klauen können sie harte Erde oder Termitenhügel aufbrechen. Dann stecken sie ihre klebrige, gut dreißig Zentimeter lange Zunge in das Ameisen- oder Termitennest und schlecken alles, was daran kleben bleibt, genüsslich auf. Ihre Nasenlöcher können sie verschließen, damit keine Ameisen oder Schmutzpartikel eindringen können. Sehr praktisch! In einer Nacht kann ein Erdferkel bis zu 60 000 Ameisen und Termiten fressen.

Neben Ameisen und Termiten mögen Erdferkel auch eine Pflanze, die »Erdferkelgurke« oder »Erdferkelkürbis« genannt wird (lateinisch *Cucumis humifructus*). Diese Pflanze kann nur mit dem Dung des Erdferkels wachsen – die beiden brauchen sich also gegenseitig!

Erdferkel beißen ihre Nahrung nicht in Stücke, sondern schlucken sie im Ganzen herunter. Ihr Gebiss ist nämlich nicht zum Kauen geeignet. Alles rutscht geradewegs in den Magen, wo es von den starken Muskeln zermahlen und weiter verdaut wird.

Erdferkel sind jede Nacht bis zu 16 Kilometer unterwegs, um Nahrung zu suchen. Tagsüber kehren sie in ihre selbst gegrabene Erdhöhle zurück. Die kann bis zu 13 Meter lang sein und verfügt meist über mehrere Eingänge. Unterwegs graben sie auch Höhlen, um sich auszuruhen, vor Feinden zu verstecken oder einfach, um sich eine Erdferkelgurke schmecken zu lassen.

Erdferkel
Orycteropus afer

Helarctos malayanus
Malaienbär

62 PU DER BÄR WOHNT IN MALAYSIA

In den Wäldern Südostasiens wohnt ein kleiner Bär, der verrückt nach Honig ist. Es handelt sich um den Malaienbär oder auch Sonnenbär, der in der Landessprache *biroeang* oder *broeang* genannt wird. Das bedeutet wörtlich »der, der gerne hoch sitzt«. Der Malaienbär baut sich sein Nest nämlich gern in Bäumen.

Der Malaienbär ist ein kleiner, kräftiger Bär mit niedlichen runden Ohren und einer kurzen Schnauze. Unter dem Kopf hat er einen weißen oder goldfarbenen Fleck in Form eines Lätzchens. Sein Fell ist kurz, damit es ihm in den tropischen Temperaturen nicht zu warm wird, aber auch fest, was ihn vor Verletzungen durch Äste und Zweige schützt.

Mit den langen Klauen öffnet er Termitennester, um die Insekten darin aufzufressen, aber besonders freut er sich, wenn er auf ein Bienennest stößt. Das bricht er mit den Klauen auf, damit er mit seiner lustigen langen Zunge den Honig herauslecken kann. Manchmal schluckt er dabei die Bienen gleich mit runter. Die Stacheln scheinen ihm nicht wehzutun.

Leider begibt sich der Bär manchmal auch auf die Suche nach anderer Nahrung und stiehlt dann Bananen und Palmnüsse von Bauern. Dafür muss der Arme oft mit dem Leben bezahlen. Überhaupt stellen Menschen eine Gefahr dar: Manche machen Jagd auf ihn, um an seinen Pelz zu kommen, oder sie töten die Mutter, um das Bärenjunge als Haustier zu verkaufen. Das ist natürlich traurig, denn dieser Pu möchte kein Haustier sein.

63 SCHIMPANSEN GÖNNEN SICH AB UND ZU EIN SCHLÜCKCHEN

Im westafrikanischen Land Guinea trinken die Menschen gern Palmwein. Um den herzustellen, hängen sie spezielle Plastikbehälter hoch in die Kronen von Palmen. Der süße Saft der Bäume wird angezapft und beginnt sofort zu gären oder zu »fermentieren«. So entsteht natürlicher Palmwein. Jeden Morgen und jeden Abend werden die Behälter geleert.

Aber die Menschen haben den süßen Saft nicht mehr für sich allein ... Inzwischen hat eine Gruppe Schimpansen die Behälter mit dem Wein entdeckt. Und sie sind ganz verrückt danach! Sie haben eigens eine Methode entwickelt, um an den Wein heranzukommen. Erst sammeln sie im Wald Blätter und kauen diese ganz fein. So entsteht eine Art Schwamm. Dann drücken sie ihre Blattschwämme in die Weinbehälter und saugen sie ganz leer. So trinken diese Schimpansen bis zu einen Liter Wein pro Tag. Der enthält zwischen 3 und 7 % Alkohol, in etwa so viel wie Bier. Die Schimpansen müssen also davon betrunken werden. Der eine döst nach dem Trinken direkt weg und schläft seinen Rausch aus, ein anderer wird davon ganz aufgeregt und kann gar nicht mehr schlafen.

Ob die Schimpansen von ihren Trinkpartys auch einen Kater bekommen, wissen wir nicht. Vielleicht müssen wir mal mitfeiern, um es herauszufinden!

EIN GUTER JAHRGANG!

64 BEI GROSSEM HUNGER LÄSST SICH DER FUCHS AUCH EINEN IGEL SCHMECKEN

Normalerweise sind Füchse nicht besonders wählerisch, wenn es ums Fressen geht. Sie fressen, was sie finden: kleine Nagetiere wie Ratten und Mäuse, aber auch Hasen, Kaninchen, Vögel, Insekten, Beeren und Fallobst. Manchmal frisst der Fuchs sogar Abfälle oder raubt Eier aus Vogelnestern. Mit seinen scharfen Eckzähnen knackt er die Schale auf und schlürft das Ei leer. Pro Tag braucht ein Fuchs etwa ein halbes Kilo Nahrung.

Wenn er richtig Hunger hat und nichts anderes findet, wagt er sich auch mal an einen Igel heran. Natürlich ist das heikel, denn Igel haben Stacheln, an denen er sich böse stechen kann. Wenn ein Igel sieht, dass sich ein Fuchs nähert, rollt er sich schnell zu einem Ball zusammen und stellt seine Stacheln auf. Aber Reineke Fuchs ist natürlich schlau: Er dreht den Igel vorsichtig auf den Rücken und bespritzt ihn mit Urin. Der Igel erschreckt sich so sehr, dass er sich entrollt. Sofort schlägt der Fuchs zu und beißt den Igel tot.

Fuchs gegen Igel

Aber was, wenn der Fuchs gerade nicht pinkeln muss und trotzdem großen Appetit auf eine Portion Igel hat? Kein Problem! Wenn es kurz zuvor geregnet hat, rollt der Fuchs den Igel einfach durch eine Pfütze. Der reagiert wieder, indem er sich aufrollt, und bezahlt dafür mit dem Leben. Nicht so schön für den Igel, aber sehr schlau vom Fuchs.

65 FALKEN HALTEN IHRE BEUTE IN EINEM GEFÄNGNIS FEST

Mogador, eine Insel in der Nähe von Marokko, ist ein beliebter Brutplatz für verschiedene Zugvögel. Darunter zum Beispiel der Eleonorenfalke, aber auch eine Menge kleinerer Vögel.

Normalerweise ernähren sich Falken von Insekten. Während der Brutzeit aber haben sie manchmal auch Appetit auf einen saftigen kleinen Vogel. Ein paar Tage bevor sie Eier legen, begeben sich die Falken auf die Jagd. Sie ergreifen in der Luft einen Vogel, aber anstatt ihn sofort zu töten, nehmen sie ihn gefangen. Das lebende Beutetier schieben sie in Felsspalten, aus denen es allein nicht mehr herauskommt. Manchmal rupft der Falke dem Beutevogel auch Schwanzfedern aus, wodurch er nicht mehr fliegen kann.

Eleonorenfalke

Der Vogel bleibt so lange in der Felsspalte gefangen, bis der Falke und seine Jungen Hunger bekommen. Dann wird er getötet und gefressen.

Es klingt grausam, aber eigentlich ist es nichts anderes, als was wir Menschen mit den Kühen, Schweinen und Hühnchen tun, die wir essen. Es zeigt auch, wie intelligent die Falken sind. Sie müssen vorausschauend denken und planen: einen Vogel fangen, um in Zukunft etwas zu fressen zu haben.

* Verdammt!

66 EULEN HÖREN IHRE MAHLZEIT LAUFEN

Eulen sind im Allgemeinen Nachttiere. Weil sie im Dunkeln jagen, haben sie ein ausgezeichnetes Gehör.

Bei vielen Eulen sind die Ohren unterschiedlich groß und sitzen auf unterschiedlicher Höhe, sind also »asymmetrisch«. Dadurch können sie ganz genau bestimmen, wo sich die saftige Maus gerade befindet.

Der Kopf einer Eule ist vorne abgeflacht, wodurch Geräusche die Ohren noch besser erreichen können und sogar verstärkt werden. So hört die Eule Dinge, die wir als Menschen nicht wahrnehmen können. Außerdem kann sie ihren Kopf um 270 Grad drehen. Das hilft ihr, ein Geräusch noch genauer zu verorten.

Sobald sie weiß, wo sich die Beute befindet, schwebt sie lautlos dahin. Das kann sie, weil auf der Oberfläche ihres Gefieders ganz feine Federchen sitzen, die das Geräusch dämpfen. Eine Eule ist also auch ganz samtweich, wenn man sie anfasst.

Eulen fressen für ihr Leben gern Mäuse. Eine Schleiereule kommt auf gut tausend pro Jahr. Bauern versuchen daher oft, eine Schleiereule in ihre Scheune zu locken, um auf diese Weise eine Mäuseplage zu verhindern. Die Eule schluckt eine Maus im Ganzen und würgt hinterher Knochenstücke, Haut, Zähne und Fell in einem sogenannten »Gewölle« wieder aus. So ein Gewölle (auch »Speiball« genannt) kann dir viel über die Eule und ihre Ernährung verraten. Schau dich doch mal in der Nähe von Eulen um, vielleicht findest du ja ein Gewölle, das du selbst auseinandernehmen und untersuchen kannst.

67 BEDANK DICH MAL BEIM MISTKÄFER

Es gibt mehr als 6000 Käferarten auf der Welt, die sich nur vom Mist anderer Tiere ernähren – und man findet sie überall, außer am Südpol. Sie sind unverzichtbar für die Verbreitung von Samen und die Düngung des Bodens. Australische Bauern führten diese Käfer sogar einst ins Land ein, weil sie so ausgezeichnete Hilfen im Ackerbau sind.

Diese Käfer fressen allein die Äpfel und Fladen von Pflanzenfressern wie Kühen, Pferden und auch Elefanten. Den Kot von Fleischfressern mögen sie nicht.

Manche dieser Käfer, wie zum Beispiel der Heilige Pillendreher, rollen den Mist zu schönen runden Kugeln, die bis zu fünf Mal so schwer wie sie selbst sein können. Das Ganze geht sehr schnell. Einen stattlichen Elefantenhaufen räumen sie so in weniger als einer Viertelstunde komplett auf. Die Kugeln rollen sie dann an einen sicheren Ort. Dabei laufen sie rückwärts, sodass sie mögliche Verfolger im Blick behalten, und scheren sich nicht um Hindernisse. Mit ihren besonderen Käferaugen können sie ein Himmelslicht wahrnehmen, das wir Menschen nicht sehen. Das hilft ihnen dabei, geradeaus rückwärts zu laufen.

Manche Mistkäfer haben keine Lust, selbst Kugeln zu drehen, und versuchen lieber, sie einem Artgenossen zu stibitzen. Das führt häufig zu einer heftigen Rauferei, bei der die Käfer sich mit den Vorderbeinen ineinander verhaken und versuchen, sich gegenseitig auf den Rücken zu werfen. Ein starker Käfer kann seinen Gegner bis zu einen Meter weit wegschleudern.

Neben den kugelrollenden Käfern gibt es auch solche, die einfach gern im Dung wohnen. Schließlich finden sie da alles, was sie zum Leben brauchen. Eine weitere Art rollt den Mist zwar auch zu einer Kugel, aber dribbelt damit wie ein Fußballer und versteckt sie dann tief in der Erde.

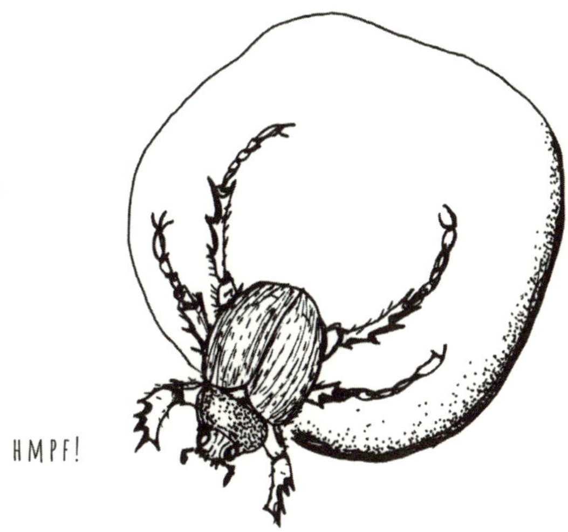

Pillendreher

jagender Jaguar

68 JAGUARE FRESSEN KAIMANE, ABER MANCHMAL FRISST EIN KAIMAN AUCH EINEN JAGUAR

Im Norden und Nordosten von Südamerika sind die Kaimane zu Hause. Fünf der sechs Kaimanarten sind kleiner als gewöhnliche Alligatoren. Ein ausgewachsenes Männchen kann etwa 1,5 Meter groß sein. Nur der Schwarze Kaiman wird manchmal noch größer als ein Alligator. Es wurden schon ältere Männchen mit einer Länge von über 5 Metern entdeckt.

Natürliche Feinde eines Kaimans sind der Jaguar und die Anakonda. Sie machen Jagd auf die kleineren Kaimane, nur den Schwarzen Kaiman lassen sie in Ruhe. Umgekehrt kommt es allerdings vor, dass der Schwarze Kaiman einen Jaguar verschlingt.

Fressen Kaimane auch Menschen? Aber nein. Die meisten von ihnen sind zu klein, um einen Menschen anzugreifen. Der Schwarze Kaiman könnte es wohl, aber er jagt viel lieber Tiere, die im Dschungel leben, etwa Capybaras (auch Wasserschweine genannt).

Menschen wiederum machen sehr wohl Jagd auf Kaimane, um Haut und Fleisch der Tiere zu nutzen. Darum stehen einige Arten heute unter Schutz. Manche Menschen halten sich sogar einen Kaiman als Haustier. Für uns klingt es aber nicht nach dem idealen Tier, um damit abends auf dem Sofa zu kuscheln.

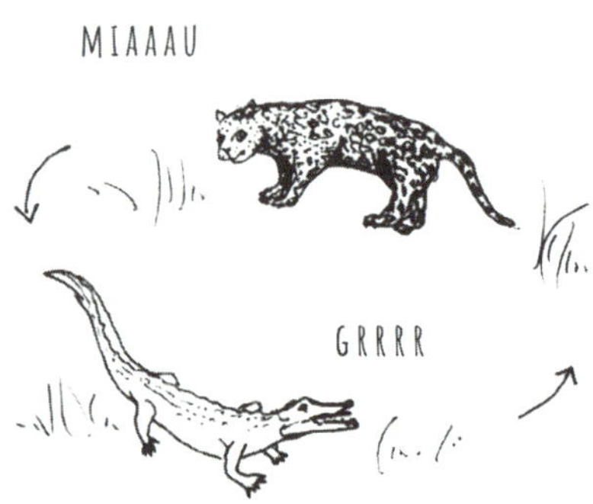

Wer frisst wen?

69 DER KOMODOWARAN IST EIN KANNIBALE

Ungerührt frisst der Komodowaran seine eigenen Jungen auf. Darum klettern junge Komodowarane, sobald sie können, schleunigst auf einen hohen Baum, um sich vor ihren hungrigen Eltern zu schützen, die nicht klettern können. Zum Fressen und Trinken kommen sie nach unten, aber kriechen danach schnell wieder zurück auf ihren sicheren Hochsitz. Erst wenn sie groß genug sind, um nicht von Artgenossen verspeist zu werden, verlassen die jungen Warane dauerhaft den Baum.

Komodowarane ernähren sich von Insekten, Geckos, Schlangen, Vögeln und Wildschweinen, aber sie wagen sich auch an Wasserbüffel oder Hirsche heran, die viel größer sind als sie selbst. Ein verletztes Beutetier kann vielleicht noch entkommen, wird aber trotzdem innerhalb kurzer Zeit am Biss des Warans sterben. In seiner Schnauze befinden sich sechs Giftdrüsen. Diese erzeugen ein Gift, das die Beute lähmt. Es enthält außerdem blutverdünnende Stoffe, wodurch das gebissene Tier schneller ausblutet.

Ab und zu steht auch Aas auf dem Speiseplan. Mit seiner gegabelten Zunge nimmt der Komodowaran eine Geruchsspur aus der Luft auf, die in der Schnauze von einem speziellen Organ analysiert wird. So kann er ein totes, verwesendes Tier aus bis zu acht Kilometern Entfernung »riechen«.

Komodowarane sind die größten unter den Waranen. Sie können über drei Meter lang werden und bringen durchschnittlich 80 Kilo auf die Waage.

Insgesamt leben noch etwa dreitausend wilde Komodowarane auf mehreren Inseln Indonesiens. Zwar haben sie eigentlich keine natürlichen Feinde, aber durch den Menschen, durch Waldbrände und Vulkanausbrüche wird ihr Lebensraum kleiner.

Mutter Kannibalin Komodowaranin

70 DER KATHOLIKENFROSCH HAT SEINE LUNCHBOX IMMER DABEI

Nein, der Katholikenfrosch betet nicht ständig das *Ave Maria* oder das *Vaterunser*. Seinen Namen verdankt er vielmehr der dunklen, mit Warzen bedeckten Zeichnung auf seinem Rücken, die an ein Kreuz erinnert.

Dieser gelbe oder grüne Frosch lebt meist unter der Erde in trockenen Gegenden Australiens. Um bei starker Trockenheit zu überleben, macht er sich eine Art Kokon unter der Erde. Erst wenn es stark regnet, kommt er wieder nach oben und hält sich in Tümpeln auf.

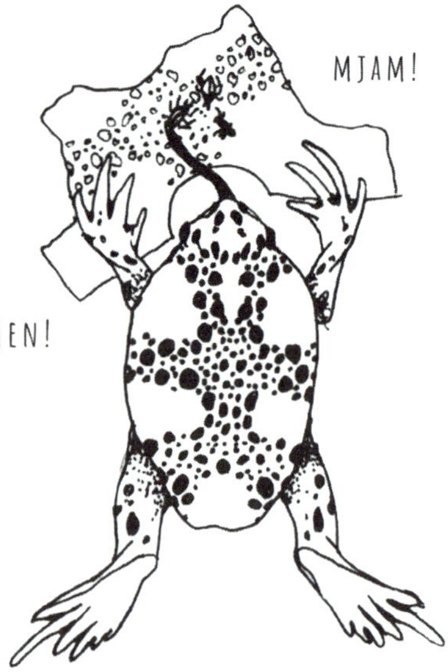

der Katholikenfrosch

Der Katholikenfrosch ernährt sich von Ameisen und Termiten. Einen Teil frisst er direkt auf, aber er legt sich auch einen Vorrat an. Dafür hat er eine besondere Methode: Er bedeckt seinen Rücken mit einem klebrigen Stoff. Der dient vor allem zur Abschreckung von Schlangen und Eidechsen, die Lust auf Froschschenkel haben, aber sie hat noch einen anderen Vorteil: Ameisen und Termiten bleiben daran kleben. Der Klebstoff wird nach ein paar Minuten hart. Bei der nächsten Häutung streift sich der Frosch die Haut einfach über den Kopf wie einen Pulli. Dann frisst er die alte Haut mit allen Insekten, die daran festkleben, auf.

71 WILDKAMELE PINKELN SIRUP

Das Wildkamel findet man nur noch in den Steppen und Halbwüsten Chinas, der Mongolei und in der Wüste Gobi. Die Wildkamele sind kleiner als die Trampeltiere, ihre domestizierten (vom Menschen gezähmten) Verwandten, und auch ihre beiden Höcker sind deutlich kleiner. Diese dienen als Fettspeicher für Zeiten, wenn Nahrung knapp ist. So schleppen die Kamele bis zu 36 Kilo auf ihrem Rücken mit sich herum.

Wildkamele sind ausgezeichnet dafür gerüstet, lange ohne Wasser auszukommen. Sie verlieren so gut wie keinen Schweiß, und ihr Urin ist hochkonzentriert. Wenn ein Wildkamel Wasser lässt, sieht es aus, als käme Sirup raus, so dickflüssig ist der Urin.

Wildkamel

Gibt es einmal Wasser, zögern die Kamele keine Sekunde. Innerhalb von zehn Minuten können sie bis zu 100 Liter aufnehmen. Das entspricht einer vollen Badewanne!

Selbst die Nase der Kamele ist eigens dazu gebaut, Feuchtigkeit festzuhalten. In den Nüstern befindet sich eine kleine Rinne, die dafür sorgt, dass die herauslaufende Feuchtigkeit über das Maul wieder aufgefangen wird. Kamele können, wenn es sein muss, sogar Salzwasser trinken. Das machen ihnen nicht viele Säugetiere nach.

72 DER PRACHTKÄFER FEIERT, WENN ES BRENNT

- Prachtkäfer oder *Buprestidae* sehen – wie ihr Name verrät – prächtig aus. Ihr schlanker Körper läuft nach hinten spitz zu und hat meistens eine leuchtende Farbe: hellgrün, knallrot oder blau, manchmal mit hellen Tupfen, Streifen oder Bändern. Mit ihrem metallischen Glanz erinnern sie an wertvolle Schmuckstücke.

- Ihre Eier legt das Weibchen mancher Prachtkäferarten am liebsten in der Nähe von Waldbränden ab. Diese kann sie aus einer Entfernung von bis zu 80 Kilometern »riechen«. Mit ihren Fühlern nimmt sie winzig kleine Teilchen von glimmendem Holz im Rauch wahr. Dann fliegt sie dorthin und legt ihre Eier auf verbranntes Holz. Da alle Raubtiere inzwischen den Ort des Unheils verlassen haben, ist es an dieser Stelle sicher für die Larven, die sich außerdem das verbrannte Holz schmecken lassen können.

- Baumliebhaber mögen keine Prachtkäfer. Die Weibchen legen ihre Eier nämlich nicht nur in verbranntem Holz, sondern auch in dem junger Bäume ab. Die Larven fressen sich dann einen Weg tief ins Innere des Baums, wo sie überwintern. Wenn es draußen wieder warm genug ist, graben sie sich einen Weg zurück. Erst nach zwei Jahren verpuppen die Larven sich. Kurze Zeit später fliegen die frisch geschlüpften Käfer aus. Manchmal sind die Gänge, die sie hinterlassen, über einen Meter lang. Sitzen viele Prachtkäferlarven gleichzeitig in einem Baum, kann der Saft darin nicht mehr gut fließen, und der Baum stirbt ab.

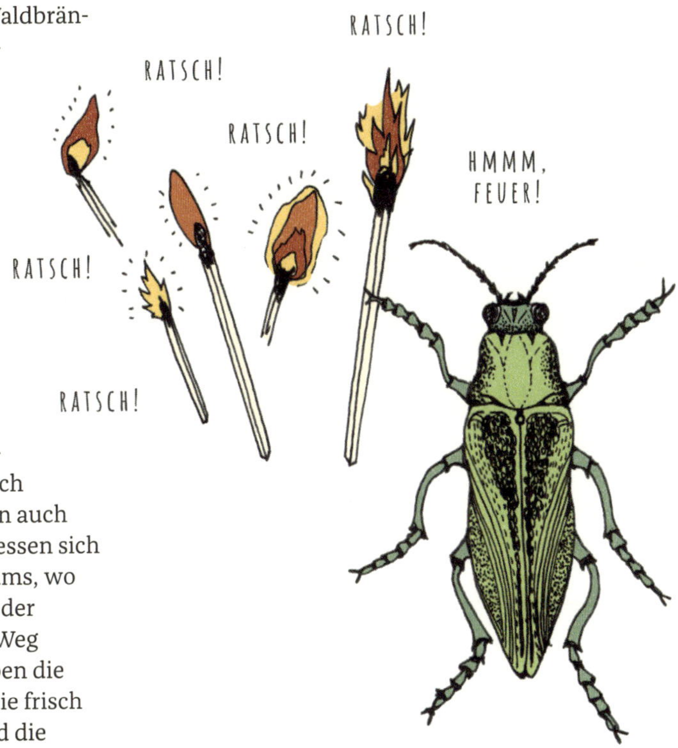

73 AMEISEN SIND HERVORRAGENDE LANDWIRTE

Die Arbeiterinnen einer Kolonie der *Messor barbarus*, einer Ernteameisenart, sammeln auf ihrer Suche nach Nahrung verschiedene Samen. Diese bringen sie in ihre unterirdische Getreidescheune, wo manchmal bis zu 300 000 Samen aufbewahrt werden können. Sie achten darauf, dass Samen von verschiedenen Pflanzen darunter sind, die nicht alle zur gleichen Zeit aufgehen.

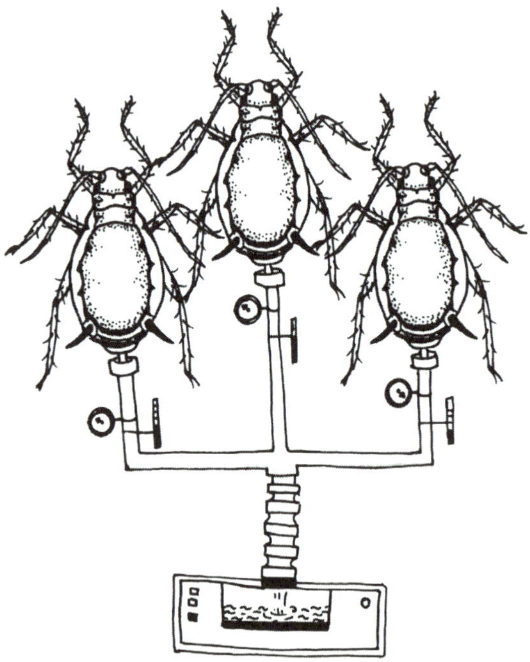

technologischer Fortschritt in der Molkerei von Ameisenhausen

Die kleinsten der Samen können die Ameisen mit ihren scharfen Kiefern zerbeißen. Bei den großen Samen gelingt das nicht. Die lassen sie dann einfach liegen, bis sie auskeimen und sie den leckeren Inhalt fressen können. Ameisen wissen, dass die großen Samen mehr Nahrung enthalten und es darum die Mühe wert ist, sie in ihr Nest zu schleppen. Außerdem scheinen sie zu wissen, dass verschiedene Samen nötig sind, die zu unterschiedlichen Zeiten auskeimen. So legen sie sich einen ordentlichen Futtervorrat an.

Manche Ameisenkolonien halten sich außerdem einen regelrechten »Viehbestand«, damit sie immer etwas zum Melken haben. Bei dem Vieh handelt es sich um Blattläuse, die viel mehr Saft aus Pflanzen ziehen, als sie selbst brauchen. Was sie zu viel haben, hängt in Tropfen als süßer Honigtau an ihrem Hinterteil. Der löst sich erst, wenn eine Ameise die Blattlaus mit ihren Fühlern kneift. Die Ameisen kümmern sich gut um ihr »Melkvieh«. Wenn das Futter zur Neige geht, tragen sie die Blattläuse zu einer neuen Futterquelle und sorgen auch dafür, dass sie es im Winter warm und trocken haben. Ist ein Jäger in der Nähe, zum Beispiel ein Marienkäfer, verteidigen die Ameisen ihre Blattläuse wenn nötig mit dem Leben.

Die Blattläuse finden das prima. Sie lassen die Ameisen sogar ihre Jungen adoptieren. Die werden dann vollständig in der Ameisenkolonie großgezogen.

Donnerstag ist Veggietag

74 MANCHE PIRANHAS SIND VEGETARIER

Du denkst bei einem Piranha an ein blutrünstiges Raubtier, das dir ohne Vorwarnung die Zehen abbeißt, wenn du ihm zu nahe kommst? Dann müssen wir dich enttäuschen. Unter den dreißig bis sechzig Piranha-Arten gibt es nur vier, die sich ausschließlich von Fleisch und Fisch ernähren. Die meisten sind Allesfresser, der Fachausdruck dafür lautet *Omnivoren*. Ein paar Arten sind sogar Vegetarier.

Auch die fleischfressenden Piranhas werden dich in der Regel in Ruhe lassen. Meistens fressen sie andere Fische und tote oder kranke Tiere. Piranhas riechen schon von Weitem einen Blutstropfen im Wasser. Mit ihren rasiermesserscharfen Zähnen können sie mühelos einen Knochen durchbeißen. Ein Tier, das von einem Schwarm Piranhas angegriffen wird, hat nicht den Hauch einer Chance.

Wenn der Wasserstand sehr niedrig ist oder zu wenig Nahrung im Amazonas zu finden ist, kann es zwar vorkommen, dass fleischfressende Piranhas auch mal einen Menschen angreifen, aber normalerweise sind sie eher scheu.

Ihren schlechten Ruf verdanken die Piranhas einem Besuch Theodore Roosevelts in Brasilien im Jahr 1913. Die Gastgeber wollten dem amerikanischen Präsidenten nämlich ein Spektakel präsentieren. Dazu fingen sie eine Gruppe Piranhas aus dem Fluss, setzten sie in einem abgetrennten Abschnitt aus und gaben ihnen tagelang nichts zu fressen. Als der Präsident kam, trieben sie eine Kuh ins Wasser und ließen die ausgehungerten Piranhas auf sie los. Die machten kurzen Prozess mit der Kuh und fraßen sie in wenigen Minuten mit Haut und Haaren auf. Präsident Roosevelt erzählte bei seiner Rückkehr in die Vereinigten Staaten die Geschichte – und der Mythos von den blutrünstigen Piranhas war geboren …

75 UNGEZIEFER IM ZIMMER? LADE AM BESTEN EINE WANDER-AMEISEN-KOLONNE EIN!

Wanderameisen oder Treiberameisen *(Dorylus)* haben einen schlechten Ruf. Sie bauen keine Nester, sondern ziehen in Kolonien von bis zu 50 Millionen Ameisen umher. Das sieht dann aus wie eine lange schwarze Straße, die langsam vorankriecht. Auf ihrer Wanderung greifen sie sowohl kleine als auch große Tiere an. Theoretisch könnten sie auch Menschen auffressen, aber das passiert selten. Die halten sich nämlich lieber von ihnen fern.

Warum solltest du die aggressiven Viecher dann nach Hause einladen? Weil sie auch prima Putzkräfte sind! Das wissen einige afrikanische Völker nur zu gut. Sind Wanderameisen im Anmarsch, ziehen die Menschen vorübergehend zu ihren Verwandten ein paar Dörfer weiter. Die Ameisen fressen Ratten, Mäuse, Kakerlaken und anderes Ungeziefer auf und ziehen dann weiter.

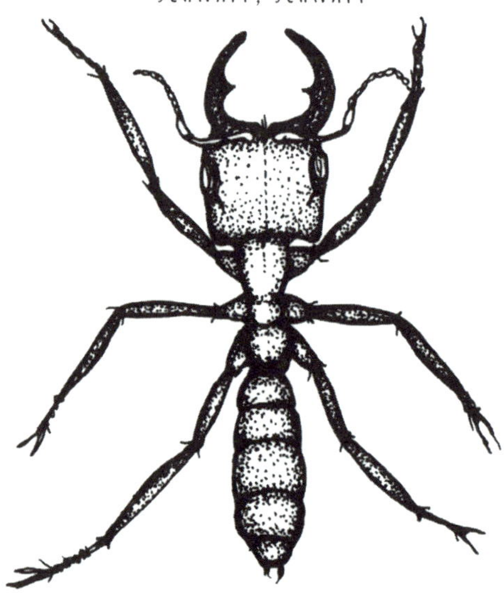

Wanderameise
Dorylus

Die Mofu in Kamerun holen die Ameisen sogar zu Hilfe, wenn sie eine Raupen-, Termiten- oder andere Insektenplage haben. Dazu begeben sie sich auf die Suche nach einer Ameisenkolonie und bringen ein paar Hundert Arbeiterinnen mit ins Dorf. In wenigen Tagen befreien diese das Dorf von allem Ungeziefer.

Wanderameisen haben scharfe Kiefer, mit denen sie fies zubeißen können. Der Biss tut sehr weh, aber er ist auch sehr stark. Die Massai in Kenia machen sich das zunutze, um offene Wunden zu versorgen: Sie drücken die Wundränder zusammen und platzieren eine oder mehrere Ameisen darauf. Die Ameisenkiefer schnappen zu, wodurch die Wunde verschlossen wird. Der Verschluss hält mehrere Tage, sogar wenn der Hinterleib der Ameisen abgetrennt wird.

Im Winter lässt sich der Braunbär nicht zum Naschen verführen.

76 KEINER HÄLT SO GUT DIÄT WIE DER BRAUNBÄR

Beim Thema Diät bricht der Braunbär alle Rekorde. Ein Weibchen kann während des Winterschlafs etwa ein Drittel seines Gewichts verlieren, also durchschnittlich ein halbes Kilo pro Tag oder 73 Kilogramm insgesamt.

Wenn der Sommer sich dem Ende neigt, geht das große Fressen los. Oder besser: das große Schlingen. In kurzer Zeit muss der Bär Zehntausende Kalorien aufnehmen. Diese Energie wird nicht verbraucht, sondern in einer dicken Speckschicht unter dem Fell angelegt.

Wenn es kälter wird, begibt sich der Braunbär in seine Höhle und rollt sich zu einer Kugel zusammen, um zu ruhen. Im Winterschlaf sinkt die Körpertemperatur des Bären von 37 °C auf 33 °C, und der Herzschlag verlangsamt sich auf 20 Schläge pro Minute. Dadurch verbraucht der Bär viel weniger Energie. Während des Winterschlafs frisst oder trinkt er so gut wie nichts. Die Fettreserve unter seinem Pelz hilft ihm zu überwintern.

Bärenweibchen warten nicht den Frühling ab, um ihre Jungen zur Welt zu bringen, wie es die meisten anderen Tiere tun. Die Bärenjungen werden während des Winterschlafs geboren, in der kältesten und nassesten Zeit des Jahres. Bei der Geburt ist ein Bärenjunges kaum größer als eine Ratte und öffnet erst nach drei Wochen die Augen. Gemeinsam mit der Mutter bleiben die Jungen noch drei Monate in ihrer Höhle.

Wenn es an der Zeit ist, die Höhle zu verlassen, werden die Bären von einer Art Uhr in ihrem Körper geweckt. Die zeigt ihnen an, dass sie wieder aktiv werden können. Aber ein bisschen dauert es, bevor ein Bär wirklich wach wird. Die ersten Tage ist er noch sehr träge und trinkt viel. Diese Phase wird auf Englisch *walking hibernation* genannt, was man mit »Winterschlafwandeln« übersetzen könnte. Aber die Sonnenstrahlen sorgen schon dafür, dass er bald wieder fröhlich herumspaziert.

77 AMPULEX DEMENTOR VERWANDELT KAKERLAKEN IN ZOMBIES

Die zu den Grabwespen gehörende *Ampulex dementor*, auch Kakerlakenwespe genannt, ist etwa einen Zentimeter groß. Obwohl sie eigentlich ganz unschuldig aussieht, kann sie Kakerlaken in Zombies verwandeln. Darum wurde sie nach den Dementoren aus den Harry-Potter-Romanen benannt, die ihren Opfern die Seele aus dem Körper saugen.

Ein begattetes Dementor-Wespenweibchen macht sich als Erstes auf die Suche nach einer dicken Kakerlake. Mit ihrem Stachel sticht sie gezielt und fest in die Nerven im Brustteil der Kakerlake, wodurch diese gelähmt wird und auf den Rücken rollt. Dann sticht die Wespe ein zweites Mal zu, diesmal direkt ins Gehirn. Dort tastet sie herum, bis sie den richtigen Fleck gefunden hat, und spritzt ihr Gift hinein. Wenn die Kakerlake wach wird, ist sie zu einem Zombie geworden. Als Sklave der Dementor-Wespe erfüllt sie widerstandslos deren Befehle.

Die kleine Wespe zieht die Kakerlake an den Fühlern mit in ihr Nest, wo sie ein Ei auf ihr ablegt.

Nach drei Tagen schlüpft daraus eine Larve, die im Körper der Kakerlake wohnen wird. Sie frisst die Kakerlake von innen auf, sorgt aber gleichzeitig dafür, dass sie so lange wie möglich am Leben und so lecker frisch bleibt. Wenn sich die Larve zwei Wochen später zur Wespe entpuppt, ist die Kakerlake komplett verspeist.

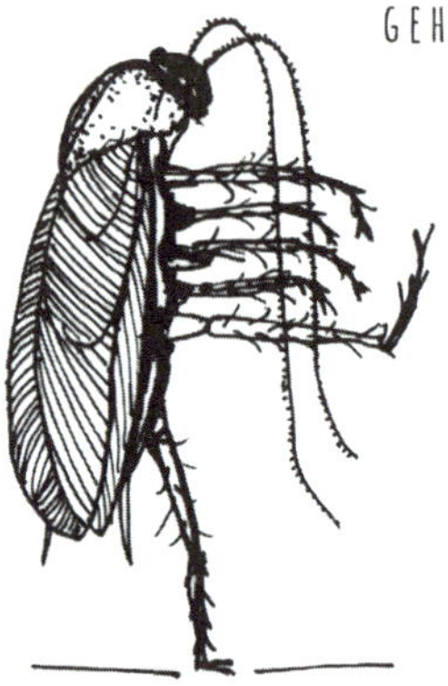

Zombiekakerlake

78 EIN SCHÄLCHEN DARMBREI GEFÄLLIG?

Koalas sind ja so niedlich. Mit ihren plüschigen Ohren, der dicken Nase und dem knuddeligen Körper will man sie am liebsten direkt aus dem Baum pflücken. Leider wurden Koalas Anfang des 20. Jahrhunderts oft getötet, um Mäntel aus ihrem prächtigen Pelz zu machen. Dadurch war der Koala eine Zeit lang beinahe ausgestorben. Inzwischen darf er zwar nicht mehr gejagt werden, aber leicht hat er es trotzdem nicht. Durch das Abholzen von Eukalyptusbäumen verschwindet nach und nach seine einzige Nahrungsquelle. Der Koala ernährt sich nämlich ausschließlich von den Blättern des Eukalyptusbaums. Und nicht einfach irgendeines Eukalyptusbaums! Er frisst nämlich nur von zwanzig der sechshundert verschiedenen Arten. Und eigentlich findet er nur fünf davon wirklich lecker. Dabei braucht er täglich gut ein halbes Kilo Eukalyptusblätter zum Überleben.

Ein Koalaweibchen bekommt nur alle zwei Jahre Nachwuchs. Bei der Geburt ist das Junge nur wenige Zentimeter groß. Es bleibt ein halbes Jahr im Beutel der Mutter. Im Unterschied zu anderen Beuteltieren öffnet sich der Beutel des Koalas nach

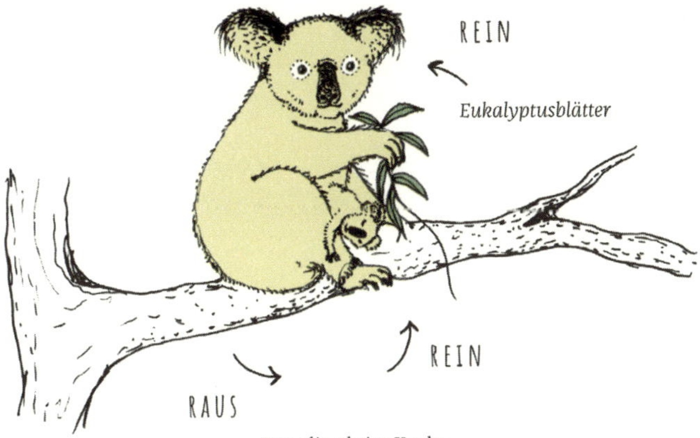

Recycling beim Koala

unten hin. Ein neugeborener Koala bekommt zwar anfangs noch Milch von der Mutter, aber schon bald gibt es auch vorverdaute Eukalyptusblätter in Breiform. Der Darmbrei kommt direkt aus dem Hintern von Mama und dient dazu, das Junge an die schwer verdaulichen Blätter zu gewöhnen. Dann guten Appetit!

79 PRAKTISCH: EIN BUFFET VOR DER HAUSTÜR

Der Kaninchenkauz ist eine der kleinsten Eulenarten. Er wird höchstens 25 Zentimeter groß und verfügt über eine Spannweite von etwa 60 Zentimetern (das ist der Abstand zwischen beiden Flügelspitzen). Die Eule ist in Amerika heimisch, und zwar sowohl im Norden als auch im Süden, wo sie in Savannen und Grassteppen lebt. Meist sieht man den Kaninchenkauz mit seinen langen, etwas schlaksigen Beinen am Boden herumstreunen.

Er findet Heuschrecken und Käfer ganz lecker, frisst aber ebenso gern Mäuse, Ratten und kleine Eichhörnchen. Der Kaninchenkauz ist die einzige Eule, die auch Früchte und Samen frisst.

Genau wie andere Eulen dreht er in der Luft seine Runden, um nach Beute Ausschau zu halten. Aber er tut noch etwas anderes. Er sammelt den Kot verschiedener Tiere und legt ihn vor dem Eingang seiner Höhle ab. Diese Höhle befindet sich nicht etwa in einem Baum, sondern auf dem Boden. Darum wird der Kaninchenkauz manchmal auch Höhleneule genannt.

Der Mistgeruch zieht Insekten an. Der Kauz muss also nur noch sein Köpfchen aus seiner Höhle stecken, um die saftigsten Insekten aus dem Mist zu picken. Praktisch, oder?

Höhleneule
Athene cunicularia

80 SCHMETTERLINGE SCHMECKEN MIT DEN BEINEN

Wenn Frau Schwalbenschwanz fühlt, dass es Zeit ist, ihre Eier abzulegen, muss sie sich dafür einen geeigneten Ort suchen. Genau wie eine Menschenmutter will sie dabei nur das Beste für ihre Kinder. Die Larven, die aus den Eiern schlüpfen, lieben saftige Blätter, und nicht jeder Baum oder Strauch schmeckt ihnen gleich gut. Also muss Frau Mama vorschmecken. Aber anstatt von allem einen Happen zu nehmen und sich kurz darauf völlig aufgebläht zu fühlen, schmeckt sie mit ihren Füßen. Sie trippelt auf den Blättern herum und kann mit den speziellen Sinneshaaren an ihren Füßen, die »Sensillen« genannt werden, gut sieben verschiedene Stoffe erschmecken. Mit dem feinen Sinnesorgan kann sie sogar einschätzen, wie alt eine Pflanze ist oder ob sie nicht gesund ist. Das ist wichtig, denn wenn die Larven bald schlüpfen, muss die Pflanze noch leben, damit die Jungtiere genug Nahrung bekommen. Stirbt die Pflanze ab, bevor die Larven fressen können, war die ganze Mühe umsonst.

Mit seinen besonderen Füßen kann ein Schmetterling auch bestimmen, aus welcher Richtung der Wind kommt. Bevor er in die Luft steigt, streckt er ein Bein hoch, um herauszufinden, ob er leicht aufsteigen kann.

Schwalbenschwanz

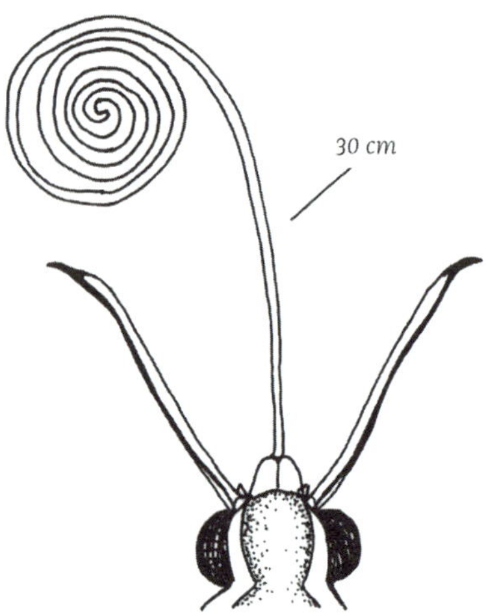

Xanthopan morganii

Zum Schmecken benutzt der Schwalbenschwanz also die Füße, aber zum Trinken hat er seinen Rüssel (lateinisch *Proboscis*). Beim Fliegen liegt der Rüssel in einer Spirale vorne am Kopf. Aber sobald der Schmetterling auf einer leckeren Blüte landet, rollt er seinen langen Rüssel zu einer Röhre aus. Damit kann er Nektar aus der Blüte saugen oder den Saft verfaulender Früchte aufschlürfen. Der Preis für den allerlängsten Rüssel geht an *Xanthopan morganii*, einen nicht besonders schönen braunen Nachtfalter aus der Familie der Schwärmer, der in Madagaskar vorkommt. Sein Rüssel kann bis zu dreißig Zentimeter lang werden!

81 DIE SCHLUPFWESPE KOMMT AUF SAMTENEN PFOTEN

Schlupfwespen sind kleine Wespen, die für den Menschen ungefährlich sind. Sie stören höchstens, wenn sie dir um die Ohren summen. Für Raupen aber sind diese Insekten mörderisch. Will eine Schlupfwespe ihre Eier ablegen, sucht sie sich dafür eine saftige Raupe, zum Beispiel die von einem Kohlweißling. Ab liebsten ist ihr eine Raupe, die sich gerade häutet, weil sie die leicht mit ihrem Legestachel durchbohren kann. Zwar lässt eine Raupe das nicht so einfach mit sich machen, aber meistens setzt sich die Schlupfwespe durch. Mit ihrem langen Legestachel legt sie ihre Eier in der Raupe ab.

Die Raupe dient den Schlupfwespenlarven als Nahrung. Sobald die aus den Eiern schlüpfen, fressen sie die Raupe von innen auf. Ist das Futter alle, fliegen sie aus.

Schlupfwespen können sehr gut Gerüche erkennen. Sie finden die Raupen anhand des Dufts, den eine Pflanze absondert, wenn eine Raupe daran geknabbert hat.

So entstand die Idee, Schlupfwespen zum Aufspüren von Minen einzusetzen. In Kriegsgebieten liegen auch Jahre nach dem Ende eines Konflikts Tausende Landminen unter der Erde, die explodieren, wenn Menschen versehentlich drauftreten.

Von Natur aus mögen Schlupfwespen den Geruch von Minen nicht. Aber Wissenschaftler haben sie mit der Methode von Iwan Pawlow trainiert. Pawlow läutete immer mit einer Klingel, wenn er seinen Hund zum Fressen rief. Sobald der Hund das Fressen sah, lief ihm das Wasser im Maul zusammen: er sabberte. Nach einiger Zeit sabberte er schon, sobald er nur die Klingel hörte. Das nennt man den Pawlowschen Reflex. Den kann man sich bei vielen Tieren zunutze machen, so auch bei den Schlupfwespen: Mit einer Futter-Belohnung bringt man den Tieren im Labor bei, auf den Geruch von Sprengstoff zu reagieren.

Schlupfwespe

Geierschildkröte

82 ZUNGENANGELN FÜR ANFÄNGER

Zum Fischefangen braucht man Aas. Kleine Würmer zum Beispiel, die an einem Angelhaken befestigt werden.

Das weiß auch die Geierschildkröte aus Nordamerika. Die liegt auf dem Grund eines Süßgewässers und verhält sich dort ganz still. So ist sie beinahe unsichtbar, da ihr Panzer etwa die gleiche Farbe hat wie der schlammige Boden und außerdem Algen darauf wachsen. Nur das Maul der Geierschildkröte steht sperrangelweit offen. Sie hat ihre rote Zunge herausgestreckt, an deren Ende sich ein beweglicher Fortsatz befindet, der aussieht wie ein kleiner Wurm. *Lecker!*, denken sich da die vorbeischwimmenden Fische und Krebse, die nicht wissen, dass an dem Wurm eine gut hundert Kilo schwere Schildkröte sitzt. Kaum schwimmt also der Fisch ins Maul der Schildkröte, klappt sie ihren scharfen Kiefer zu.

Ab und zu hat die Schildkröte auch Appetit auf etwas anderes als Fisch. Ein Vogelhäppchen zum Beispiel. Möwen und andere Vögel, die auf dem Wasser herumschaukeln, werden dann von der Schildkröte unter Wasser gezogen und ertrinken, bevor sie mit Haut und Federn aufgefressen werden.

Geierschildkröten können gut zweihundert Jahre alt werden. Die Weibchen legen zehn bis fünfzehn Eier auf einmal, sie können also sehr viele Junge bekommen. Doch viele junge Geierschildkröten werden von Raubtieren gefressen, bevor sie ausgewachsen sind.

83 MAN MUSS ES EINFACH AUSPROBIEREN: AUF EINEM BEIN STEHEND MIT DEM KOPF UNTER WASSER ESSEN

- Flamingos stehen bekanntermaßen oft auf einem Bein. Aber warum tun sie das? Die Wissenschaft ist sich da noch nicht einig. Es kann sein, dass sie damit ein Bein eine Zeit lang entlasten wollen. Aber es ist auch möglich, dass sie es tun, um weniger zu frieren. Das kennen wir ja auch: Wer mit beiden Füßen im kalten Wasser steht, hebt manchmal einen Fuß hoch. Doch Flamingos stehen auch im warmen Wasser auf einem Bein. Und selbst wenn sie nicht im Wasser stehen, tun sie es manchmal. Etwas schräge Vögel also, diese Flamingos. Wie sie es tun? Indem sie ihr Kniegelenk einrasten lassen. Das ist nämlich so stabil, dass sie in dieser Haltung sogar schlafen können. Selbst ein toter Flamingo fällt nicht um.

- Flamingos müssen kopfüber fressen. Das liegt an der geknickten Form ihres Schnabels. Sie halten den Schnabel unter Wasser, wo sie mit ihrer Zunge Wasser und Schlamm einsaugen. Die fließen durch einen Filter im Schnabel wieder hinaus, während die Nahrung drinbleibt.

- Ihre Nester sind kegelförmig und werden von Herrn und Frau Flamingo gemeinsam erbaut. Das Weibchen legt dann ein Ei hinein. Das Junge wird mit einer Art Milch ernährt, die aus dem Kropf (einer Ausdehnung in der Speiseröhre) der ausgewachsenen Vögel kommt. Erst nach zwei bis drei Jahren wird das graue Gefieder des Jungtiers rosa.

84 KENNST DU SCHON DEN RATTENFÄNGER VON SÜDAFRIKA?

Bestimmt kennst du das Märchen vom Rattenfänger von Hameln. Aber wusstest du auch, dass es in Südafrika einen echten Rattenfänger gibt? Allerdings lockt der Sekretär die Ratten nicht mit seiner Flöte an, sondern trampelt sie mit ein paar gut gezielten Tritten tot. Doch nicht nur Ratten fallen ihm zum Opfer, auch Schlangen, Schildkröten und verschiedene Reptilien stehen manchmal auf dem Speiseplan. Ein Sekretärmännchen kann mit dem Sechsfachen seines Körpergewichts auf seine Beute eintreten. Das hat ihm bei manchen den Spitznamen »Ninja-Adler« eingebracht.

Der Sekretär ist groß und eine beeindruckende Erscheinung. Seinen Namen verdankt er wahrscheinlich den besonderen Federn auf seinem Kopf. Die zeigen in einer Haube nach hinten und erinnern ein bisschen an die Schreibfedern, die Schreiber – Sekretäre also – sich früher hinter die Ohren klemmten. Der Sekretär hat lange und sehr kräftige Beine, auf denen er munter umherrennt. Die Flügel benutzt er meist nur, um schneller voranzukommen, wenn Gefahr droht oder ein Raubtier ihm zu nahe kommt.

der Sekretär
Segittarius serpentarius

85 DER VIELFRASS BENUTZT DEN SCHNEE ALS KÜHLSCHRANK

Ein Vielfraß heißt auf Englisch *wolverine*, genau wie der muskulöse Superheld aus den Marvel-Comics mit den Klingen an den Händen.

Aber mit einem Wolf hat der Vielfraß überhaupt nichts zu tun, vielmehr ist er eins der größten Mitglieder der Marderfamilie. Er sieht aus wie ein kleiner Bär mit kurzen Beinen und langer Schnauze. Man erkennt ihn gut an der dunkleren Fellzeichnung um Augen und Maul.

Vielfraße ernähren sich von Pflanzen, Vogeleiern und Beeren, aber auch von kleinen Nagetieren und Eichhörnchen. Manchmal wagen sie sich auch an Rentiere oder Bergziegen heran. Mit ihren starken Kiefern und Zähnen fressen sie ihre Beute ganz auf, selbst die Knochen und das Gebiss. Echte Vielfraße also!

Die Tiere leben im hohen Norden. Ihre breiten Füße können sie spreizen, sodass sie wie Schneeschuhe funktionieren. Damit können sie auf dem Schnee laufen, ohne einzusinken. Den Schnee brauchen sie zum Überleben. Erstens dient er ihnen als Kühlschrank. Große Beutetiere fressen sie nämlich nicht auf einmal auf. Stattdessen vergraben sie sie im Schnee als Vorrat für Zeiten, in denen fast keine Nahrung zu finden ist. Das gekühlte Fleisch wird nicht von Insekten aufgefressen oder von Bakterien zersetzt. Dieser Nahrungsvorrat ist vor allem dann wichtig, wenn die Jungen geboren werden. Und das ist schon der zweite Grund, warum Vielfraße Schnee brauchen. Die Weibchen graben nämlich tiefe Löcher in den Schnee, um dort ihre Jungen zur Welt zu bringen. Kleine Vielfraße werden gegen Ende des Winters oder am Frühlingsanfang geboren. Die Mutter kann dann nicht jagen und ernährt sich und die Jungen von den tiefgekühlten Mahlzeiten. Vater Vielfraß macht sich meistens nicht so viel aus seinem Nachwuchs.

Clownfische und Anemonen bilden ein Spitzenteam.

86 CLOWNFISCHE ♡ ANEMONEN (UND UMGEKEHRT)

Wenn du den Film *Findet Nemo* gesehen hast, weißt du schon, dass Clownfische oder auch Anemonenfische in Seeanemonen leben. Aber wusstest du auch, dass der Fisch und die Anemonen einander helfen? Die Fische finden einen Unterschlupf in den giftigen Anemonen. Ihnen schadet das Gift nicht, weil sie mit einer speziellen Schleimschicht bedeckt sind, die sie dagegen immun (unempfindlich) macht. Die Clownfische fressen außerdem die Überreste der Nahrung der Seeanemone. Der Anemone passt es gut, einen Clownfisch als Untermieter zu haben. Der beschützt sie nämlich vor Angreifern und frisst lästige Parasiten auf. Darüber hinaus findet sie den Kot vom Clownfisch ziemlich lecker und zieht daraus jede Menge Nährstoffe. Der Fisch sorgt außerdem für mehr Bewegung im Wasser um die Anemone herum, was mehr Futter anzieht. In der Biologie nennt man dieses Zusammenleben zweier unterschiedlicher Arten *Symbiose*.

Wird ein Clownfisch krank, verlässt er seine Anemone. Das liegt daran, dass die Schleimschicht, die ihn vor dem Gift schützt, in dem Moment nicht mehr stark genug ist. Dann läuft der Fisch Gefahr, von der Anemone aufgefressen zu werden.

– 5 –

VON TIEREN MIT SCHRÄGEN MANIEREN

87 DIE SCHWIMMENDEN SCHWEINCHEN VON DEN BAHAMAS

Auf der Bahamas-Insel Big Major Cay lebt eine kleine Gruppe verwilderter Schweine, die es lieben, im Ozean zu schwimmen. Wie genau die Schweine auf die Insel kamen, ist ungeklärt. Wurden sie von Seeleuten zurückgelassen, um später wieder mitgenommen zu werden? Stammen sie von einem Schiffswrack? Keiner weiß es genau. Aber die Schweine haben sich hervorragend an das Leben auf der Insel angepasst.

Auf der Insel Big Major Cay schwimmen die Schweine im Meer.

Die Schweine findet man am »Pig Beach« (Schweinestrand). Da laufen sie alle fröhlich herum und schwimmen im Meer.

Leider sind die schwimmenden Schweine bedroht. Ungefähr die Hälfte von ihnen ist schon gestorben. Wahrscheinlich liegt es an all den Touristen, die auf die Insel kommen. Die werfen nämlich Futter auf den Strand, wodurch die Schweine, die es auffressen, zu viel Sand in den Magen bekommen. Der Sand bleibt in ihrem Magen liegen, was tödlich sein kann. Außerdem ist die Frischwasserquelle, aus der sie immer tranken, inzwischen ausgetrocknet. Derzeit wird angestrengt nach Möglichkeiten gesucht, wie man die verbleibenden Schweine retten kann, damit sie noch lange weiterschwimmen.

88 DER SCHÖNSTE DRACHE IM OZEAN

Glaucus atlanticus lautet sein offizieller Name, häufig wird er aber auch Blauer Drache oder Blaue Ozeanschnecke genannt. Es handelt sich um einen Minidrachen, denn er ist kaum sechs Zentimeter lang. Er sieht aus wie aus einem Disneyfilm. Oder auch wie ein Pokémon.

Der Blaue Drache ist eine Fadenschnecke und lebt im Meer. Er hat einen länglichen Körper wie eine Nacktschnecke und außergewöhnliche Auswüchse mit spitz zulaufenden Enden an den Seiten, die an Hände mit feinen Fingern erinnern. Die Spitzen werden »Cerata« genannt und helfen dem Blauen Drachen beim Schwimmen.

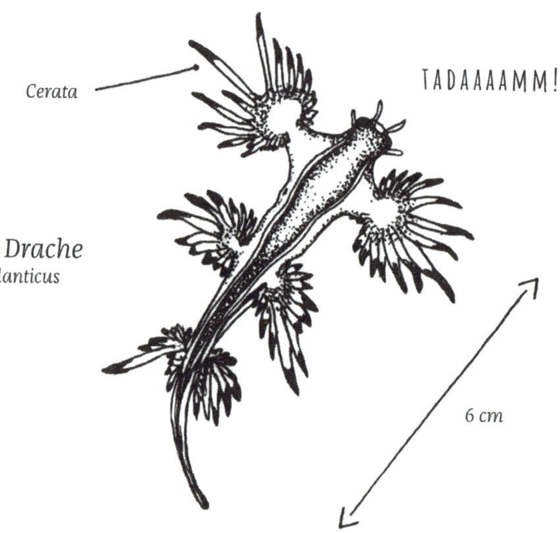

der Blaue Drache
Glaucus atlanticus

Blaue Drachen kommen in allen Weltmeeren vor. Sie sehen aus, als hätte sie jemand mit einem hauchfeinen Pinsel angemalt. Ihr Rücken ist silbergrau, der Bauch hell- und dunkelblau. Die seitlichen Auswüchse sind ebenfalls blau und grau. Eine luftgefüllte Blase in ihrem Körper gibt ihnen Auftrieb, und sie schwimmen immer auf dem Rücken. Mit ihren kräftigen handförmigen Auswüchsen halten sie sich sozusagen an der Wasseroberfläche fest.

Aber Vorsicht! Blaue Drachen sind nicht so unschuldig, wie sie aussehen! Sie greifen sogar ziemlich große Tiere an. Die Portugiesische Galeere (siehe Info 176) zum Beispiel, eines der giftigsten Tiere der Welt. Deren Gift speichern die Drachen einfach in ihrem eigenen Gewebe. Sie selbst sind dagegen immun. Und wenn du einen Blauen Drachen triffst? Schau ihn dir ruhig an, aber halte Abstand! Er kann dir ordentlich wehtun.

89 KREBSE STRULLERN AUS DEM KOPF

Wirklich wahr: Krebse pinkeln aus dem Kopf. Neben ihrem zweiten Antennenpaar befinden sich Öffnungen, aus denen sie Urin spritzen. Sie pinkeln sich gegenseitig ins Gesicht, um sich zu verständigen. Damit sagen sie zum Beispiel »Ich will mit dir kämpfen« oder »Ich will dich begatten«.

Krebsmännchen sind echte Schlägertypen. Sie haben ihre helle Freude daran, sich zu prügeln. Dazu gebrauchen sie ihre kräftigen Scheren. Mit denen kann ein Krebs so viel Druck ausüben, dass er einem erwachsenen Mann den Arm brechen könnte. Seinen Gegnern kann er so beachtliche Verletzungen zufügen. Das ist aber nicht weiter schlimm, denn abgeschnittene Körperteile wachsen bei der Häutung des Krebses wieder nach. So können sie zwanzig bis dreißig Mal neue Beine bekommen.

Um sich in Paarungsstimmung zu bringen, pinkeln Krebse sich gegenseitig in die Höhle. Das Weibchen ist zu dem Zeitpunkt noch damit beschäftigt, seinen Panzer zu wechseln. Das muss sie auch, denn sonst kann sie nicht wachsen. Und die Paarung gelingt nur, wenn sie gerade keinen Panzer trägt. Sobald das Weibchen bereit ist, paaren sie sich. Das Weibchen bewahrt den Samen in seinem Körper auf, bis die Umstände günstig sind. Zum Beispiel befruchtet sie ihre Eier erst, wenn es genug Nahrung gibt. Das kann manchmal erst sechs bis neun Monate nach der Begattung sein! Sie gibt sich auch meist nicht mit einem Männchen zufrieden. Es kommt oft vor, dass ihre Eier mit dem Samen mehrerer Männchen befruchtet werden.

Krebse haben eine komische Art, ihre Liebe zu zeigen.

90 DAS SCHNABELTIER IST DAS WOHL MERKWÜRDIGSTE TIER DES PLANETEN

Als europäischen Wissenschaftlern im 19. Jahrhundert ein ausgestopftes Schnabeltier zugeschickt wurde, glaubten sie, dass sich da jemand einen dummen Scherz erlaubt hatte. Sie waren überzeugt, dass ihre australischen Kollegen einfach ein paar Tiere zusammengenäht hatten – aber weit gefehlt! Es war nur das erste Mal, dass sie ein Schnabeltier zu Gesicht bekamen.

Schnabeltiere findet man nur auf der Insel Tasmanien und in ein paar Gegenden von Australien. Sie haben den Körper eines Otters, den platten Schwanz eines Bibers, Entenfüße und einen großen, platten schwarzen Schnabel. Der Schnabel ist so feinfühlig, dass sie mit geschlossenen Ohren, Augen und Nase auf Futtersuche gehen könnten.

Das Schnabeltier ist außerdem eines der wenigen Säugetiere, das Eier legt.

Ist das alles, was es so besonders macht? Aber nein! Die Männchen haben Sporne (eine Art Haken) an den Hinterbeinen, die einen giftigen Stoff ausscheiden. Wahrscheinlich dienen die dazu, andere Männchen von ihrer Partnerin fernzuhalten. Zwar ist das Gift nicht tödlich, aber es verursacht allem Anschein nach höllische Schmerzen.

Und? Konnten wir dich davon überzeugen, dass das Schnabeltier etwas ganz Besonderes ist?

Mit diesem besonderen Schnabel schaufelt das Schnabeltier verschiedene Tiere vom Grund des Flusses, in dem es wohnt. Weil es keine Zähne hat, muss es Kies mit aufnehmen, der ihm dabei hilft, die Nahrung zu zermahlen.

Die Füße des Schnabeltiers sind mit Schwimmhäuten versehen, sodass es gut paddeln kann. Aber wenn das Schnabeltier ans Ufer klettert, zieht es die Schwimmhäute ein, und scharfe Krallen kommen zum Vorschein. So richtig elegant sieht es zwar nicht aus, wenn ein Schnabeltier vorbeiwatschelt, aber dank der Krallen kann es sich – wenn nötig – auch an Land flott fortbewegen.

Schnabeltier
Ornithorhynchus anatinus

Der Axolotl führt die Toten in die Unterwelt.

91 DER AXOLOTL HAT ETWAS GÖTTLICHES

Der Axolotl ist ein ganz besonderer Lurch, der in der Wildnis nur in den Seen und Kanalgewässern von Xochimilco in Mexiko vorkommt. Seinen Namen verdankt er dem Gott Xolotl. Dieser trägt den Kopf eines Hundes und galt bei den Azteken als der Gott, der die Toten in die Unterwelt führt. Eines Tages bekam er Angst, dass er selbst getötet werden könnte. Daraufhin verwandelte er sich in einen Axolotl und versteckte sich unter Wasser. Leider konnte er fortan nicht mehr seine Hundegestalt annehmen und war dazu verdammt, für immer unter Wasser zu bleiben.

Tatsächlich hat der Axolotl einige Eigenschaften, die man göttlich nennen könnte. Bestimmt weißt du schon, dass viele Salamander die Fähigkeit zur »Regeneration« (Wiederherstellung) haben. Das bedeutet, dass sie sich zum Beispiel einen neuen Schwanz wachsen lassen können, wenn sie ihren alten verlieren. Axolotl haben ein ausgezeichnetes Regenerationsvermögen. So können sie nicht nur ihren Schwanz oder ihre Gliedmaßen nachwachsen lassen, sondern auch ihre Wirbelsäule, ihren Kiefer und sogar ihr Gehirn! Und es sind noch nicht einmal Narben an den Stellen zu sehen! So etwas begeistert natürlich Wissenschaftlerinnen und Wissenschaftler, die gern wissen würden, wie das funktioniert, damit sie auf diese Weise Menschen helfen können. Aber die Geheimnisse des Axolotls sind noch lange nicht enthüllt.

Wilde Axolotl sind grünbraun oder schwarz. Durch ihr geschwungenes Maul wirkt es, als hätten sie ständig ein breites Grinsen im Gesicht. Auf jeder Seite des Kopfes befinden sich drei lustig aussehende federförmige Auswüchse. Das sind die Kiemen. Die Federchen helfen dabei, mehr Sauerstoff aufzunehmen. Der Axolotl hat also nicht nur einen ungewöhnlichen Namen, sondern ist auch ein sehr ungewöhnliches Tier. Leider ist der Axolotl in freier Wildbahn fast ausgestorben, weil viele Seen inzwischen ausgetrocknet oder stark verschmutzt sind. 2009 gab es nur noch etwa 1200 wild lebende Exemplare.

Im Aquarienhaus findet man Axolotls noch regelmäßig. Meistens handelt es sich um weiße Tiere mit roten Kiemen und schwarzen Augen. Deren Ururgroßvater ist ein Männchen mit einer Erbgutveränderung, das 1863 nach Paris gebracht wurde. Mit ihm wurden weiter Nachkommen gezüchtet.

RUHIG BLEIBEN:
EINATMEN, AUSATMEN

Die Süßwasserschildkröte hat ihre eigene Art, ruhig zu bleiben.

92 MANCHE SCHILDKRÖTEN ATMEN DURCH DEN HINTERN

Schildkröten sind wechselwarme oder *ektotherme* Tiere. Das bedeutet, dass sie die Temperatur ihrer Umgebung annehmen. Ist es draußen zum Beispiel 15 °C, beträgt die Körpertemperatur der Schildkröte ebenfalls 15 °C.

Aber wie überleben Schildkröten den Winter? Bei kaltem Wetter fährt der Stoffwechsel der Schildkröte auf ein Minimum herunter. Das bedeutet, dass nur die lebenswichtigen Funktionen noch aktiv sind. Auf diese Weise verbrauchen sie so wenig Sauerstoff und Energie wie möglich.

Aber auch eine Schildkröte hat Grenzen. Wenn sich Eiskristalle auf ihrem Panzer bilden, ist das lebensgefährlich. Dagegen schützen sich Schildkröten mit einer schlauen Strategie. Sie überwintern einfach unter Wasser. Zwar entsteht oben auf dem Wasser eine Eisschicht, aber unter dieser Schicht gefriert das Wasser nicht. Die Wassertemperatur bleibt sogar ziemlich stabil und damit auch die Körpertemperatur der Schildkröte.

Aber muss eine Schildkröte nicht ab und zu atmen? Ja, doch dafür benutzt sie in diesen Zeiten den Sauerstoff aus dem Wasser. Um so viel Sauerstoff wie möglich aufnehmen zu können, atmen Schildkröten nicht nur durch ihr Maul, sondern auch durch ihren Hintern. Dort sitzen nämlich sehr viele Blutgefäße, die Sauerstoff aufnehmen können.

Im Winter kann der Körper einer Schildkröte auch eine Zeit lang ganz ohne Sauerstoff auskommen. Allerdings leiden die Muskeln darunter, denn die brauchen Sauerstoff. Ohne den »versauern« sie nämlich. Denk nur an den Muskelkrampf, den man manchmal bekommt, wenn man sehr anstrengenden Sport treibt. Manche Schildkröten überleben bis zu hundert Tage ohne Sauerstoff, aber wenn sie wieder an die Luft kommen, sind sie ein einziger großer Muskelkrampf. Sie müssen in der Sonne wieder zu Atem kommen, um die Muskeln zu entspannen und ihre Körpertemperatur anzupassen. Sei also nett zu einer Schildkröte, die noch ein bisschen steife Glieder hat.

93 EIN FISCH, DER ÄLTER IST ALS DIE DINOSAURIER

Das Neunauge startet als kleine Larve ohne Zähne und Augen ins Leben, die sich von verschiedenen Mikroorganismen ernährt. Erst nach ein paar Jahren wird aus der Larve ein »fischähnliches« Tier, das zwischen 15 Zentimetern und einem Meter lang werden kann. Manche von ihnen bleiben als erwachsene Tiere in dem Süßgewässer, in dem sie geboren wurden, andere ziehen ins Meer. Das ausgewachsene Neunauge lebt als Parasit. Mit seinem Saugmaul, das mit kleinen scharfen Zähnen ausgestattet ist, saugt es sich an einem Fisch, einem Delfin oder einem anderen großen Tier fest und ernährt sich von deren Blut und Schuppen.

Fertig entwickelt, sieht das Neunauge aus wie ein dicker Aal oder eine Schlange. Es verfügt über zwei gute Augen, eine oder zwei Rückenflossen, eine Schwanzflosse, sieben Kiemenöffnungen an jeder Körperseite (die an Augen erinnern, deshalb auch der Name) und ein Nasenloch oben auf dem Kopf. Neunaugen haben keine Knochen. Ihr ganzes Skelett besteht aus Knorpeln. Sie sind urzeitliche Tiere, die schon vor den Sauriern auf der Erde lebten.

Im Mittelalter galten Neunaugen – als Speise meist »Lampreten« genannt – als Delikatesse und wurden bei königlichen Banketten dargereicht. Besonders König Henry der I. von England war verrückt nach dem Fisch. Leider wurde ihm das zum Verhängnis. Er starb im Jahr 1135, nachdem er ein *surfeit of lampreys* (ein Übermaß an Lampreten) gegessen hatte.

Du möchtest selbst einmal ein Neunauge probieren? Denk nur dran, dass du es vor der Zubereitung ein paar Tage in seinem eigenen Blut einweichst. Kennern zufolge schmeckt es ein bisschen nach Tintenfisch. Wir können dir nicht sagen, ob es stimmt, denn wir haben es selbst noch nicht probiert.

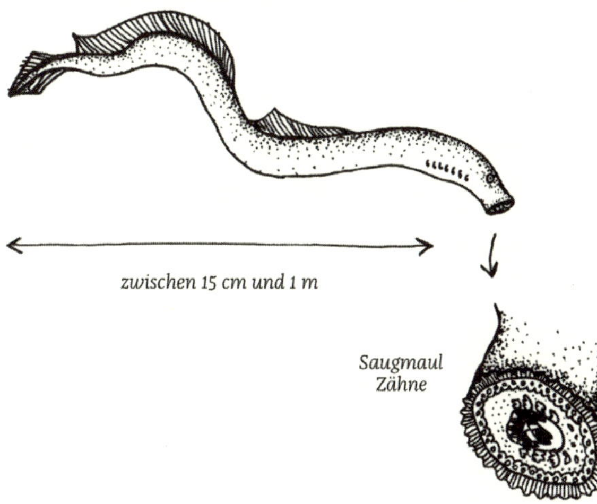

Das Neunauge überlebte die Dinosaurier, die Dinos überlebten das Neunauge nicht.

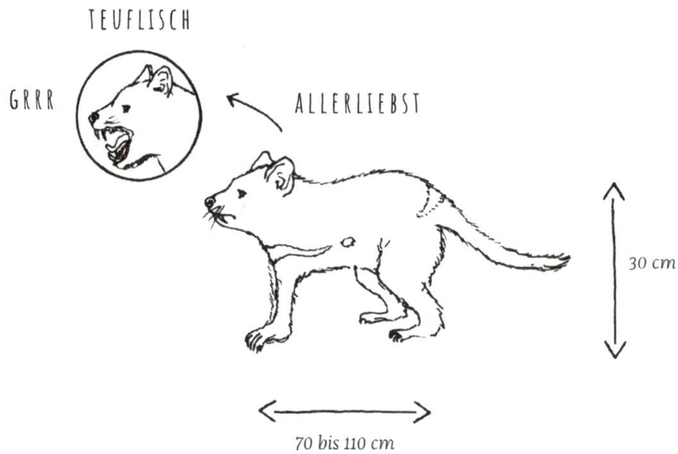

Der Tasmanische Teufel leidet unter Stimmungsschwankungen.

94 IN TASMANIEN LEBEN TEUFEL

Der Tasmanische Teufel oder Beutelteufel, um genau zu sein. Dabei handelt es sich um Beuteltiere mit schwarzem Fell und einem charakteristischen weißen Streifen auf der Brust oder dem Rumpf. Sie werden zwischen 70 und 110 Zentimeter lang, 30 Zentimeter hoch (Schulterhöhe) und wiegen 14 Kilogramm.

Tasmanische Teufel sind nur auf der Insel Tasmanien zu finden. Früher lebten sie auch auf dem australischen Festland, wo sie aber schon vor vierhundert Jahren ausstarben. Sie sind nicht gefährlich und greifen Menschen nicht an. Vorausgesetzt natürlich, man lässt sie in Ruhe. Die Tiere haben nämlich einen starken Kiefer und scharfe Zähne, mit denen sie problemlos Knochen durchbeißen können.

Die ersten europäischen Kolonisten, die nach Australien kamen, hielten nichts von den kleinen Teufeln. Die Tiere fraßen schließlich ihre Hühner auf, und die Bauern fürchteten, dass sie sich auch über das restliche Vieh hermachen würden. Darum wurde gnadenlos Jagd auf die Tiere gemacht. Es wurde sogar eine Prämie für jeden erlegten Tasmanischen Teufel gezahlt. Erst im Jahr 1941 wurde ein Gesetz verabschiedet, das den Tasmanischen Teufel unter Schutz stellte.

Eigentlich sind es sehr nützliche Tiere, denn sie fressen kranke und tote Tiere und halten so den Busch sauber. Außerdem sorgen sie dafür, dass die Anzahl wilder Katzen in Tasmanien begrenzt bleibt. Die Katzen stellen nämlich eine Bedrohung für den Vogelbestand der Insel dar. Auch die Fuchspopulation wird durch die Tasmanischen Teufel unter Kontrolle gehalten.

Warum die Tiere Teufel genannt werden? Ihnen wird nachgesagt, dass sie häufig schlechte Laune haben. Wenn sie sich bedroht fühlen oder denken, dass man ihnen das Fressen wegnehmen will, werden sie schnell wütend. Dann kreischen und knurren sie wild drauflos und erinnern dabei sehr an ein Teufelchen.

95 EIN PRÄHISTORISCHER VOGEL MIT MESSERSCHARFEM SCHNABEL

Hast du dich schon mal gefragt, wie ein urzeitlicher Vogel wohl ausgesehen hat? Wir glauben, dass der Schuhschnabel ziemlich nah herankommt. Er sieht jedenfalls aus wie ein Tier aus längst vergangenen Zeiten.

Trotz seiner Größe von gut anderthalb Metern und einer Flügelspannweite von über zwei Metern dauerte es bis zur zweiten Hälfte des 19. Jahrhunderts, bis der Schuhschnabel offiziell bestimmt wurde. Der Vogel lebt als Einzelgänger in den Sümpfen von Ostafrika und ist sehr scheu.

Der Schuhschnabel steht oft mit den Beinen im Wasser. Dabei behält er alles, was schwimmt, genau im Blick: Aale, Lungenfische und sogar Krokodile. Er ist sehr geduldig und kann stundenlang mucksmäuschenstill so stehen. Aber im richtigen Moment schlägt er gnadenlos zu. Mit seinem riesigen Schnabel packt er die Beute und hält sie fest. Dann öffnet er ihn wieder ein kleines bisschen, gerade genug, um den Kopf der Beute herausrutschen zu lassen. Ist das geschehen, schließt der Vogel seinen messerscharfen Schnabel erneut, wodurch das Beutetier sauber geköpft wird. Der Schuhschnabel schüttelt nun den Kopf, um den Sand und das Wasser, die mit in den Schnabel geraten sind, loszuwerden, und schluckt die Beute runter.

Schuhschnäbel kommen nur zusammen, um sich zu paaren. Dazu klappert das Männchen so lange mit dem Schnabel, bis es ein Weibchen gefunden hat.

Die beiden kümmern sich meist nur um ein Junges. Wenn es mehrere gibt, vertreibt das größte von ihnen die jüngeren Geschwister aus dem Nest. Für die bedeutet das den sicheren Tod.

Du würdest gern mal einen Schuhschnabel sehen? Im Uganda Wildlife Education Centre in Entebbe wohnt Sushi. Du darfst sie sogar streicheln, wenn du ganz höflich bist. Sushi verlangt nämlich von den Besuchern erst eine tiefe Verbeugung, bevor sie sie näher kommen lässt.

Schuhschnabel
Balaeniceps rex

96 SETZ DIR DOCH MAL EINEN BLUTEGEL AUFS BEIN

Dir laufen schon kalte Schauer über den Rücken, wenn du nur an Blutegel denkst? Das ist wohl bei den meisten Menschen so. Denn so ein Wurm mit Zähnen, der sich an dir festsaugt und dein Blut trinkt ... das will man doch eigentlich nicht, oder?

Aber es kommt drauf an: Manche Menschen sind davon überzeugt, dass Blutegel sehr nützlich sind und uns von allerlei Leiden befreien können. Schon seit dem Mittelalter werden die Blutsauger in der Medizin verwendet. Der Fachbegriff für eine solche Blutegelbehandlung lautet *Hirudotherapie*.

Blutegel kommen zum Beispiel gegen die Schwellung nach einer Operation oder bei Arthritis zum Einsatz. Sie sollen auch dabei helfen, den Blutkreislauf wieder in Gang zu bringen, vor allem in den Fingern, den Ohren und den Augenlidern. Und es gibt auch Behandlungen, bei denen Blutegel gegen Müdigkeit eingesetzt werden. Viele Wissenschaftler und Ärzte halten diese Therapien aber für Quacksalberei.

Blutegel sind kleine schwarze oder braune Würmer mit zwei speziellen Saugnäpfen an jedem der beiden Körperenden. Im Mund befinden sich winzige Zähne, mit denen sich der Egel in seinem Wirt festbeißt. Das kann ein Vogel oder ein anderes Tier sein, aber eben auch ein Mensch. Der Speichel der Blutegel enthält Hirudin, einen Stoff, der die Blutgerinnung hemmt. Der Biss von einem Blutegel tut zwar nicht weh, aber er kann eine allergische Reaktion auslösen.

Blutegel kommen vor allem in warmen und feuchten Gebieten vor. Während einer Wanderung können sie sich an dir festsetzen. Sie lassen sich mit Salz, Seife oder einer Flamme (z. B. von einem Streichholz) entfernen. Am besten ist allerdings, es gar nicht so weit kommen zu lassen. Darum sollte man bei einer Wanderung in den Tropen am besten eine lange Hose tragen und diese in die Socken stecken.

Von einer Blutmahlzeit können Blutegel gut ein Jahr leben. Bis sie wieder Hunger kriegen und auf ein saftiges Menschenbein lauern ...

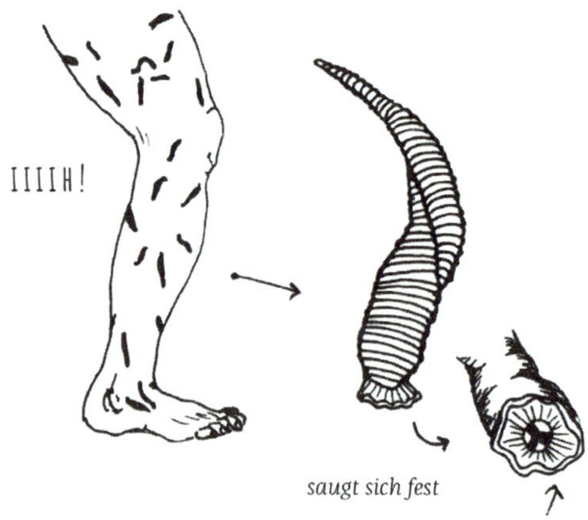

97 UND DANN SCHWEBTE EIN HÖRNCHEN VORBEI ...

Der Kurzkopfgleitbeutler, der zu den Gleithörnchenbeutlern gehört, ist in Australien, Tasmanien, Indonesien und Neuguinea heimisch. Er ist ein Beuteltier und verwandt mit den Kängurus und Wombats. Die Tiere erreichen eine Größe von etwa 30 Zentimetern: Körper und Schwanz messen jeweils etwa 15 Zentimeter.

Das Besondere an ihnen ist die spezielle Flughaut, die von den Handgelenken bis zu den Knöcheln reicht. Streckt der Kurzkopfgleitbeutler alle viere von sich, bildet die Flughaut eine Art Fallschirm, mit dem er schweben kann. Die Gleithörnchenbeutler, die nur höchstens 160 Gramm schwer sind, können mit ihrem Fallschirm bis zu 50 Meter weit durch die Luft gleiten. Dabei verwenden sie ihren Schwanz als eine Art Steuerruder.

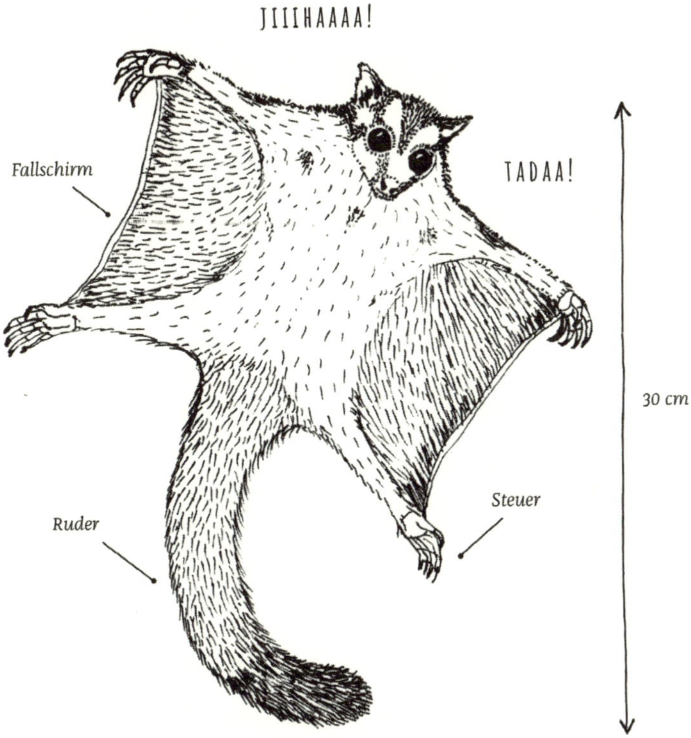

Kurzkopfgleitbeutler kommen selten auf den Boden. Sie bauen sich ihre Nester in Astlöchern von alten Bäumen und leben in Gruppen von dreißig bis vierzig Tieren zusammen. Die Tiere sind echte Leckermäuler: Sie ernähren sich unter anderem vom süßen Saft des Eukalyptusbaums. Mit ihren scharfen Zähnen beißen sie die Rinde des Baums kaputt, bis der Saft herausfließt. Aufgrund dieser Vorliebe heißen sie in anderen Sprachen auch Zuckergleiter *(sugar glider)* oder Zuckereichhörnchen *(suikereekhoorn)*.

Manchmal werden die Hörnchenbeutler auch als Haustier gehalten. Die Menschen machen dann den Fehler, ihnen Zucker zu geben, was aber nicht so schlau ist, denn der macht die kleinen Fallschirmspringer krank.

98 IST DA GERADE WIRKLICH EINE KIWI AUF BEINEN VORBEIGELAUFEN?

Du hast Appetit auf Kiwi? Wir hoffen mal, du meinst die haarige Frucht und nicht den niedlichen Vogel aus Neuseeland. Zugegeben, der Kiwi-Vogel sieht ein wenig so aus wie eine Kiwi-Frucht auf Beinen. Er ist in etwa so groß wie ein (kleines) Huhn mit einem eirunden Körper, kurzen Beinen und einem langen, spitzen Schnabel. Der Vogel lebt nur in Neuseeland und ist eines der (inoffiziellen) Nationalsymbole des Landes.

Von allen Vögeln legen Kiwis im Verhältnis zu ihrer Körpergröße die größten Eier. Ein Ei nimmt ungefähr 20 % des Körpers des Weibchens ein. Zum Vergleich: Beim Menschen nimmt ein ausgetragenes Kind etwa 5 % ein.

Fliegen kann der Kiwi nicht, dafür sind seine Flügel zu kurz. Stattdessen läuft er auf dem Boden herum und stochert mit seinem Schnabel nach Nahrung.

Vorn auf der Schnabelspitze liegen Nasenöffnungen, die ihm bei der Nahrungssuche helfen. Sein braungraues Gefieder sieht mehr wie ein Pelzmantel aus und bietet ihm perfekte Tarnung zum Schutz vor Feinden.

Auch wenn der Kiwi sehr possierlich aussieht, sollte man ihn besser nicht ärgern. Dringt man in sein Revier ein, wird er wütend. Mit seinen scharfen Krallen kann er dir eine böse Schnittwunde verpassen. Und das ist dann nicht mehr so niedlich.

Kiwi

99 DIESER FROSCH EIGNET SICH BESTENS ALS SCHLUMMERLICHT

In Argentinien haben Forscher einen grünen Frosch mit roten Punkten entdeckt, der auf den ersten Blick ganz gewöhnlich aussah. Sie nannten ihn den Gepunkteten Laubfrosch *(polka-dot tree frog)*. Sein wissenschaftlicher Name ist *Hypsiboas punctatus.*

Als sie den Frosch dann im Dunkeln mit ultraviolettem Licht anstrahlten, leuchtete er plötzlich giftgrün. Die Wissenschaftler fanden heraus, dass das an den besonderen fluoreszierenden (bei Bestrahlung mitleuchtenden) Molekülen in seinem Körper lag. Diese Moleküle wurden noch nie zuvor bei Tieren entdeckt.

der fluoreszierende Laubfrosch als Schlaflicht

Die Forscher sind noch nicht dahintergekommen, warum der Frosch im Dunkeln leuchtet. Es kann sein, dass er seine Fluoreszenz als Lockmittel nutzt, um einen Partner anzuziehen, aber es kann auch sein, dass er durch das Leuchten kommuniziert.

Die Fähigkeit, selbstständig (also ohne Bestrahlung) Licht zu erzeugen, kommt häufig bei Fischen, Quallen und anderen Unterwassertieren vor. Da nennt man das Leuchten *Biolumineszenz.* Man weiß heute, dass 70 % aller Fischarten und gut 90 % aller Quallenarten Licht abgeben können.

Lebewesen in der Tiefsee nutzen die Fähigkeit der Lichterzeugung zur Tarnung. Dass sie durch das Absondern von Licht unsichtbar werden sollen, klingt etwas seltsam, ist aber so. Ohne Licht sind sie von unten als dunkler Fleck im Wasser sichtbar. Mit Licht sind sie nicht mehr zu sehen.

Sie nutzen es aber auch, um mögliche Partner oder Beutetiere anzuziehen. Manche Haie haben zum Beispiel einen leuchtenden Bauch. Nur ein kleiner Punkt darauf ist dunkel. Große Fische halten das für einen leckeren kleinen Fisch und schwimmen darauf zu. Sind sie nah genug, frisst der Hai sie auf.

Licht ist außerdem praktisch, um andere Tiere zu verwirren. Manche Tintenfische und Schalentiere spucken Leuchtstoffe ins Wasser, die den Jäger auf eine falsche Fährte locken.

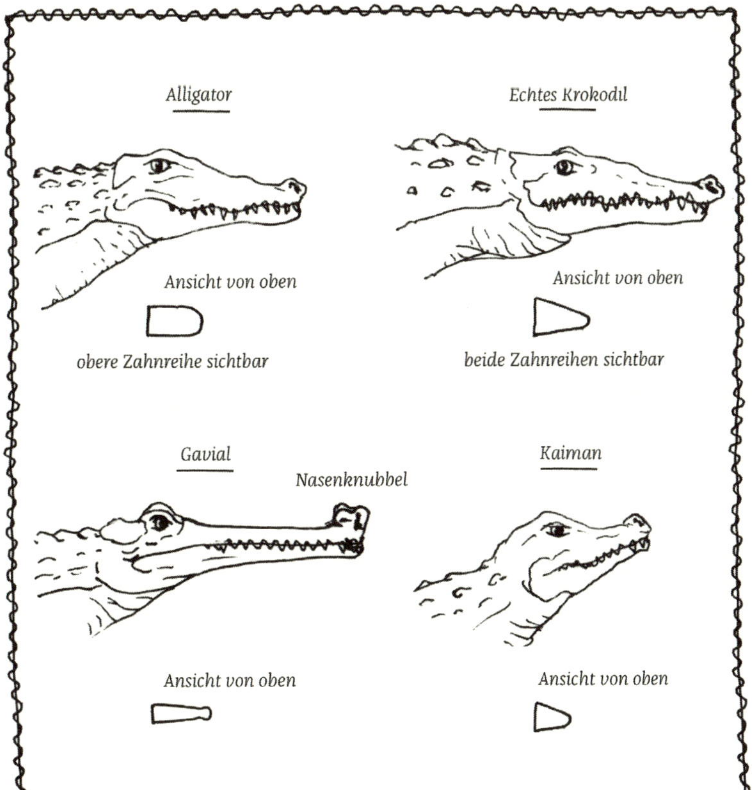

Krokodile

100 ES GIBT NUR NOCH ZWEIHUNDERT WILD LEBENDE GAVIALE

Der Gavial ist ein ganz spezieller, interessanter Vertreter der Krokodile. Er ist in Indien, Nepal und Pakistan heimisch und an seiner langen, schmalen Schnauze gut zu erkennen. In Indien wird er auch *Gharial* genannt. Der Name spielt auf die dicke Knolle auf der Schnauze männlicher Gaviale an. Sie erinnert an einen indischen Topf, der *ghara* heißt.

Wie andere Krokodile und Alligatoren können Gaviale sehr groß werden, und zwar bis zu 6 Meter lang. Sie bleiben meist im Wasser, wo sie sich von Fischen ernähren. Auf dem Land kommen sie nämlich schlecht voran: Weil ihre kurzen Beine zu schwach sind, um ihr Körpergewicht zu tragen, müssen sie an Land unter großer Anstrengung vorwärtsrutschen.

Leider gehört der Gavial zu den bedrohten Tierarten. In der freien Wildbahn gibt es nur noch weniger als zweihundert Exemplare.

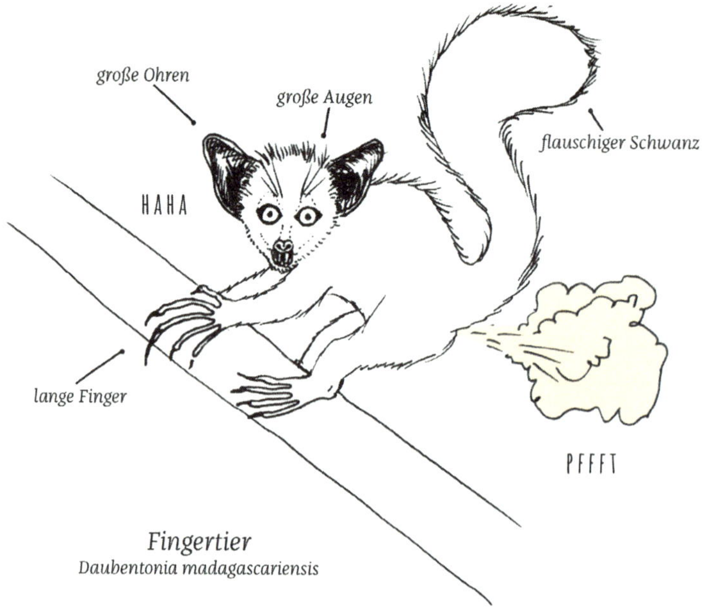

Fingertier
Daubentonia madagascariensis

101 ZIEH MAL AN MEINEM FINGER …

Hat sich schon mal jemand mit dir den Zieh-an-meinem-Finger-Scherz erlaubt? Du weißt schon: Du ziehst die andere Person am Finger, und die lässt einen fahren. Wir wissen zwar nicht, ob das Fingertier pupst, wenn du es am Finger ziehst, aber wir können dir eine Menge anderer Dinge über dieses Tier erzählen.

Mit seinen riesigen Augen und großen Ohren erinnert das Fingertier ein bisschen an eine Fledermaus. Dabei gehört es zu den Primaten und ist damit viel näher mit Schimpansen, anderen Affen und uns Menschen verwandt. Es hat dunkelbraunes oder schwarzes Fell und einen flauschigen Schwanz, der länger als der Körper ist. Das Auffallendste sind seine langen »Hände«, an denen besonders der Mittelfinger ins Auge springt. Der ist sehr lang. Er dient dazu, die Rinde von Bäumen abzuklopfen auf der Suche nach Insekten, die im Holz leben. Mit seinen großen Ohren lauscht das Fingertier auf Hohlräume. Wenn es Insekten findet, pult es sie mit dem langen Finger heraus. Es gebraucht diesen Finger auch, um Kokosnüsse und andere Früchte auszulöffeln.

Viele Bewohner Madagaskars sind überzeugt, dass es Unglück bringt, einem Fingertier zu begegnen. Sie glauben, dass die Tierchen nachts in die Häuser kommen, um mit dem langen Finger einen Menschen ins Herz zu stechen. Das tun sie natürlich nicht, aber der Aberglaube bleibt bestehen. Wer ein Fingertier sieht, erschießt es meistens, um die bösen Geister abzuwehren. Und das ist wirklich schade, denn das arme Fingertier tut keiner Fliege – oder jedenfalls keinem Menschen – etwas zuleide. Im Gegenteil! Es ist ein neugieriges Tier, das gern näher kommt, um Bekanntschaft zu schließen.

102 AMEISENLÖWEN BRÜLLEN NICHT

Das liegt daran, dass es gar keine Löwen sind, sondern die Larven eines libellenähnlichen Insekts, das zu den Netzflüglern gehört.

Die Insekten sind im Durchschnitt 1,5 Zentimeter groß und leben auf sandigem Boden. Mit ihrem Hinterleib graben sie ein Loch in den Sand, während sie ihn gleichzeitig mit ihren kräftigen Kieferzangen in alle Richtungen hinauswerfen. So entsteht ein Trichter. Die Ameisenlöwen verstecken sich am Boden dieses Trichters. Und dort warten sie, bis Beute vorbeikommt, meistens eine nichts ahnende Ameise.

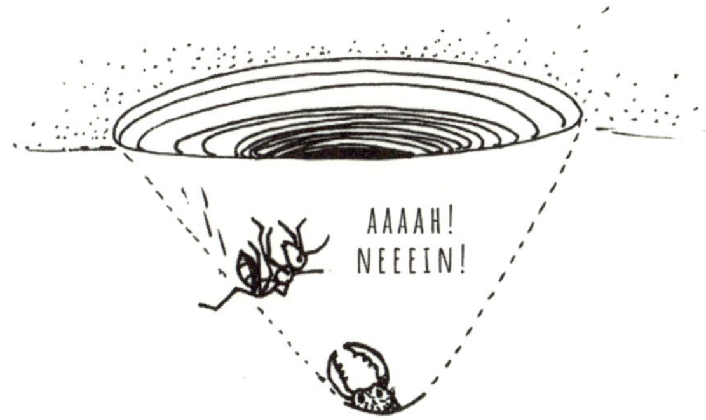

Der Körper des Ameisenlöwen ist vollständig mit kleinen Härchen bedeckt. Damit fühlt er, wenn sich etwas bewegt. Die vorbeikommende Ameise, die den Trichter nicht bemerkt hat, rutscht hinab. Wahrscheinlich versucht sie noch, wieder hinauszuklettern, aber bei den rieselnden Sandkörnern ist das gar nicht so leicht. Vor allem, weil der Ameisenlöwe inzwischen angefangen hat, mit Sand um sich zu werfen, und damit eine Art Lawine erzeugt, durch die die Ameise noch schneller abrutscht.

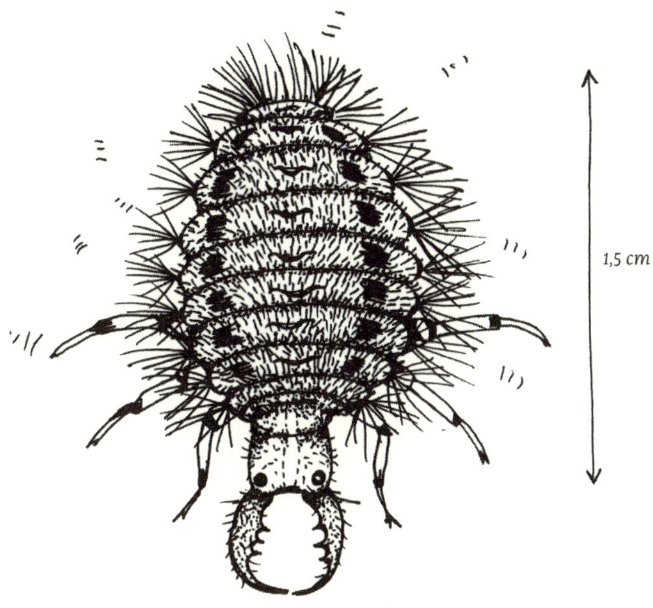

Ist die Ameise erst einmal unten im Trichter angekommen, ist das Ende nah. Der Ameisenlöwe ergreift sie mit seinem starken Kiefer und spritzt ihr ein lähmendes Gift in den Körper. Die Eingeweide der Ameise werden dadurch völlig aufgelöst, sodass sie trinkbar werden. Der Ameisenlöwe saugt dann die arme Ameise einfach aus und lässt die leere Haut zurück.

103 DER KARAKAL ERLEGT ZEHN VÖGEL AUF EINEN STREICH

Du kennst bestimmt das Märchen der Brüder Grimm, in dem das tapfere Schneiderlein sieben Fliegen auf einen Streich erschlägt? Das ist beachtlich, aber noch gar nichts verglichen mit dem Karakal, auch Wüstenluchs genannt. Der kann nämlich bis zu drei Meter hoch springen und mit einem Sprung zehn bis zwölf Vögel aus der Luft holen. Darum wurde dieses Tier früher von persischen Adeligen zur Belustigung in Gefangenschaft gehalten. Dazu wurde der Karakal in einer Arena voller Tauben losgelassen, und es wurden Wetten abgeschlossen, wie viele Vögel er wohl auf einen Schlag töten würde.

Karakale wagen sich auch an Tiere heran, die gut dreimal so groß sind wie sie selbst. Sie jagen fast nur in der Nacht. Dann schleichen sie sich an ihre Beute an, und wenn sie ganz nah sind, schlagen sie gnadenlos zu.

Die Jungen dieser Großkatze sehen zum Herzzerreißen niedlich aus, weshalb manche Menschen versuchen, sie als Haustiere zu halten. Doch das ist keine gute Idee. Ein ausgewachsener Karakal ist nämlich keine Katze, die man ohne Handschuhe anfassen sollte. Er kann ganz schön fest zubeißen.

Karakal oder Wüstenluchs
Caracal caracal

104 DIE ZUNGE DES GROSSEN AMEISENBÄREN IST STOLZE SECHZIG ZENTIMETER LANG

Stell dir mal eine ganz lange gekochte Spaghetti vor. Oder noch besser: zwei hintereinander. So lang und flexibel ist die Zunge des Großen Ameisenbären. Die lange, schmale Zunge ist speziell dafür gemacht, tief in Ameisennester einzudringen. Ameisenbären sind nämlich ganz versessen auf Ameisen und Termiten. Und klar, die ganz unten am Boden sind natürlich die allerleckersten.

Mit seinen scharfen Krallen bricht der Große Ameisenbär den Ameisen- oder Termitenhügel, aus dem er fressen will, vorsichtig auf. Dann steckt er seine spitze Schnauze in die Öffnung und fährt mit seiner Zunge mehrmals schnell hinein. Der klebrige Speichel und feine Häkchen auf der Zunge sorgen dafür, dass die Ameisen oder Termiten daran hängen bleiben. Dann schluckt er sie schnell hinunter, damit die Tierchen ihn nicht beißen können.

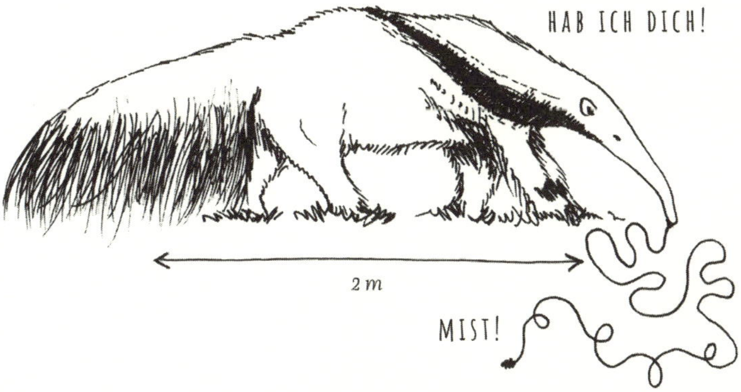

Großer Ameisenbär
Myrmecophaga tridactyla

In einer Minute schießt die Zunge bis zu 150 Mal rein und raus. Nach zwei Minuten beendet der Große Ameisenbär seine Mahlzeit und sucht sich einen neuen Hügel. So kann er später noch mal an diese Snackbar zurückkommen.

Ein Großer Ameisenbär kann so bis zu 35 000 Ameisen an einem Tag verputzen. Das hört sich nach viel an, aber er ist mit seinen über zwei Metern Länge ja auch ganz schön stattlich. Trotzdem frisst er am liebsten die kleinen Ameisen. Die enthalten nämlich ungeheuer viel Eiweiß (Proteine), und zwar mehr als ein dickes Beefsteak. Seine Ameisenkost ergänzt er durch Früchte, die er am Boden findet.

105 WENN ALLES NICHTS HILFT, WEG MIT DEM SCHWANZ

Manche Eidechsen, Geckos und Salamander nutzen einen besonderen Trick, um sich zu befreien, wenn ein Angreifer sie zu packen kriegt. Sie werfen ihren Schwanz ab. Diese Form der Selbstamputation nennt man *Autotomie.*

Die Eidechse macht sich blitzschnell davon und lässt den Angreifer mit dem Schwanz zurück. Der zuckt noch eine Weile weiter, weshalb der Räuber denkt, dass seine Beute noch lebt. So merkt er erst später, dass der größte Teil der Eidechse schon über alle Berge ist.

Der Stumpf, wo vorher der Schwanz war, blutet natürlich. Aber zum Glück heilt er schnell ab. Manchmal wächst der Schwanz sogar ein paar Tage später schon wieder nach. Grund dafür sind besondere Zellen der Eidechse, die sich schnell zu neuem Gewebe entwickeln können.

Du willst einen Salamander oder eine Eidechse einfangen? Nimm dafür unbedingt ein Netz oder eine Spezialfalle, die dem Tier keine Schmerzen zufügt. Eine Eidechse im Haus ist übrigens völlig harmlos und fängt darüber hinaus sehr viele Insekten. Also lässt du sie vielleicht doch einfach besser in Ruhe an der Wand sitzen.

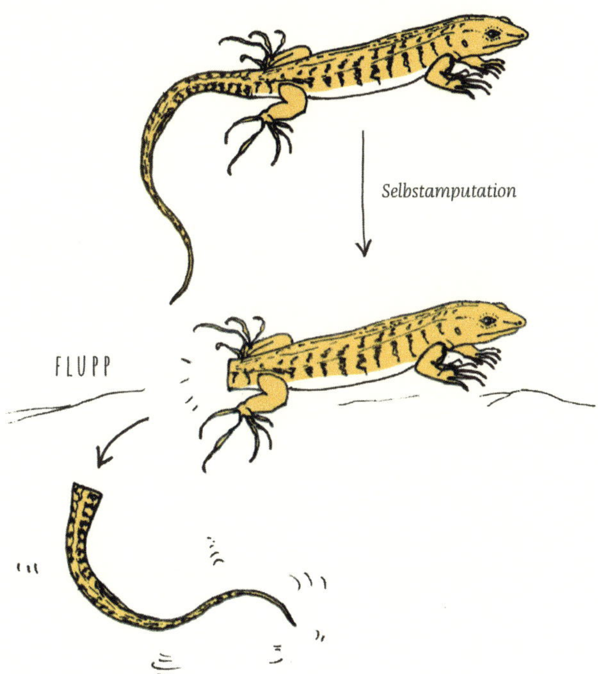

Wasserläufer
Gerris lacustris

106 DAS WUNDER VOM JESUSKÄFER

Geh doch an einem schönen Frühlingstag mal an einen See oder Wassergraben, leg dich bäuchlings ans Ufer und schau dir an, was auf dem Wasser passiert. Ist es ein sauberes Gewässer mit viel Leben drin, wirst du höchstwahrscheinlich einen Gemeinen Wasserläufer vorbeiflitzen sehen. Weil diese Wanze mühelos über das Wasser laufen kann, wird sie im Englischen auch *Jesus bug* (Jesuskäfer) genannt. Auf Niederländisch heißt sie wiederum *schaatsenrijder* (Schlittschuhläufer).

Um nicht andauernd gegen das Wasser anrudern zu müssen, suchen Wasserläufer ab und zu ein ruhiges Fleckchen auf. Mal liegen sie einfach gemütlich in der Sonne, mal strotzen sie nur so vor Energie. Man sieht sie sprinten, sich auf den Rücken drehen und sogar bis zu zehn Zentimeter hohe Sprünge machen. Dann sieht es aus wie bei den Olympischen Spielen für Wanzen! Ein winziger Wasserläufer kann mit seinen ausgestreckten Mittelbeinen einen Meter pro Sekunde zurücklegen. Wenn man das in Menschendimensionen überträgt, würde er in einer Sekunde hundert Meter laufen oder 360 Stundenkilometer erreichen. Nicht schlecht für ein Tier, das nicht mal einen Zentimeter groß ist.

Um auf dem Wasser zu laufen, macht sich der Wasserläufer die Oberflächenspannung zunutze. Sein Körper und seine Füße sind mit einem Filz aus wasserabstoßenden Haaren besetzt. Die Härchen können Luft speichern und sind mit einer Wachsschicht überzogen. Wasserläufer verbringen viel Zeit damit, sich zu putzen, damit sie auch weiterhin so gut über das Wasser gleiten können und nicht einsinken.

Das Wasser, auf dem sie laufen, darf nicht mit Stoffen verunreinigt sein, die die Oberflächenspannung absenken, wie es manche Putzmittel tun. Dann wäre der Sprint blitzartig vorbei.

107 KAKERLAKEN KÖNNEN BIS ZU EINER WOCHE OHNE KOPF ÜBERLEBEN

Es klingt wie die Idee zu einem Horrorfilm, ist aber wahr: Kakerlaken können mehrere Tage ohne Kopf überleben. Haben sie denn kein Gehirn? Doch, schon. Aber die wichtigsten Funktionen werden vom Brustteil gesteuert. Und die Atmung erfolgt über ganz kleine Öffnungen in ihrem Körper.

Fressen und trinken können sie ohne Kopf natürlich nicht mehr. Allerdings kommen sie einen Monat lang ohne Nahrung aus, weil sie wechselwarme Tiere sind, die nur wenig Energie verbrauchen. Aber mindestens einmal pro Woche müssen sie etwas trinken, und so sterben sie mit abgetrenntem Kopf schließlich an Austrocknung.

Wer ohne Kopf überleben kann, muss ziemlich robust sein. Und das ist die Kakerlake. Von allen Tieren auf der Erde kann sie sich wohl am besten an neue Umstände anpassen. Kakerlaken krabbeln schon seit über 300 Millionen Jahren auf unserem Planeten herum! Damit sind sie älter als die Dinosaurier. Darum ist es auch so ungeheuer schwierig, eine Kakerlakenplage im Haus in den Griff zu bekommen. Sie vermehren sich immer weiter, und man wird sie einfach nicht mehr los. Eine Kakerlake die Toilette runterspülen? Bringt nichts, denn sie kann 30 Minuten unter Wasser bleiben, ohne zu ertrinken. Sie klettert einfach wieder nach oben und kriecht unter der Klobrille hervor.

Dann also erfrieren lassen? Tja, es sind Fälle bekannt von Kakerlaken, die erfroren schienen, aber nach dem Auftauen einfach wieder wegliefen. Wahrscheinlich müssen wir härtere Geschütze auffahren – eine Atombombe etwa. Hach, leider nicht. Nach den Atombombenabwürfen auf Nagasaki und Hiroshima wurde zwar alles Leben vernichtet, auch die Kakerlaken. Aber lange bevor die Menschen zurückkehren konnten, wurden in den betroffenen Städten wieder neue Kakerlaken angetroffen. Ihnen konnte die Strahlung offenbar deutlich weniger anhaben als anderen Tieren.

Kakerlaken fressen buchstäblich alles. Normale Nahrungsmittel natürlich, aber auch Papier, Stoff, Seife, Holz, Klebstoff, Haare und Mist. In ihrem Kot sind Stoffe enthalten, die anderen Kakerlaken mitteilen, dass es irgendwo Nahrung gibt. Ehe man sich's versieht, hat die große Kakerlakenparty begonnen, auf der sie alle zusammen den *Cucaracha** tanzen.

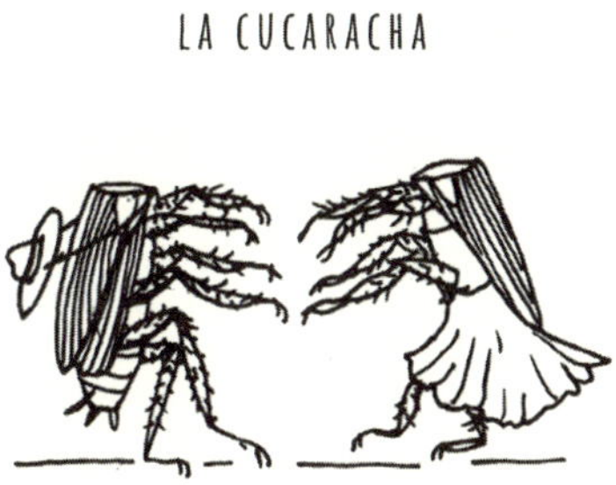

Tanzen bis zum Umfallen

* *Cucaracha* bedeutet Kakerlake auf Spanisch. Bei diesem Tanz macht man Schritte vor und zurück wie eine Kakerlake …

108 EINHÖRNER GIBT'S WIRKLICH

Wir müssen dich sofort wieder enttäuschen. Einhörner, wie sie in allerlei Märchen und Geschichten vorkommen - weiße (oder sogar rosa!) Pferde mit einem Horn auf dem Kopf -, gibt es nicht. Unter Wasser aber lebt tatsächlich ein Wesen, zu dem der Name gut passen würde. Es handelt sich um den Narwal, einen Zahnwal, der am Nordpol vorkommt.

Die Männchen fallen durch ihren langen Stoßzahn auf, der meist links aus ihrem Maul herausragt und bis zu drei Meter lang werden kann. Er sieht aus wie ein langer gedrehter Speer.

Die Forschung versucht schon lange herauszufinden, wofür der Narwal seinen besonderen Stoßzahn verwendet. Man wusste schon, dass sie zur Paarungszeit im Kampf die Zähne gegeneinanderschlagen und sie nutzen, um ein Loch ins Eis zu bohren, aber neue Forschungsergebnisse zeigen, dass der Zahn noch viel mehr ist als ein Kampf- und Bohrinstrument.

Im Stoßzahn sitzen nämlich Millionen von Nervenbahnen, die von der Mitte nach außen führen. Dadurch dient er dem Narwal zur Echoortung. Narwale senden ständig Millionen kurzer Klicklaute aus, die auf verschiedene Dinge in der Umgebung prallen. Durch das Echo, das er mit seinem Stoßzahn auffängt, weiß der Narwal genau, wo er im dunklen, trüben Wasser hinschwimmen muss. Der Zahn gibt ihm auch Informationen über Temperatur und Wasserdruck und sogar über die Luft.

das Einhorn aus dem Norden

In einer ganz aktuellen Studie fand man heraus, dass Narwale den Stoßzahn auch benutzen, um Fische zu betäuben. Ein Schlag damit führt zum Knock-out, sodass der Narwal den Fisch mühelos fangen und auffressen kann.

109 TRAUST DU DICH, EINE LEBENDE BROSCHE ZU TRAGEN?

Wenn du Yucatán in Mexiko besuchst, ist die Chance groß, dass dir ein Straßenhändler eine lebende Brosche anbietet. Um den Schmuck herzustellen, wird ein holzbohrender Käfer namens Maquesh verwendet. An dem Käfer werden eine kleine Kette und eine Stecknadel befestigt, sodass er als Brosche getragen werden kann. Dabei wandert er auf deinem Pulli oder T-Shirt herum. Der Panzer des Käfers ist golden mit schwarzen Tupfen, sodass er auch ohne besondere Verzierung wie ein Maya-Schatz aussieht.

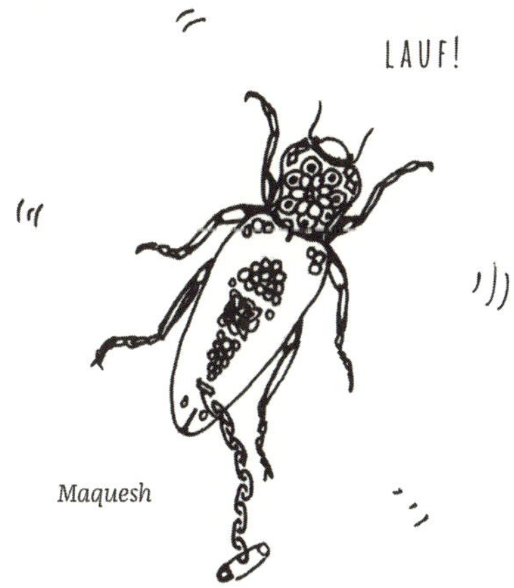

Maquesh

Das Tragen lebender Käfer als Brosche hat eine jahrhundertelange Tradition in Zentral- und Südamerika. Sie geht auf eine alte Legende zurück. Eine Prinzessin der alten Maya-Kultur soll in einen Jungen verliebt gewesen sein. Ihre Eltern waren nicht mit ihrer Wahl einverstanden und verboten ihr, ihn zu heiraten. Die Prinzessin war untröstlich. Ein Schamane hatte Mitleid mit ihr und verwandelte den Prinzen in einen leuchtenden Käfer, den die Prinzessin zum Zeichen ihrer ewigen Liebe als Brosche nah an ihrem Herzen tragen konnte.

Der Maquesh kann wie andere holzbohrende Käferarten nicht fliegen und lange ohne Nahrung und Wasser auskommen. Darum eignet er sich auch hervorragend als Brosche. Solange man ihn ab und zu füttert, kann man ihn sehr lange am Leben halten.

Aber natürlich ist es nicht so angenehm für den Käfer, sein ganzes Leben an einer Kette zu hängen. Tierschützer machen sich deshalb dafür stark, den Verkauf von Maquesh-Schmuck zu verbieten. In einem Terrarium kann man die Käfer jedoch gut als außergewöhnliches Haustier halten.

110 GANZ SCHÖN SCHRÄG – EIN FISCH, DER NICHT SCHWIMMEN KANN

Vögel fliegen, und Fische schwimmen. Oder? Nicht immer! Es gibt einen Fisch, der sich auf seltsame Art fortbewegt, weil er nicht schwimmen kann. Kein Kraulen, kein Brust-oder Schmetterlingsschwimmen und auch kein Schwimmen wie ein Fisch.

Anglerfische wackeln leicht mit ihrer Schwanzflosse, um voranzukommen. Außerdem schlürfen sie Wasser, das sie durch kleine Öffnungen hinter ihren Kiemen wieder herauspressen. Wow, denkst du jetzt vielleicht – das klingt, als wären sie ziemlich schnell unterwegs! Pustekuchen. Immer mit der Ruhe, lautet ihre Devise. Vermutlich ist das auch besser so, weil sie sich ihre Nahrung durch Angeln beschaffen müssen (es kann natürlich auch sein, dass sie nur deshalb angeln, weil sie sowieso nicht schnell vorankommen).

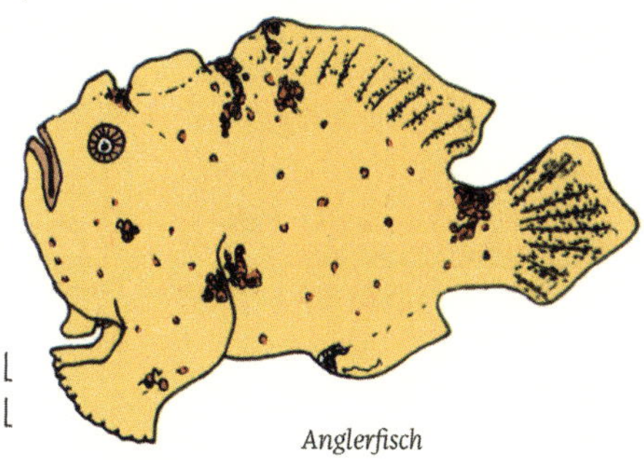

Anglerfisch

Auf dem Kopf haben sie einen Auswuchs, der manchmal an einen kleinen Wurm oder Fisch erinnert. Das lockt andere Tiere an, die darin eine leckere Beute sehen, aber sobald sie dicht genug dran sind, schnappt der Anglerfisch zu.

Geht er denn zwischendurch auch mal an Land? Nein. Denn kaum ist er aus dem Wasser, kann er sich gar nicht mehr bewegen. Und eigentlich möchte man dem Anglerfisch auch lieber nicht begegnen. Mit seinem seltsam kugeligen Körper und dem riesigen Maul voller messerscharfer Zähne ist er kein besonders schöner Anblick.

111 SUPERHÄSSLICH ODER SUPERSÜSS?

Er sieht aus wie ein großer Klumpen weißrosa Schnodder. Er hat eine seltsame dicke Hängenase und zwei schwarze Augen. Die Flossen an der Seite machen nicht viel her. Kannst du erraten, wen wir meinen?

Es ist der Blobfisch! Er hat die zweifelhafte Ehre, als hässlichstes Tier der Welt zu gelten. Kein Wunder, dass er die Mundwinkel immer etwas traurig hängen lässt … Denn weißt du, was das Verrückte ist? Der Blobfisch sieht nur so komisch aus, wenn man ihn aus dem Wasser holt. Im Wasser wirkt er wie ein ganz normaler Fisch. Der Unterschied kommt daher, dass er kaum Muskeln im Körper hat. Durch die extreme Druckveränderung zwischen dem Wasser und der Luft klappt er an Land buchstäblich zusammen.

Der Blobfisch ist in den Meeren rund um Australien und Tasmanien zu Hause. Er lebt in circa 800 bis 1200 Metern Tiefe. Dort bewegt er sich nah am Grund. Weil er anders als andere Fische über keine Schwimmblase verfügt, kann er nur schwer seinen Kurs bestimmen und lässt sich meistens einfach mit der Strömung treiben. So verbraucht er kaum Energie und muss deshalb auch nicht viel fressen.

Blobfische sind nicht gern in Gesellschaft. Weil sie meist für sich bleiben, ist es bisher noch keinem Wissenschaftler gelungen, Blobfischen bei der Paarung zuzusehen. Beim Eierablegen und -ausbrüten wurden sie aber schon beobachtet. Wie Vögel legen sich die Fische auf die Eier, bis die Jungen schlüpfen. Das Weibchen und das Männchen teilen sich die Arbeit.

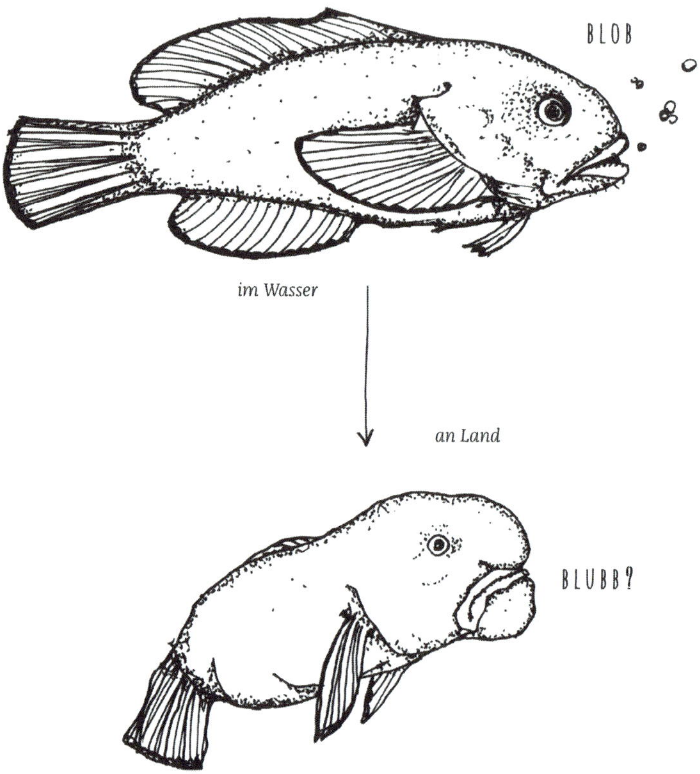

Blobfisch
Psychrolutes marcidus

Kugelfisch

112 EIN FISCH MIT SUPERKRÄFTEN

Wusstest du, dass Kugelfische Superkräfte haben? Wirklich wahr! Wenn ein Angreifer ihnen zu nahe kommt, schluckt der Kugelfisch einfach eine gigantische Menge Wasser. Dadurch bläst er sich auf und wird kugelrund. Ist er dann immer noch nicht groß genug, pumpt er noch einmal nach. Der Angreifer wird es sich jetzt zweimal überlegen, ob er den Kugelfisch fressen will. Wahrscheinlich würde es auch gar nicht klappen, weil der Fisch zu groß für sein Maul geworden ist.

Der Kugelfisch ist kein besonders guter Schwimmer. Er ist träge und bewegt sich ein wenig seltsam fort. Wahrscheinlich entwickelte er deshalb seine Aufblas-Superkraft. Aber mal angenommen, der Angreifer schnappt ihn doch. Schade natürlich für den Kugelfisch, aber auch für den Angreifer. Der Kugelfisch enthält nämlich ein ungeheuer starkes Gift: Tetrodotoxin. Mit seiner Dosis könnte er gut dreißig Menschen auf einen Schlag töten. Und es gibt kein Gegengift! Je bunter der Kugelfisch, desto giftiger ist er. Dafür muss man den Fisch natürlich essen – aber wer ist schon so verrückt? Die Japaner sind es! Die Kugelfisch-Delikatesse *fugu* ist sündhaft teuer und darf ausschließlich von Köchen mit einer speziellen Ausbildung zubereitet werden. Dabei soll der Fisch nicht einmal besonders gut schmecken. Aber manche Leute sehen es als eine Mutprobe an – ist nämlich noch eine winzige Menge von dem Gift in dem Stück Fisch verblieben, stirbt man daran. Ganz schön schräg, diese Fugu-Esser.

113 SCHRECKLICH COOLE SPINNEN

Spinnen sind dir nicht geheuer? Und du hältst am liebsten so viel Abstand wie möglich zu ihnen? Das können wir verstehen, aber manchmal lohnt es sich wirklich, sie einmal aus der Nähe zu betrachten. Weil sie einfach echt cool sind.

- *Thwaitesia argentiopunctata*, auf Englisch *mirror spider*, »Spiegelspinne« genannt, sieht aus wie eine glitzernde Discokugel. Ihr runder Hinterleib ist mit Schuppen besetzt, die wie Glasscherben aussehen. Man könnte denken, dass die Spinne dadurch auffällt, aber das Gegenteil ist der Fall. Weil das »Glas« die Umgebung widerspiegelt, ist die Spinne gut getarnt.

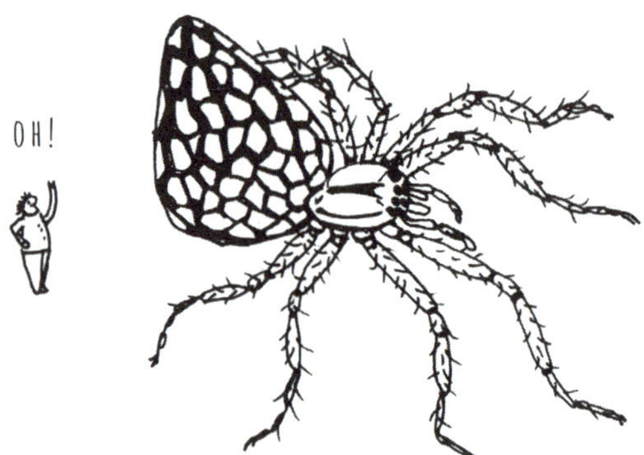

Spiegelspinne

Radlerspinne

Pfauenspinne

- Die Goliath-Vogelspinne ist mit einer Beinspannweite (dem längsten Abstand zwischen zwei Fußspitzen) von fast 30 Zentimetern eine der größten Spinnen der Erde. Sie frisst nicht nur Insekten, sondern auch Mäuse, Frösche und ab und zu mal einen kleinen Vogel. Fühlt sie sich bedroht, schießt diese Spinne dem Angreifer feine, fast unsichtbare Härchen entgegen, die Augen und Mund stark reizen können.

- Der lateinische Name *Cebrennus rechenbergi* wird dir wohl nicht viel sagen, aber vielleicht kannst du dir unter dem Namen »Marokkanische Radlerspinne« etwas vorstellen. Diese Spinne vollführt akrobatische Flickflacks, wenn sie bedroht wird und fliehen muss. Auf diese Weise kommt sie doppelt so schnell voran wie beim normalen Laufen.

- Die Pfauenspinne ist wunderschön. Ihr Hinterleib weist eine prächtige, farbenfrohe Musterung auf. Das Männchen setzt seine Schönheit in einem beeindruckenden Balztanz in Szene, um die Aufmerksamkeit des Weibchens zu erlangen. Und dabei sollte er sich ordentlich Mühe geben, denn wenn die Angebetete von seinen Tanzkünsten nichts hält, frisst sie ihn einfach auf.

- Die Falltürspinne macht ihrem Namen alle Ehre. Sie gräbt nämlich eine Höhle in den Boden, die sie mit einem fast unsichtbaren Deckel aus Spinnseide und anderen Materialien verschließt. Darin versteckt sie sich und wartet in Ruhe ab, bis sie eine Erschütterung durch ein vorbeilaufendes Beutetier spürt. Dann geht die Falltür auf, und die Spinne zieht die Beute hinein. Sie kommt so gut wie nie nach draußen und kann in ihrer Höhle bis zu fünfundzwanzig Jahre alt werden.

114 DER KANARIENVOGEL DES OZEANS

Kanarienvögel sind gelb und können fliegen, aber das gilt nicht für den den *Sea canary*, den »Kanarienvogel der Meere«. Der ist weiß und lebt im Nordpolarmeer. Er ist kein Vogel, sondern ein Beluga oder Weißwal.

Wie kommt es dann zu dem Namen »Kanarienvogel der Meere«? Um sich im dunklen Wasser zurechtzufinden und mit Artgenossen zu kommunizieren, geben die Belugas viele Laute von sich. Vor allem senden sie viele hohe Klicklaute aus. Die prallen dann zum Beispiel auf ein Beutetier und kehren als Echo zurück zum Beluga. Der weiß dann ganz genau, wie groß das Beutetier ist und wo es sich befindet. Das nennt man Echoortung. Daneben kann der Beluga auch tief brummen und hoch pfeifen. Seefahrer, die durch die Wände ihres Schiffs die Geräusche hörten, gaben dem Beluga darum den Beinamen »Kanarienvogel der Meere«.

Auf dem Kopf hat der Beluga eine ballförmige Verdickung, die »Melone« genannt wird. Alle Zahnwale besitzen eine solche Melone, aber nur der Beluga kann ihre Form verändern. Das erlaubt ihm eine noch genauere Echoortung. Für ihn ist es lebenswichtig, Lücken im Eis auf dem Meer zu finden, durch die er Luft holen kann.

Belugas haben eine extrem dicke Fettschicht von gut zwölf Zentimetern. Die brauchen sie auch, um sich gegen die Eiseskälte zu schützen. Ein Beluga kann bis zu dreihundert Meter tief tauchen. Weil er keine Finne auf dem Rücken hat, kann er sehr dicht an der Eisdecke entlangschwimmen.
Gut für ihn, denn so kann er leichter den Orcas entkommen, die ab und zu Appetit auf einen Beluga haben. Die Rückenflosse des Orcas ist nämlich zu groß, um so nah am Eis zu schwimmen wie der Beluga.

115 AUSRÄUCHERN! ODER IN SÄURE TAUCHEN!

Wenn der Schornstein qualmt, sitzen Raben gern ganz in der Nähe. Wollen Sie etwa dein Haus in Brand stecken? Aber nein! Raben haben, wie andere Vögel auch, oft mit allerlei Ungeziefer in ihrem Gefieder zu kämpfen. Zecken- und Läusebisse finden sie nicht so prickelnd. Aber da Raben sehr schlaue Tiere sind, begreifen sie, dass die lästigen Viecher Flammen und Rauch nicht abhaben können. Darum setzen sie sich einfach auf einen rauchenden Schornstein, spreizen ihre Flügel und lassen die ungebetenen Gäste ausräuchern. Es sind auch Fälle bekannt, in denen Raben ihre Flügel sogar über einer brennenden Zigarette ausgebreitet haben.

Aber das ist nicht die einzige Methode, mit der Raben ihr Gefieder sauber halten. Ist kein Feuer in der Nähe, machen sie sich auf die Suche nach Ameisen. Genauer gesagt: nach Ameisensäure. Um an die zu kommen, schnappt sich ein Rabe ein paar Ameisen und zerreibt sie zwischen seinen Federn. Das heißt »Aktives Einemsen« und kommt von »Emse« einem veralteten Wort für Ameise. Wenn es richtig doll juckt, setzt sich der Rabe mit ausgebreiteten Flügeln auf einen Ameisenhaufen und wartet ab, bis die Ameisen über ihn drüberlaufen. Der Rabe findet es angenehm, all die Ameisen über seine Flügel marschieren zu spüren. Manche Wissenschaftler sind überzeugt, dass Raben das tun, um Parasiten im Federkleid zu töten. Die Ameisen fressen nämlich alle Läuse, die ihnen über den Weg laufen. Andere glauben, dass Ameisensäure auf die Vögel wie eine Droge wirkt. Sie werfen nämlich beim Einemsen ihren Kopf in den Nacken und scheinen die Ameisenwanderung mit offenem Schnabel zu genießen. Es ist möglich, dass sie es einfach nur angenehm finden, die lästigen piksenden Biester loszuwerden, aber es kann auch sein, dass die Ameisensäure auf die Raben eine berauschende Wirkung hat. Drogen für Raben also ....

* eitles Chamäleon

116 FARBE NACH LAUNE

Chamäleons sind Echsen mit besonderen Eigenschaften. Sie können nämlich ihre Farbe verändern, zum Beispiel von normalem Grün oder Braun hin zu leuchtendem Rosa, Blau, Orange, Rot oder Gelb.

Biologen gingen lange davon aus, dass Chamäleons die Farbe wechseln, um sich dem Hintergrund anzupassen, wenn ihnen ein Angreifer zu nahe kommt. Dabei können Chamäleons blitzschnell wegrennen – bis zu dreißig Stundenkilometer schaffen sie –, weshalb diese Form der Verteidigung eigentlich gar nicht notwendig ist.

Die besonders leuchtenden Farben werden von den Männchen eingesetzt, um eine Partnerin anzulocken oder einen Nebenbuhler zu vertreiben. Hier hat der Farbwechsel also mit dem Paarungsverhalten zu tun.

Aber das ist nicht alles. Inzwischen wissen wir, dass Chamäleons auch ihrer Stimmung entsprechend die Farbe wechseln. Je schlechter die Laune, desto dunkler werden sie. Eine hellere Färbung kann dagegen bedeuten, dass sie in Flirtstimmung sind.

Daneben nutzen sie ihre Farbe, um sich an Temperaturveränderungen anzupassen. Ist dem Chamäleon kalt, wird es dunkler, um die Wärme im Körper zu halten. Und bei zunehmender Wärme wird es wieder heller.

Aber wie funktioniert der Farbwechsel? Dafür sind besondere Zellen verantwortlich, die *Chromatophoren* genannt werden. Diese Zellen enthalten Farbstoffe, sogenannte Pigmente. Das Gehirn sendet eine Botschaft an diese Zellen, woraufhin diese sich verschieben und das Chamäleon seine Farbe wechselt. Aber es steckt noch mehr dahinter. Für die ganz grellen Farben besitzt das Chamäleon *Iridophoren* oder *Guanaphoren*. Diese Zellen enthalten den kristallinen Farbstoff Guanin, der das Licht reflektiert. Wenn das Chamäleon zum Beispiel aufgeregt ist, verändern diese Zellen ihre Struktur, wodurch die Haut auf einmal knallpink, grellgelb oder leuchtend orange erscheint. Herrlich, so als Discokugel durchs Leben zu geben, oder?

117 DAS SCHRECKLICH FAULE GILATIER

Das Gilatier, auch Gila-Krustenechse genannt, ist eine große Echse, die bis zu 50 Zentimeter lang und fast zwei Kilo schwer werden kann. Es hat einen kräftigen Körper mit einem kurzen dicken Schwanz, breitem Hals und Kopf. Das Auffallende an ihm ist seine Zeichnung. Der Körper ist glänzend schwarz, mit einer grellrosa, grellgelben oder grellorangen Musterung. An den Füßen befinden sich scharfe Krallen. Darüber hinaus gehört das Gilatier zu den giftigen Echsen. Bekommt dich ein Gilatier einmal zu packen, lässt es dich nicht mehr los. Es kaut immer weiter auf dir herum, damit das Gift gut in deinen Körper eindringen kann. Der Biss des Gilatiers ist sehr schmerzhaft, und es kann sein, dass du davon ohnmächtig wirst, aber als Mensch stirbt man zum Glück nicht daran.

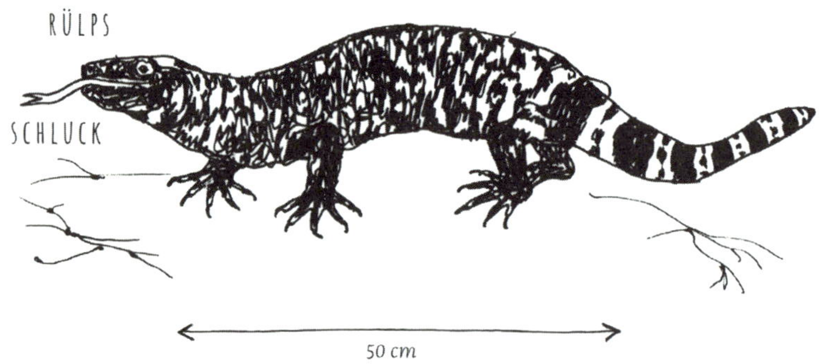

Gilatier

Solltest du dir Sorgen machen, von einem Gilatier gebissen zu werden? Eigentlich nicht. Die Chance, dass du einem begegnest, ist winzig klein, denn das Gilatier ist in den Wüsten der USA und von Mexiko heimisch. Außerdem sind die Tiere extrem scheu. 95 % ihrer Zeit verbringen sie in ihren Höhlen und begeben sich nur nach draußen, um Sonne zu tanken und Nahrung zu suchen. Sie ernähren sich von Fröschen, Nagetieren, Insekten und Würmern, und manchmal holen sie sich auch ein neugeborenes Säugetier aus seinem Nest. Das Gilatier kann sehr viel auf einmal fressen, gut ein Drittel seines Körpergewichts. Das ist, als würdest du dreißig Kilo wiegen und zehn Kilo bei einer Mahlzeit verputzen. Nach dem Fressen wird erst mal wieder entspannt. Es kann Monate dauern, bis die Echse wieder Hunger bekommt. In ihrem dicken Schwanz lagert sie nämlich Fett, von dem sie sehr lange zehrt. Ein ganz schöner Faulpelz also!

118 DAS SCHWEIZER MESSER UNTER DEN GARNELEN

Fangschreckenkrebse werden manchmal auch Pisskrebse genannt, weil sie, wenn man sie aus dem Wasser holt, einen Strahl Urin spritzen. Es sind schöne Tiere, mit ihrem langen Körper und den auffälligen Farben.

Trotzdem ist mit einem Fangschreckenkrebs nicht zu spaßen. Mit seinen Kieferklauen kann er blitzschnell ausholen und heftige Schläge austeilen. Ein solcher Schlag hat die Wucht einer Pistolenkugel.

Mit den Keulen an seinen Beinen kann der Krebs Austern, Muscheln und Krabben in Stücke schlagen. Aquarienbesitzer, die Fangschreckenkrebse halten, berichten von Exemplaren, die in einem Anfall schlechter Laune die Scheiben des Aquariums kaputt geschlagen haben.

Man kann den Krebs am besten mit einem praktischen Schweizer Messer vergleichen, mit allerlei Instrumenten am Körper – Klauen, Speere, Hämmer –, die verschiedene Zwecke erfüllen.

Fangschreckenkrebs

Ein Fangschreckenkrebs lässt sich nicht auf der Nase herumtanzen. Kommt ihm ein Tintenfisch zu nahe, erhebt er sich aus seinem Nest und spreizt seine Vorderbeine. Damit will er dem Kraken klarmachen, dass er lieber auf Abstand bleiben soll. Kommt der dann doch näher, geht der Krebs kurz entschlossen zum Angriff über. Er prügelt drauflos, bis der Krake wieder abzieht. Seine Kraft verdankt er nicht nur seinen Muskeln, sondern auch dem Bau seines Körpers, der auf maximale Schlagkraft ausgelegt ist.

119 UND DER PREIS FÜR DAS SCHÖNSTE LACHEN GEHT AN ... DAS QUOKKA

Quokka

Das Quokka aus der Familie der Kängurus wird manchmal auch das fröhlichste Tier der Welt genannt. Das liegt wohl an seinem lustigen Schnäuzchen, den dicken Wangen und einem Mund, der aussieht, als würde er lachen.

Ein Quokka wird kaum größer als ein Hase. Früher waren die Tiere in Australien weit verbreitet, aber nachdem der Fuchs dort eingeführt wurde, ging die Anzahl der Quokkas schnell zurück. Auch Hunde und Katzen gehören zu seinen natürlichen Feinden. Heute trifft man Quokkas noch auf zwei Inseln und im Südwesten Australiens an.

Quokkas sind nachtaktiv, das heißt, sie gehen nachts auf Futtersuche. Sie fressen hauptsächlich Blätter, Baumrinde und Gras. Wenn die Nahrung knapp ist, können sie mit der Fettschicht in ihrem Schwanz eine ganze Weile überleben.

Neugeborene Quokkas verbringen etwa sechs Monate im Beutel der Mutter, bevor sie die Welt selbst erkunden. Doch wenn ein Raubtier Mutter Quokka auf den Fersen ist, rennt sie schnell davon und wirft das Junge aus dem Beutel. Das stößt einen spitzen Schrei aus, der den Verfolger ablenkt. Die Mutter gewinnt so Zeit zu fliehen, während ihr Junges von dem Raubtier verputzt wird.

Irgendwie finden wir das Quokka nun doch nicht mehr so niedlich ...

120 BAUMBEWOHNER MIT EINGEBAUTEM GLEITSCHIRM

Wäre es nicht toll, einen eingebauten Gleitschirm zu haben und damit entspannt durch den Wald zu segeln? Für die etwa katzengroßen Riesengleiter, auch bekannt als Pelzflatterer, Gleitflieger, Flattermakis oder Colugos, ist das ganz normal.

Zur Gattung der Riesengleiter gehören zwei noch lebende Arten, eine davon ist der Malaien-Gleitflieger. Er hat graues oder graugrünes Fell und wird zwischen 33 und 42 Zentimeter groß. Hintendran sitzt noch ein Schwanz von 18 bis 27 Zentimetern Länge. Sein Gewicht beträgt etwa ein Kilo.

Das Beeindruckende am Riesengleiter ist seine spezielle Flughaut oder Membran, die von den Schultern zu den Vorderpfoten und von den Fingerspitzen bis zu den Zehen reicht. Das hintere Stück verbindet die Hinterbeine und die Schwanzspitze. Diese Membran erlaubt es dem Riesengleiter, von Baum zu Baum zu schweben. Er klettert auf die Spitze eines Baums und frisst auf dem Weg, was ihm zwischen die Zähne kommt: Blätter, Knospen, Blüten und Früchte. Oben angekommen, lässt der Riesengleiter sich fallen und schwebt zum nächsten Baum. Auf diese Weise kann er Strecken von einhundert Metern zurücklegen. Das ist unheimlich weit - etwa die Länge eines Fußballfeldes. Auf dem nächsten Baum landet er dann etwas tiefer, aber nicht sonderlich viel. Mit den scharfen Krallen klettert er anschließend wieder nach oben.

Das Laufen fällt dem Riesengleiter nicht leicht. Er ist nicht besonders stark, und die Position seiner Daumen verhindert, dass er sich gut festhalten kann. Darum bewegt er sich mit kleinen Sprüngen vorwärts.

Du möchtest mal so einem Riesengleiter begegnen? Dann musst du in den Regenwald Südostasiens reisen.

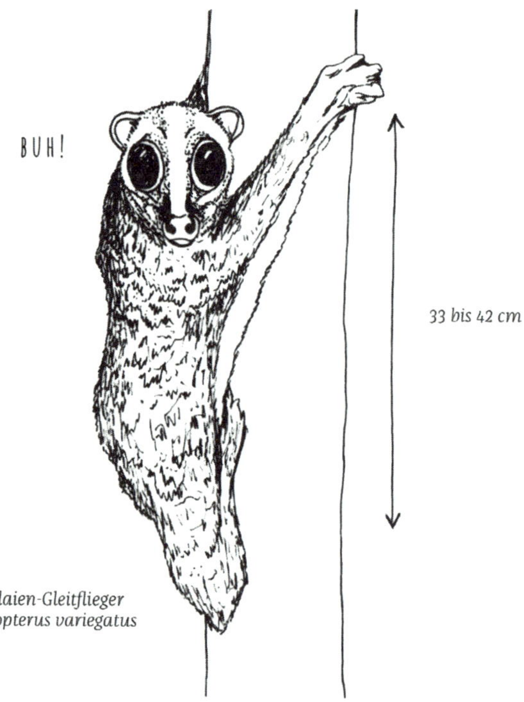

Malaien-Gleitflieger
Galeopterus variegatus

Boto

121 ES GIBT ZWAR KEINE ROSA ELEFANTEN, ABER IMMERHIN ROSA DELFINE ...

Im Amazonas lebt ein Süßwasserdelfin mit rosa Haut: der Amazonasdelfin, auch Boto genannt. Die Jungtiere sind grau, aber mit zunehmendem Alter werden sie rosa. Die ältesten Männchen haben das knalligste Rosa.

Woran das liegt, ist noch nicht eindeutig geklärt. Manche Wissenschaftler glauben, die rosa Farbe kommt daher, dass die Adern sehr nah an der Hautoberfläche liegen. Andere meinen, es hat mit dem aggressiven Verhalten der Männchen zu tun. Durch häufige Kämpfe und Bisse haben sie viele Verletzungen, die für die rosa Färbung verantwortlich sind. Wieder andere nehmen an, es ist ein Trick der Natur, mit dem die Delfine im roten Schlamm des Flusses für Feinde schwer zu entdecken sind.

Die rosa Flussdelfine sind ausgezeichnete Schwimmer. Sie können sich um die irrsinnigsten Kurven winden. Das kommt daher, dass die Wirbel in ihrem Rücken nicht verwachsen sind. So sind sie auch in flachen Gewässern äußerst wendig. Sie haben zwar Augen, benutzen aber vor allem Echoortung, um sich im schlammigen Fluss zurechtzufinden. In der dicken Beule auf ihrem Kopf (Melone) sitzt ein Organ, mit dem sie das Echo ihrer Laute wahrnehmen.

Eigentlich weiß man noch gar nicht so viel über diese besonderen Tiere. Das liegt auch daran, dass sie nicht so leicht zu finden sind. Die entlang des Flusses lebenden Völker erzählen sich allerlei mythische Geschichten über diese Delfine. So sollen sie sich zum Beispiel nachts in junge Männer verwandeln und die Mädchen im Dorf verführen, die daraufhin schwanger werden.

Du würdest gern einmal einen rosa Delfin sehen? Dann solltest du eine Reise nach Mocajuba in Brasilien buchen. Dort kommen die Botos in einer ganzen Gruppe manchmal morgens zum Markt, um mit den Kindern im klaren Wasser zu spielen. Sie sind überhaupt nicht aggressiv. Wetten, dass die Kinder nachts von rosa Delfinen träumen?

122 SELTSAME TYPEN, DIESE WÜRMER!

Es gibt mehr als 25 000 Wurmarten auf der Erde. Sie sind eigentlich überall zu Hause, aber die meisten findet man im Meer.

- Der allergrößte Wurm an Land ist der südafrikanische Riesenregenwurm *Microchaetus rappi*. Er kann bis zu 6,7 Meter lang werden und kommt nach einem heftigen Regenguss aus dem Grund. Das ist aber nichts im Vergleich zum Schnurwurm, der im Meer wohnt. Der kann nämlich bis zu 55 Meter lang werden und ist damit das längste Tier der Welt. Dabei ist er kaum dicker als dein Finger. Schnurwürmer können sich ganz kurz machen und dann wieder bis zur fünffachen Länge ausfahren. Fühlen sie sich bedrängt, brechen sie in Stücke. Aus jedem dieser Stücke erwächst ein neuer Schnurwurm. Auf der Haut des Wurms sitzen schwarze Wimpern, »Zilien« genannt. Außerdem verfügt der Wurm über einfache Augen und eine Mundöffnung. Entlang des Körpers verläuft ein Rüssel, der ausgestülpt werden kann und einen Giftstachel enthält. Der Wurm spritzt das Gift damit in seine Beute, würgt sie und frisst sie im Ganzen auf.

- Falls du dich traust, einen Stummelfüßer zu streicheln, wirst du sofort verstehen, warum er im Englischen auch *velvet worm* (Samtwurm) genannt wird. Seine Haut fühlt sich nämlich an wie weicher Samt. Seinen deutschen Namen verdankt er wohl seinen lustig aussehenden zwanzig Beinpaaren, an deren Spitzen kleine Krallen sitzen, mit denen er sich festhalten kann. Das Außergewöhnlichste an ihm ist seine Art, sich fortzupflanzen. Dazu nämlich legt das Männchen ein Spermienpaket auf den Rücken eines anderen Stummelfüßers. Falls es sich um ein Weibchen handelt, öffnet sich die Haut nach einiger Zeit, sodass der Samen eindringen kann. Dort trifft er auf die Eier, wodurch die Befruchtung erfolgt.

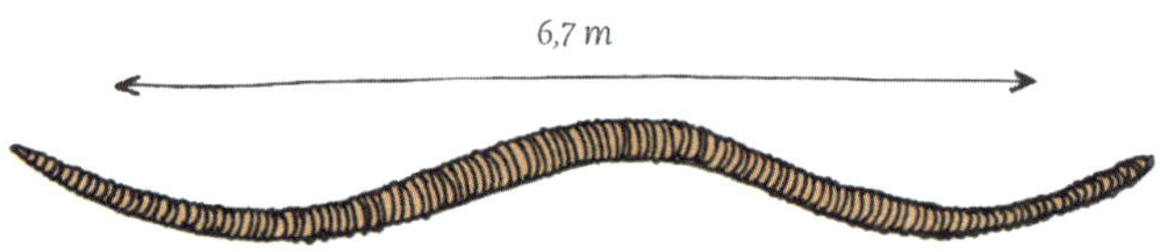

Riesenregenwurm

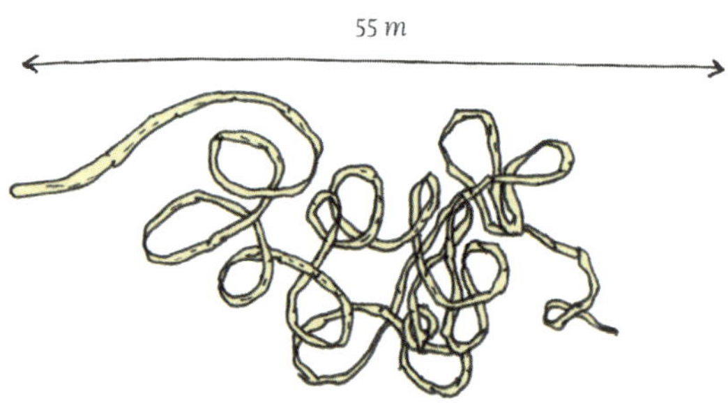

Riesenschnurwurm

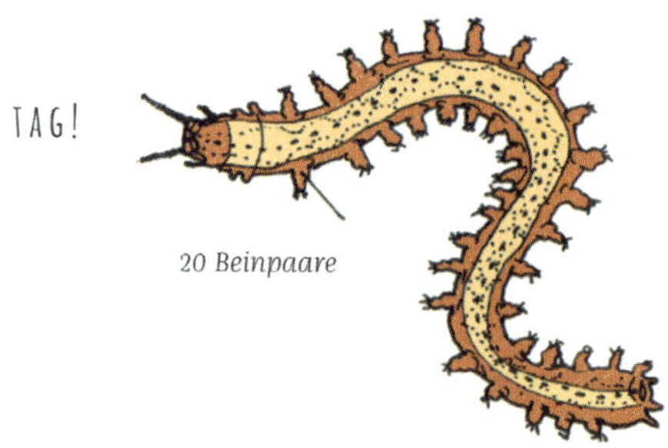

Stummelfüßer

ICH HAB KRÄMPFE

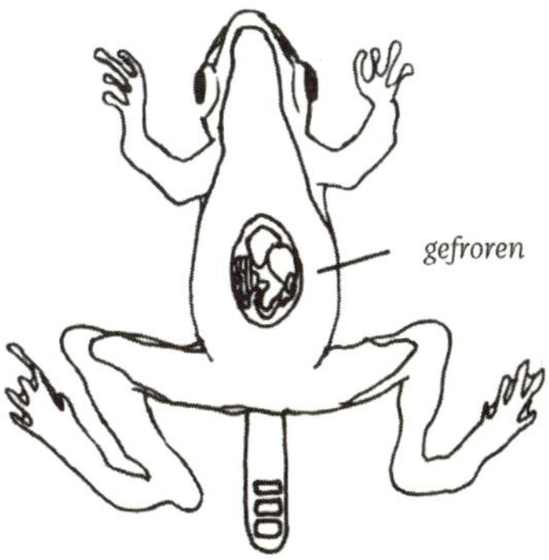

Eisfrosch am Stiel

123 SCHÖN LANG FRISCH!

In Alaska kann es ordentlich kalt werden. Waldfrösche (auch Eisfrösche genannt), die in diesem Teil der Erde leben, müssen sich an die extreme Kälte anpassen. Wie andere Frösche auch halten sie zwar einen Winterschlaf, aber der ist etwas Besonderes. Der Waldfrosch kriecht dazu unter einen dicken Haufen Blätter oder vergräbt sich im Schlamm. Dort schläft er allmählich ein, während seine Atmung immer langsamer wird. So langsam, dass sein Herz aufhört zu schlagen.

Inzwischen ist es im Wald eiskalt geworden. Als wechselwarme Tiere nehmen Frösche immer die Temperatur ihrer Umgebung an. In diesen Gegenden friert der Waldfrosch also einfach ein. Er liegt wie ein Stein da und sieht mausetot aus.

Aber weit gefehlt! Sowie es im Mai oder Juni wärmer wird, taut der Frosch auf und erwacht. Er streckt sich einmal ausgiebig, lässt ein entschlossenes »Quak« hören und hüpft fröhlich seiner Wege.

Sieben Monate kann so ein Frosch tiefgefroren überleben. Wissenschaftler fragen sich schon lange, wie er das anstellt.

Also folgten sie ihm durchs Jahr. Im Oktober wird es nachts schon sehr kalt in Alaska, aber tagsüber noch nicht. Das dauert eine Weile. Der Frosch gefriert und taut wieder auf, und zwar jeden Tag aufs Neue. In dieser Phase stellt der Frosch in seinem Körper Zucker her. Der sorgt dafür, dass er langsamer gefriert. Wenn sie keinen Zucker im Körper hätten, würden in den Fröschen durch das Eis überall scharfe Spitzen und Kanten entstehen. Das würde das Körperinnere komplett zerstören. Aber durch die langsame Vorbereitung wird das verhindert. Der Waldfrosch kann also ganz gefahrlos einfrieren.

124 DER SEESCHMETTERLING FLIEGT DURCHS WASSER

Im kalten Wasser um den Nordpol und Südpol sind die *Thecosomata*, auch Seeschmetterlinge oder Flügelschnecken genannt, zu Hause. Wie Schnecken auf dem Land tragen sie ein Häuschen auf dem Rücken. Durch das Gewicht ihres Gehäuses müssten sie eigentlich sofort auf den Meeresboden sinken, aber das ist nicht der Fall. Die Tiere verfügen nämlich über ein Paar flügelähnliche Lappen, mit denen sie sich fortbewegen. Wenn sie nicht durchs Wasser fliegen, halten sie sich an einem Netz aus Schleim fest, den sie selbst absondern.

Amerikanische Forscher haben mit ganz besonderen Kameras herausfinden können, dass die Meeresschnecken auf eine ganz ähnliche Art fliegen wie Insekten an Land. Mit ihren Flügeln formen sie eine Acht, durch die sie hoch- und vorankommen. Den Forschern zufolge lässt sich diese Bewegung am besten mit der der Fruchtfliegen vergleichen, nur dass Fruchtfliegen dabei auf gut 200 Schläge pro Sekunde kommen, die Schnecken nur auf fünf. Es sind ja schließlich immer noch Schnecken ... ☺

Flügelschnecke

Riesentukan
Ramphastos toco

125 DER SCHNABEL DES TUKANS IST EIN THERMOSTAT

Wer einen Tukan sieht, denkt wohl als Erstes: Was hat dieser Vogel für einen riesigen Schnabel! Den hat er in der Tat. Der Schnabel des Riesentukans – der größten Tukanart – nimmt etwa ein Drittel seiner gesamten Körpergröße ein.

Charles Darwin, der britische Wissenschaftler und Begründer der Evolutionstheorie, vermutete, dass der Tukan seinen großen Schnabel nutzt, um Weibchen anzulocken. Andere Biologen glaubten, er dient ihm zum Schälen von Früchten oder dazu, Rivalen in die Flucht zu schlagen.

Das ist alles durchaus möglich, doch wahrscheinlich hilft der riesige Schnabel dem Tukan vor allem dabei, seinen Kopf (und den Rest!) an tropisch heißen Tagen kühl zu halten.

Direkt unter der Oberfläche des Riesenschnabels befinden sich nämlich sehr viele Blutgefäße. Die helfen dem Tukan dabei, seine Körpertemperatur zu regulieren. Forscher untersuchten Tukane mit einer Infrarotkamera, die ihnen erlaubte, Temperaturschwankungen zu messen. Sie entdeckten, dass die Tukane die Blutzufuhr in den Schnabel selbst regeln konnten. Mal wirkte der Schnabel wie eine Heizung, mal als kühlende Klimaanlage. Vögel können nämlich nicht schwitzen, also funktioniert der große Schnabel hier wie ein gut eingestelltes Thermostat. Und so kühlt und wärmt sich der Tukan, wie ihm der Schnabel gewachsen ist.

126 MANCHE KÜHE LEBEN UNTER WASSER

Wir meinen hier natürlich nicht Berta, die uns leckere Milch gibt, sondern die Seekuh. Seekühe sind große Tiere, die im Indischen und Pazifischen Ozean in Küstennähe leben und dort »grasen«. Sie gleiten langsam über die ausgedehnten Seegraswiesen und rupfen das Seegras mitsamt der Wurzel aus dem Boden. An den großen kahlen Stellen in den Unterwasserwiesen erkennt man, dass Seekühe in der Nähe sein müssen.

Seekühe bleiben höchstens sechs Minuten unter Wasser. Dann tauchen sie kurz auf, um zu atmen.

Eine Seekuh wird zwischen drei und vier Meter lang und wiegt 250 bis 900 Kilo. Ein ganz schön stattliches Tier also. Die Seekuh wirkt zwar ein bisschen dösig, aber vertu dich nicht – wenn sie erst mal in Gang kommt, kann sie eine Geschwindigkeit von bis zu 20 Stundenkilometern erreichen.

Seekühe tun niemandem was Böses. Die Pflanzenfresser grasen einfach gemütlich – allein, zu zweit und manchmal auch in größeren Herden. Trotzdem gehören sie zu den bedrohten Tierarten. Der Mensch macht Jagd auf sie, um ihr Fleisch, ihr Öl, ihre Haut, Knochen und Zähne zu verarbeiten. Zum Glück steht die Seekuh inzwischen aber unter Schutz, sodass sie sich wieder vermehren kann.

die Seekuh

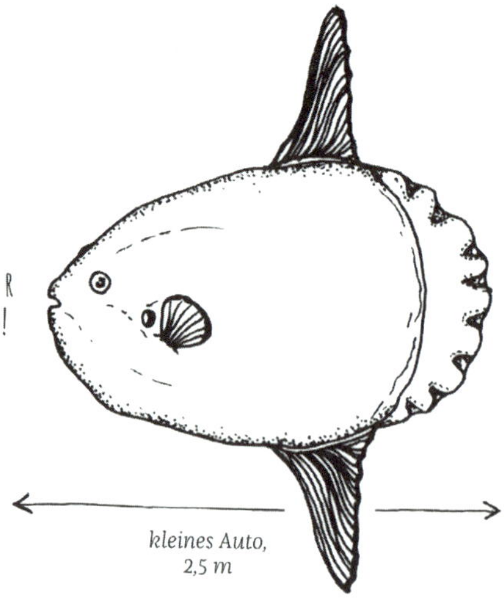

Mondfisch
Mola mola

126 DER MONDFISCH LIEGT GERNE IN DER SONNE

Der Mondfisch ist einer der seltsamsten Fische im Ozean. Er sieht aus wie ein urzeitliches Monster: ein riesiger grauer Kopf mit einem Schwanz dran. Sein offizieller Name lautet *Mola mola*. Das kommt von dem lateinischen Wort für Mühlstein. Ein passender Name, wenn man seinen runden Körperbau und die graue, geriffelte Haut betrachtet.

Ein Mondfisch bringt durchschnittlich eine Tonne auf die Waage; so viel wie ein kleines Auto. Er wird etwa 2,5 Meter lang, doch es gibt einzelne Exemplare von über 2,3 Tonnen Gewicht und 4 Metern Länge. Mondfische sind in allen Weltmeeren heimisch, wo sie sich von Quallen, Plankton und kleinen Fischen ernähren.

Die meiste Zeit verbringt der Mondfisch nah an der Wasseroberfläche, um Sonne zu tanken. Wissenschaftler gingen lange davon aus, dass er ein besonders fauler Fisch sein muss, der sich nur so umhertreiben lässt, aber davon kann keine Rede sein. Mondfische sind nämlich überaus temperamentvolle und schnelle Jäger, die kilometerlange Strecken zurücklegen, um ihre Beute zu fangen. Dabei tauchen sie weit in die Tiefe, wo das Wasser sehr kalt ist. Um sich nach einer Mahlzeit wieder aufzuwärmen, müssen sie eben eine Zeit lang in der Sonne baden.

Ein Mondfischweibchen kann in einem Laichvorgang bis zu 300 Millionen – also 300 000 000 – Eier legen. So viele legt kein anderes Wirbeltier. Das Männchen schwimmt anschließend über die Eier und sondert Spermien ab, um sie zu befruchten. Die Larven, die aus den Eiern schlüpfen, sind keine 2,5 Millimeter groß und wiegen weniger als ein Gramm. Sie entwickeln sich zu kleinen Fischen, die für einige Zeit in einer sogenannten »Schule« zusammenbleiben. Sobald sie ausgewachsen sind, gehen sie ihren eigenen Weg.

– 6 –

BERÜHMTE TIERE

Ham im Weltraum

128 HAM, DER SCHIMPANSE, DER ASTRONAUT WURDE

Bevor die Amerikaner Menschen in den Weltraum schickten, experimentierten sie mit Affen. Albert II, ein Rhesusaffe, wurde am 14. Juni 1949 ins All geschickt. Für die Dauer des Flugs betäubte man ihn und brachte Sensoren auf seinem Körper an, mit denen untersucht werden sollte, wie sein Körper auf die Schwerelosigkeit in der Kapsel reagierte. Leider starb Albert II nach dem Wiedereintritt in die Erdatmosphäre beim Absturz seiner Kapsel.

Der bekannteste Astronautenaffe ist zweifellos Ham, der Schimpanse, der für seinen Weltraumflug ein spezielles Training durchlief. Er war zwei Jahre alt, als er mit einer Gruppe anderer Schimpansen bei der United States Air Force (den Luftstreitkräften der USA) landete. Dort wurden die Schimpansen verschiedenen Tests unterzogen, bei denen sich Ham als der Schlauste erwies. Er lernte etwa sehr schnell, dass ihm eine korrekte Antwort eine Banane bescherte.

Am 31. Januar 1961 wurde Ham in einer Rakete ins All geschossen. Ham erreichte so eine Höhe von 250 Kilometern und blieb 16,5 Minuten im Weltraum. Weil es ein Problem mit der Sauerstoffzufuhr in der Kabine gab, ließen die Forscher die Rakete schneller zurückkehren als geplant. Die Landung auf der Erde war alles andere als sanft. Mit schwindelerregender Geschwindigkeit raste die Landekapsel durch die Atmosphäre und kam krachend auf dem Ozean auf. Glücklicherweise überlebte Ham die Reise. Nur seine Nase war verletzt. Er aß sogar mit Genuss einen Apfel, nachdem er aus der Kapsel befreit worden war.

Nach seinem Weltraumflug zog Ham in den Zoo von Washington, D. C., wo er noch ein langes und glückliches Leben hatte. Die Erkenntnisse aus Hams Reise trugen dazu bei, dass im Mai 1961 der erste Mensch ins All geschickt werden konnte.

129 DER TASMANISCHE TIGER IST AUSGESTORBEN … ODER DOCH NICHT?

Der Tasmanische Tiger oder Beutelwolf hat nicht viel mit den Tigern und Wölfen gemeinsam, die du wahrscheinlich kennst. Er hatte einen wolfsähnlichen Kopf, einen langen flachen Körper und Streifen auf dem Rücken und war ein bisschen größer als ein Labrador. Sein Schwanz war so kräftig wie der eines Kängurus.

Wahrscheinlich hat es nie wirklich viele Beutelwölfe gegeben. Sie pflanzten sich nicht schnell fort und bekamen pro Wurf maximal vier Junge. Außerdem waren die kleinen Weibchen häufig Beute von wilden Hunden. Aber vor allem durch die Kolonisierung der australischen Insel Tasmanien und das Eintreffen weißer Bauern ging die Anzahl der Beutelwölfe schnell zurück. Weil sie eine Gefahr für den Viehbestand darstellten, machten die Bauern im großen Stil Jagd auf die Tiere, sodass es im Jahr 1800 nur noch knapp 5000 von ihnen gab. Für jeden getöteten Beutelwolf gab es sogar eine Prämie von der Regierung.

Der allerletzte Beutelwolf wurde Benjamin genannt. Er lebte bis 1936 in einem tasmanischen Zoo. Leider hatte sein Wärter eines Nachts vergessen, ihn aus dem Außengehege zurück in seinen geschützten Schlafbereich zu holen, und Benjamin starb an Unterkühlung.

Manche Experten hoffen, dass Benjamin vielleicht doch nicht der Allerletzte seiner Art war, besonders, nachdem der Biologe Nick Mooney vor Kurzem eine Kammschwanz-Beutelmaus entdeckt hat. Die galt eigentlich seit über hundert Jahren als ausgestorben. *Warum sollte es dann nicht auch den Beutelwolf noch geben?*, dachte sich Mooney.

Und wer weiß, vielleicht hat er ja recht. In den letzten Jahren ist die Anzahl der Tasmanischen Teufel durch ein Virus zurückgegangen. Diese Tiere fraßen früher die Jungen des Beutelwolfs. Und es laufen in Tasmanien heute mehr Wallabys (kleine Kängurus) herum als früher. Sie sind das Lieblingsfressen des Beutelwolfs. Sollte es also doch noch Beutelwölfe geben, hätten sie in jedem Fall genug Nahrung und wenige Feinde. Mooney hat überall auf der Insel Kameras aufgestellt und hofft nun, dass der Beutelwolf wie Phönix aus der Asche aufsteigen wird. Bis jetzt hat sich allerdings noch kein einziger filmen lassen.

Der Beutelwolf ist durcheinander.

130 NEUSEELAND HAT EINEN PAPAGEI ALS BOTSCHAFTER

Papageien sind schlau. So schlau, dass sie es sogar bis zum Botschafter bringen können, wie im Fall von Sirocco. Seit 2010 ist er der offizielle Botschaftervogel für Artenschutz in Neuseeland und hat eine eigene Webseite und einen Facebook-Account.

Sirocco ist ein Kakapo, ein flugunfähiger Papagei, der nur auf Neuseeland vorkommt. Seine Art wäre beinahe ausgestorben. Im Jahr 1995 gab es nur noch 49 Kakapos. Darum wurde Sirocco zu ihrem Botschafter erkoren, er ist nämlich ein ganz besonderer Kakapo. Im Alter von drei Wochen wurde er sehr krank und musste von Menschen mit der Hand aufgezogen werden. Seitdem ist Sirocco überzeugt, er wäre auch ein Mensch. Für andere Kakapos interessiert er sich nicht. Er fühlt sich am wohlsten, wenn Menschen in der Nähe sind, und liebt es, für die Kamera zu posieren. Gegen die Reize der Kakapoweibchen ist Sirocco immun, aber er hat schon probiert, sich mit einem Menschen zu paaren.

Sirocco lebt auf einer Insel, auf der er keine natürlichen Feinde hat. Such ihn doch mal im Internet – wetten, dass du ihn sofort kennenlernen willst?

Artenschutz-Botschafter Sirocco

Dodo am Spieß

131 DER DODO WAR ZU GUTGLÄUBIG

Vor sehr langer Zeit lebte auf der Insel Mauritius ein ganz besonderer Vogel: der Dodo, *Raphus cucullatus*. Er hatte einen dicken Körper, einen beeindruckenden Schnabel und ein kräftiges Paar Krallen.

Der Dodo war einen Meter groß und wog zwischen fünfzehn und zwanzig Kilogramm – also in etwa so viel wie ein Kleinkind. Fliegen konnte er zwar nicht, aber da er keine natürlichen Feinde hatte, konnte er einfach gemütlich am Strand entlangwatscheln.

Dann entwickelte sich Mauritius zu einer wichtigen Versorgungsinsel für Seefahrer. Die Männer, die hier an Land gingen, konnten die fluguntauglichen Vögel einfach so aufgreifen und mitnehmen. Und das taten sie auch, denn der Dodo eignete sich bestens als Nahrung für lange Seefahrten.

Mit den Schiffen gelangten auch Katzen, Ratten, Hunde und Schweine auf die Insel. Für den Dodo war das eine Katastrophe, denn plötzlich hatte er eine ganze Schar neuer Feinde, die nicht nur auf ihn Jagd machten, sondern auch auf seine Eier und Jungen.

Das hatte zur Folge, dass der Dodo vor etwa 360 Jahren vollständig ausstarb. Der allerletzte Dodo wurde 1662 gesichtet – nicht einmal hundert Jahre nachdem der Mensch auf Mauritius Einzug gehalten hatte.

Es dauerte übrigens ziemlich lange, bis wir mehr über den Dodo wussten. Er ist zwar auf Drucken und in Zeichnungen abgebildet, aber es wurden kaum Überreste gefunden.

Glücklicherweise entdeckten Forscher dann im Jahr 2005 einen Sumpf, in dem über 22 Dodoskelette erhalten waren. Dadurch wissen wir heute zum Beispiel, dass Dodoküken sehr schnell heranwuchsen. Sie wurden im August geboren und wuchsen dann rasend schnell, damit sie gut auf die Zyklonsaison (Wirbelsturmsaison) zwischen November und März vorbereitet waren.

Weil sie sich so leicht einfangen ließen, hielten die Menschen die Dodos für dumm. Aber vielleicht waren sie auch nur besonders friedfertig und einen Tick zu gutgläubig.

132 LEBENSLÄNGLICH FÜR EINEN HUND

»Labrador Pep ist zu einer lebenslänglichen Freiheitsstrafe verurteilt worden, weil er die Katze des Gouverneurs totgebissen hat.«

Dieser Bericht war 1924 in einer amerikanischen Zeitung zu lesen. Daneben befand sich das Foto eines schwarzen Labradors mit einem Schild um den Hals, auf dem die Nummer C2559 gedruckt stand. Ein typisches Polizeifoto, wie es nach einer Festnahme entsteht. Der Hund blickt ganz schuldbewusst in die Kamera, als wüsste er genau, was er angestellt hat.

Tausende Leser schrieben daraufhin empörte Briefe an Gouverneur Gifford Pinchot. Sie hielten eine lebenslange Haft für eine viel zu harte Strafe für Pep. Katzen totzubeißen sei nun einmal etwas, das Hunde tun – es liege in ihrer Natur.

Heute würden wir diesen Artikel wohl als *Fake news* bezeichnen. Der Journalist hatte das lustige Verbrecherfoto von Pep gesehen und sich eine Geschichte dazu ausgedacht. Das Einzige, was stimmte, war, dass Pep wirklich im Gefängnis war. Aber nicht zur Strafe. Er hatte der Katze des Gouverneurs nämlich kein Haar gekrümmt!

Aber was für eine Geschichte steckte wirklich dahinter? Gouverneur Pinchot hatte den Labrador von einem Verwandten geschenkt bekommen. Alles ging gut, bis Pep anfing, die Polster der Terrassenstühle kaputt zu beißen. Das gefiel vor allem der Frau des Gouverneurs überhaupt nicht. Während eines Besuchs in einem Gefängnis – dem Eastern State Penitentiary in Maine – sah der Gouverneur, wie Hunde eingesetzt wurden, um Häftlingen zu helfen. Durch die Arbeit mit den Hunden sollte ihnen später die Wiedereingliederung in die Gesellschaft leichter fallen. Der Gouverneur beschloss kurzerhand, Pep dem Gefängnis als Therapiehund zur Verfügung zu stellen.

Der schwarze Labrador wurde fortan der Liebling der Insassen. Das berühmte Foto entstand direkt nach seiner Ankunft – es sollte nur ein Scherz sein, doch ein eifriger Zeitungsreporter dachte sich dazu die Geschichte von Pep, dem Katzenmörder aus. Pep führte noch ein langes und glückliches Leben und wurde nach seinem Tod auf dem Gefängnisgelände begraben.

WER IST DER TÄTER?

Labrador Pep

Najin und Fatu auf Männersuche

133 NAJIN UND FATU SIND DIE LETZTEN BEIDEN NÖRDLICHEN BREITMAULNASHÖRNER

Die beiden Nashörner leben im Ol Pejeta Reservat in Kenia. Najin und Fatu sind beide Weibchen. Sudan, das letzte Männchen, starb im März 2018. Damit ist die Art nun zum Aussterben verdammt. Die beiden Nashornkühe werden fortwährend bewacht: Der Park ist mit einer hohen Hecke umgeben. Die Nashörner tragen überdies Sender in ihren Hörnern, und bewaffnete Wächter behalten sie von hohen Türmen aus ständig im Auge. Auch Wachhunde laufen auf dem Gelände herum, und Drohnen kreisen darüber.

Warum das alles? Um die Tiere vor Wilderern zu schützen. Die sind nämlich auf die Hörner der Tiere aus. In Asien wird viel Geld dafür ausgegeben. Es wird ein Pulver daraus hergestellt, dem Heilkräfte gegen allerlei Leiden nachgesagt werden: von einem Kater bis Krebs soll es alles heilen können. Das ist zwar nie bewiesen worden, aber manche Menschen glauben daran und greifen dafür tief in die Tasche. Ein ganzes Horn zu besitzen ist darüber hinaus ein Symbol für großen Reichtum.

Dem Südlichen Breitmaulnashorn geht es zum Glück etwas besser. Ende des 19. Jahrhunderts nahmen Biologen an, dass diese Art bereits ausgestorben sei. Doch dann wurde in KwaZulu-Natal in Südafrika doch noch eine Gruppe dieser Nashörner entdeckt. Die Tiere wurden fortan unter Schutz gestellt, sodass heute über 20 000 wilde Südliche Breitmaulnashörner in geschützten Gebieten leben. Man findet sie inzwischen wieder in Südafrika, Simbabwe, Kenia und Namibia. Meistens stehen sie in der Herde zusammen und grasen, ohne einem Tier oder Menschen ein Haar zu krümmen. Leider wird auch auf sie wegen ihrer Hörner Jagd gemacht, sodass man gut auf sie aufpassen muss.

134 DIE GESCHICHTE VOM »KLUGEN HANS«

Hast du schon einmal vom Klugen Hans gehört? Hans war ein Pferd, das zählen konnte. Und nicht einfach nur zählen! Nein, Hans konnte addieren, subtrahieren und sogar Quadratwurzeln berechnen. Fragte sein Besitzer ihn zum Beispiel nach der Wurzel von 16, klopfte Hans viermal schnell mit dem Huf. Das rechnende Pferd wurde bald zu einer Sensation, und Menschen reisten von überall an, um ihn in Aktion zu sehen.

Bis der deutsche Psychologe Oskar Pfungst die Sache einmal unter die Lupe nahm. Doktor Pfungst war nicht überzeugt von Hans' Rechenkünsten. Er kam auf die Idee, während der Rechenaufgabe einen Vorhang zwischen Hans und seinem Besitzer aufzuhängen. Plötzlich konnte Hans keine richtigen Antworten mehr geben. Das arme Pferd wurde davon so frustriert, dass es Pfungst sogar biss, als es eine falsche Antwort gab.

Was war geschehen? Bei den Auftritten war Hans vor allem sehr gut darin, die Körpersprache seines Besitzers zu lesen. Der machte wahrscheinlich eine winzige Bewegung oder entspannte sich kaum merklich, sodass Hans wusste, wann er mit dem Klopfen aufhören musste.

Die Menschen waren empört. Sie hielten den Besitzer von Hans fortan für einen Hochstapler und Betrüger. Dabei war das gar nicht der Fall. Der Besitzer war selbst davon überzeugt gewesen, dass Hans ein besonders schlaues Pferd war.

Kluger Hans

Manche Wissenschaftler sahen in dieser Geschichte den Beweis, dass Tiere einfach nicht so intelligent sind. Aber stimmt das wirklich? Ist es nicht auch ein Zeichen von Intelligenz, wenn man Menschen so gut beobachten kann wie Hans? Wenn man Dinge sieht, die selbst andere Menschen nicht bemerken? Wenn man vielleicht nicht gut rechnen, aber dafür die Körpersprache perfekt deuten kann? Wir finden das jedenfalls sehr schlau!

Zum Glück hat man Hans später wieder zu Ehren kommen lassen und benannte den Klugen-Hans-Effekt nach ihm: die unbewusste Beeinflussung von Versuchstieren durch die Versuchsdurchführenden. Das Verständnis dieses Effekts führte dazu, dass man das Lernvermögen und die Intelligenz von Tieren hinterher viel besser untersuchen konnte. Also doch ein cleveres Pferd, dieser Hans.

im Hundehimmel

135 HUNDE IM WELTRAUM – DOGS IN SPACE …

»Dogs in space« – das klingt wie der Titel einer Science-Fiction-Komödie, oder? Aber es ist keine Zukunftsvision, im Gegenteil! Hunde waren wirklich unter den ersten Weltraumreisenden.

Mitte des 20. Jahrhunderts waren die Menschen wie versessen darauf, den Weltraum zu erforschen. Aber da sie nicht die leiseste Ahnung hatten, ob der menschliche Körper das verkraften würde, schickten sie stattdessen allerlei Säugetiere ins All. Während die Amerikaner vor allem mit Affen experimentierten (siehe auch Info 128), benutzten die Russen Hunde.

Die Forscher gingen davon aus, dass ein Straßenhund gut mit Hunger und Kälte umgehen konnte, weil er daran gewöhnt war. Alle Versuchshunde wurden in kleinen Zwingern gehalten und mussten lernen, ein nahrhaftes Gel zu fressen, das ihnen im Weltraum als Nahrung dienen würde.

Ab 1951 schickten die Russen also Hunde ins Weltall. Manche starben unterwegs, aber andere kamen lebendig und wohlauf wieder. Laika ist der wahrscheinlich berühmteste Weltraumhund. Am 3. November 1957 umrundete sie in ihrer Weltraumkapsel, der Sputnik 2, die Erde. Leider fanden die Forscher keinen Weg, Laika lebend zur Erde zurückzuholen. Sie starb ein paar Stunden nach dem Start an Überhitzung, weil die Wärmedämmung der Rakete beschädigt war. Im April 1958 verglühte die Sputnik 2 beim Wiedereintritt in die Erdatmosphäre.

Nach Laika wurden 1960 Belka und Strelka ins All geschossen. Sie waren die ersten Hunde, die nach einer Erdumrundung lebend aus dem Weltraum zurückkehrten. Dank der Forschungen mit diesen Hunden konnten wenig später russische Kosmonauten selbst den Weltraum erkunden.

136 DAS BERÜHMTESTE SCHAF DER WELT

Dolly ist ohne Zweifel das berühmteste Schaf, das je geboren wurde. Sie war so berühmt, dass sie nach ihrem Tod ausgestopft wurde. Heute kann man sie im Royal Museum of Scotland in Edinburgh bewundern.

Dolly erlangte Weltruhm, weil sie das erste geklonte Säugetier war. Klonen ist eine Technik, bei der ein zweites Lebewesen gemacht wird, das identisch ist mit dem ersten. Ein Klon hat genau dasselbe Erbmaterial (DNA) wie das Originalwesen. In der Natur kann man das Klonen bei Bakterien, Pflanzen und manchen Insekten beobachten. Aber bei Säugetieren war es etwas völlig Neues.

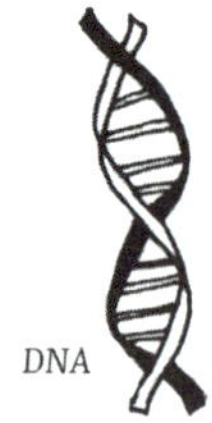

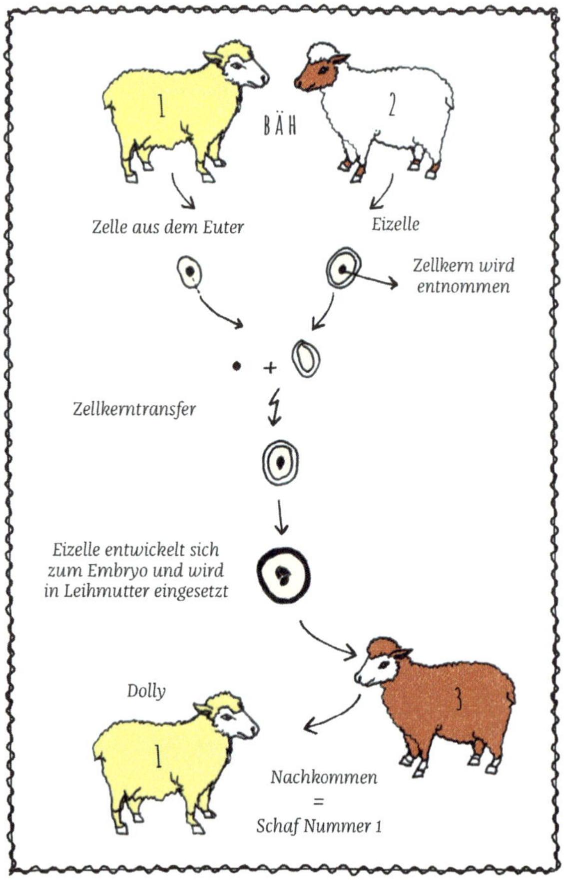

Eigentlich war Dolly gar nicht das allererste geklonte Säugetier. Wissenschaftler experimentierten schon eine ganze Weile mit sogenannten embryonalen Stammzellen, das sind Körperzellen in einem ganz frühen Entwicklungsstadium. Dolly aber wurde aus erwachsenen Zellen aus dem Euter einer Aue (eines ausgewachsenen weiblichen Schafs) erzeugt. Insgesamt wurden 277 Eier befruchtet, aus denen sich 29 Embryos entwickelten, die 13 Auen eingepflanzt wurden. Nur ein einziges Junges entstand daraus, das am 5. Juli 1996 geboren wurde. Das war Dolly.

Dolly verbrachte ihr ganzes Leben im Roslin Institut. Sie war umringt von Wissenschaftlern, die sie dauernd im Auge behielten. Dolly bekam sechs Lämmer: Sally, Rosie, Bonnie, Lucy, Cotton und Darcy. Damit war erwiesen, dass man durch Klonen ein gesundes Schaf erzeugen konnte.

Dennoch hatte Dolly mit vielen Gesundheitsleiden zu kämpfen. Sie hatte Gelenkprobleme und litt an einer schweren Lungenkrankheit, wegen der sie 2003 eingeschläfert werden musste. Die Technik, mit der Tiere geklont werden, wird heute noch Dolly-Methode genannt.

Schimpanse Congo

137 CONGO, DER SCHIMPANSE MIT KUNSTVERSTAND

Schimpanse Congo war kaum zwei Jahre alt, als er erstmals einen Bleistift in die Hände bekam. Vor ihm lag ein Blatt Papier. Er malte einen Strich aufs Papier. Und dann noch einen. Der Affe war sichtlich fasziniert von dem, was da passierte. Es dauerte nicht lange, bis er auch Kreise zeichnen konnte. Und als seine Pfleger ihm Farbe gaben, wusste er, welche Farben er benutzen wollte, und malte so ganz besondere Bilder. Seine Werke wurden von verschiedenen bekannten Künstlern gelobt.

Zwischen seinem zweiten und vierten Lebensjahr malte Congo über vierhundert Bilder. Nach Ansicht mancher Kunstkenner hatte Congo immer einen klaren Plan, was er malen wollte. So wählte er zum Beispiel die Farben sehr sorgfältig aus. Und wenn jemand versuchte, ein Bild wegzunehmen, das noch nicht fertig war, wurde er wütend und begann zu brüllen. Und umgekehrt war es genauso: Wenn Congo meinte, dass das Bild fertig war, konnte niemand ihn dazu bringen, weiter daran zu arbeiten.

Der Maler Pablo Picasso, von dem du ganz bestimmt schon gehört hast, hatte sogar eins von Congos Werken in seinem Atelier hängen. Auch andere große Künstler der Zeit zeigten sich fasziniert von Congos Talent. Als 2005 ein paar Gemälde des Schimpansen versteigert wurden, zahlte ein amerikanischer Sammler über 25 000 Dollar (20 000 Euro) für drei Bilder – die höchste Summe, die je für tierische Kunst ausgegeben wurde.

Congo starb 1964 an Tuberkulose. Wie so viele andere große Künstler konnte er selbst also nicht den Ruhm genießen, den ihm seine Bilder einbrachten.

138 CHER AMI, DIE MUTIGE BRIEFTAUBE

Für diese Geschichte begeben wir uns zurück ins Jahr 1918. In Europa wütet der Erste Weltkrieg. Millionen von Soldaten sterben im Schützengraben. Im September ereignet sich während der Hunderttageoffensive die Schlacht in den Argonnen. Fünfhundert amerikanische Soldaten sitzen in einem Tal fest. Sie sind vollständig von feindlichen deutschen Truppen umzingelt. Zu allem Unglück werden sie auch noch von ihren eigenen Truppen beschossen, die nicht wissen, dass sie sich dort befinden. Nach einem Tag sind nur noch knapp zweihundert von ihnen am Leben.

Zum Glück aber haben die Amerikaner von den Briten Brieftauben bekommen, die darauf trainiert sind, Botschaften zu überbringen. Eine von diesen Tauben ist Cher Ami – das ist Französisch für »Lieber Freund«.

Major Whittlesey, der im Tal festsitzt, schreibt einen Brief. Darin steht: »Wir befinden uns parallel zu 276.4. Unsere Munition ist fast aufgebraucht. Unsere eigene Artillerie hat uns unter Beschuss. [...] Um Himmels willen, stellt das Feuer ein!« Die Botschaft steckt er in einen speziellen Eisenbehälter, den er an der Taube befestigt. Die fliegt davon. Mutig bewegt sie sich durch den Kugelhagel. Nach 25 Minuten hat sie ihr Ziel erreicht.

Sie hat eine Schusswunde in der Brust, ist auf einem Auge blind, und ihr Bein hängt nur noch an einem kleinen Fetzen Fleisch, aber sie lebt! Und sie überbringt die Botschaft, durch die 194 amerikanische Soldaten gerettet werden.

Die Soldaten sind der Taube so dankbar, dass sie ihr ein kleines Holzbein schnitzen. Cher Ami reist unter Begleitung eines Generals zurück nach Amerika. Die Franzosen zeichnen die Taube mit dem *Croix de Guerre* aus, einer Medaille für besonderen Heldenmut.

Leider starb Cher Ami ein Jahr später. Er wurde ausgestopft, und heute kann man die Taube im Smithsonian Museum in Washington, D. C. besichtigen.

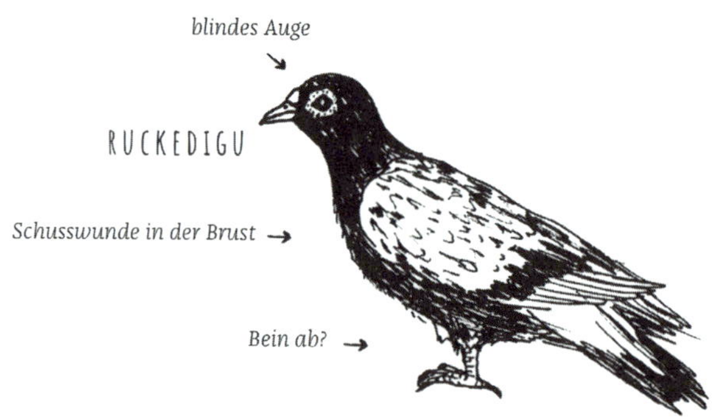

Cher Ami, die heldenhafte Taube

Lonesome George

139 GEORGE, DIE EINSAME SCHILDKRÖTE

Stell dir mal vor: Du bist das allerletzte Tier deiner Art. Nirgendwo auf der Welt gibt es noch einen Partner, mit dem du dich zusammentun und Nachwuchs zeugen kannst.

So erging es Lonesome George (Einsamer George), einer Riesenschildkröte *(Chelonoidis abingdonii)* von der ecuadorianischen Insel Pinta. 1971 war der ungarische Wissenschaftler Vágvölgyi dort gerade mit einer großen Untersuchung über Schnecken zugange, als er auf eine Riesenschildkröte stieß. Das war eine Überraschung, da man davon ausgegangen war, dass die gesamte Riesenschildkrötenpopulation der Insel schon vor langer Zeit ausgestorben war. Seefahrer hatten nämlich zu viel Jagd auf die Tiere gemacht, außerdem hatten sie Ziegen dort ausgesetzt, um immer frisches Fleisch für unterwegs zu haben, doch die Tiere hatten die Insel bald vollständig übernommen. Für die großen Schildkröten blieb kein Platz mehr.

Zu ihrer eigenen Sicherheit wurde die Riesenschildkröte ins Charles-Darwin-Forschungszentrum auf der Insel Santa Cruz gebracht, wo man sie auf den Namen Lonesome George taufte. Die Mitarbeiter der Forschungsstation machten sich zwar auf die Suche nach einem passenden Weibchen, aber ohne Erfolg. So konnte George auch keine Nachkommen zeugen. Er blieb der Einzige seiner Art und war damit das seltenste Wesen auf der Erde. George wurde zum Star der Galapagosinseln und ein Symbol für den Kampf gegen das Artensterben.

Am 24. Juni 2012 wurde George von seinem Pfleger im Park tot aufgefunden. Er wurde knapp hundert Jahre alt. Sein Körper wurde einbalsamiert, um ihn für spätere Generationen aufzubewahren.

140 STILLGESTANDEN!

1917 streunte ein Hund auf einem Gelände herum, auf dem eine Gruppe Soldaten gerade ein Training absolvierte. Der Pitbull schloss sofort Freundschaft mit Korporal Robert Conroy. Die beiden wurden in kürzester Zeit unzertrennlich. Der Korporal taufte den Hund Stubby.

Als Korporal Conroy den Marschbefehl bekam, um im Ersten Weltkrieg in Frankreich zu kämpfen, nahm er Stubby heimlich mit. Der Pitbull wurde Mitglied des 102. Infanterieregiments und musste verschiedene militärische Aufgaben erfüllen. Stubby konnte wie kein anderer Geräusche und Gerüche erkennen. So warnte er die Soldaten zum Beispiel, wenn Senfgas (ein hochgefährliches und tödliches Gas) eingesetzt wurde, damit sie rechtzeitig ihre Gasmasken aufsetzen konnten. Oder er schlug Alarm, wenn er in der Ferne Artilleriefeuer von feindlichen Truppen hörte. Damit rettete er vielen Soldaten das Leben.

Stubby konnte auch verwundete englisch sprechende Soldaten im Niemandsland der Schlachtfelder ausfindig machen. Der Hund setzte sich dann neben sie, was die Soldaten beruhigte. Er stellte sogar einen deutschen Spion!

In den USA schaffte Stubby es nach dem Krieg auf die Titelseiten fast aller Zeitungen. Die Leser schlossen ihn schnell ins Herz. Er traf amerikanische Präsidenten und durfte bei verschiedenen Militärparaden mitlaufen.

1926 starb Stubby. Er wurde ausgestopft. Heute kann man ihn im Smithsonian Museum in Washington, D. C. sehen. 2010 erschien auch ein Buch über den tapferen Stubby. Und im Jahr 2018 wurde sogar ein Film mit ihm als Hauptfigur gedreht: *Sgt. Stubby: An American Hero.*

– 7 –

WIE TIERE KOMMUNI-ZIEREN

141 SAG'S MIT EINEM KNATTERNDEN PUPS

Heringe mögen Gesellschaft. Gut so, denn sie leben in Schwärmen von Millionen von Artgenossen zusammen. So ein Schwarm kann mehrere Kilometer breit und lang und Dutzende Meter tief sein. Die Heringe schwimmen perfekt synchron miteinander. So bewegt sich der Schwarm als ein Ganzes, was es für Räuber schwierig macht, ein Beutetier auszuwählen. Das ist ganz anders als bei den ungeordneten Schwärmen, wie sie etwa die Korallenfische bilden, die eher ziellos umherschwimmen und sich bei Gefahr in den Spalten der Korallen verstecken.

In einem geordneten Schwarm nutzen die Fische zur Orientierung ihre Augen und Ohren, aber vor allem ihre Körperseiten. An Körper und Kopf befinden sich nämlich kleine Poren, durch die sie Druckveränderungen sofort bemerken. Diese Information wird rasend schnell verarbeitet, woraufhin der Fisch die Richtung ändert.

Wenn die Nacht anbricht, wird es unter Wasser stockdunkel. Der Schwarm fällt etwas auseinander, aber die Fische bleiben trotzdem miteinander in Kontakt. Wie sie das anstellen? Mit knatternden Fürzen. Aus dem Anus der Heringe kommen Luftblasen, die rhythmisch knattern. Damit kommunizieren die Fische miteinander und verhindern so Massenkarambolagen.

Ab und zu verschwimmen sich junge Heringe und finden den Weg zurück zu ihrem Schwarm nicht mehr. Dann kommt es vor, dass sie sich einer anderen Art von Schwarmfischen anschließen. Zusammen ist man eben weniger allein!

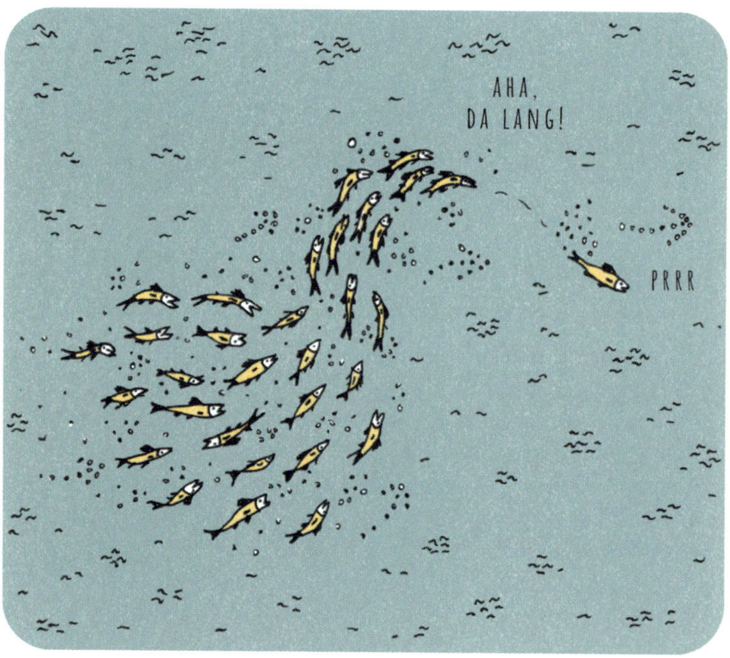

ein Heringsschwarm

Eigentlicher Streifentenrek
Hemicentetes semispinosus

142 DER TENREK SPRICHT MIT SEINEN STACHELN

Vielleicht hast du noch nie von einem Tenrek gehört, dabei gibt es über dreißig Arten von ihnen auf der Erde. Jede sieht etwas anders aus. Oft erinnern sie an eine Kreuzung zwischen einem Igel und einer Spitzmaus. Sie haben Stacheln auf dem Rücken, eine lange Schnauze und einen kurzen Schwanz. Manche Tenreks sind gelb, aber auch andere Farben kommen vor.

Die meisten Arten sind auf Madagaskar heimisch, aber manche sind auch an anderen Orten in Afrika zu finden.

Der Streifentenrek nutzt die Stacheln auf seinem Rücken zur Kommunikation. Wenn er die Stacheln aneinanderreibt, entsteht ein leise rasselndes Geräusch. Das Aneinanderreiben beweglicher Körperteile zur Lauterzeugung wird in der Fachsprache *Stridulation* genannt. Du kennst es wahrscheinlich schon von Grillen, die ihre Vorderflügel aneinanderreiben und so Geräusche erzeugen. Nach heutigem Kenntnisstand ist der Streifentenrek das einzige Säugetier, das striduliert.

Daneben produzieren Tenreks auch Klicklaute mit ihrer Zunge, mit denen sie Eindringlinge verjagen. Möglicherweise dienen die Klicklaute auch zur Echoortung von Beute, aber darüber ist sich die Wissenschaft noch nicht einig.

Streifentenreks nutzen ihre Stacheln zur Kommunikation und zur Tarnung, aber auch zur Selbstverteidigung. Fühlt der Streifentenrek sich bedroht, richtet er seine Stacheln auf und rennt geradewegs auf den Angreifer zu, um ihm sogleich einen heftigen Kopfstoß zu verpassen ... Das sieht lustig aus, ist aber wohl für beide Seiten ziemlich schmerzhaft.

143 DER MARDERBÄR KICHERT, WENN'S IHM GUT GEHT

- Marderbär- oder Binturongweibchen haben eine besondere Fähigkeit. Sie können sich zwar zu jeder Zeit paaren, aber sie entscheiden selbst, wann der Embryo* in der Gebärmutter zu wachsen beginnt. Das tun sie erst, wenn sie sicher sind, dass die Umgebung dafür gut geeignet ist und die Nahrung für den Nachwuchs ausreicht.

- Marderbären oder Binturongs kichern, wenn es ihnen gut geht, und geben ein schrilles Geheul von sich, wenn sie unzufrieden oder wütend sind. Sie können auch knurren und fauchen. Wenn das Weibchen sich paaren will, fängt es an zu schnurren.

- Der Marderbär ist für das Wachstum bestimmter Feigenbäume in den Wäldern Südostasiens mitverantwortlich. Er frisst nämlich die harten Kerne der Feigen. In seinem Darm befinden sich Stoffe (Enzyme), die die Kerne weicher machen. So können sie, wenn sie wieder ausgeschieden werden, auskeimen und zu einem neuen Baum heranwachsen.

Marderbär
Arctictis binturong

- Der offizielle Name Binturong stammt aus einer alten malaiischen Sprache. Leider ist diese Sprache ausgestorben, weshalb wir nie wissen werden, was genau dieses Wort bedeutet.

* Unter einem Embryo versteht man ein Tier oder eine Pflanze in der allerersten Lebensphase.

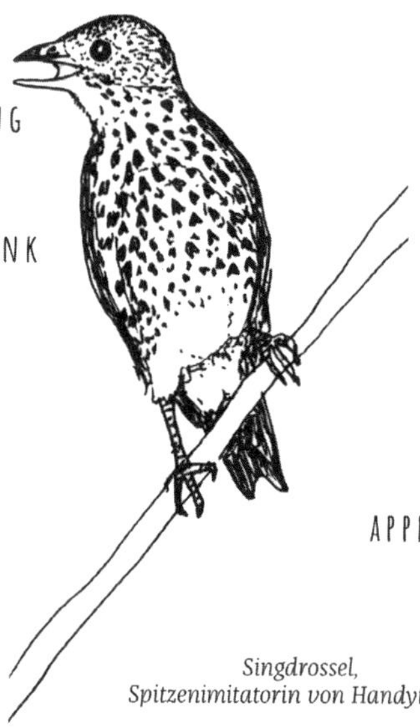

Singdrossel,
Spitzenimitatorin von Handytönen

144 DROSSELN SIND DIE BESTEN SÄNGER

Singdrosseln sind – wie der Name schon sagt – hervorragende Sänger. Oft beginnen sie schon morgens beim ersten Licht mit dem Singen und hören nicht auf, bis es dunkel wird. Man sieht die kleinen Vögel auf hohen Dächern oder in Baumkronen sitzen, während sie aus voller Kehle eine Strophe nach der anderen zum Besten geben.

Der allererste Vogelgesang, der je aufgezeichnet wurde, war der einer Drossel. Ludwig Karl Koch war erst sieben Jahre alt, als er 1889 einen Phonographen geschenkt bekam. Mit dem Apparat zog er los und nahm den Gesang einer Drossel auf. Später wurde Ludwig weltbekannt als Experte für die Aufzeichnung von Tiergeräuschen. Auf der Webseite der British Library unter »*Sounds*« kannst du seinen Aufnahmen heute noch lauschen.

Drosseln ernähren sich von kleinen Insekten, aber besonders gern haben sie Schnecken. Wenn du einmal irgendwo viele kaputte Schneckenhäuser herumliegen siehst, bist du wohl in einer »Drosselschmiede« gelandet. Wahrscheinlich liegt irgendwo in der Nähe ein Stein oder ein anderer harter Gegenstand, auf dem die Drossel die Gehäuse der Schnecken zertrümmert. Jedes Mal, wenn die Drossel eine Schnecke findet, benutzt sie denselben Stein, um das Gehäuse zu zerstören.

145 PSSSST … DIE GIRAFFEN BRUMMEN

Hast du im Zoo oder in einem Safaripark schon mal eine Giraffe gesehen? Und erinnerst du dich noch an das Geräusch, das sie machte? Nein? Kein Wunder, denn Giraffen machen ja gar keine Geräusche. Das zumindest glaubten Forscher bis vor Kurzem noch. Niemand hatte je eine Giraffe gehört, bis auf ein gelegentliches Schnauben. Manche Wissenschaftler vermuteten, dass Giraffen keine Stimmbänder haben, aber das stimmt nicht. Die Giraffe verfügt sehr wohl über eine Art Stimmbänder. Andere nahmen an, dass die Giraffe keine Geräusche macht, weil ihr Hals zu lang dafür ist.

Heute wissen wir es besser. Ein Forscherteam der Universität Wien platzierte acht Jahre lang Mikrofone in den Giraffengehegen von drei verschiedenen Zoos. Und siehe da! Giraffen brummen, aber sehr tief und nur in der Nacht.

Warum sie es tun, ist noch nicht vollständig geklärt. Tagsüber stehen Giraffen in der Savanne und verlassen sich auf ihre Ohren. Der lange Hals ermöglicht ihnen, bis in weite Ferne nach Jägern Ausschau zu halten. Alle Herdenmitglieder behalten sich gegenseitig im Auge und ergreifen die Flucht, sobald eines von ihnen losrennt. Als Giraffe ist es geschickt, keinen Lärm zu machen, denn das könnte Raubtiere anlocken.

Nachts aber sehen die Giraffen natürlich viel schlechter. Die Forscher vermuten, dass sie dann leise brummen, um die Herde zusammenzuhalten. Der Ton ist zu tief, als dass Menschen ihn hören könnten, aber er ist messbar. Er erinnert ein bisschen an ein leises Schnarchen.

Das ist aber nur eine mögliche Erklärung für das Geräusch. Wer weiß, vielleicht singen die Giraffen ja auch ganz leise Schlaflieder für ihre Jungen …

Auf Platz 1 der Brumm-Charts

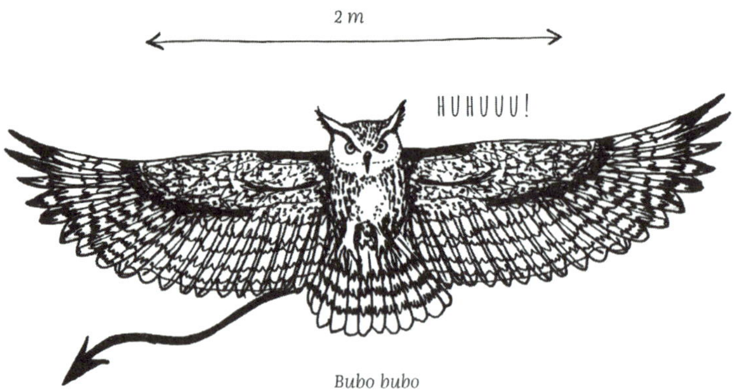

Bubo bubo

146 IST DER UHU DAS KIND DES TEUFELS?

- Der Uhu (oder *Bubo bubo*) ist eine der größten Eulenarten der Welt. Er kann 75 Zentimeter groß und 3 bis 4 Kilogramm schwer werden. Seine Flügelspannweite – der Abstand zwischen beiden Flügelspitzen – kann bis zu zwei Meter betragen.

- Der Uhu baut selbst kein Nest, sondern nutzt die Nester von Raubvögeln wie Habichten und Bussarden.

- Herr Uhu umwirbt ein Weibchen, indem er für es singt. Sobald sie im Nest sitzt, hört er damit auf. Die Eulenmutter legt zwei bis vier Eier und brütet sie zwischen Februar und April aus, während der Vater Nahrung heranschafft. Nach dreißig Tagen schlüpfen die Jungvögel. Sie bleiben bis zum Herbst bei ihren Eltern.

- Für gewöhnlich ruft ein Uhu einfach »Uhu«, aber wenn ein Feind in der Nähe ist, schlägt er kreischend Alarm. Der Schrei ist so furchteinflößend, dass er auf Englisch *Devil's cackle*, »Teufelskichern«, genannt wird.

- Uhus sind ausgezeichnete Jäger und können mit ihren scharfen Krallen Beutetiere von bis zu 5 Kilo Gewicht ergreifen. Sie fressen andere Vögel, aber auch junge Füchse und Igel.

- Lange gehörte der Uhu zu den bedrohten Tierarten. Taubenzüchter schossen auf die Eulen, weil sie schon mal ihre teuren Preistauben verspeisten. Jäger wiederum fanden es nicht gut, dass der Uhu auch Jagd auf Fasane und Kaninchen macht. Ein anderer wichtiger Grund für die Gefährdung war das Insektizid DDT. Mäuse und Ratten, die behandeltes Getreide fraßen, wurden giftig. Fraßen die Eulen die Nagetiere, machte das Gift ihre Eierschalen brüchig, sodass die Eier beim Brüten kaputtgingen. Zum Glück wurde DDT 1970 verboten und der Uhu unter Schutz gestellt.

147 FACEBOOK FÜR BREITMAULNASHÖRNER

Einst gab es auf unserem Planeten über 165 verschiedene Nashornarten. Davon sind heute nur noch fünf übrig: drei asiatische Arten und zwei afrikanische. Sie alle sind vom Aussterben bedroht. Und das liegt am Menschen. Der beansprucht das Grasland, auf dem sie weiden, um Bauland zu schaffen. Auf diese Weise wird den Nashörnern ihr Lebensraum entzogen. Außerdem wird wegen ihrer Hörner Jagd auf die Tiere gemacht. Die sollen magische Kräfte besitzen und Stoffe enthalten, mit denen sich allerlei Krankheiten heilen lassen. Das ist zwar nicht wahr, aber manche Menschen glauben daran.

Das Breitmaulnashorn ist das größte von allen. Es ist in Afrika zu Hause und kann bis zu 3600 Kilo schwer werden. Damit ist es das zweitschwerste Landsäugetier nach dem Elefanten. Das Breitmaulnashorn war beinahe ausgestorben, aber dank eines erfolgreichen Schutzprogramms gibt es heute wieder über 20 000 der Tiere.

Manchmal leben Breitmaulnashörner eine Zeit lang mit Artgenossen zusammen, aber meist sind sie Einzelgänger. Forscher haben herausgefunden, dass die Tiere sich über ihren Kot miteinander verständigen. Nashörner machen ihr großes Geschäft auf einem bestimmten Platz – einer Art Gemeinschaftstoilette. Durch die enthaltenen chemischen Stoffe hat jeder Nashornhaufen einen eigenen Geruch. Ein Duftstoff zum Beispiel informiert andere Nashörner darüber, ob sie es mit einem Weibchen oder Männchen zu tun haben. Ein anderer zeigt das Alter des Nashorns an. Weitere Stoffe machen klar, wenn ein Nashornmännchen sein Territorium verteidigen will oder ein Weibchen paarungswillig ist. Die Haufen funktionieren also ein bisschen wie ein Facebookprofil, über das die Nashörner Informationen miteinander austauschen.

Nashorn

148 DER JODELNDE HUND

Du wünschst dir schon lange einen Hund? Aber deine Mutter hält nichts von der Idee, denn ein Hund bellt die ganze Zeit und macht nur Dreck?

Wir haben die Lösung! Mach sie mit einem Basenji bekannt. Dieser Hund bellt nämlich nicht, sondern jodelt. Bellen kann er zwar auch, aber er tut es nur selten. Das liegt daran, dass sein Kehlkopf anders geformt ist als bei anderen Hunden, wodurch ihm das Bellen schwerfällt. Außerdem sind Basenjis sehr reinlich, weshalb sie manchmal auch »die Katzen unter den Hunden« genannt werden.

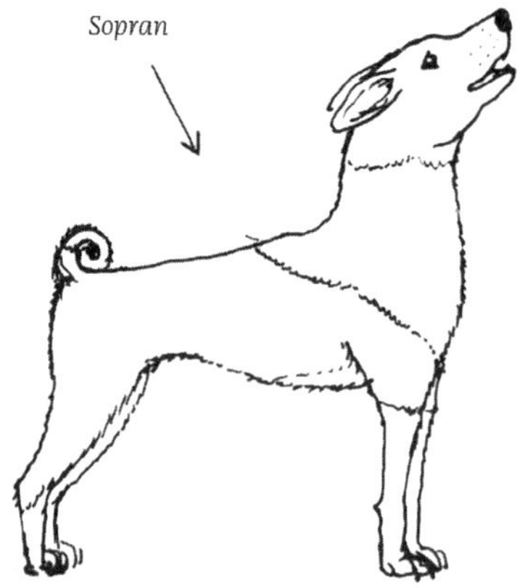

Basenji

Basenjis sind ungeheuer tapfere Hunde. In Kenia, wo sie herkommen, werden sie auch bei der Löwenjagd eingesetzt. Meistens kommen dabei vier Basenjis zum Einsatz. Mit ihrer feinen Nase finden die Jagdhelfer die Höhle, in der der Löwe sich versteckt. Der Löwe denkt, dass sich leichte Beute in greifbarer Nähe eingefunden hat, und ahnt nicht, dass er in einen Hinterhalt gelockt wurde. Sobald er rauskommt, rennen die Basenjis rasend schnell weg, und die Massaikrieger, die ringsum mit ihren Speeren bereitstehen, können den Löwen erlegen.

Wie Windhunde können Basenjis unglaublich schnell rennen. Sie verwenden dazu dieselbe Art von Galopp wie Windhunde, bei der in einem bestimmten Moment alle vier Pfoten gleichzeitig in der Luft schweben.

Haben Basenjis auch Nachteile? Aber sicher. Wie Katzen sind sie sehr eigenwillig und auch ein bisschen dickköpfig. Dadurch sind sie manchmal weniger anhänglich als andere Hunderassen und lassen sich nicht so leicht Kunststücke beibringen. Dennoch sind sie ungeheuer schlau und neugierig. Und für ihr Frauchen oder Herrchen würden sie buchstäblich durchs Feuer gehen. Was meinst du? Kannst du mit diesen Informationen deine Mutter überzeugen?

149 ZEIG EINEM SCHIMPANSEN BLOSS NICHT DIE ZÄHNE ...

- ... denn der wird glauben, dass du ihn bedrohst. Wenn Affen ihr Gebiss entblößen, wollen sie dadurch nämlich ihre scharfen Eckzähne zeigen. Die benutzen sie nicht nur, um ihre Nahrung in Stücke zu reißen, sondern wenn nötig auch, um ordentlich zuzubeißen. Ein Affe, der die Zähne fletscht, ist also nicht etwa fröhlich. Im Gegenteil!

- Wie zeigen Affen dann, dass sie fröhlich oder gut gelaunt sind? Dann lachen sie zwar, aber sie bedecken dabei bewusst die oberen Zähne mit der Lippe, um anzuzeigen, dass sie keine böse Absicht haben.

- Schimpansen verfügen noch über eine ganze Reihe weiterer Gebärden, mit denen sie sich ausdrücken. In Studien wurden mindestens 66 eindeutige Gebärden unterschieden, mit denen 19 Botschaften überbracht werden.

- Wenn eine Schimpansendame ihrem Jungtier die Fußsohle zeigt, fordert sie es damit auf, auf ihren Rücken zu klettern. Knabbert sie an

Cheese!

einem Blatt, soll das heißen, dass sie in Flirtstimmung ist. Und wenn sie eine ordentliche Kratzeinheit möchte, berührt sie einen anderen Schimpansen am Arm.

- Schimpansen gebrauchen also eine Gebärdensprache. Das haben sie mit kleinen Kindern gemeinsam, die noch nicht sprechen können. Forscher fanden sogar heraus, dass die Gebärden von Affen und Kindern manchmal fast dieselben sind. Mit einem Finger auf den Kopf zeigen, nach etwas greifen und die Arme hochstrecken, um zu sagen, dass sie hochgehoben werden wollen, waren bei Kindern und Affen identisch. Daher ist es wahrscheinlich, dass unsere frühesten Vorfahren auch mit Gebärden kommunizierten, woraus sich später Laute und Sprachen entwickelten.

150 LACHMÖWEN HABEN EINE GROSSE KLAPPE

Ein Vogel, den man sehr leicht an seiner Stimme erkennen kann, ist die Lachmöwe. Vor langer Zeit war sie nur in Küstengebieten anzutreffen, aber sie folgte dem Menschen – vor allem seinen Abfällen – in die Städte.

Die Lachmöwe ist im Sommer gut an der schokoladenbraunen Haube auf dem Kopf zu erkennen. Im Winter sind davon nur noch zwei runde Flecken an beiden Seiten des Kopfes zu erkennen, wodurch es aussieht, als würde sie Kopfhörer tragen.

Die Rufe der Lachmöwen klingen wie ein spöttisches Lachen mit den typischen »Rä-Grä«-Lauten. Das Geräusch setzen sie ein, um ihrer Kolonie mitzuteilen, dass es irgendwo Nahrung gibt. Also erschrick nicht, wenn plötzlich eine ganze Kolonie Lachmöwen angeflogen kommt, wenn du gerade im Park Enten fütterst. Mit ihrem großen Schnabel warnen die Möwen ihre Artgenossen auch vor Raubvögeln wie Weihen, die ab und zu mal Appetit auf eine Lachmöwe haben.

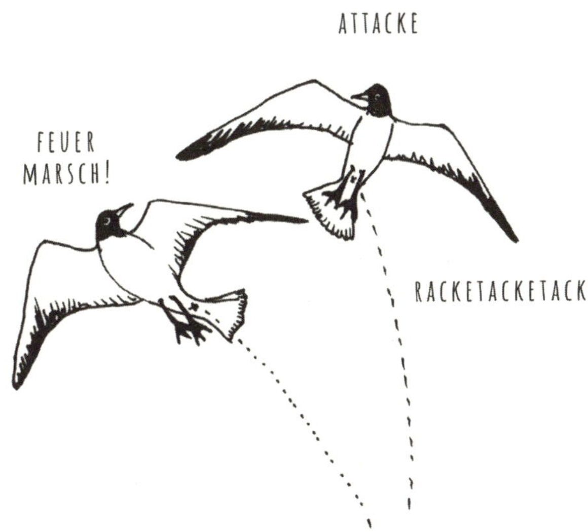

die Verteidigungsstrategie der Lachmöwe

151 AMEISEN HABEN EIN EINGEBAUTES GPS

- Angenommen, du bist eine Ameise. Du kommst nach draußen und entdeckst eine dicke Schmeißfliege, die gerade gestorben ist. Eine tolle Beute, die du so schnell wie möglich in dein Nest befördern musst. Zum Tragen ist sie zu schwer, aber schleifen kannst du sie. Das geht am besten, indem du rückwärtsläufst. Aber wie findest du rückwärts den Weg zurück zum Nest?

- Zum Glück sind Ameisen mit einem inneren Sonnen- oder Himmelskompass ausgerüstet. Außerdem hilft ihnen ihr gutes Gedächtnis dabei, sich den Weg zu merken, den sie gekommen sind. Wenn sie nun ihren besonderen Kompass mit ihrem Erinnerungsvermögen kombinieren, finden sie auch rückwärts problemlos zum Nest zurück. Die Tiere verfügen also über eine Art eingebautes GPS, das sie in beiden Richtungen benutzen können.

- Gleichzeitig tauschen Ameisen fortwährend Botschaften miteinander aus. Nur so sind reibungslose Abläufe in einer Ameisenkolonie garantiert. Weil sie nicht besonders gut hören oder sehen, übermitteln sie sich gegenseitig Nachrichten mit ihren Fühlern. Und wenn die Ameise die dicke Fliege nicht allein schleppen kann, gibt sie mit einem Duftsignal die Lage des Beutetiers bekannt. Die Ameisen, die ihr folgen, setzen ebenfalls Signale ab, damit die Spur noch klarer wird und noch mehr Mitglieder der Kolonie dazukommen. Andere Duftsignale dienen dazu, die anderen Ameisen vor einer Gefahr oder einem Fressfeind zu warnen. Und es gibt auch eine Art »Passwort«. Nur Ameisen, die das richtige Duftpasswort kennen, werden ins Nest hineingelassen. Versucht sich eine Ameise mit einem falschen Passwort Zutritt zu verschaffen, folgt ein Kampf auf Leben und Tod.

- Manchmal gibt es eine Fehlfunktion im GPS, nämlich dann, wenn die erste Ameise die Duftspur der letzten aufnimmt und beginnt, ihr zu folgen. Die anderen folgen wiederum ihr, wodurch ein Strudel von Tausenden Ameisen entsteht. Sie laufen immer weiter im Kreis, bis sie vor Erschöpfung zusammenbrechen und sterben.

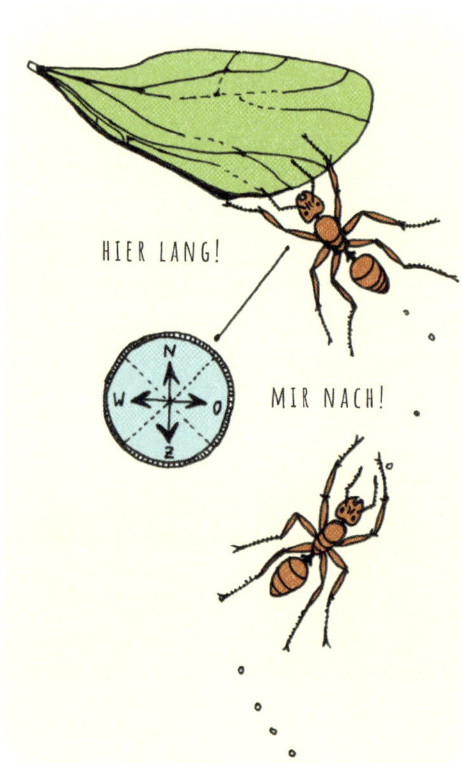

152 RABEN KENNEN SICH BEIM NAMEN

- Raben sind die größten Singvögel Europas. Ein ausgewachsener Rabe erreicht eine durchschnittliche Körperlänge von 64 Zentimetern. Man erkennt sie an ihrem schwarzen Gefieder und ihren krächzenden Kra-Kra-Kra-Rufen.

- Anfang des 20. Jahrhunderts war der Rabe in Europa beinahe ausgerottet. Bauern schossen auf die Vögel, weil sie glaubten, die Raben würden ihre Kühe und anderes Vieh töten. Das stimmte aber nicht. Raben fressen nur tote und – ganz selten – sterbende Tiere.

- Wenn ein Rabe sich verliebt, bleibt er für immer bei seinem Partner. Selbst wenn einer der beiden Vögel stirbt, sucht sich der andere keine neue Liebe, sondern verbringt den Rest seines Lebens allein.

- Auch mit ihrem Nachwuchs bleiben Raben das ganze Leben lang in Kontakt. Sie haben auch gute Freunde, mit denen sie viel Zeit verbringen und deren Namen sie kennen. Forscher haben entdeckt, dass Raben etwa achtzig »Wörter« verwenden. So haben sie zum Beispiel einen einzigartigen Ruf, mit dem sie sich anderen vorstellen. Das Besondere ist, dass die anderen Raben sich diesen Ruf merken und ihn gebrauchen, wenn sie ihrem Freund begegnen.

- Wenn also ein Rabe in der Luft einem Bekannten begegnet, ruft er mit hoher Stimme so etwas wie: »Hi, Kevin, lang nicht gesehen!« Fliegt aber ein Rabe vorbei, den er nicht als Freund ansieht, gibt er einen tiefen, mürrischen Laut von sich.

153 DAS DIKDIK PFEIFT DURCH DIE NASE

Zwergantilope
Madoqua

Im Osten und Süden Afrikas ist eine Zwergantilope zu Hause, die durch die Nase pfeift, wenn Gefahr droht. Der erzeugte Laut klingt ein klitzekleines bisschen wie »Dikdik«, daher der Name. Und als wäre das nicht schon entzückend genug, ist das Tierchen auch nur 30 bis 40 Zentimeter groß und damit wahrscheinlich kleiner als dein Hund.

Natürlich haben es viele Raubtiere auf das Dikdik abgesehen. Hyänen, Wildhunde, Löwen, Leoparden und Adler sind nur einige seiner Fressfeinde. Wenn sie sich nähern, rennt das Dikdik in einem Zickzackkurs davon. Dabei kann es Geschwindigkeiten von bis zu 40 Stundenkilometern erreichen.

Aber auch der Mensch macht Jagd auf Dikdiks, da sich ihre Haut besonders gut zur Herstellung von Lederhandschuhen eignet. Aus einem Dikdik lässt sich genau ein Handschuh machen.

Ihr Territorium – das ist das Gebiet, wo ein Dikdik-Pärchen zusammenlebt und keine Eindringlinge erlaubt – markieren sie mit Urin, Kot und ... mit Tränen. An ihren Augen befindet sich jeweils eine Drüse, aus der eine klebrige Tränenflüssigkeit kommt. Sie reiben ihren Kopf am Gras, um eine Duftspur zu hinterlassen.

Dikdiks sehen zwar unheimlich süß und knuddelig aus, aber es ist trotzdem keine gute Idee, sie als Haustier zu halten. Sie brauchen nämlich richtig viel Platz, um herumzurennen.

154 DER HALBSCHLAF DER DELFINE

Delfine sind die verspieltesten Tiere in unseren Ozeanen. Sie lieben es, aus dem Wasser zu springen und beeindruckende Saltos zu vollführen. Unter Wasser sind sie dank ihrer Stromlinienform blitzschnelle Schwimmer.

Sie sind auch ausgesprochen intelligente Tiere, die Werkzeuge benutzen können und einzigartige Laute verwenden, um miteinander in Kontakt zu treten.

Darüber hinaus sind Delfine sehr sozial. Sie schließen sich zu Gruppen von manchmal über tausend Artgenossen zusammen. Außerdem suchen sie oft den Kontakt mit anderen Tieren und mit Menschen. So macht es ihnen zum Beispiel Spaß, neben Booten herzuschwimmen. Wenn nötig, helfen sie einander und sind auch sonst sehr hilfsbereit. Zum Beispiel beschützen sie manchmal Menschen vor Haien, indem sie die Schwimmer umzingeln.

Delfine schlafen immer nur mit einer Gehirnhälfte. Das ist notwendig, weil sie regelmäßig zum Luftholen auftauchen müssen. Würden sie richtig tief einschlafen, könnten sie ertrinken.

155 FÜR EIN NETTES SCHWÄTZCHEN MUSST DU DICH UNTER DIE PRÄRIEHUNDE MISCHEN

Den neusten Klatsch und Tratsch gibt es bei den Präriehunden.

In den Prärien Nordamerikas ist der Präriehund zu Hause. Er erinnert ein bisschen an ein großes Eichhörnchen ohne Puschelschwanz. Präriehunde wohnen in Höhlen unter der Erde. Sie sind sehr sozial und leben in großen Kolonien mit mehreren Familien zusammen.

Der Naturforscher Con Slobodchikoff entdeckte, dass die kleinen Tiere in einer ausgesprochen komplexen Sprache miteinander kommunizieren. Mit ihren Rufen und Pfiffen können sie exakte Informationen weitergeben.

Slobodchikoff und sein Team nahmen die Sprache der Präriehunde mit speziellen Lautmessgeräten auf. Die Aufzeichnungen analysierten sie mit Computerprogrammen. Sie fanden heraus, dass der Ruf für »Da kommt ein Kojote!« ganz anders klingt als der für »Da kommt ein Hund!«. Obwohl Kojoten und Hunde sich ähneln, irren sich die Präriehunde nicht. Sie haben auch spezielle Rufe für Raubvögel, andere Tiere und Menschen.

Präriehunde können offenbar nicht nur Arten voneinander unterscheiden, sondern auch Farben, Formen und Größen. Sie lassen einander sogar wissen, ob ein Mensch eine Waffe bei sich trägt oder nicht. Ein Präriehund kann also genau weitergeben, was er sieht. Vielleicht in etwa so: »Ein großer, schlanker Mensch kommt langsam näher. Er trägt ein blaues Hemd und hat ein Gewehr dabei.«

Slobodchikoff entdeckte auch, dass verschiedene Gruppen von Präriehunden verschiedene Dialekte nutzen. Dennoch scheinen sie einander zu verstehen, wenn sie sich begegnen. Ob sie wohl auch Fremdsprachen lernen können?

156 ZIKADEN SIND MEISTER IM SINGEN UND ZÄHLEN

Wenn man an einem schwülen Sommerabend draußen sitzt, ertönt manchmal ein ganz besonderes Orchester. Vielleicht sagt jemand: »Ach, das sind Grillen«, aber das stimmt nicht. Wahrscheinlich handelt es sich um Singzikaden. Sie singen nicht mit dem Mund und reiben auch nicht ihre Flügel aneinander, wie Grillen es tun. Nein, Zikaden nutzen ein internes Trommelorgan. Auf beiden Körperseiten befindet sich jeweils eine Art Trommeldeckel mit einer nach außen gewölbten Hautschicht. Durch das Anziehen eines innen liegenden Muskels wird diese in Schwingungen versetzt. Der gesamte Hinterleib der Zikade dient als Schallkörper. Dadurch kann sie ganz schön Krach erzeugen. Das Geräusch kann bis zu 100 Dezibel erreichen, vergleichbar mit einer Bohrmaschine. Der Lärm tut Vögeln in den Ohren weh, wodurch sie auf Abstand gehalten werden. Die Zikaden selbst kneifen bei jedem Trommelschlag die Ohren mit einem speziellen Hautfilm zu, damit sie von ihrem eigenen Getöse nicht taub werden.

Eine Zikade hat einen breiten Kopf mit großen Kugelaugen und einen schiffsförmigen Körper. Auf ihrem Rücken befinden sich zwei Flügelpaare, in denen man die dicken Adern gut erkennen kann. Ihre sehr kräftigen Hinterbeine ermöglichen es der Zikade, schnell wegzuspringen. Darum wird sie oft mit einer Grille oder einer Heuschrecke verwechselt.

In Nordamerika leben Zikaden, die zählen können: die *Magicicada*, auch »Periodische Zikaden« genannt. Aus der Mathematik weißt du, dass Primzahlen nur durch eins und sich selbst teilbar sind. Dreizehn und siebzehn sind Beispiele. Magicicada richten ihr Fortpflanzungsverhalten nach Primzahlen aus. Die Larven bleiben dreizehn oder siebzehn Jahre unter der Erde und kommen dann zu Millionen nach oben. Dann dauert es wieder dreizehn oder siebzehn Jahre, bis neue schlüpfen. Warum sie so lange warten, wissen wir nicht mit Sicherheit. In den Jahren, in denen die Zikaden aus der Erde kommen, freuen sich die Vögel. Dann fressen sie sich die Bäuche voll und bekommen viele Jungen. Ein Jahr später sind keine Zikaden mehr da, und sie haben Hunger. Also ziehen sie weiter, um an einem anderen Ort Nahrung zu finden. Wenn die Zikaden aber in geringerem Abstand zurückkämen, würden schlaue Vögel das merken und zurückkehren an den Ort, an dem sie vorher so viele Zikaden fressen konnten. Dreizehn oder siebzehn Jahre aber sind zu lang für ein Vogelgedächtnis.

Es gibt auch eine Zikadenart, die sich alle vier Jahre vermehrt. Weil es jedes Mal im Jahr einer Fußballweltmeisterschaft passiert, wird sie auch die Weltmeisterschaftszikade (World Cup Cicada) genannt.

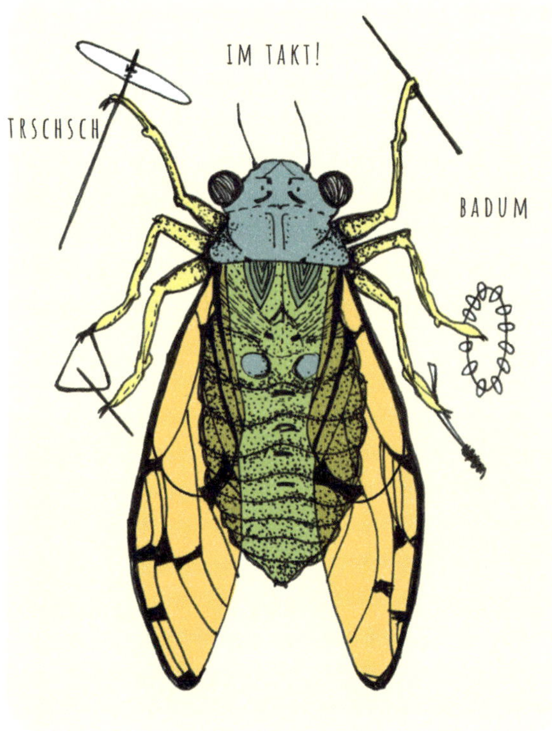

... und am Schlagzeug: die Zikade

Der Eistaucher spuckt große Töne.

157 DER VOGEL, DER TUTEN, HEULEN UND JODELN KANN

Wer schon einmal das Glück hatte, in den Norden der USA oder nach Kanada zu reisen, hat dort vielleicht den Ruf des Eistauchers, auch Gavia genannt, gehört. Es ist ein schwarz-weißer Vogel, der in der Nähe großer Seen lebt.

Sein *Tremolo* erinnert an das wahnsinnige Lachen eines Bösewichts aus einem Horrorfilm. Dieser Warnruf wird auch manchmal als »manisches Lachen« bezeichnet und dient dazu, in der Nacht das Revier zu verteidigen.

Sein *Tuten* wiederum ist ein kurzer Laut, den der Eistaucher nutzt, um mit seinen Jungen oder seinem Partner zu kommunizieren. So kontrolliert er, ob alle noch in der Nähe sind und alles in Ordnung ist. Das ist so, wie wenn deine Mutter oder dein Vater aus dem Wohnzimmer deinen Namen rufen, um zu hören, ob bei dir alles okay ist.

Der schauerlichste Laut, den der Eistaucher von sich gibt, ist zweifellos das *Heulen*. Das ist ein langer, gedehnter Ton, der an das Geheul eines Wolfs erinnert. Es kommt vor allem nachts zum Einsatz, um mit dem Partner und anderen Artgenossen in Kontakt zu treten.

Zum Schluss wäre da noch das *Jodeln*. Das Männchen gibt einen lang gezogenen, ansteigenden Laut von sich, der sechs Sekunden andauert, wobei sich einzelne Noten wiederholen. Das Männchen jodelt, um sein Revier gegen andere Männchen zu verteidigen. Jedes von ihnen hat seinen eigenen, einzigartigen Jodelruf.

158 WER KARAOKE UND LA-OLA-WELLEN MAG, MUSS ZU DEN STAREN FAHREN

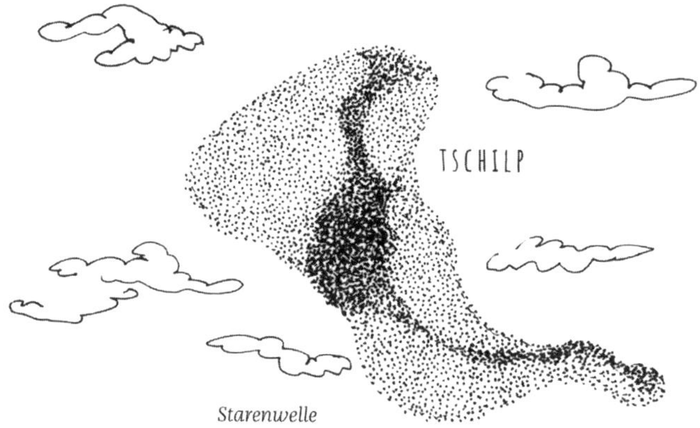

Starenwelle

- Du hast ganz bestimmt schon mal einen Star gesehen. Vielleicht sogar schon einen ganzen Schwarm davon. Nach der Brutsaison sind Stare nämlich am liebsten in riesigen Schwärmen von manchmal zehntausend Vögeln unterwegs. Wenn sie gemeinsam fliegen, ist das ein beeindruckender Anblick. Als eine Einheit schwenkt der ganze Schwarm mal nach links und mal nach rechts, stürzt nach unten und schießt pfeilschnell wieder nach oben, mit Geschwindigkeiten von bis zu 70 Stundenkilometern. Jeder Star behält dabei seinen Nachbarn im Auge, sodass der Schwarm in einer Art riesiger La-Ola-Welle völlig synchron fliegt. Die Schwarmflüge dienen unter anderem dazu, Feinde auf Abstand zu halten. Ein Raubvogel mag einen einzigen Star noch angreifen wollen, aber bei einer so riesigen Gruppe wird ihm doch etwas schwindelig (und vielleicht auch etwas bang).

- Stare sind auch Karaoke-Künstler und ahmen die Geräusche ihrer Umgebung nach. Das Gackern eines Huhns zum Beispiel, oder das Gekrächze von Krähen. Stare, die in der Nähe von Menschen leben, ahmen sogar »menschliche« Geräusche nach. In Bahnhofsnähe imitieren sie zum Beispiel die Geräusche von Zügen. Es macht ihnen wahrscheinlich Spaß, aber das Männchen tut es wohl auch, um seine zukünftige Partnerin zu beeindrucken.

- Du hättest gern Stare in deinem Garten? Dann häng am besten einen Starentopf auf, in dem sie nisten können. Im Winter kannst du sie mit vom Baum gefallenen Äpfeln und Birnen, Käseresten oder gekochten Kartoffeln füttern. Das Futter kannst du einfach auf den Boden streuen, denn Stare machen sich nichts aus gedeckten Tischen.

159 EINE KOHLMEISE KANN HEFTIG FLUNKERN

Kohlmeisen sind putzige kleine Vögel mit einem gelben Bauch, einem schwarzen Mützchen und weißen Wangen. Auch an ihrem typischen Didü-Didü-Gesang kann man sie leicht erkennen.

Wenn Gefahr droht – also wenn zum Beispiel ein Sperber sich nähert –, warnt die Kohlmeise ihre Artgenossen mit einem hohen, schrillen Ton. Sperber fressen nämlich ganz gern mal eine Kohlmeise. Sie können den hohen Ton nicht hören, aber die Meisenfamilie sehr wohl. Dann bringen sich alle schnell in Sicherheit, ohne dass der Angreifer etwas mitbekommt.

Glückt es dem Sperber doch, sehr nahe heranzukommen, gibt die Kohlmeise einen anderen, schnarrenden Laut von sich. Der klingt wie ein tiefes »Retsch« und bedeutet, dass den anderen Kohlmeisen so gut wie keine Zeit mehr bleibt, sich irgendwo zu verstecken. Leider kann der Sperber

Schlaue Kohlmeise

diesen Ton auch hören, sodass die Kohlmeise, die Alarm geschlagen hat, dafür manchmal ihr Leben lassen muss.

Manche Meisen nutzen diesen Ton aber auch, um zu flunkern. Wenn sie zum Beispiel etwas besonders Leckeres zu fressen entdecken oder wenn nicht genug Nahrung für alle vorhanden ist, gibt die Kohlmeise einen Alarmruf von sich. Die anderen Meisen bleiben in ihrem Versteck, während der Schwindler sich satt fressen kann.

160 PAPAGEIEN REDEN, UM DEINE AUFMERKSAMKEIT ZU BEKOMMEN

Wäre es nicht grandios, mit deinem Haustier reden zu können? Einen Hund zu haben, der dich fragt, wie es in der Schule war? Eine Katze, die dir den besten Witz aller Zeiten erzählt?

Der Papagei scheint das zu können. Zumindest ruft er fröhlich »Hallöchen!«, wenn du zur Tür reinkommst, aber weiß er auch, was er sagt?

Was der Papagei da tut, ist Imitation, also das Nachahmen von Lauten. Wenn du oft ins Zimmer kommst und ihn mit »Hallöchen!« begrüßt, kann er das nach einiger Zeit nachahmen. Höchstwahrscheinlich weiß er nicht, was es bedeutet, auch wenn er sicherlich einen Zusammenhang herstellt zwischen deinem Hereinkommen und dem Wort »Hallöchen«. Und falls die Tür beim Aufmachen quietscht, kann es gut sein, dass er auch dieses Geräusch nachahmt.

Doch es gibt auch Papageien, die (zumindest teilweise) verstehen, wovon sie reden. Alex zum Beispiel, ein Graupapagei. Seine Trainer brachten ihm bei, fünfzig Gegenstände zu benennen, sieben Farben und sechs Formen zu unterscheiden und bis acht zu zählen.

Papageien sind übrigens nicht die einzigen Vögel, die Geräusche nachahmen können. Krähen, Raben, Nymphen- und Wellensittiche können es ebenfalls. Sie sind wie Papageien sehr soziale Vögel, die in einer großen Gemeinschaft leben, in der jeder seine Rolle kennt. Dann ist es praktisch, wenn man sich untereinander gut verständigen kann. Lebt ein Papagei bei Menschen, sieht er sie als seine Familie an. Und weil Menschen die normalen Lautäußerungen des Papageis nicht verstehen, äfft er sein Frauchen oder Herrchen nach, um ihre Aufmerksamkeit zu bekommen.

Alex

Takin

161 TAKINE KOMMUNIZIEREN MIT LAUTEN, KÖRPERSPRACHE UND URIN

Takine, früher auch Rindergemse oder Gnuziege genannt, sind im Himalayagebirge heimisch. Sie verständigen sich untereinander auf drei verschiedene Arten: mit Lauten, Körpersprache und Urin.

Für gewöhnlich sind Takine eher still. Sie stehen ruhig nebeneinander und weiden. Aber wenn man lang genug wartet, bekommt man sicher zwischendurch ein Grunzen oder Pfeifen zu hören. Diese Geräusche machen sie mit ihrer Nase. Manchmal kommen auch Töne heraus, die an den Schall von Hörnern erinnern. Und ab und zu hört man sie laut grollen oder blöken. Dabei sehen sie ziemlich lustig aus, weil ihnen die lange Zunge aus dem Maul hängt. Allerdings sollte man ihnen in diesem Moment besser aus dem Weg gehen. Will ein Männchen zeigen, dass es der Boss ist, gibt es ein lautes »Wup« von sich. Mit einem hohen »Rrrrrrr« ruft die Mutter ihren Nachwuchs zu sich, und wenn Gefahr droht, schnauben Takine. So verstehen die anderen Herdenmitglieder, dass sie sich im Gebüsch verstecken müssen.

Auch Körpersprache kommt bei der Verständigung zum Einsatz. Ein Männchen stellt sich zum Beispiel neben ein anderes, um zu zeigen, dass es größer ist. Er streckt sein Kinn hoch, um klarzumachen, dass mit ihm nicht zu spaßen ist. Ein Takin, der den Kopf senkt und dich dabei ansieht, führt nichts Gutes im Schilde. Er ist bereit zum Angriff.

Urin nutzen die Takine vor allem, um ihre Paarungsbereitschaft zu zeigen. Darin sind *Pheromone* enthalten – Duftstoffe, die auf das andere Geschlecht anziehend wirken. Das Takinmännchen pinkelt sich also auf Vorderbeine, Brust und Kopf, um die Pheromone zu verteilen. Du findest diese Angewohnheit vielleicht nicht so appetitlich, aber unter Takinen ist es völlig normal.

– 8 –

GEFÄHRLICHE TIERE

162 DAS GEFÄHRLICHSTE TIER DER WELT IST ... EINE MÜCKE!

Du hast Angst vor Löwen? Tigern? Dem großen Weißen Hai? Völlig zu Recht! Aber die Chance, dass dich einer von ihnen attackiert, ist wirklich gering.

- Das allergefährlichste Tier unseres Planeten ist sehr klein und hält dich nachts mit seinem Gesumme wach: die Stechmücke.

- Einige Stechmücken sind lebensgefährlich, weil sie Malaria, Dengue-Fieber, Gelbfieber, Zika und andere gefährliche Krankheiten übertragen. Diese Krankheiten kosten jedes Jahr Millionen Menschen das Leben.

- Es gibt mehr als dreitausend Arten von Stechmücken, deren Weibchen ihre Mundwerkzeuge nutzen, um Blut aus ihrem Opfer (dem »Wirt«) zu saugen. Das Blut brauchen sie, um ihre Eier zu bilden, aber gleichzeitig können sie uns mit gefährlichen Krankheiten infizieren.

- Die gefährlichsten Mücken sind die Malariamücke, die Gelbfiebermücke und die Tigermücke. In Gebieten, in denen diese Mücken vorkommen, solltest du am besten unter einem Moskitonetz schlafen und spezielle Moskitomittel auftragen. Gegen manche von Mücken übertragenen Krankheiten musst du dich impfen lassen oder spezielle Tabletten zur Vorbeugung nehmen.

- Auf Platz zwei der Liste der gefährlichsten Tiere der Welt steht die Schlange. Jedes Jahr sterben etwa hunderttausend Menschen an einem Schlangenbiss. Vor allem der Krait, eine Giftnatterart, die hauptsächlich in Asien vorkommt, ist gefährlich. Die meisten Menschen überleben einen Kraitbiss nicht.

Top 3

- Aber auch unsere treuen Vierbeiner haben jährlich dreißig- bis vierzigtausend Tote auf dem Gewissen. Hundebisse können nämlich Tollwut übertragen, eine Krankheit, an der man stirbt, wenn man nicht geimpft ist.

- Bei den großen Tieren ist die Anzahl der Todesoper halb so wild. Krokodile, Nilpferde und Elefanten sind für den Menschen am gefährlichsten. Und der Weiße Hai? Natürlich solltest du auch ihm besser nicht zu nah kommen, aber die Chance, dass du von der äußerst giftigen Würfelqualle gestochen wirst, ist viel größer, als dass ein Hai dich in Stücke beißt.

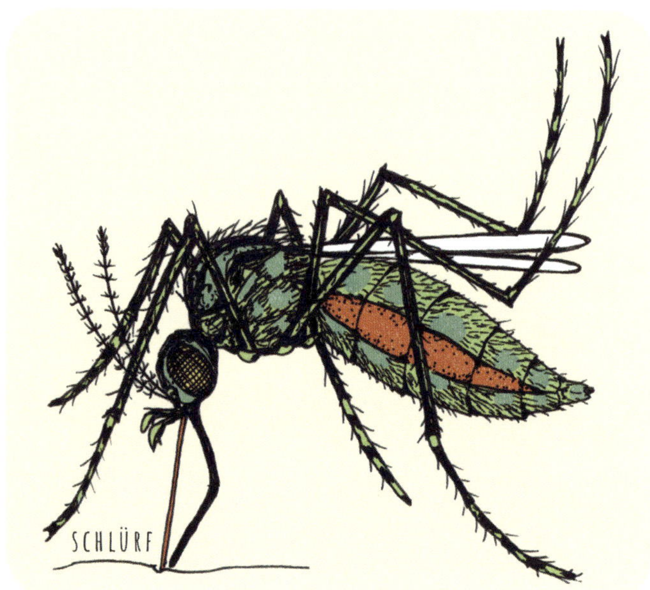

das gefährlichste Tier der Welt

163 ZWERGWIESEL HABEN VOR NIEMANDEM ANGST

- Das Zwergwiesel sieht aus wie eine in die Länge gezogene Maus mit puscheligem Schwanz. Es wird 13 bis 23 Zentimeter lang. Die Männchen wiegen im Durchschnitt etwa 100 Gramm, die Weibchen 65. Groß kann man das Zwergwiesel also wirklich nicht nennen, aber trotzdem fängt es mühelos (Wühl-)Mäuse, Ratten, Maulwürfe, Vögel, Schlangen, Frösche und Insekten. Manchmal schnappt es sich sogar noch größere Beutetiere wie ein Kaninchen oder ein kleines Huhn.

- Wenn ein Zwergwiesel Nahrung sucht, stellt es sich auf die Hinterbeine, um die Umgebung besser zu überblicken.

- Das Wieselweibchen ist so klein und schmal, dass es eine Maus ohne Probleme bis in ihre Höhle verfolgen kann. Ist die Maus verputzt und ihre Höhle frei, zieht Frau Wiesel dort ein, um ihre Jungen zu bekommen. Wiesel pflanzen sich sehr leicht fort. Ein Weibchen, das im Frühjahr geboren wird, kann im Sommer schon selbst Nachwuchs bekommen.

- Ein Raubvogel, der ein Zwergwiesel fängt, sollte sich besser in Acht nehmen. Es wird erzählt, dass einmal ein Bussard, der ein Wiesel mit in die Luft nahm, kurz darauf tot zu Boden gestürzt sei. Das Wiesel hatte ihn im vollen Flug totgebissen. Das kleinste Raubtier der Welt sollte man also nicht unterschätzen.

164 PASS AUF, DASS DU NICHT AUF DIESEN STEIN(FISCH) TRITTST

Steinfische sind Meister der Tarnung. Sie haben eine raue Haut, die mit Warzen übersät ist, und können die Farbe ihrer Umgebung annehmen. Durch ihre Körperform sehen sie aus wie ein Fels oder Stein. Meist liegen die Fische ruhig am Meeresgrund und sind dank ihrer guten Tarnung fast nicht zu erkennen. Manchmal vergraben sie sich auch im Sand, sodass nur die Oberseite des Kopfes herausschaut. Nichts ahnende Beutetiere, die vorbeischwimmen, werden mit einem Happs aufgefressen.

Eigentlich ist der Steinfisch friedfertig, außer er wird bedroht. Auf seinem Rücken befinden sich dreizehn Stacheln mit Giftdrüsen. Je mehr Druck auf die Stacheln ausgeübt wird, desto mehr Gift strömt heraus. Das geschieht zum Beispiel, wenn ein Mensch auf ihn tritt. Der Stich eines Steinfischs verursacht enorme Schmerzen und kann sogar zu Lähmungen oder einem Herzstillstand führen. Es dauert Monate, bis die Wunde vollständig verheilt ist.

Es ist also nicht verwunderlich, dass die Aborigines in Australien ihren Kindern beibringen, dass Steinfische lebensgefährlich sind. Dafür haben sie sich einen speziellen Tanz ausgedacht, bei dem ein Tänzer so tut, als würde er auf einen Steinfisch treten, sich dann vor Schmerzen windet und zu Boden fällt.

Um zu verhindern, dass ein Steinfisch dich sticht, solltest du in Küstengewässern des Indopazifiks am besten Wasserschuhe mit dicken Sohlen tragen. Mach ganz vorsichtige Schritte und halte dich von allem fern, was wie ein Stein aussieht.

In einigen Ländern wird der Steinfisch auch gegessen. In China und Japan gilt er als Delikatesse.

Auf dem Boden des Meeres wimmelt es von Lebewesen.

Steinfisch
Synanceia verrucosa

Megalopyge opercularis

Prozessionsspinnerraupe

165 STREICHLE NIEMALS EINFACH SO EINE RAUPE

Manche Raupen sehen einfach wunderschön aus. Trotzdem solltest du dich von ihnen lieber fernhalten. Oft haben sie nämlich Brennhaare auf dem Rücken, die eine ganze Menge Beschwerden verursachen können. Und häufig sind gerade die schönsten Raupen die gefährlichsten.

Die Raupe der *Megalopyge opercularis* ist über und über mit langen Härchen bedeckt, wodurch sie wie ein winzig kleines Kuscheltier aussieht. Zwischen diesen Härchen aber sitzen fiese Brennhaare verborgen, die ein schmerzhaftes und brennendes Gift abgeben. Es verursacht Ausschlag und oft auch Schwellungen der Haut. Manchmal kommt es zu einer ernsthaften Erkrankung.

Die Raupe des Schmetterlings *Acharia stimulea* erkennt man an einem farbigen »Sattel« auf dem Rücken, weshalb sie auf Englisch auch *saddleback caterpillar* (Sattelraupe) genannt wird. Vorne und hinten am Körper sitzen kleine Hörner, an denen sich Brennhaare befinden, die heftig jucken, wenn man sie anfasst.

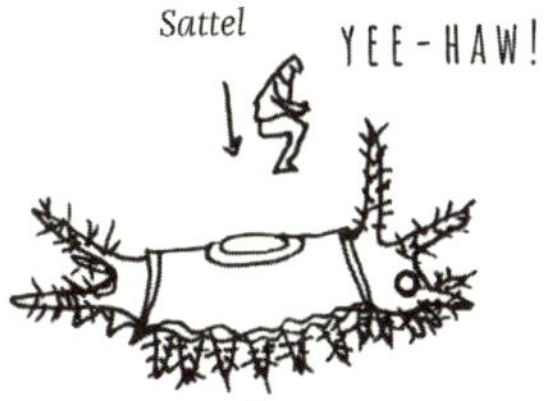

Sattelraupe
Acharia stimulea

Auch Prozessionsspinnerraupen sind mit Brennhaaren bedeckt, die einen stark juckenden Hautausschlag verursachen. Ein Einatmen der Härchen kann zu Atemnot führen. Und auch im Auge kann so ein Härchen für schmerzhafte Reizungen sorgen. Das größte Problem ist, dass du dafür die Raupe gar nicht berühren musst. Die Härchen werden vom Wind durch die Luft getragen.

Manche Raupen sind vor allem gefährlich, wenn man sie isst (und das hast du ja wahrscheinlich nicht vor). Die Raupe des Monarchfalters ist so eine. Sie ist schwarz mit grellweißen und gelben Streifen um den Körper. Sie ernährt sich von giftigen Pflanzen, wodurch ein Tier, das sie auffrisst, schwer krank werden kann.

In Afrika präparieren die San (Buschmänner) die Spitze ihrer Pfeile mit dem Gift der Ngwa-Raupe. Damit machen sie Jagd auf Antilopen, die einen Treffer mit den giftigen Pfeilen meist nicht überleben. Und wenn das Gift eine Antilope umlegen kann, klappt das wohl auch bei einem Menschen ...

166 DIE KÖNIGSKOBRA TANZT ZWAR, ABER NICHT ZU MUSIK

Vielleicht hast du auch schon mal ein Foto von einem Schlangenbeschwörer gesehen, der auf einer Flöte spielt, während vor ihm eine Schlange aus einem Korb kommt. Sie scheint zu den Klängen der Musik zu tanzen. Aber wusstest du, dass die Schlange die Flöte gar nicht hört? In Wahrheit reagiert die Schlange – meistens eine Königskobra – auf die Bewegungen des Schlangenbeschwörers. Sie ist außerdem so trainiert, dass sie ihre Haube aufstellt, wenn sie nach oben kommt. Als »Haube« bezeichnet man die verlängerten Halsrippen im Nacken der Schlange. Angst musst du vor diesen Kobras eigentlich nicht haben. Der Schlangenbeschwörer hat ihre Giftzähne entfernt, wodurch sie nicht mehr beißen kann. Diese Tradition ist heute vielerorts verboten, weil die Schlangen dabei schlecht behandelt werden.

Normalerweise sind Kobras sehr giftig. Mit einer Dosis ihres Gifts könnten sie bis zu fünfzehn erwachsene Menschen oder einen Elefanten töten. Neben den beißenden gibt es auch die sogenannten Speikobras, die ihr Gift spucken. Sie zielen meist auf die Augen und sind sehr treffsicher.

Die Königskobra ist die größte Giftschlange der Welt und kann bis zu 5,5 Meter lang werden. Wenn sie sich bedroht fühlt, richtet sie sich auf. Eine wütende Königskobra kommt dabei so hoch, dass sie dir direkt in die Augen sehen kann. Außerdem stellt sie ihre Haube auf, um noch gefährlicher zu wirken.

Wenn eine Kobra ein Beutetier fängt, beißt sie es mit ihren Giftzähnen. Das Gift lähmt die Beute, und die Atmung setzt aus. Danach würgt die Schlange das Tier in einem Stück herunter, sucht sich ein Versteck und lässt die Nahrung in ihrem Körper verdauen. Es kann mehrere Wochen dauern, bis sie sich wieder auf die Suche nach einer neuen Mahlzeit begeben muss.

Königskobra
Ophiophagus hannah

167 KROKODILE VERSCHLEISSEN BIS ZU ACHTTAUSEND ZÄHNE

Es gibt vierzehn Krokodilarten, die in Afrika, Asien, Australien und Südamerika anzutreffen sind. Von Alligatoren und Gavialen kann man sie unterscheiden durch ihr v-förmiges Maul und die unteren Zähne, die bei geschlossenem Maul zu sehen sind. Krokodile nutzen in ihrem Leben bis zu achttausend Zähne ab. Verlieren sie einen Zahn, wächst ganz schnell ein neuer nach. Mit ihrem enorm starken Kiefer können sie mühelos Arme und Beine abbeißen. Du musst also unbedingt verhindern, dass dich so ein Kroko zu fassen kriegt. Du kannst ihm auch das Maul zudrücken, was gar nicht so schwer ist. Die Muskeln zum Schließen der Kiefer sind sehr stark, aber die zum Öffnen nicht. Deshalb kann man das Maul eines Krokodils mit einem Gummiband zuhalten.

Krokodile sind Fleischfresser. Sie ernähren sich von Vögeln und großen Säugetieren, die zum Trinken ans Wasser kommen. Ein Krokodil kann seinen Atem bis zu einer Stunde anhalten und ruhig abwarten, bis die Beute nah genug ist. Dann bewegt es sich rasend schnell. Im Wasser erreicht es Geschwindigkeiten von über 30 Stundenkilometern.

Es packt seine Beute und zieht sie ins Wasser. Dann beginnt es seine tödlichen Wendungen um die eigene Achse. Es dreht sich immer weiter, bis die Beute ertrunken ist. Das Krokodil nutzt die Drehungen auch, um ein Bein oder andere Fleischstücke von der Beute abzureißen, um sie leichter herunterschlucken zu können. Es ist ein zugleich schauriger und faszinierender Anblick. Aber man sollte alles daransetzen, dass man nicht selbst zwischen die enormen Kiefer gerät.

168 VORSICHT, WENN EINE VOGELSPINNE IHRE HAARE ABSTREIFT

Du fürchtest dich vor Vogelspinnen? Das brauchst du eigentlich nicht. Das Gift der meisten von ihnen ist für Menschen nicht gefährlich, und ihr Biss fühlt sich wie ein Bienenstich an. Aber pass dennoch auf, wenn bestimmte Arten von Vogelspinnen Härchen nach dir werfen. Sie pflücken die Brennhaare mit den Hinterbeinen aus ihrem Bauch und werfen sie in Richtung eines Angreifers. Die Haare können bei Kontakt mit der Haut starke Reizungen und sogar eine allergische Reaktion hervorrufen.

Die meisten Menschen gehen natürlich ein paar Schritte auf Abstand, sobald sie eine haarige Spinne sehen. Und manche sind auch wirklich groß! Die südamerikanische Goliath-Vogelspinne ist mit bis zu 30 Zentimeter so groß wie ein Teller. Reizt man sie, wirft sie mit Brennhaaren. Wenn du stehen bleibst (was sehr mutig wäre!), beginnt sie zu zischen und nimmt eine drohende Haltung ein. Am besten nimmst du jetzt die Beine in die Hand, denn die Spinne wird jeden Moment auf dich zuspringen und dich beißen.

Vogelspinnen spinnen übrigens kein Netz. Sie sind Jäger, die ihrer Beute im Dunkeln auflauern und sie überfallen. Mit ihrem Gift lähmen sie das Beutetier und spritzen ihr Verdauungssäfte in den Körper.

Sobald die Beute etwas flüssiger geworden, ist, schlürfen sie sie auf. Kleinere Vogelspinnen fressen normalerweise Insekten, die größeren auch mal einen Frosch oder eine Maus. Die Goliath-Vogelspinne ernährt sich u. a. von Fröschen, Schlangen, Fledermäusen, kleinen Nagern und Würmern. Ganz selten steht auch mal ein kleiner Vogel auf dem Speiseplan.

Vogelspinne

Wusstest du, dass manche Menschen diese Spinnen als Haustier halten? Sie lassen sich relativ leicht zähmen und können in einem warmen Terrarium gehalten werden. Wie gemütlich!

Der Japanische Plumplori wird nicht gern gekitzelt.

169 VORSICHT, WENN EIN LORI SICH AM ELLBOGEN LECKT

Mit seinem runden Kopf und den riesigen Knopfaugen sieht so ein Plumplori einfach nur niedlich aus. Darum haben schon manche Menschen versucht, sich dieses Halbäffchen als Haustier zu halten. Aber das ist keine gute Idee.

Erst einmal gehört der Plumplori zu den bedrohten Tierarten. Der japanische Plumplori ist sogar einer der fünfundzwanzig meistbedrohten Primaten* der Welt.

Außerdem ist der Plumplori auch nicht so harmlos, wie er aussieht. Mit seinen scharfen Zähnen kann er schmerzhaft zubeißen, und am Ellbogen hat er eine Drüse, aus der eine spezielle Flüssigkeit austritt. Über diese Stelle leckt der Lori regelmäßig. Menschen, die auf Katzen allergisch reagieren, können vom Biss eines Plumploris sehr krank werden.

So wurde zum Beispiel Lady Gaga bei den Dreharbeiten für einen Videoclip von einem Plumplori gebissen. Dazu musste sie auch noch heftige Kritik von Tierschutzorganisationen einstecken, die es nicht in Ordnung finden, dass weltberühmte Stars bedrohte Tierarten für ihre Zwecke missbrauchen. Die britische Organisation International Animal Rescue (IAR) setzt alles daran, den illegalen Handel mit diesen Tieren zu stoppen. Denn Tausende Plumploris werden immer noch gefangen, weil Menschen sie als Haustier haben wollen. Und um zu verhindern, dass sie beißen, werden ihnen die Zähne gezogen. Das ist äußerst schmerzhaft für die Tiere, weil es meistens ohne Betäubung geschieht. Darüber hinaus bekommen die Loris durch die Prozedur häufig Entzündungen, an denen sie später sterben.

2015 begann die IAR mit ihrer Kampagne *Kitzeln ist Folter (Tickling is torture)*. Die Kampagne bezieht sich auf Internet-Videos, in denen Plumploris von Menschen gekitzelt werden und ihre Beine hilflos in die Luft strecken. Es mag lustig und süß aussehen, aber in Wahrheit bewegt sich der Lori so, weil er Todesangst hat und sich schützen will. Schau dir den Plumplori also in Ruhe im Zoo an, aber hol dir keinen ins Haus.

* Primaten sind eine Ordnung von Säugetieren. Sie umfasst Affen und Halbaffen, und auch der Mensch gehört dazu.

170 DER ELEKTRISCHE AAL LÄSST DICH ZITTERN UND BEBEN

- Mit seinem langen Körper, dem platten Kopf und unfreundlichen Blick sieht der Zitteraal nicht besonders sympathisch aus. Er kann bis zu 2,4 Meter lang werden. Wir empfehlen, ihm besser nicht zu nahe zu kommen! Er kann nämlich Stromstöße von 800 Volt erzeugen und damit seine Beute töten. Das ist meistens ein anderer Fisch, aber der Strom kann auch ein Pferd oder eine Kuh – und somit auch einen Menschen – betäuben.

- Der größte Teil seines Körpers ist mit winzig kleinen »Batterien« besetzt. Er verfügt über stromerzeugende Organe, die *Elektroplax* genannt werden und aussehen wie Platten. Diese enthalten elektrische Zellen, Elektrozyten genannt. An der Außenseite der Zellen (in der Zellmembran) senden Pumpen negativ geladene Ionen aus der Zelle heraus und positive in die Zelle hinein. Dadurch entsteht zwischen der Innen- und der Außenseite der Zellmembran ein Spannungsunterschied von etwa 0,15 Volt. In einem ausgewachsenen Zitteraal sitzen etwa 6000 Elektrozyten, wodurch er eine große Menge Strom erzeugen kann.

- Der Angriff eines Zitteraals geht blitzschnell vonstatten. Nur Millisekunden (also ein paar Tausendstel einer Sekunde) nachdem er einen Stromstoß abgegeben hat, schluckt er seine Beute schon herunter.

- Der Zitteraal nutzt seine besondere Fähigkeit auch, um im Dunkeln Beute aufzuspüren und einen Fisch, der einen Schock abbekommen hat, wiederzufinden. Die Aale können nämlich das elektrische Feld um sich herum erspüren – eine richtige Superkraft.

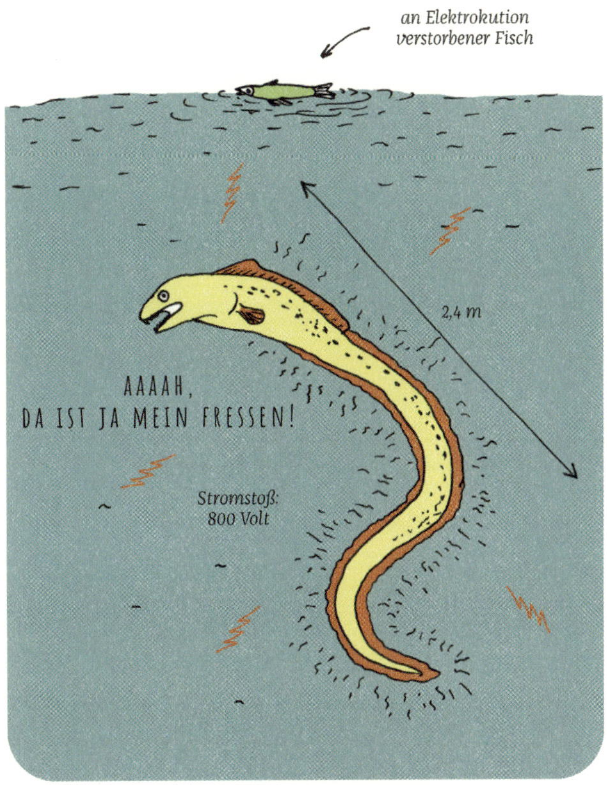

171 DER HODENBEISSER AUS DEM AMAZONAS

Der Piranha und der Pacu sind entfernte Verwandte. Sie gehören zur selben Fischfamilie und schwimmen beide im Amazonas in Südamerika herum. Doch es gibt deutliche Unterschiede zwischen ihnen.

Sieh dir einmal das Maul der beiden genauer an – wenn du dich traust. Siehst du da kleine, messerscharfe dreieckige Zähne? Dann hast du es mit einem Piranha zu tun. Oder sind es eher stumpfe Zähne, die mehr an ein menschliches Gebiss erinnern? Dann hast du einen Pacu vor dir.

Piranhas fressen zwar auch Wasserpflanzen, doch meist steht Fleisch auf dem Speiseplan. Und wenn sie richtig Hunger haben, können sie auch zu Kannibalen werden. Pacus dagegen sind Vegetarier. Sie fressen Pflanzen, Algen, Nüsse und Früchte. Ihre Zähne sind stark genug, um Nüsse oder Samen zu knacken. Pacus haben auch nicht den für Piranhas typischen Unterbiss.

Und dann wäre da noch die Größe. Ein Piranha wird maximal 40 Zentimeter groß, ein Pacu kann hingegen über 80 Zentimeter erreichen. Wenn du also einen großen, piranhaähnlichen Fisch mit eher menschlichem Gebiss vor dir siehst, ist es wahrscheinlich ein Pacu.

Sind Pacus also wirklich ganz harmlos? Na ja … die Einwohner von Papua-Neuguinea nennen ihn nicht umsonst den »Hodenbeißer«. Ein Fisch, der stark genug ist, um Nüsse zu knacken, ist natürlich auch in der Lage, die … anderen Nüsse zu knacken.

Als Junge solltest du also auf jeden Fall eine Badehose tragen, wenn du im Amazonas schwimmen gehst.

In den USA werden Pacus und Piranhas oft als Aquarienfische gehalten. Wenn sie dann zu groß werden, setzen manche Besitzer sie einfach in Seen und Flüssen aus. Piranhas überleben dort die kälteren Monate meist nicht. Pacus hingegen schon – und das ist ein Problem, denn sie stellen für andere Fische eine Bedrohung dar, weil sie ihnen die Nahrung wegfressen. Und über die Männer, die gern nackt schwimmen gehen, wollen wir gar nicht erst reden.

172 BRINGT DER GLÜCKSKÄFER WIRKLICH GLÜCK?

Bestimmt ist dir schon mal einer über die Hand gelaufen: so ein niedlicher roter oder gelber Käfer mit schwarzen Punkten – der Marienkäfer. Er gilt bei uns als Glückskäfer.

Aber bringt er wirklich Glück? Das ist eine Frage des Standpunkts. Zumindest die Blattlaus würde wohl widersprechen. Blattläuse und ihre Larven fallen dem kleinen Käfer nämlich massenweise zum Opfer. Ein erwachsener Käfer verputzt mal eben so 80 von ihnen an einem Tag. Das sind 2400 in einem Monat. Eine Marienkäferlarve bringt es auf 120 Blattläuse pro Tag. Bauern und Pflanzenzüchter finden das natürlich toll, schließlich sind Blattläuse Schädlinge für ihre Pflanzen. Für die Menschen ist der Marienkäfer ein natürliches Läusevernichtungsmittel – also ein Glücksbringer.

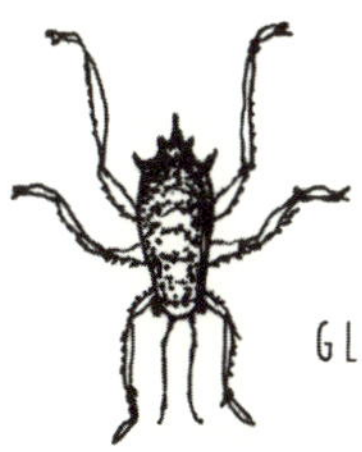

Eichenblattlaus
Lachnus roboris

VERSUS

Siebenpunkt-Marienkäfer
Coccinella septempunctata

Das Marienkäferweibchen legt seine Eier in der Nähe einer Blattlauskolonie ab. Die Eier sind von mindestens drei verschiedenen Männchen befruchtet worden. Von Treue zu einem einzigen Partner kann also bei Marienkäfern nicht die Rede sein.

Das Weibchen muss dafür sorgen, dass seine Eier nicht zu nah an einem anderen Nest liegen. Die Larven, die schlüpfen, sind nämlich echte Kannibalen, die kein Problem damit haben, die ganze Nachbarsfamilie zu vertilgen. Auch die Tiere im eigenen Nest, die nicht schnell genug aus dem Ei kommen, werden von den Frühschlüpfern verputzt. Die Extranahrung ermöglicht es den Larven, sich schneller zum Marienkäfer zu entwickeln.

Wusstest du eigentlich, dass Marienkäfer einen fiesen Geruch verströmen und scheußlich schmecken? Viele Tiere lassen sie darum links liegen. Ein Glück für den Marienkäfer!

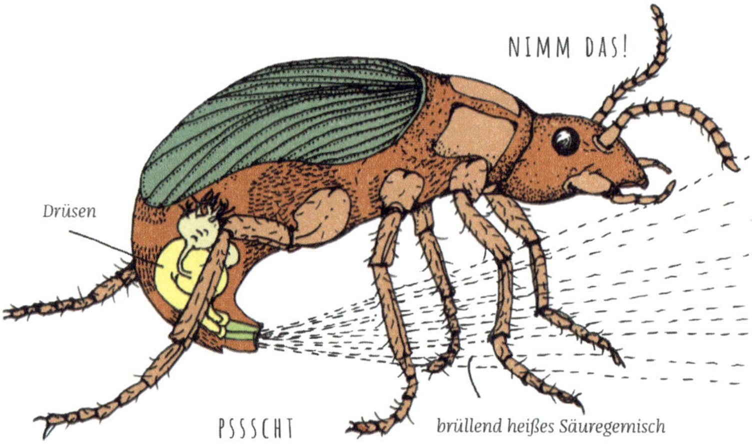

Großer Bombardierkäfer
Brachinus crepitans

173 ES GIBT TERRORISTEN UNTER DEN INSEKTEN

- So zum Beispiel der Große Bombardierkäfer, ein gerade mal einen Zentimeter großer Laufkäfer. Er mag unschuldig aussehen, aber vertu dich da nicht! Er ist die perfekte Maschine zur chemischen Kriegsführung! Der Bombardierkäfer verfügt nämlich über zwei Drüsen im Hinterleib, in denen sich jeweils eine Blase mit einem chemischen Stoff befindet. Die beiden Stoffe dürfen nicht vermischt werden, denn dadurch würde eine Art Bombe entstehen. Der Käfer verwendet diese Bombe nur, wenn er angegriffen wird. Erst dann mischt er die beiden Stoffe und spannt seinen Hinterleib an. Dann schießt er das nun etwa 100 °C heiße Gemisch seinem Angreifer entgegen. Bombardierkäfer können außerordentlich genau zielen und sogar unter ihrem Körper hindurchschießen. Der Käfer explodiert selbst nicht. Das liegt daran, dass er nicht einen einzigen enormen Knall erzeugt, sondern pro Sekunde bis zu 500 kleine Stöße von dem kochend heißen Gas herauspresst. Die Eidechsen, Frösche, Nagetiere und anderen Räuber, die ihn als Leckerbissen ansehen, ziehen mit schmerzhaft verbranntem Maul wieder ab.

- Die Arbeiterinnen einer malaiischen Schuppenameise tragen quasi einen Bombengürtel am Körper. An beiden Körperseiten sitzt ein großer Giftbeutel. Wird das Ameisenvolk bedroht, spannt die Ameise ihre Bauchmuskeln an. Die Beutel platzen, und das Gift spritzt heraus. Es ist ein klebriger Stoff, der Reizungen und Brandwunden verursacht. Der Angreifer stirbt daran oder wird zumindest ausgeschaltet, aber auch die explodierende Ameise bezahlt mit dem Leben für die Verteidigung der Kolonie.

174 MAN MUSS ZIEMLICH BANANE SEIN, UM SICH VON EINER ANAKONDA SCHLUCKEN ZU LASSEN

Wer ist verrückt genug, um sich von einer riesigen Würgeschlange verschlucken zu lassen? Der Naturfilmer Paul Rosolie ist es. Für die Fernsehshow *Eaten Alive* wollte er sich lebend von einer Anakonda verschlingen lassen. Er ging davon aus, dass die Schlange ihn wieder ausspucken würde, und wenn das nicht der Fall wäre, sollten seine Assistenten die Schlange töten und ihn herausschneiden.

Er zog einen speziellen Schutzanzug an und schmierte ihn mit Schweineblut ein. Dann stellte er sich vor die Anakonda, bereit, sich fressen zu lassen. Aber die Schlange hatte Angst und versuchte zu fliehen. Rosolie forderte die Schlange heraus, bis sie schließlich damit begann, ihn zu würgen. Rosolie bekam dann selbst Angst und bat seine Assistenten, ihn zu befreien.

Der Stunt zog natürlich viel Kritik auf sich. Anakondas fressen nämlich keine Menschen. Sie könnten es zwar, aber sie tun es nicht. Es sind eigentlich scheue Tiere, die sich am liebsten vom Menschen fernhalten.

Die Große Anakonda ist die größte und schwerste Würgeschlange, die es gibt. Sie ist im tropischen Regenwald sowie an den Flüssen, Seen und Sümpfen Südamerikas zu Hause. Eine ausgewachsene Anakonda kann bis zu 9 Meter messen und über 200 Kilogramm wiegen. Die Schlangen verbringen einen Großteil ihres Lebens im Wasser. Beim Schwimmen halten sie nur ihre Nasenlöcher und Augen über Wasser und halten so Ausschau nach Beute. Das kann ein Fisch oder eine Schildkröte sein, aber auch mal ein Kaiman, ein Schwein und selbst ein Hirsch oder Jaguar. Kaum haben sie zugeschlagen, wickeln sie ihren enormen Körper um die Beute. So schnüren sie dem Tier die Blutzufuhr ab. Dadurch fließt kein Blut mehr ins Gehirn, und das Beutetier stirbt. Oft schleudert die Anakonda die Beute auch ins Wasser, wo sie ertrinkt. Die Anakonda verschlingt ihren Fang in einem Stück und legt sich dann irgendwo hin, um die Mahlzeit in Ruhe zu verdauen. Wenn sie nicht zwischendurch von einem lästigen Typen gestört wird, der sich runterschlucken lassen will …

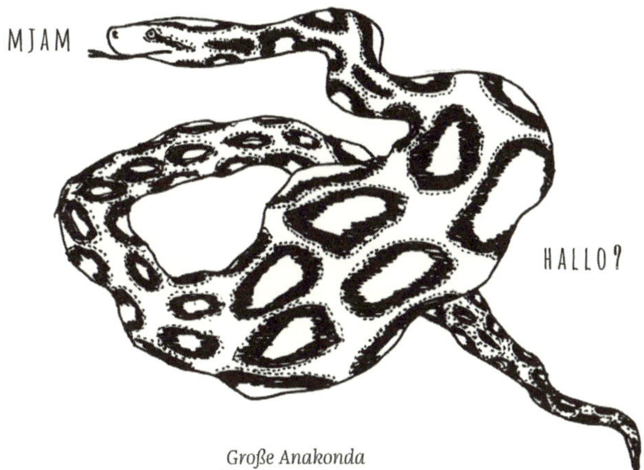

Große Anakonda
Eunectes murinus

175 DER HAI IST DAS VOLLENDETE RAUBTIER

Schon seit über 400 Millionen Jahren machen Haie im Ozean Jagd auf ihre Beute. Genug Zeit, sich zum besten Raubtier der Welt zu entwickeln.

- Der Körper des Hais ist perfekt stromlinienförmig, wodurch er sehr schnell schwimmen kann und besonders wendig ist. Seitlich an seinem Bauch sitzen die Brustflossen, die er zum Steuern nutzt. Auf seinem Rücken befinden sich zwei Rückenflossen, die für das Gleichgewicht sorgen und ihm das aufrechte Schwimmen ermöglichen. Seine Schwanzflosse dient zum Beschleunigen.
- Haie haben ein Furcht einflößendes Maul mit mehreren Zahnreihen. Im Maul des Weißen Hais sitzen ganze dreitausend Zähne! Die werden fortwährend ausgewechselt, sodass sie immer messerscharf bleiben.
- Haie können Schallwellen aus bis zu vier Kilometern Distanz wahrnehmen und finden die Quelle des Geräuschs.
- Mit ihrer feinen Nase nehmen Haie Gerüche in bis zu milliardenfacher Verdünnung wahr. Ein Tröpfchen Fischextrakt in einem gigantischen Schwimmbad wäre also genug.
- Mit den speziellen Poren auf seiner Nase nimmt ein Hai auch elektrische Felder von Fischen und anderen Beutetieren wahr. So kann er selbst in trübem, dunklem Wasser ohne Probleme seine Beute aufspüren.

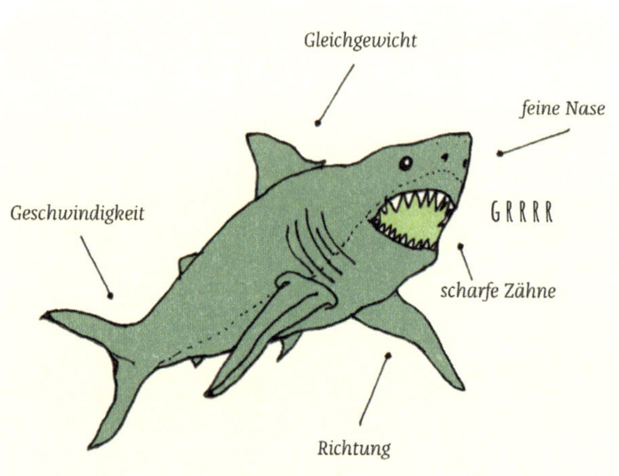

der perfekte Jäger

176 VORSICHT, WENN DU EINE PORTUGIESISCHE GALEERE SIEHST

Stellst du dir gerade ein großes Kriegsschiff vor? Mit zwei Segelmasten und Kanonen an den Seiten? Nicht ganz. Das könnte zwar auch eine portugiesische Galeere sein, aber wir meinen hier etwas anderes. Unsere Portugiesische Galeere sieht aus wie eine Qualle. Eigentlich ist sie eine Kolonie von Hunderten von Polypen. Sie schwimmt in den wärmeren Meeren und bekam ihren Namen von Entdeckungsreisenden im 16. Jahrhundert. Zu der Zeit war Portugal die größte Seemacht der Welt. Portugiesische Kriegsschiffe jagten den Menschen ebenso große Angst ein wie dieses besondere Tier. Wir erklären, warum man ihm lieber nicht begegnet.

Die Polypen in der Portugiesischen Galeere haben unterschiedliche Aufgaben. Die *Pneumatophore* ist eine Gasblase, die aus dem Wasser herausragt und wie eine Schwimmboje dafür sorgt, dass die Galeere im Wasser treibt. Die Blase dient auch zur

Fortbewegung und zum Richtungswechsel. Wenn Gefahr droht, entleert die Galeere die Blase und taucht unter.

Die *Daktylozoiden* sind Tentakel, die bis zu fünfzig Meter lang werden können. Sie dienen unter anderem dem Fangen von Beute. Mit den Tentakeln spritzt die Portugiesische Galeere Gift in die Beute, um sie zu lähmen.

Gastrozoiden sind die Polypen, die für die Nahrungsverdauung verantwortlich sind. Die *Gonzoiden* sorgen für die Fortpflanzung.

Ist die Portugiesische Galeere für Menschen gefährlich? Und wie! Das Gift an sich ist zwar nicht tödlich für den Menschen, aber es verursacht starke Schmerzen. Eine Berührung mit der Portugiesischen Galeere fühlt sich an wie ein Peitschenhieb. An der Stelle, wo die Tentakel die Haut berühren, entstehen dicke rote Streifen, die in manchen Fällen auch nie wieder verschwinden. Auch Fieber und Atemprobleme sind mögliche Symptome. Außerdem kann der Stich zu Lähmungen führen, sodass man Gefahr läuft zu ertrinken.

Die Tentakel einer Portugiesischen Galeere können sich lösen und wegtreiben. Sie sind kaum sichtbar für Schwimmer, die sich darin verfangen können. Selbst die abgestorbenen Tentakel können noch für heftigen Schmerz und Reizungen sorgen.

Auch wenn sie vielleicht keine Kanonen dabeihat, solltest du dich also auch von dieser Galeere lieber fernhalten.

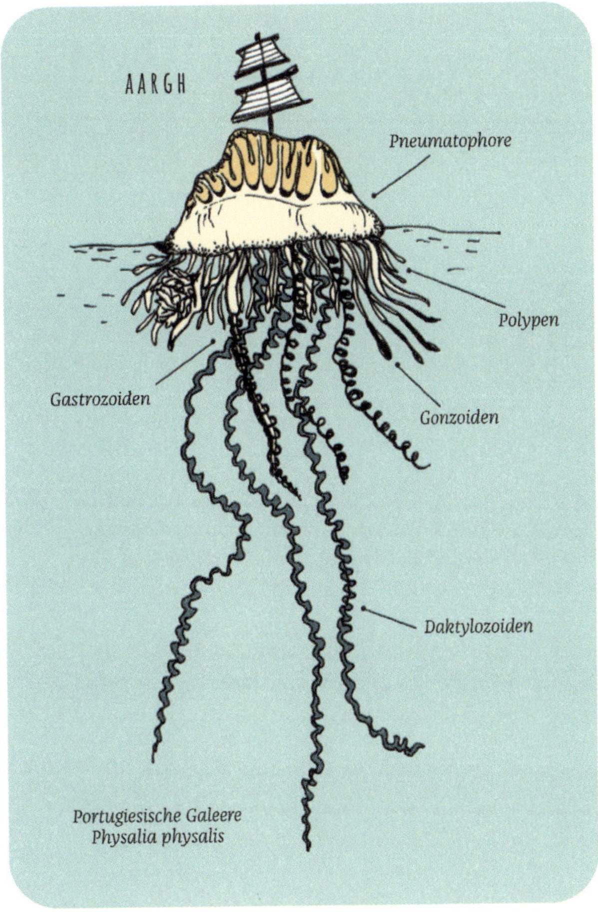

Portugiesische Galeere
Physalia physalis

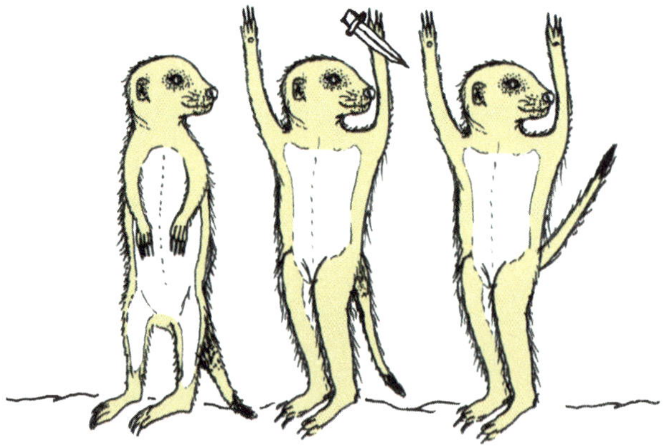

Infantizid unter Erdmännchen

177 DAS ERDMÄNNCHEN IST DER SCHLIMMSTE MÖRDER VON ALLEN

Du kennst Erdmännchen wahrscheinlich durch den superniedlichen Timon aus dem *König der Löwen.* Stets hilfsbereit und der beste Freund von Warzenschwein Pumbaa und Löwe Simba.

Aber ganz so niedlich sind sie nicht! Ein Fünftel aller Erdmännchen wird ermordet von … einem anderen Erdmännchen.

Spanische Forscher führten eine große Studie an etwa eintausend Tierarten durch. Natürlich fressen Säugetiere andere Tiere auf, wenn sie Hunger haben, aber das Töten der eigenen Artgenossen kommt selten vor.

Erdmännchen töten vor allem ihre Jungen. Der Fachausdruck dafür lautet *Infantizid*. Nur das dominante Männchen und Weibchen einer Gruppe dürfen Nachwuchs bekommen. Wenn andere Weibchen Junge kriegen, werden sie vom dominanten Weibchen getötet. So stellt es sicher, dass es selbst an der Macht bleibt.

Und wie sieht es beim Menschen aus? Auch der führt Kriege und ermordet manchmal seine Artgenossen, trotzdem schafft er es nicht in die Top Ten. Manche Affenarten, Seelöwen, Murmeltiere, Löwen, Wölfe und Erdhörnchen stehen weit oben auf der Liste. Dennoch ist auch der Mensch ein mörderisches Säugetier. Im Durchschnitt besteht für einen Menschen eine Wahrscheinlichkeit von 1,3 %, von einem anderen Menschen getötet zu werden. Das ist immer noch sechsmal höher als der Durchschnitt aller 1024 untersuchten Säugetierarten.

Baumsteigerfrosch ⟵ giftiger Käfer ⟵ giftige Pflanze

178 DIESE FRÖSCHE SOLLTE MAN LIEBER NICHT KÜSSEN: TEIL 1

BAUMSTEIGERFROSCH (PFEILGIFTFROSCH, FARBFROSCH)

Mit ihrer grellen orangen, grünen, gelben, roten und sogar blauen Färbung sehen sie sehr hübsch aus. Aber lass dich bloß nicht täuschen! Baumsteigerfrösche sind für Wirbeltiere unglaublich giftig. Manche von ihnen enthalten genug Gift, um zwanzig Menschen zu töten!

Insgesamt sind von diesen Giftfröschen bisher etwa 185 verschiedene Arten entdeckt worden. Die meisten von ihnen sind in den tropischen Gegenden Mittel- und Südamerikas heimisch. Normalerweise sind sie klein: von unter einem Zentimeter bis knapp sechs Zentimeter. Die Weibchen sind größer als die Männchen.

Giftig werden diese Frösche durch die giftigen Insekten, die sie fressen. Das funktioniert so: Insekten fressen Pflanzen. Die Pflanzen wehren sich, indem sie Gift produzieren. Manche Insekten sterben nicht an dem Gift, sondern speichern es in ihrem Körper. Der Frosch frisst die giftigen Insekten, ist aber selbst immun gegen das Gift. Das Gift lagert sich in seiner Haut ab.

Tiere wissen, dass die Frösche giftig sind, und lassen sie deshalb in Ruhe. Der Baumsteigerfrosch ist daher im Gegensatz zu anderen Fröschen nicht scheu und hüpft vergnügt in Bäumen und auf dem Boden herum.

HAARFROSCH

Ein männlicher Haarfrosch fällt durch haarähnliche Borsten auf, die vor und auf den Hinterbeinen aus seiner Haut wachsen. Aber das ist noch nicht das Seltsamste. Wird dieser Frosch angegriffen, bricht er die Knochen in seinen Fingern. Die scharfen Splitter durchbrechen seine Haut, und er gebraucht sie wie Krallen, um den Angreifer abzuwehren. Ein bisschen wie Wolverine also. Wie er seine »Klauen« wieder einzieht, haben die Wissenschaftler noch nicht herausgefunden.

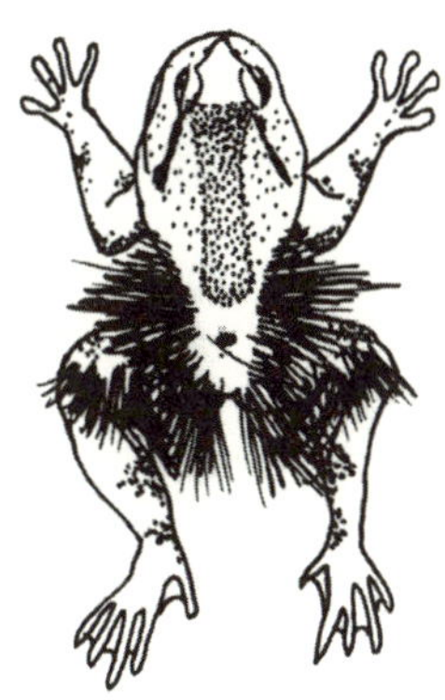

Haarfrosch

179 DIESE FRÖSCHE SOLLTE MAN LIEBER NICHT KÜSSEN: TEIL 2

NORDAMERIKANISCHER OCHSENFROSCH

Der Nordamerikanische Ochsenfrosch ist für den Menschen zwar völlig ungefährlich, aber er ist unfassbar riesig! Manchmal wird er bis zu 20 Zentimeter groß. Sein Ruf ist so laut wie das Muhen einer Kuh.

Menschen brauchen keine Angst vor ihm zu haben, aber andere Amphibien schon. Früher kam der Frosch nur in Nordamerika vor, aber inzwischen findet man ihn auf vier Kontinenten, wo er eine Bedrohung für die einheimischen Froschpopulationen darstellt. Er nimmt den anderen Fröschen nicht nur die Nahrung weg, sondern frisst kleinere Frösche auch einfach auf. Außerdem ist der Nordamerikanische Ochsenfrosch Überträger einer Pilzinfektion. Er selbst stirbt nicht daran, andere Frösche schon.

ODORRANA (STINKENDER FROSCH)

Er ist weder giftig noch haarig noch riesengroß, dafür stinkt er furchtbar nach faulem Fisch. Der Gestank wird durch einen Stoff verursacht, den der Frosch ausscheidet und der ihn gegen verschiedene Bakterien und Pilze schützt. Es kann gut sein, dass dieser Frosch auf der Suche nach Antibiotika für den Menschen einmal sehr wichtig wird. Aber ihn küssen, um zu testen, ob nicht doch ein Prinz drinsteckt, wollen wir lieber nicht …

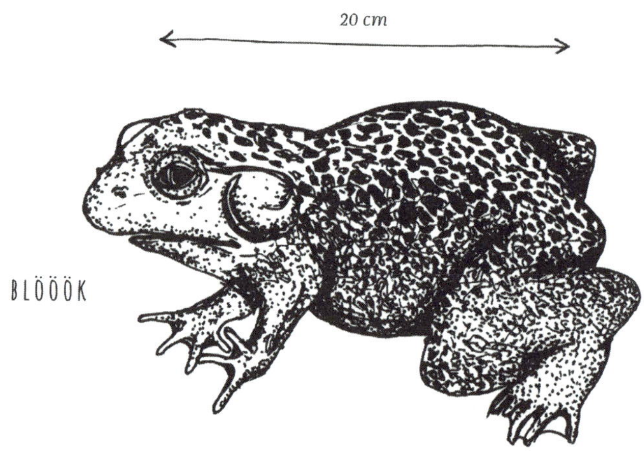

Nordamerikanischer Ochsenfrosch

– 9 –

WER IST HIER DER BOSS?

180 IN DER WELT DER AMEISEN KENNT JEDER SEINEN PLATZ

Ameisen sind uns Menschen ähnlicher, als man denken könnte. Man findet sie praktisch überall auf der Welt, und sie leben gemeinsam mit vielen Artgenossen in einer streng durchorganisierten Gesellschaft mit klaren Regeln. In jedem Ameisenvolk gibt es einen Boss: die Königin. Und jede der anderen Ameisen kennt ihre Aufgabe genau.

Verlässt eine künftige Königin das elterliche Nest, bekommt sie Flügel und klettert auf einen möglichst hohen Punkt. Zur gleichen Zeit wachsen Hunderten von männlichen Ameisen auch Flügel. Sie folgen der Jungkönigin, sobald sie losfliegt. Das nennt man den »Hochzeitsflug«. Das Männchen, das gemeinsam mit der Jungkönigin am höchsten fliegen kann, darf sich mit ihr paaren. Nach vollzogenem Akt landet die neue Königin und beißt sich die Flügel ab. Sie gräbt eine Kammer, in der sie Tausende Eier ablegt. Aus denen schlüpfen schon kurz darauf die Arbeiterinnen, die sofort allerlei Aufgaben übernehmen. Die Arbeiterinnen im Innendienst versorgen die Eier und Larven; die stärksten und größten von ihnen gehen in den Außendienst und schleppen Nahrung heran.

Ein Ameisenstaat verfügt sogar über eine Krankenstation, in dem verletzte Mitglieder der Gemeinschaft versorgt werden können. Die afrikanische Ameise *Megaponera analis* greift zum Beispiel Termitennester an. Die Soldaten der Termiten sorgen natürlich für viel Blutvergießen unter den Ameisen. Die Verwundeten werden aber nicht auf dem Schlachtfeld ihrem Schicksal überlassen, sondern zurück ins Nest getragen. Dort werden sie aufgepäppelt, sodass sie wieder voll einsatzfähig sind.

der Hochzeitsflug der Ameisen

Zur Not muss die Eulenkopfmeerkatze Opfer bringen, um an der Macht zu bleiben.

181 AN DEN BLAUEN HODEN ERKENNT MAN DEN BOSS

Wenn bei einem Jungen die Hoden blau anlaufen, ist er wahrscheinlich übel hingefallen. Bei manchen Meerkatzen aber, zum Beispiel der Grünen oder der Eulenkopfmeerkatze, zeigen die blauen Hoden an, wie wichtig ein Männchen ist. Je blauer die Eier, desto höher der Rang. So erkennen die anderen sofort, auf wen sie hören müssen. Und die Weibchen finden das Männchen mit dem knalligsten Blau am schönsten und wollen sich mit ihm paaren.

Die blauen Hoden sind etwas Besonderes, denn die Farbe Blau kommt bei Säugetieren eigentlich nicht vor. Sie können dieses Farbpigment nämlich nicht selbst herstellen. Die Meerkatzen machen sich aber den sogenannten Tyndall-Effekt zunutze. Eigentlich ist ihr Hodensack rötlich braun, aber durch die Brechung des Lichts wirkt er blau. Die Meerkatze kann selbst beeinflussen, wie blau er werden soll. Je weniger feucht der Hodensack ist, desto leuchtender wirkt das Blau und desto höher steht das Männchen in der Rangordnung. Die blauen Hoden tauchen erst in der Pubertät auf.
Ab dann kann ein Männchen versuchen, in der Rangordnung aufzusteigen.

Eulenkopfmeerkatzen erkennt man nicht nur an den blauen Hoden, sondern auch an einem senkrechten weißen Streifen auf der Nase. Wenn sie aufgeregt sind, nicken sie mit dem Kopf auf und ab. Meerkatzen mit waagerechten Streifen auf dem Kopf wackeln übrigens von links nach rechts damit.

Elche werfen im Kampf um ein Weibchen ihr ganzes Gewicht in die Waagschale.

182 ELCHE KÄMPFEN AUF LEBEN UND TOD

Wer sich für Boxen interessiert, hat vielleicht schon einmal den Ausdruck *Sparring* gehört. Das bedeutet, dass Boxer zwar miteinander kämpfen, aber dabei nicht zum Äußersten gehen. Sie trainieren ihre Schlagtechnik an einem Gegner, ohne ihm wirklich Schmerzen zuzufügen oder ihm ein Knock-out zu versetzen.

Elche tun genau das Gleiche. Junge Bullen, die in der Rangordnung noch weit unten stehen, schieben sich mit ihren Geweihen gegenseitig aus dem Weg und liefern sich ab und zu eine Rauferei. Zwar bricht dabei schon mal ein Stück vom Geweih ab oder einer von beiden zieht sich eine kleine Verletzung zu, aber es wird nicht ernsthaft gekämpft. Die Jungbullen trainieren sozusagen ihre Kampfkünste für den Ernstfall, aber es bleibt alles im Rahmen.

Wenn die Bullen jedoch ein paar Jahre alt und geschlechtsreif sind, sieht die Sache ganz anders aus. Die dominanten Männchen sind während der Paarungszeit echte Schlägertypen, die buchstäblich mit vollem Körpereinsatz zur Sache gehen. Während dieser Zeit werden ihre Nackenmuskeln doppelt so dick wie normalerweise. Wenn sich ein anderer Bulle nähert, scharren die dominanten Bullen mit den Hufen, was bedeutet, dass sie zum Kampf bereit sind. Sie präsentieren dem Gegner ihr stattliches Geweih und den Körper, so wie es Boxer tun, bevor sie in den Ring steigen.

Beim Kampf der Elche geht es um Leben und Tod. Die beiden Bullen stoßen sich gegenseitig mit dem Geweih und versuchen, den anderen zu Boden zu bringen. Fällt einer von ihnen, versucht der Gegner, ihn mit den scharfen Geweihspitzen zu verletzen. Das Ziel ist, dem anderen möglichst viel Schmerz zuzufügen, bis dieser abzieht oder sich wegjagen lässt. Manchmal aber bezahlt er den Kampf mit seinem Leben. Der Gewinner bekommt die Weibchen der Herde. Der Kampf der Elche ist ein beeindruckendes, aber ganz schön brutales Schauspiel.

183 MÄNNLICHE GORILLAS SUMMEN BEIM FRESSEN

Wenn ein dominanter Silberrücken (das männliche Familienoberhaupt) frisst, summt er dabei leise. Sein »Mmmmmmmmmmm« hallt während seiner Mahlzeit durch den Regenwald. Deutsche Forscher untersuchten im Kongo eine Gruppe Flachlandgorillas und stellten fest, dass das Summen der Männchen nicht nur anzeigt, dass das Essen ihnen schmeckt, sondern auch dazu dient, den Weibchen und Jungtieren mitzuteilen, dass Fressenszeit ist. Die Weibchen und Jungen geben keine Geräusche von sich. Wahrscheinlich sind sie stiller, um keine Raubtiere auf sich aufmerksam zu machen.

Dagegen komponieren die Gorillamännchen regelrechte Fressliedchen. Im Zoo hat jeder Gorilla seine eigene Stimme, und nach kurzer Zeit erkennt man, wer gerade summt. Je besser die Mahlzeit schmeckt, umso lauter wird gesungen.

Bei wilden Gorillas sind es vor allem die dominanten Männchen, die viel summen. Wahrscheinlich bedeutet es so viel wie: »So, Leute. Jetzt wird angehalten und gefressen. Guten Appetit!«

Gorilla

184 DURCH KNOCK-OUT BESIEGT!

Kängurus kommen in allen Größen vor. Das kleinste von ihnen ist das Rattenkänguru, das höchstens 50 Zentimeter groß und 3 Kilo schwer wird. Seine gigantischen Brüder sind das Rote und das Graue Riesenkänguru. Ein männliches Riesenkänguru kann bis zu 80 Kilogramm auf die Waage bringen.

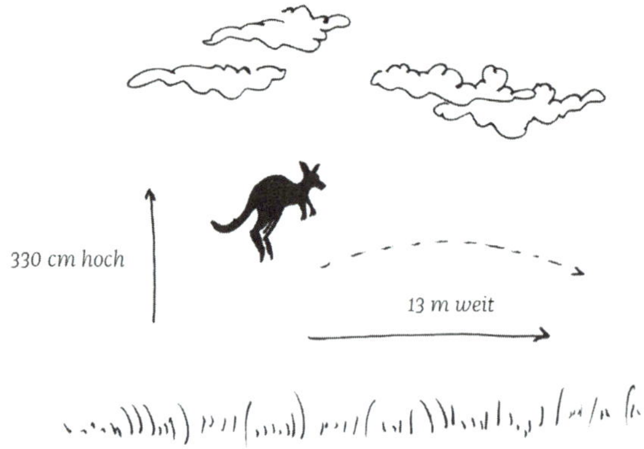

Sprungkraft des Riesenkängurus

Riesenkängurus sind richtige Rowdys. In jeder Gruppe – die auf Englisch *mob* (Bande) genannt wird – hat ein Männchen das Sagen. Nur dieses darf sich mit den Weibchen paaren.

Das dominante Männchen bleibt ein paar Jahre lang der Boss. Nach einiger Zeit aber probieren andere Männchen natürlich, ihm den Rang streitig zu machen. Was folgt, kann man als richtiges Freistilboxen bezeichnen. Die zwei prügeln mit ihren Vorderpfoten drauflos und treten mit den Hinterbeinen zu, während sie mit ihrem enormen Schwanz das Gleichgewicht halten. An den Hinterbeinen befinden sich scharfe Krallen, mit denen die Kängurumännchen manchmal den Bauch des Gegners aufschlitzen.

Der Sieger übernimmt fortan die Führung, und die Weibchen folgen ab sofort ihm.

Weil sie so gute Boxer sind, werden manchmal Kämpfe zwischen Kängurus und Menschen abgehalten. Das ist schlecht für die Kängurus, die dafür oft unter schlimmen Bedingungen gehalten werden und unter großem Stress leiden. Tierschutzorganisationen setzen alles daran, diese Art Kämpfe verbieten zu lassen.

Sparring unter Freunden

Tüpfelhyäne
Crocuta crocuta

185 ALS HYÄNENMÄNNCHEN HAT MAN'S NICHT LEICHT

Bei den Tüpfelhyänen haben die Weibchen das Sagen. Sie sind viel stärker und aggressiver als die Männchen. Das liegt daran, dass sie sehr viel Testosteron in ihrem Blut haben, ein Hormon (Botenstoff), das für typisch männliche Merkmale verantwortlich ist. Manche der Weibchen haben sogar etwas, das aussieht wie ein Penis. Es wird »Pseudopenis« genannt und ist eigentlich eine vergrößerte Klitoris.

Tüpfelhyänenweibchen sind nicht die fürsorglichsten Mütter. Viele der Jungen sterben bei oder kurz nach der Geburt durch verschiedene Komplikationen. Die Jungtiere, die es schaffen, müssen miteinander um Nahrung kämpfen. Die Mutter hat nämlich bloß zwei Zitzen, wodurch sie eigentlich nur zwei Jungen durchfüttern kann. Die schwächeren von ihnen sterben oft an Unterernährung.

Mit zwei Jahren werden die Männchen aus der Gruppe verstoßen und müssen sich eine neue suchen. Das ist gar nicht so einfach, denn bevor deren Anführerin das zulässt, müssen oft heftige Kämpfe durchgestanden werden. Schließlich will sie nicht die Hyäne im Sack kaufen und vorher wissen, ob das neue Männchen stark genug ist.

186 DER BOSS IM HÜHNERSTALL (ODER DOCH NICHT ...)

Sein wissenschaftlicher Name *Gallus gallus domesticus* klingt natürlich noch einen Tick besser als Hahn. Da merkt man sofort, dass er im Hühnerstall das Sagen hat. Mit seinem prächtigen Schwanz voller langer bunter Federn, dem großen roten Kamm auf dem Kopf und dem leuchtenden Kehllappen unter dem Schnabel sieht er ziemlich beeindruckend aus.

KIKERIKIII

Wenn er den Schnabel öffnet, schallt ein »Kikerikiii« über den ganzen Hof. Das beginnt mit dem ersten Morgengrauen. So weiß der Bauer, dass es Zeit ist, aufzustehen. Doch der Hahn kräht nicht nur bei Sonnenaufgang, sondern eigentlich den ganzen Tag. Alles kann Anlass sein: ein vorbeifahrendes Auto, ein Hundebellen. Für ihn ist es eine Art Wettstreit: Bin ich der Lauteste?

Hahn
Gallus gallus domesticus

KRÄHZEITEN

03:00
04:15
05:27
06:10
07:45

PAUSE

08:00
11:02

Manchmal macht ein Hahn auch andere Geräusche. So kann der dominante Hahn beispielsweise knurren, wenn ein anderer Hahn seinen Hennen zu nahe kommt. Aber meistens gackert er einfach herum.

Um die Hennen zu beeindrucken, pickt ein Hahn Nahrung vom Boden auf und lässt sie wieder fallen. Dabei macht er ein glucksendes Geräusch. Die Hennen mögen besonders die Hähne, die das oft wiederholen. Mit ihnen paaren sie sich am liebsten.

Aber mal angenommen, ein Hahn, der in einer Schar in der Hackordnung niedriger steht, schafft es doch, sich mit einer Henne zu paaren. Das Weibchen kann dann selbst bestimmen, ob es Küken von diesem rangniederen Hahn haben will oder nicht. Wenn er ihr nicht gefällt, kann sie sein Sperma einfach wieder ausstoßen. Ein Hahn mag also denken, dass er im Hühnerstall der Boss ist, aber wenn es drauf ankommt, bestimmt das Huhn.

90 cm

Marderbär

187 DER MARDERBÄR DUFTET HERRLICH NACH POPCORN

Da spazierst du durch den Dschungel und riechst plötzlich Popcorn. Wie seltsam, denkst du, denn du weißt ja, dass ganz bestimmt kein Kino in der Nähe ist.

Wahrscheinlich bist du im Revier des Marderbären (oder auch Binturong) gelandet. Dieses Tier lebt in den Baumkronen der Regenwälder Südostasiens. Unter seinem Schwanz befindet sich eine Drüse, aus der eine ölige Flüssigkeit austritt. Die riecht nach frischem Popcorn mit Butter. Der Marderbär sondert diesen Geruch überall ab, um Artgenossen wissen zu lassen, dass dies sein Revier ist. Oder auch, um Weibchen klarzumachen, dass er sich paaren möchte.

Riechen kannst du ihn zwar, aber zu Gesicht bekommst du einen Marderbären nicht so schnell. Er sitzt nämlich am liebsten hoch oben in einem Baum. Dort sucht er sich Früchte, kleine Säugetiere, Reptilien und Insekten als Nahrung.

Er kann (ohne Schwanz) bis zu 90 Zentimeter groß und 14 Kilogramm schwer werden. Sein Schwanz allein wird ebenfalls bis zu 90 Zentimeter lang. Damit ist der Marderbär zwar zu schwer, um von Baum zu Baum zu springen, aber dafür kann er ausgezeichnet klettern. Mit seinen scharfen Krallen und dem Schwanz, den er wie eine fünfte Hand benutzen kann, rast er pfeilschnell die Bäume rauf und runter. Und wenn er mit dem Kopf voran den Baum runterrennt, kann er sogar seine Knöchel vollständig nach hinten umdrehen, um noch besseren Halt zu haben.

Der Kopf des Marderbären sieht ein bisschen aus wie der einer Katze, mit langen weißen Tasthaaren. Aber wenn er läuft, ähnelt er mehr einem Bären. Das liegt wohl daran, dass er mit der ganzen Pfote auftritt, wodurch er einen schaukelnden Gang hat. In Info 143 erfährst du noch mehr über dieses ungewöhnliche Tier.

188 BLINDE SOLDATEN BESCHÜTZEN DIE KÖNIGIN

Termiten sehen zwar aus wie weiße Ameisen, sind aber eigentlich mit den Kakerlaken verwandt. Sie leben in riesigen Staaten mit Millionen ihrer Artgenossen zusammen. An der Spitze stehen ein König und eine Königin. Das Paar bleibt ein ganzes Leben lang zusammen. Die Königin ist riesengroß, manchmal hundertmal größer als die anderen Termiten. Das liegt daran, dass sie ununterbrochen Eier produziert, gut 30 000 an einem Tag.

Zum Schutz der Kolonie gibt es Soldaten. Diese benutzen ganz besondere Waffen, um Angreifer (zum Beispiel Ameisen) von ihrer wertvollen Königin fernzuhalten.

den Feind ertasten im Termitenland

Die Soldaten sind blind. Sie verlassen sich vollständig auf ihren Tastsinn und die chemischen Signale, die sie empfangen. Ihre Kampftechniken unterscheiden sich von Termitenart zu Termitenart.

Manche Soldaten verfügen über scharfe Zähne und Klauen. Sie packen sich die Angreifer und schleudern sie weg. Dass ab und zu auch eine ihrer eigenen Termiten mitgeschleudert wird, nehmen sie dabei in Kauf.

Andere Soldaten machen sich eine Art chemischen Kampfstoff zunutze. Aus ihrer Mundöffnung spritzen sie eine klebrige Substanz, die den Angreifer bei Berührung lähmt.

Und manche Soldaten gehen noch weiter. Sie beißen sich im Feind fest und lassen nicht mehr los. Dabei spritzen sie ihm einen Stoff namens *Naphthalin*, der wie eine Art Pestizid wirkt und den Angreifer töten kann. Der Termitensoldat verliert jedoch bei diesem tödlichen Biss so viel Energie, dass er es nicht mehr schafft, seinen Kiefer wieder zu öffnen. Auch er stirbt.

Die Stärke einer Termitenarmee liegt vor allem in der Anzahl ihrer Soldaten: Millionen und Abermillionen von ihnen verteidigen das Nest gegen Eindringlinge. Eine Termite allein ist nicht besonders stark, aber sie sind viele und sie sind bereit zu sterben. Kein Wunder, dass sie schon seit mehr als 200 Millionen Jahren auf der Erde bestehen.

Katta
Lemur catta

189 DIE STINKBOMBEN DER KATTAS

Kattas gehören zu den Feuchtnasenaffen und sehen prächtig aus mit ihrem wendigen Körper, dem niedlichen Kopf und dem auffälligen langen, schwarz-weiß gestreiften Schwanz. Den halten sie beim Laufen in die Höhe. Eine Gruppe Kattas fällt darum gleich auf, mit all ihren antennenartig in die Luft gestreckten Schwänzen.

Unter dem Schwanz befindet sich eine Drüse, die einen Duftstoff absondert. Den Duft benutzen Kattas unter anderem, um ihr Revier zu markieren. Aber die Männchen liefern sich auch Stinkgefechte untereinander. Dazu stellen sich zwei Männchen einander gegenüber und starren sich so böse wie möglich an. Sie tunken ihren Schwanz in den Duftstoff aus ihrer Drüse und wedeln ihn dem anderen Männchen entgegen. So schwenken sie sich buchstäblich Stinkbomben zu, bis schließlich einer von ihnen wieder verduftet.

Forscher haben entdeckt, dass die Kattas diese Methode auch einsetzen, um den Weibchen zu zeigen, wie tapfer sie sind. Dazu nähert sich ein Männchen einer Gruppe und schwenkt seinen stinkenden Schwanz in Richtung eines Weibchens. Der Stinkflirt beginnt. Meist löst dieses Verhalten bei anderen Kattas Aggressionen aus, und sie greifen den stinkenden Aufreißer an. So ein Kampf kann schon mal blutig werden, weil die Tiere dabei ihre scharfen Zähne und Krallen benutzen. Manchmal stellt sich das umworbene Weibchen direkt vor den liebestollen Stinker und gibt ihm heftig eins auf die Nase. Kattamännchen müssen also einige Opfer bringen, wenn sie ein Weibchen erobern wollen …

190 BEI DEN ELEFANTEN IST OMA DER BOSS

In einer Elefantenherde gibt das älteste Weibchen den Ton an. Sie wird »Matriarchin« genannt. Der Rest der Herde setzt sich aus ihren Töchtern, Nichten, Enkelinnen und Enkeln zusammen.

Die Elefantenmännchen (Bullen) dürfen bis zu ihrem zehnten Lebensjahr in der Herde bleiben. Danach sind sie groß genug, um allein weiterzuziehen. Entweder bleiben sie für sich, oder sie tun sich mit ein paar anderen Bullen zusammen. Nur für die Paarung dürfen sie sich einer Herde anschließen.

Aber warum hat bei den Elefanten die Oma das Sagen? Das liegt wohl daran, dass sie die Schlauste von allen ist. Elefanten haben ein unglaublich gutes Gedächtnis und können sich zum Beispiel prima merken, wer ihr Freund ist und wer nicht. Außerdem erinnert sich die älteste Elefantendame am besten daran, wo in Trockenzeiten Nahrung und Wasser zu finden sind. Dank ihrer großen Erfahrung kann sie auch einschätzen, ob da ein Löwe oder ein ganzes Rudel Löwen brüllt. Und nicht nur das, sie kann auch das Gebrüll eines Löwen von dem einer Löwin unterscheiden – schließlich weiß sie, dass die Männchen noch etwas stärker sind. Je älter also die Oma, desto besser wird die Herde geführt.

Da die Omas außerdem keine Kälber mehr aufziehen müssen, haben sie mehr Zeit, sich um den Rest der Herde zu kümmern.

DA ENTLANG

die Matriarchin, Leitkuh der Herde

– 10 –

LEBEN IN DER GEMEINSCHAFT

191 BRUDERLIEBE ZUM QUADRAT

- Hast du selbst Brüder? Bestimmt versteht ihr euch super, aber ihr würdet sicher nicht im Traum daran denken, euer ganzes Leben zusammenzubleiben.

- Truthähne tun das sehr wohl. Im Winter, bevor sie ausgewachsen sind, raufen die Brüder miteinander, um zu bestimmen, wer der Stärkste ist. Wer als Sieger aus diesen Rangkämpfen hervorgeht, wird der Anführer. Seine Brüder müssen ihm fortan dabei helfen, Weibchen zu erobern, indem sie mit ihren Federn prahlen, aber selbst dürfen sie sich nicht paaren. Sie müssen auch Rivalen auf Abstand halten.

- Die Truthahnmännchen (oder Puter) sind farbenfroher als die Hühner (Puten). Sie haben Sporne (Horngebilde) an den Füßen und einen Bart auf der Brust. Der Hahn, der die typisch männlichen Merkmale am besten präsentiert – also die schönsten Farben, den schönsten Lappen und den schönsten Kamm hat –, wird meistens zum Leithahn in einer Hühnerschar.

- Truthühner werden heutzutage wegen ihres leckeren Fleischs gezüchtet. In freier Wildbahn findet man sie noch in den USA und Kanada. Ein wildes Truthuhn lässt sich nicht so leicht einfangen, denn es kann gut 45 Stundenkilometer schnell sprinten und sogar doppelt so schnell fliegen.

Truthuhnliebe

Afrikanischer Wildhund

192 AFRIKANISCHE WILDHUNDE SORGEN GUT FÜREINANDER

Afrikanische Wildhunde sind wahre Nomaden. Das bedeutet, dass sie auf der Suche nach Nahrung lange Strecken zurücklegen. Sie leben in einem Rudel von etwa acht erwachsenen Tieren und gut zwanzig Welpen auf den weiten offenen Flächen Afrikas, unter anderem in Tansania, Südafrika, Botswana und Sambia. Aber es gibt nicht mehr so viele von ihnen. Oft wurden sie von Einwohnern aus Sorge um ihr Vieh getötet. Außerdem fiel ein Großteil der Wildhunde schweren Krankheiten zum Opfer.

Ein Rudel Afrikanischer Wildhunde kann locker ein Gnu, ein Zebra oder eine Antilope überwältigen. Sie verfolgen ihre Beute bis zu dreißig Minuten lang und erlegen sie gemeinsam. Dann fressen sie sich die Bäuche an den Eingeweiden und dem Muskelfleisch voll. Haut, Knochen und sonstige Reste überlassen sie anderen Tieren.

Bei Wildhunden bekommen auch die Jungen und kranken Tiere genug zu fressen. Das ist nicht die Regel im Tierreich. Normalerweise fressen nämlich erst die größten und stärksten Tiere, und die jungen bekommen die Reste. Wildhunde sind also gut zu ihren Rudelmitgliedern. Sie sorgen bestens füreinander und kämpfen so gut wie nie miteinander.

Jeder Afrikanische Wildhund hat ein einzigartiges Fleckenmuster, an dem man ihn erkennen kann. Seine runden Ohren stehen aufrecht und sind mit feinem Flaum besetzt.

In Wildparks wirst du wohl nicht so schnell einem Wildhund begegnen. So ein Rudel hat nämlich einen guten Appetit und wird dadurch zur Bedrohung für die anderen Tiere im Park. In freier Wildbahn gibt es nur noch knapp 6600 Afrikanische Wildhunde, und ihre Zahl nimmt laufend weiter ab.

193 TAUSCH DEINEN RASENMÄHER GEGEN EIN CAPYBARA

Das größte Nagetier der Welt lebt in Südamerika: das Capybara. Ausgewachsen ist es 50 bis 60 Zentimeter groß, 106 bis 136 Zentimeter lang und wiegt zwischen 35 und 66 Kilogramm.

»Ich will definitiv keine Ratte treffen, die so groß ist wie mein Hund!«, sagst du jetzt vielleicht. Aber du brauchst dir keine Sorgen zu machen. Das Capybara sieht einfach nur niedlich aus. Es wird nicht umsonst auch Wasserschweinchen genannt. Der Name passt eigentlich gut. Es hat einen runden Körper mit kurzen Beinen und einen Kopf, der am ehesten an einen Biber oder ein Meerschweinchen erinnert. Und hinten sitzt noch ein ganz kleines Schwänzchen.

Capybaras halten sich am liebsten in Wassernähe auf, denn sie sind ganz hervorragende Schwimmer. Zwischen ihren Zehen haben sie Schwimmhäute, durch die sie sich im Wasser sehr schnell fortbewegen können. Beim Schwimmen legen sie ihre Ohren flach an den Kopf an, damit kein Wasser eindringen kann. Sie können unter Wasser bis zu 5 Minuten lang den Atem anhalten. Manche Capybaras schlafen sogar im Wasser, wobei sie nur ihre Nase über die Oberfläche halten.

Capybaras sind *Herbivoren*. Das heißt, sie ernähren sich rein pflanzlich. Pro Tag brauchen sie 3 Kilogramm Grünzeug. Mit der Nahrung passiert etwas Besonderes. Nach dem Verzehr wird ein Teil davon in Form von harten dunklen Köteln ausgeschieden. Die lassen die Capybaras liegen. Aber ein anderer Teil kommt als weicher grüner Kot heraus. Diese Kötel enthalten noch viele wichtige Nährstoffe und werden vom Capybara ein zweites Mal verputzt. Das nennt man *Koprophagie*, und es kommt in der Tierwelt öfter vor. Auch Kaninchen tun es.

Capybaras sind sehr gesellige Wesen. Meist leben sie in Verbänden von zehn bis zwanzig Tieren zusammen. Aber hin und wieder kommt auch mal eine große Gruppe von über hundert Tieren zusammen, um gemeinsam ein Schwätzchen zu halten. Dann schnalzen, schnurren und pfeifen sie, was das Zeug hält. Eigentlich wäre ein Capybara ein perfektes Haustier, das zudem das Gras im Garten schön kurz hält, sodass du nie mehr Rasen mähen musst!

Capybara
Hydrochoerus hydrochaeris

robbender Heuler – heulende Robbe

194 SEEHUNDBABYS WEINEN HERZZERREISSEND NACH IHRER MUTTER

- Mit ihren großen Knopfaugen sehen Seehundbabys ungeheuer putzig aus. Wenn sie ihre Mutter verlieren, fangen sie an, herzzerreißend zu weinen, was ihnen auch den Namen »Heuler« eingebracht hat.

- Eine Seehundmutter sorgt nur in den ersten Wochen für ihr Junges. Dazu kommt sie regelmäßig an Land, um das Baby zu säugen. Nach drei Wochen aber hält sie ihre Aufgaben für erledigt und überlässt das Junge seinem Schicksal. Es muss selbst lernen, dass es ins Meer muss, um Jagd auf Fische zu machen.

- Zum Glück kann ein Seehund sofort schwimmen, sobald er ins Wasser eintaucht. Nicht nur das: Das Schwimmen fällt ihm viel leichter als die Fortbewegung an Land. Im Wasser kann er Geschwindigkeiten von bis zu 35 Stundenkilometern erreichen. Seine Vorderflossen nutzt er zum Steuern, die Hinterflossen dienen dem Antrieb. An Land rutscht der Seehund mithilfe der Vorderflossen vorwärts und schafft dabei kaum 2 Kilometer pro Stunde. Diese tollpatschige Art der Fortbewegung wird »robben« genannt.

- Seehunde können sehr gut die Luft anhalten. Das tun sie natürlich bei tiefen Tauchgängen, aber auch im Schlaf. Ein Seehund kann also durchaus auch mal im Wasser treiben, ohne zu atmen.

- Vielleicht hast du schon einmal einen Seehund auf einem Felsen oder am Strand liegen sehen, bei dem der Kopf und die Hinterflosse in die Luft zeigten – als wollte er eine Banane darstellen. Der Körper eines Seehunds verfügt über eine manchmal bis zu 5 Zentimeter dicke Speckschicht. Die gibt ihm im Wasser Auftrieb und einen Vorrat für Zeiten, in denen die Nahrung knapp ist, aber sie dient vor allem dazu, ihn warm zu halten. Da sich aber in Kopf und Flosse kein Fett befindet, muss er diese Körperteile in die Sonne halten, um sie zu wärmen.

195 EIN KÄNGURUBABY IST NICHT GRÖSSER ALS DEINE FINGERSPITZE

Kängurus sind Beuteltiere, was bedeutet, dass die Weibchen vorne am Bauch einen Beutel haben, in dem sie ihr Junges bei sich tragen.

die Entwicklung des Kängurus

Bei der Geburt ist ein Kängurubaby nicht größer als eine Fingerspitze und sieht aus wie ein kleiner Fötus: ein rosafarbenes, kahles Würmchen mit Pfoten. Mit den kleinen Pfoten hält es sich am Fell der Mutter fest und klettert dann selbstständig in den Beutel. Dort saugt es sich sofort an einer Zitze fest, um sich in Ruhe weiterzuentwickeln. Die Zitze lässt es vorerst nicht mehr los. Das Jungtier ist dann ungefähr 31 Tage alt und hat noch eine Menge Wachstumsarbeit vor sich. Erst mit neun Monaten kann es den Beutel gelegentlich verlassen. Aber es wird noch eine ganze Weile bei seiner Mutter Milch trinken.

Sobald ein Baby im Beutel sitzt, paart sich die Kängurumutter erneut. Das Ei wird befruchtet, aber nach ein paar Tagen wird das Wachstum gestoppt. Das wird erst fortgesetzt, wenn das andere Junge den Beutel verlassen hat.

Im Beutel geschehen einige faszinierende Dinge. Es gibt vier Zitzen, aus denen Milch herausfließt. Aber die Milch für das winzig kleine Neugeborene hat eine andere Zusammensetzung als das für das größere Jungtier. Beide wissen genau, an welcher Zitze sie saugen müssen.

Eine Kängurumutter sorgt also regelmäßig für drei Jungtiere gleichzeitig: eins im Bauch, eins im Beutel und eins, das zwar schon fröhlich herumhoppelt, aber noch immer bei ihr trinkt.

196 KUCKUCK! ICH BIN GAR NICHT DEIN JUNGES ...

Kuckucksmütter wollen zwar gern Eier legen, haben aber keine große Lust, sich selbst um die Aufzucht ihres Nachwuchses zu kümmern. Darum schmuggeln sie ihre Eier in die Nester anderer Vogelweibchen, die die Eier dann ausbrüten und die Küken heranziehen. Manchmal wartet die Kuckucksmutter ab, bis der andere Vogel das Nest verlässt, um ihr Ei zwischen die anderen zu legen, aber manchmal ist sie auch weniger geduldig.
Ein Kuckuck ähnelt vom Aussehen her ein wenig einem Sperber. Das ist ein Raubvogel, vor dem andere Vögel Angst haben. Frau Kuckuck nutzt diese »Tarnung«, um den brütenden Vogel aus dem Nest zu jagen, damit sie selbst in Ruhe ihr Ei dort ablegen kann. Biologen haben entdeckt, dass manche Kuckucke sogar besonders unverschämt vorgehen. Sie legen ihr Ei einfach ins Nest, während der andere Vogel drin sitzt.

Ein Kuckucksweibchen trägt Sorge dafür, dass sein Ei so gut wie möglich zu den anderen Eiern im Nest passt. Verschiedene Kuckucksarten sind auf verschiedene Wirtsvögel spezialisiert. So gibt es Bachstelzenkuckucke, Rohrspatzkuckucke, Heckenbraunellenkuckucke und so weiter. Oft frisst Frau Kuckuck auch noch ein paar Eier aus dem Nest, bevor sie ihr eigenes darin ablegt. So hat sie etwas mehr Platz, und es fällt weniger auf, dass ein Extra-Ei im Nest liegt.

Kuckuck
Cuculus carnorus

Das Kuckucksjunge ist genauso dreist wie seine Mutter. Gleich nach dem Schlüpfen versucht es, die anderen Küken mit dem Rücken aus dem Nest zu schubsen. Die (Adoptiv-)Eltern haben dann nur noch Augen für das fremde Küken, und es bekommt die dicksten Würmer. Gut für den Kuckuck natürlich, aber so richtig sympathisch finden wir das nicht.

197 BABYTAPIRE SEHEN AUS WIE WASSERMELONEN AUF BEINEN

Tapire sind faszinierende Tiere. Drei Arten sind in den Regenwäldern Lateinamerikas heimisch, eine in Asien.

Der Name Tapir bedeutete in einer alten brasilianischen Sprache so viel wie »dick« und spielt damit auf die dicke Haut dieses drolligen Tiers an. In Thailand nennt man Tapire *P'som-setts*, was so viel wie »Die Mischung ist fertig« bedeutet. Das geht auf einen alten Glauben zurück, dass der Tapir aus den Resten anderer Tiere geformt wurde.

Die Menschen, die das Tier 1750 entdeckten, meinten, dass es den Rüssel eines Elefanten, die Farbe einer Kuh und den Körperbau eines Schweins hätte. Aber der Tapir ist keins davon. Am nächsten verwandt ist er mit dem Nashorn und dem Pferd.

Tapire leben gern in Wassernähe, weil sie jeden Tag baden. Ihr Rüssel kann dabei hervorragend als Schnorchel zum Schwimmen eingesetzt werden oder, um unter Wasser nach Pflanzen zu suchen. Sie nutzen ihn auch, um an Land die Blätter von den Bäumen zu rupfen.

Die Jungtiere werden mit weißen Flecken und Streifen auf dem Fell geboren, wodurch sie ein bisschen an eine Wassermelone erinnern. Die weiße Zeichnung dient vor allem zur Tarnung, da verschiedene Raubtiere Jagd auf Jungtapire machen. Nach einigen Monaten verschwinden die Flecken, und die Tapire bekommen ihre normale Farbe. Das kann einfarbig braun sein, aber auch schwarz mit einer weißen »Decke«, die auf ihrem Rücken zu liegen scheint.

Tapir

Maulbrüter

198 SAG'S MIT FLECKEN

- Der Malawisee ist ein riesiger See in Tansania und Mosambik. Er ist 560 Kilometer lang, 75 Kilometer breit und an manchen Stellen über 700 Meter tief. In diesem See schwimmen zwischen siebenhundert und tausend verschiedene Arten von Buntbarschen (auch »Cichliden« genannt). Diese Fische gibt es in allen Regenbogenfarben, mit Streifen, Punkten oder anderen Mustern. Die Männchen sind auffälliger gefärbt als die Weibchen.

- Buntbarsche kommunizieren miteinander, indem sie die Farbflecken oder -streifen auf ihrem Körper und Kopf verändern. So hat zum Beispiel das Männchen, das den Ton angibt, die grellste Färbung. Kommt es in die Nähe von anderen Männchen, lassen die ihre Färbung verblassen.

- Die meisten Buntbarsche sind »Maulbrüter«. Sobald die Eier befruchtet sind, nimmt die Mutter und/oder der Vater sie ins Maul, bis die Jungtiere schlüpfen. An dem vergrößerten Kehlsack erkennt man, dass ein Buntbarsch mit Eiern oder Jungtieren herumschwimmt. Erst wenn die Fische groß genug sind, um allein zu überleben, schwimmen sie heraus.

- Buntbarsche passen sich schneller als andere Fische einer neuen Umgebung an. Wenn sie irgendwo ausgesetzt (oder von Aquarienbesitzern, die sie nicht mehr wollen, einfach in einen See gekippt) werden, pflanzen sie sich trotzdem schnell und problemlos fort. Das stellt ein Problem dar, denn sie vertreiben oder töten oft die ursprünglichen Arten in dem Gewässer und können regelrecht zur Plage werden.

199 OB MÄDCHEN ODER JUNGE, IST EINE FRAGE DER TEMPERATUR

Alligatoren sind in den USA und in China zu Hause. Sie haben eine kürzere und breitere Schnauze als Krokodile. Man erkennt sie an ihrem u-förmigen Maul, bei dem der Oberkiefer den Unterkiefer verdeckt. Sie leben in Süßgewässern.

Alligatoren sind in der Regel auch größer als Krokodile. Ein erwachsenes Männchen kann es auf eine Länge von 6 Metern und ein Gewicht von 360 Kilo bringen. Im Vergleich mit anderen Tieren dieser Größe haben sie ein sehr kleines Gehirn, das nur 8 bis 9 Gramm wiegt. Ein Alligator verlässt sich hauptsächlich auf seinen Instinkt, der ihn zu einem höchst gefährlichen Raubtier macht.

Alligator

Das Geschlecht eines Alligators wird von der Temperatur bestimmt, in der das Ei ausgebrütet wird. Ist es wärmer als 34 °C, schlüpft ein Männchen aus dem Ei. Temperaturen von 30 °C oder darunter sorgen für Weibchen. Bei Temperaturen dazwischen können sowohl Männchen als auch Weibchen entstehen.

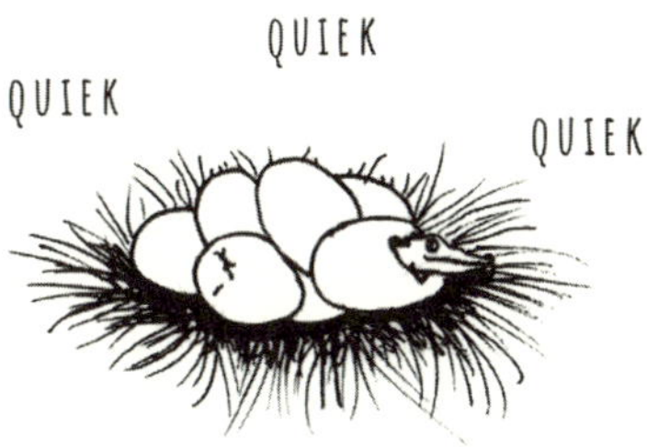

> 34 °C – Männchen
< 30 °C – Weibchen

Zu Beginn der Paarungszeit rufen die Alligatormännchen laut, um Weibchen anzulocken. Durch den Krach gerät auch das Wasser um den Alligator in Bewegung. Außerdem schlägt er mit dem Kopf auf die Wasseroberfläche und erzeugt große Blasen. Mit etwas Glück beeindruckt das die Dame so sehr, dass sie sich begatten lässt.

Nach der Paarung baut die zukünftige Mutter in Wassernähe ein Nest aus Stöcken, Blättern und Schlamm, in das sie ihre Eier legt. Nach einiger Zeit beginnen die Blätter zu verfaulen, wodurch es im Nest schön warm bleibt. Wenn die Zeit zum Schlüpfen gekommen ist, stoßen die Alligatorbabys in ihren Eiern hohe Laute aus. Die Mutter gräbt die Eier aus und wartet ab, bis die Jungen schlüpfen. Dann trägt sie sie in ihrem Maul ins Wasser und kümmert sich ein Jahr lang um sie.

Giraffengazelle
Litocranius walleri

200 DIE GAZELLE MIT DEM GIRAFFENHALS

In den trockenen Ebenen in Tansania, Kenia, Somalia, Äthiopien und Eritrea ist eine besondere Gazelle zu Hause. Sie hat lange, zarte Beine und einen schlanken, langen Hals. Daher auch ihr Name: Giraffengazelle. Aus einer einheimischen Sprache stammt ihr zweiter Name Gerenuk: Antilope mit Giraffenhals.

Das Fell der Gazelle ist hellbraun, nur der Bauch ist weiß. Und ihre großen Augen sind weiß umrandet, wodurch sie noch größer aussehen. Auch ihre Ohren sind sehr groß und stehen weit ab. Und als wäre das noch nicht hinreißend genug, hängt an ihrem Schwanz ein kleines Fellbüschel. Auch ein Modeschöpfer hätte sich kein schöneres Design ausdenken können.

Die Giraffengazelle ernährt sich von Pflanzen und Blüten. Sie grast nicht, sondern holt sich die Blätter von den Bäumen. Trinken sieht man sie nur selten. Eine Giraffengazelle zieht genug Flüssigkeit aus ihrer Nahrung.

Giraffengazellen sind sehr soziale Tiere, die einander immer helfen. In den Legenden der einheimischen Bevölkerung wird die Giraffengazelle deshalb auch als die »Königin der Demut« umschrieben. Ein schöner Name für ein prachtvolles Tier.

201 EIN NEUNBINDEN-GÜRTELTIER HAT IMMER DREI BRÜDER ODER DREI SCHWESTERN

Das Neunbinden-Gürteltier scheint direkt aus einem Science-Fiction-Film zu kommen. Auf dem Rücken hat es einen robusten Panzer mit sieben bis elf Bändern (auch Gürtel genannt). Zum Schutz seiner Vorderseite trägt es vorne einen Schulterpanzer. In der Körpermitte befinden sich ein paar Platten, die sich übereinanderschieben können. Und um das Hinterteil zu schützen, gibt es noch einen Beckenpanzer. Dahinter folgt ein glänzender Schwanz, der auch aus getrennten Stücken zu bestehen scheint. Der Panzer ist ganz leicht behaart, aber nicht genug, um das Tier im Winter warm zu halten. Gürteltiere mögen keine Kälte und ziehen sich in ihren Bau zurück, wenn die Temperaturen zu weit sinken.

Auf dem Kopf befinden sich Schuppen. Durch seine ziemlich großen Ohren, die ein bisschen an Tuthörner erinnern, sieht das Gürteltier sehr niedlich aus.

Wissenschaftler finden diese Tiere nicht nur aufgrund ihres besonderen Körperbaus so interessant, sondern auch, weil sie immer eineiige Vierlinge bekommen. Die Jungtiere in einem Nest haben exakt dieselbe genetische Information und immer das gleiche Geschlecht.

Die Paarung, bei der ein Ei befruchtet wird, findet im November oder Dezember statt. Dann dauert es eine Weile, bevor die befruchtete Eizelle sich vierteilt. Aus jedem Teil wird nach 120 Tagen ein Junges geboren: immer vier Schwestern oder vier Brüder.

vier identische Neunbinden-Gürteltiere

202 RATTEN MÖGEN GROSSFAMILIEN

Der Mensch ist nicht gerade als Rattenfreund bekannt. Im Gegenteil! Die meisten Menschen fürchten sich vor allem deshalb vor Ratten, weil sie als Überträger von allerlei Krankheiten gelten. Das stimmt aber so nicht ganz. Es waren die Flöhe auf dem Fell der schwarzen Hausratten, die im 14. Jahrhundert Millionen Menschen mit der Pest ansteckten.

Die Ratten, die heute bei uns leben, sind in der Regel braune Wanderratten. Sie suchen immer die Nähe des Menschen und sind besonders scharf auf seine Abfälle.

In der Nacht verlässt als Erstes die sogenannte »Pionierratte« den Bau. Sie muss erst einmal ein paar Minuten Ausschau halten und kontrollieren, ob die Luft rein ist. Erst danach folgen ihr die anderen Ratten.

Gegenüber neuen Objekten in ihrer Umgebung sind Ratten sehr misstrauisch. Darum ist es auch so schwer, sie mit einer Falle zu fangen. Sie haben nämlich schnell raus, dass da etwas Neues steht, und halten sich lieber davon fern. Eine Ratte zu fangen und sie im Garten wieder auszusetzen, hat leider wenig Sinn. Ratten hinterlassen nämlich überall, wo sie entlanglaufen, eine Duftspur und finden sofort wieder den Weg zurück. Wenn du sie also wieder freilassen willst, solltest du das in mindestens hundert Metern Abstand von deinem Haus tun.

Ratten lassen sich gut als Haustiere halten. Weil sie extrem schlau sind, kann man ihnen ungeheuer viel beibringen. Aber Vorsicht, wenn du ein Männchen und ein Weibchen zusammenbringst! Denn ehe du dich versiehst, wirst du dich um eine riesige Rattenfamilie kümmern müssen! Ratten bekommen das ganze Jahr über Nachwuchs. Bei einem Wurf werden durchschnittlich sieben bis zwölf Rattenjunge zur Welt gebracht, und das Weibchen kann mühelos fünfmal im Jahr werfen. Jetzt rechne mal aus, wie viele Ratten das Weibchen dann im Jahr zur Welt bringt.

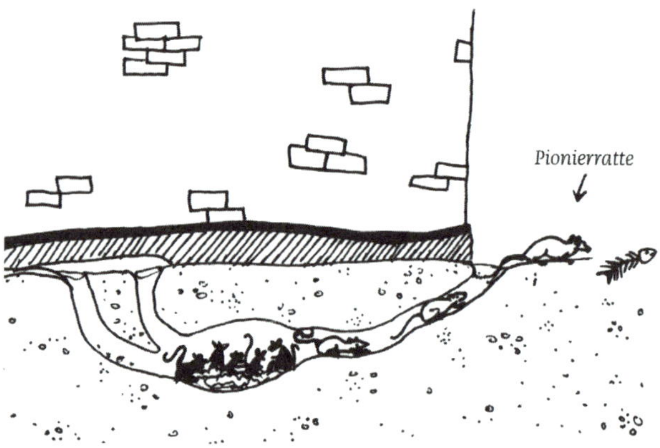

Puma oder Berglöwe oder Panther oder Silberlöwe ...

203 DIE KATZE MIT DEN VIELEN NAMEN

Puma, Berglöwe, Silberlöwe, Kuguar, Panther ... alles Namen für ein und dieselbe Großkatzenart. Sie ist anzutreffen in Mittel- und Südamerika sowie im Westen von Nordamerika. In den USA leben heute noch etwa 30 000 Exemplare. Das ist allerdings nur eine grobe Schätzung, da Pumas sehr scheu sind und sich nur selten blicken lassen.

Der offizielle Name der Großkatze lautet *Puma concolor*, was »einfarbige Katze« bedeutet. Die Welpen haben zwar bei der Geburt noch Flecken, aber bis zum Alter von neun Monaten sind diese verschwunden. Auch die Augenfarbe wechselt von Blau zu Gelb, wenn die Tiere ungefähr 16 Monate alt sind.

Pumas ernähren sich von kleinen Tieren wie Mäusen, Eichhörnchen, Stachelschweinen, Kaninchen und Bibern, aber manchmal schnappen sie sich auch einen Hirsch. Eine so große Beute wird nicht auf einmal aufgefressen. Es kann drei bis vier Tage dauern, bis sie ganz verputzt ist. Manchmal versteckt der Puma die Beute auch unter Sträuchern oder im Gebüsch.

Pumas sind stille Tiere. Sie brüllen nicht wie ihre Verwandten, die Tiger und Löwen. Nur die Weibchen können laut brüllen, wenn sie auf der Suche nach einem paarungswilligen Männchen sind.

Leider haben manche Menschen Spaß daran, den Puma als Trophäe zu jagen. Das ist besonders schlimm, weil das Tier dadurch in großen Teilen Amerikas beinah vollständig ausgestorben ist.

204 HÄLTST DU HEUTE NACHT MEINE HAND?

Otter sind großartige Tiere. Sie schießen durchs Wasser wie ein Speer und drehen sich dabei oft um die eigene Achse. Wenn es schneit, bauen sie auch schon mal Rutschbahnen ins Wasser und rutschen alle zusammen hinein.

Auch im Schlaf sind Otter unfassbar niedlich. Sie lassen sich auf dem Wasser treiben, und um nicht abzudriften, wickeln sie sich in Seegras, das aus dem Boden wächst. Die Ottermutter will natürlich auch im Schlaf auf ihre Kinder aufpassen, also hält sie dabei die Hand ihrer Jungen fest, und so schaukeln sie gemeinsam auf dem Wasser.

Zwischen den Zehen haben Otter Schwimmhäute, die sie zu ausgezeichneten Schwimmern machen. Im Wasser schafft ein Otter Geschwindigkeiten von bis zu 12 Stundenkilometern. Aber zu Land ist er sogar noch schneller: Da erreicht er mal eben 25 Stundenkilometer!

Otter schlafen Hand in Hand.

Zum Leben brauchen Otter ein sauberes Fließgewässer mit einem Ufer, in das sie eine Höhle graben können. Außerdem müssen ausreichend Fische vorhanden sein. Die Flüsse und Bäche, in denen sie leben, müssen ganz sauber sein, weil verunreinigtes Wasser den Tieren schadet. Die Umweltorganisation WWF und andere Naturschutzvereine setzen sich dafür ein, dass der Otter wieder mehr Lebensraum bekommt. Es geht voran, aber es ist noch viel zu tun, bevor die lustigen Tierchen sich wieder überall zu Hause fühlen können.

205 DER LUCHS HAT SPEZIALPFOTEN ZUM RENNEN IM SCHNEE

Luchse sind wunderschöne Katzen. Man erkennt sie leicht an den schwarzen Büscheln oder Haarpinseln auf den Ohren und dem weißen »Lätzchen« auf der Brust. Die größte Art ist der Eurasische Luchs, der in Russland und Zentralasien heimisch ist. 90 % dieser Luchse leben in Sibirien. Nach dem Braunbär und dem Wolf ist der Luchs das drittgrößte Raubtier in Europa.

Der Luchs ist bestens für das Leben im Schnee ausgerüstet. Während sein Fell im Sommer rötlich oder braun und mit Flecken gezeichnet ist, verwandelt es sich im Winter in einen prachtvollen silbergrauen Pelz, durch den er in der weißen Umgebung viel weniger auffällt. Er hat kurze, kräftige Beine, und die Pfoten sind unter der Sohle mit einer speziellen Isolierschicht bedeckt. Die Pfoten sind dazu auch noch extrabreit, sodass der Luchs ohne einzusinken auf dem Schnee rennen kann.

Der Luchs ist ein sehr stilles Tier. Man kann ihn fast nicht hören, wenn er sich an seine Beute heranschleicht. Auch sonst macht er wenige Geräusche.

Daher kann es gut sein, dass ein Luchs jahrelang in einer Gegend lebt, ohne je bemerkt zu werden.

Luchse fressen vor allem Hirsche, aber zwischendurch geben sie sich auch mit Hasen, Füchsen und Kaninchen zufrieden. Ab und zu fangen sie auch mal einen Vogel. Das gelingt ihnen mit bis zu zwei Meter hohen Sprüngen.

Der Eurasische Luchs war einst in Europa beinahe ausgestorben, doch dank strenger Regeln zu seinem Schutz wächst der Bestand heute wieder. Und das ist auch gut so, schließlich ist er ein wirklich einzigartiges Tier.

206 MANCHE TIERE SIND DREI JAHRE SCHWANGER

Fast zwei Jahre (genauer 95 Wochen oder 640 Tage): So lange dauert die Schwangerschaft eines Elefanten. Damit ist die Elefantenkuh das Säugetier, das am längsten auf die Geburt des Nachwuchses warten muss. Das überrascht kaum. Eine lange Schwangerschaft ist bei intelligenten Tieren die Regel, und Elefanten haben das größte Gehirn aller Tiere. Sie brauchen also etwas mehr Zeit, um es im Bauch der Mutter zu entwickeln. Normalerweise bekommt eine Elefantenmutter maximal vier Nachkömmlinge im Laufe ihres Lebens.

Und doch gibt es Tiere, die noch länger auf ihre Jungen warten müssen. Der Alpensalamander ist ein Lurch aus den Alpen. Seine Jungen werden nach einer gut zwei- bis dreijährigen Schwangerschaft lebend geboren. Die genaue Dauer ist abhängig von der Höhenlage, auf der der Salamander lebt.

Die Salamander bekommen zwei Junge, die schon voll entwickelt sind und nur noch etwas wachsen müssen.

Auch Haie lassen sich Zeit, um das Kinderzimmer in Ordnung zu bringen. Die Dauer der Schwangerschaft variiert von Art zu Art und kann ein bis zu drei Jahre dauern. Mutter Hai bringt nur wenige Junge zur Welt, die alle schon voll entwickelt sind. Menschenmütter kommen da mit neun Monaten noch ganz gut weg.

Riesenpanda
Ailuropoda melanoleuca

207 EIN RIESENPANDA ALS HAUSTIER IST KEINE GUTE IDEE

Fragt man eine Gruppe Kinder, was für ein Haustier sie gerne hätten, werden nicht wenige antworten: »Einen Panda!« Kein Wunder. Pandas gehören wohl zweifellos zu den entzückendsten Wesen, die auf der Erde herumlaufen. Mit ihrem schwarz-weißen Fell, der drolligen runden Form und dem lustigen Köpfchen mit den schwarzen Flecken um die Augen haben sie einen besonders hohen Knuddelfaktor.

Trotzdem würden wir dazu raten, doch lieber zweimal oder vielleicht sogar dreimal nachzudenken, bevor du dir einen Riesenpanda zum Haustier nimmst.

Zunächst einmal fressen diese Tiere enorme Mengen. Sie verbringen etwa 12 Stunden am Tag mit Fressen und verputzen dabei 20 bis 50 Kilogramm Bambus.

Mal angenommen, du könntest so viel Bambus auftreiben, dann musst du aber auch wissen, dass sie Unmengen an Mist machen – oft mehr als 20 Kilo Kot täglich. Da wirst du ordentlich schaufeln müssen!

Du willst immer noch einen Riesenpanda als Haustier? Dann solltest du bedenken, dass jeder Panda der chinesischen Regierung gehört. Sie werden nur für eine bestimmte Zeit – meist zehn Jahre – an Zoos ausgeliehen. Wenn dort in dieser Zeit ein kleiner Panda geboren wird, muss auch der zurück nach China, sobald er zwei Jahre alt ist. Für so einen Leih-Panda muss man außerdem tief ins Sparschwein greifen. Es kostet nämlich zwischen 900 000 und 1 Million Euro, ein Pandapärchen zu »mieten«.

Vielleicht denkst du doch noch einmal über einen Hund, eine Katze oder ein Meerschweinchen nach?

208 ÜBERLADE NIEMALS EIN LAMA

Eine Zeit lang ging das Gerücht, dass der Name Lama von den Spaniern kam und so entstand: Die spanischen Eroberer sahen diese Tiere bei den Inka zum ersten Mal. »*¿Como se llama?*«, fragten sie neugierig. Da die Inka kein Spanisch verstanden, glaubten sie, dass *Llama* das spanische Wort für das Tier war.

Inzwischen wissen wir es besser. Der Name stammt aus dem Quechua, der ursprünglichen Sprache der Andenbewohner.

Lamas sind brave, schüchterne, aber auch sehr neugierige Tiere. Sie lernen schnell und sind gern mit ihren Artgenossen zusammen. Wenn sie sich doch mal zoffen, strecken sie sich gegenseitig die Zunge raus. Und bei richtigem Streit spucken sie einander an. Übrigens spucken sie auch in Richtung Mensch, wenn sie sich unhöflich behandelt fühlen.

In den Anden werden gezähmte Lamas als Lasttiere genutzt. Sie können bis zu 34 Kilo Gewicht auf dem Rücken tragen und damit gut 32 Kilometer am Stück gehen. Sie haben keine Hufe wie Pferde und keine Klauen wie Ziegen, aber ihre Füße sind sehr gut an das Gelände angepasst. Man darf ein Lama jedoch nicht überladen, sonst verweigert es den Dienst. Es legt sich auf den Boden und steht nicht mehr auf, bis man etwas von der Last wegnimmt. Versucht man trotzdem, es wieder aufzurichten, wird es fauchen und spucken. Manchmal teilt es auch Tritte aus.

Lamas haben dicke Wolle, die zur Herstellung von Teppichen und Stoffen verwendet wird. Und um Pullis zu stricken, natürlich! Aus ihrer Haut wird Leder gemacht, und ihr Mist eignet sich als Brennstoff und Düngemittel.

Lama
Lama glama

Wildyak
Bos mutus

209 YAKS KÖNNEN WÄRME NICHT GUT AB

Auf dem Dach der Welt – im Himalaya – ist es kalt. Eisig kalt. In den Bergen bläst ein rauer Wind aus allen Richtungen. Außerdem gibt es gibt es dort oben viel weniger Sauerstoff, wodurch Menschen das Atmen schwerfällt. Doch es gibt Tiere, die sich in diesem Hochgebirge ganz zu Hause fühlen: Yaks. Sie sind sogar so gut an die Kälte und die Höhe angepasst, dass sie Probleme bekommen, wenn sie unter 3000 Meter gehen. Bei Temperaturen von 15 °C oder mehr fühlen sich Yaks sehr unwohl, und sie können durch die Überhitzung an Erschöpfung sterben.

Die langen Haare der Yaks sind wie eine superwarme Winterjacke, die sie bestens gegen die Kälte schützt. Außerdem haben sie von Natur aus eine höhere Körpertemperatur als wir Menschen. Während deine um die 36 °C beträgt, liegt die eines Yaks bei 38,85 °C. Mit seiner dicken Jacke und der hohen Körpertemperatur kann das Yak sogar durch Eiswasser schwimmen, ohne sich zu verkühlen.

90 % aller Yaks leben im tibetischen Hochland im Himalayagebirge. Die Wildyaks *(Bos mutus)* sind die größten. Sie erreichen eine Widerristhöhe (vom Boden bis zum Widerrist, dem Knochen zwischen Hals und Rücken) von etwa zwei Metern und können bis zu 1000 Kilo schwer werden. Zahme Yaks *(Bos grunniens)* sind ruhige Herdentiere. Sie werden wie Kühe gehalten, und der Mensch nutzt ihre Wolle, ihre Haut, die fette Milch, das Fleisch und den Mist. Der eignet sich nämlich hervorragend als Brennstoff. Selbst die Schwänze der Yaks finden Verwendung: als falsche Bärte im chinesischen Theater.

Yaks leben am liebsten in großer Höhe. Sie können bis 6100 Meter über dem Meeresspiegel klettern. Und das liegt nicht nur an ihrem warmen Fell, sondern auch an ihrem enormen Lungenvolumen, durch das sie extraviel Sauerstoff einatmen können.

Auf traditionellen Festivals in Tibet und Karakorum finden regelmäßig Yakrennen statt. Und in der Mongolei wird auf dem Rücken der Yaks sogar Polo gespielt.

Ziemliche Alleskönner also, diese Yaks!

210 DER MENSCH AUS DEM WALD HAT GANZ SCHÖN LANGE ARME

In der malaiischen Sprache bedeutet *orang* »Mensch« und *utan* »Wald«. Ein Orang-Utan ist also für die Einwohner von Brunei, Malaysia und Indonesien buchstäblich ein »Waldmensch«. Und eigentlich ist es gar nicht so komisch, diesen Affen als Menschen zu bezeichnen. Immerhin haben die Orang-Utans fast 97 % ihres Erbguts mit uns gemeinsam.

Obwohl Orang-Utans sehr groß sind, leben sie vor allem auf Bäumen. Mit ihren ungeheuer starken und langen Armen und großen, hakenförmigen Händen schwingen sie sich von Ast zu Ast auf der Suche nach Früchten und Blättern. Weil Früchte so schnell verdaut werden und ziemlich kalorienarm sind, sind die Affen fast den ganzen Tag auf Nahrungssuche.

Junge Orang-Utans hängen bis zum Alter von etwa vier Jahren an ihrer Mutter. Danach laufen sie noch eine ganze Weile hinter ihr her und werden erst mit sechs Jahren selbstständig. Ein Orang-Utan-Weibchen bekommt sein erstes Junges erst im Alter zwischen zwölf und fünfzehn Jahren. In der langen Zeit, in der sie sich um das Junge kümmert, bekommt sie kein neues Baby. Bei keinem anderen Landsäugetier dauert es so lange mit neuem Nachwuchs. Dementsprechend wenig Orang-Utans werden geboren.

Der Orang-Utan gehört zu den besonders stark bedrohten Tierarten. Auf den Inseln Borneo und Sumatra kann man sie noch finden. Wissenschaftler schätzen, dass es noch etwa 104 700 Borneo-Orang-Utans und 14 000 Sumatra-Orang-Utans gibt. Im November 2017 wurde noch eine dritte Art entdeckt, der Tapanuli-Orang-Utan, der auch auf Sumatra lebt. Von seiner Art leben heute nur noch etwa 800 Tiere.

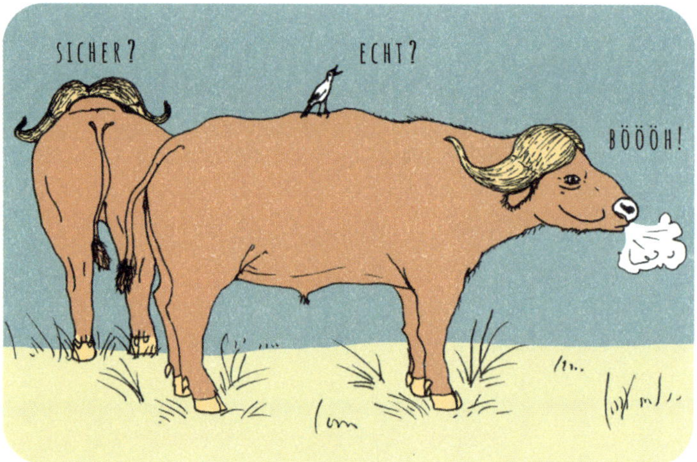

Kaffernbüffel
Syncerus caffer

211 KAFFERNBÜFFEL HALTEN ABSTIMMUNGEN

Nicht der Löwe oder der Elefant gilt als das gefährlichste Tier unter den Big Five,* sondern der Kaffernbüffel, auch Schwarzbüffel oder Afrikanischer Büffel genannt. Mit ihren riesigen geschwungenen Hörnern sehen die Bullen auch wirklich mordsgefährlich aus und zögern nicht, anzugreifen, wenn sie oder ihre Herde bedroht werden. Kommt ein Raubtier der Herde zu nah, bilden die Männchen einen Kreis um die Weibchen und Kälber, durch den niemand hindurchkommt.

Eine Kaffernbüffelherde hat keinen echten Anführer, sondern alles läuft ganz demokratisch ab. Um zu entscheiden, wo an einem Tag gegrast werden soll, wird eine richtige Abstimmung gehalten. Nur die erwachsenen Kühe dürfen daran teilnehmen. Sie stellen sich mit dem Kopf voran in eine bestimmte Richtung, starren in die Ferne und legen sich dann hin. Die Richtung, in die die meisten Büffel blicken, gewinnt. Bei Gleichstand teilt sich die Gruppe und weidet an diesem Tag an zwei verschiedenen Orten.

* Der Ausdruck »Big Five« bezeichnet fünf afrikanische Tierarten: Büffel, Löwe, Leopard, Nashorn und Elefant.

– 11 –

TIERE, DIE DAS DUNKEL LIEBEN

212 FRÖSCHE UND KRÖTEN HABEN EIN NACHTSICHTGERÄT

- In den Augen fast aller Wirbeltiere – also auch beim Menschen – befinden sich zwei Arten von lichtempfindlichen Zellen. Sie werden *Photorezeptorzellen* oder kurz *Photorezeptoren* genannt. Ein Teil dieser Zellen ist stäbchenförmig (»Stäbchen«), ein anderer kegelförmig (»Zapfen«).

- Die Zapfen können ausgezeichnet Farben unterscheiden, aber dafür brauchen sie ziemlich viel Licht. Die Stäbchen sind empfindlicher und ermöglichen uns, auch im Dunkeln noch Dinge zu erkennen. Zum Erkennen von Farben sind sie weniger gut geeignet. Die meisten Nachttiere schalten deshalb bei Einbruch der Dunkelheit auf Schwarz-Weiß um. Tiere, die vor allem nachts aktiv sind, haben mehr Stäbchenzellen als tagaktive Tiere.

- Die meisten Frösche und Kröten sind Nachttiere. In der kühlen und feuchten Nachtluft trocknen sie nämlich nicht so schnell aus wie in der Sonne. Wenn es für uns stockduster ist, können sie immer noch hervorragend sehen. Mehr noch: Sie können noch in der tiefsten Nacht Farben erkennen. Ein Forscherteam wollte dahinterkommen, wie das geht, und fand heraus, dass Frösche und Kröten über zwei verschiedene Arten von Stäbchen verfügen. Die eine Art macht es möglich, dass sie im Dunkeln scharf sehen, die andere ist für die Farben verantwortlich. Dank der zusätzlichen Stäbchen ist ihre Sicht viel besser als die von anderen Nachttieren.

- Ihre Extrastäbchen nutzen die Tiere dazu, den richtigen Weg zu finden, Froschkollegen zu erkennen und Nahrung aufzuspüren.

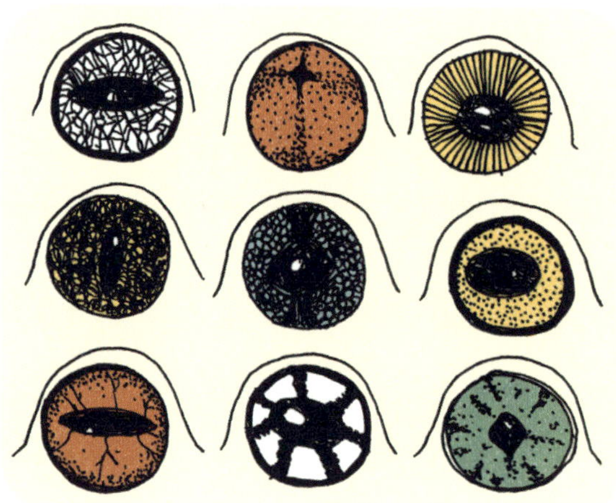

Froschaugen

Maulwurf
Talpa europaea

213 DER MAULWURF BRAUCHT KEINE BRILLE

- Dachtest du, dass Maulwürfe blind sind? Das stimmt nicht. Ein Maulwurf hat ganz kleine, etwa stecknadelkopfgroße Augen. Draußen an der frischen Luft könnte er vielleicht eine Brille gebrauchen, um etwas besser zu sehen, aber unter der Erde ist das nicht nötig. Der Maulwurf »sieht« mit den Tasthaaren auf seinem Kopf und an seiner Schnauze.

- Maulwürfe haben auch Ohren. Die sieht man von außen nicht, weil er keine Ohrmuscheln, sondern inwendige Ohren hat. Und mit seiner putzigen rosa Nase kann er seine ganze Umgebung erriechen.

- An den Vorderpfoten hat der Maulwurf fünf Finger mit scharfen, flachen Nägeln. Finger Nummer sechs ist ein kleiner Daumen, der nicht viel kann. Mit den fünf Fingern buddelt er unter anderem Laufgänge, Jagdgänge und einen Wohnkessel. Dort wohnt er allein bis zum Beginn der Paarungszeit. Zwischen Februar und März macht sich das Männchen dann auf die Suche nach einer passenden Partnerin. Gar nicht so leicht, denn er muss ziemlich lange graben, bis er endlich ein Weibchen gefunden hat. Nach der Paarung zieht sich das Männchen wieder in seine eigene Wohnung zurück, während das Weibchen sich um den Nachwuchs kümmert.

- Beim Graben seiner Gänge schiebt der Maulwurf Erde nach oben. Dann entdeckt man plötzlich mitten im gepflegten Rasen einen Maulwurfshügel. Den Hügel nutzt der Maulwurf, um ab und zu nach oben zu kommen. Dann sucht er sich Blätter, Moos und anderes weiches Material, um sein Nest auszustatten. Ganz selten taucht er auch mal auf, wenn er großen Hunger hat und in seinem unterirdischen Reich keine Insekten oder Mäusejunge findet.

- Unter der Erde hat der Maulwurf keine Feinde. Oben aber muss er sich vor Räubern (wie etwa Füchsen oder bestimmten Vögeln) in Acht nehmen, für die ein Maulwurf ein zarter Leckerbissen ist.

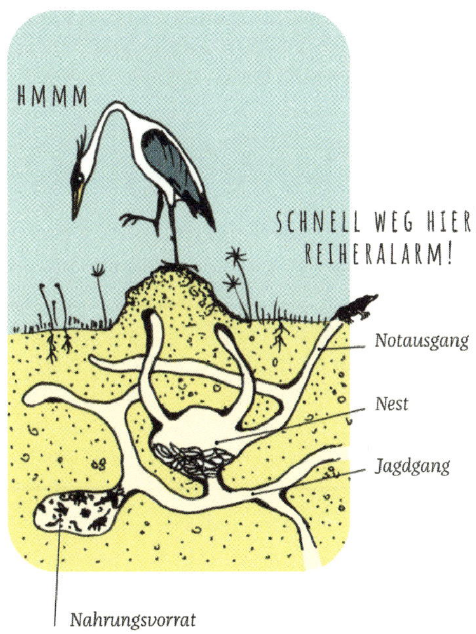

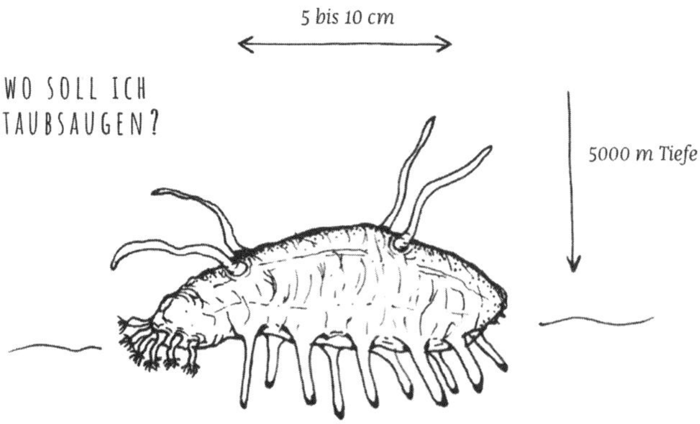

Scotoplanes
»Seeschwein«

214 EIN SEESCHWEIN MIT BEINEN UND PROPELLERN

Der korrekte Name für diese Tiere lautet *Scotoplanes*, aber wir finden »Seeschwein« (auf Englisch *sea pig*) viel netter. Mit ihrem weichen rosa Körper haben sie nämlich Ähnlichkeit mit einem kleinen Schwein. Eigentlich gehören sie zu den Seegurken. Sie leben tief auf dem Meeresgrund, wo sie nach Nahrung suchen.

Scotoplanes werden 5 bis 10 Zentimeter lang. An den Körperseiten sitzen fünf bis sieben Paar »Beine«, die jeweils in einer Art Saugnapf enden. Im schlammigen Boden suchen die Tiere kriechend nach Resten von toten Pflanzen und Tieren. Ihre Mundöffnung ist ringförmig mit Futtertentakeln umgeben, mit denen sie den Schlamm sieben.

Oben auf dem Körper sitzen vier lange »Schwenker«. Die erinnern an Fühler, aber eigentlich handelt es sich hier auch um Beine. Die Seeschweine benutzen sie wie eine Art Propeller, um voranzukommen. Sie dienen auch dazu, verschiedene Stoffe im Wasser aufzuspüren.

Diesen Seegurken begegnet man nicht so leicht. Das liegt daran, dass sie sich meist in sehr großer Tiefe aufhalten, um die 5000 Meter unter der Wasseroberfläche. Wenn es viel zu fressen gibt, etwa einen toten Wal, der auf den Meeresboden gesunken ist, kommen sie zu Tausenden zusammen. Dann hängen sie nebeneinander auf dem toten Wal und zeigen dabei alle in dieselbe Richtung. Das Ganze sieht etwas gruselig aus, aber es hat einen guten Grund. Indem sie sich in die Strömung hängen, können die Scotoplanes den Geruch oder Geschmack verschiedener Stoffe am besten aufnehmen. So fällt es ihnen auch leichter, ihre nächste Futterstelle zu finden.

215 DOCH, DU HAST RICHTIG GESEHEN: EIN ROSA MAULWURF MIT PANZER AUF DEM RÜCKEN

Der Gürtelmull ist das kleinste Mitglied der Familie der Gürteltiere. Er wird nur knapp über 10 Zentimeter groß und bis zu 200 Gramm schwer. Und er ist dermaßen süß, dass es kaum auszuhalten ist! Das Tier trägt einen rosa Panzer auf dem Rücken, darunter hat es flauschiges weißes Fell und Pfoten mit kräftigen Krallen. Mit denen kann es unheimlich schnell buddeln. Fühlt der Gürtelmull sich bedroht, kann er sich in wenigen Sekunden in den Sand eingraben. Ihm wird nachgesagt, dass er »gräbt, wie ein Fisch schwimmt«, was bedeutet, dass er kaum Mühe hat, sich unter der Erde fortzubewegen.

Gürtelmulle sind in den Grasländern und sandigen Ebenen Argentiniens zu Hause. Sie ernähren sich von Ameisen, Würmern, Schlangen und Pflanzen. Oft bauen sie sich ihr Nest in der Nähe eines großen Termiten- oder Ameisennests. Wie Maulwürfe und andere Mulle sehen Gürtelmulle nicht gut, haben aber dafür eine gute Nase.

Leider schrumpft der Lebensraum der Gürtelmulle zunehmend. Auch Fressfeinde wie Wildhunde stellen eine große Bedrohung dar. Auf Englisch heißt der Gürtelmull übrigens *pink fairy armadillo* – das »rosa Feengürteltier«. Wir finden, der Name passt perfekt.

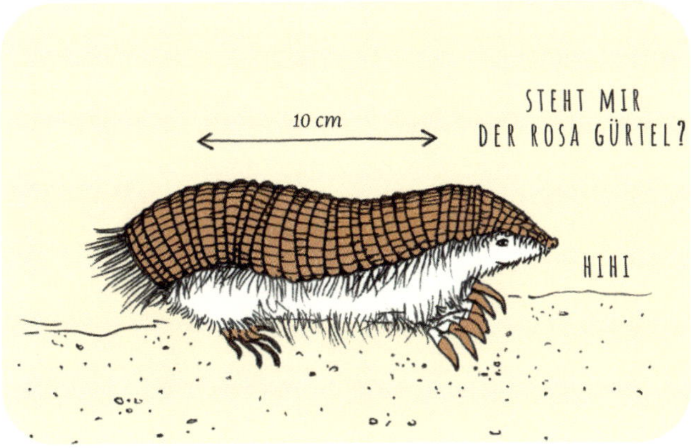

das rosa Feengürteltier

216 DAS MYTHISCHE TIEFSEEMONSTER

Er hat Augen, so groß wie Fußbälle.

Er ist 12 bis 14 Meter lang.

Er ist breiter und muskulöser als der Riesentintenfisch.

Er wiegt bis zu 500 Kilogramm.

Aber kein Mensch hat ihn je lebend gesehen. Es geht um den Koloss-Kalmar, der in 2000 Metern Tiefe im Südlichen Ozean lebt.

Woher wir wissen, dass es ihn gibt? Weil Fischer ihn schon im Netz hatten und ein toter Koloss-Kalmar einmal an Land gespült wurde.

Über dieses »Monster aus der Tiefsee« kreisen viele mythische Geschichten. In alten Legenden wird er »der Krake« genannt. Mit seinen langen Armen soll er die größten Schiffe packen und versenken können. 1830 verfasste Alfred Tennyson sogar ein bekanntes Gedicht mit dem Titel *The Kraken (Der Krake)*. Und auch Jules Verne beschrieb in seinem Roman *20 000 Meilen unter dem Meer* den Riesenkraken. Vielleicht kennst du den Kraken eher aus dem Film *Fluch der Karibik*, in dem ein Krake Davy Jones hilft, Jack Sparrow zu vernichten.

Aber der Mythos hat mit der Wirklichkeit wenig zu tun. Der Koloss-Kalmar ist wahrscheinlich ein langsames Tier, das hauptsächlich Beute fängt, die zufällig vorbeischwimmt und nicht gut aufpasst. An seinen Tentakeln befinden sich scharfe Haken, mit denen er die Beute festhalten kann. Mit seinem messerscharfen Schnabel kann er sie mühelos in Stücke schneiden und herunterschlucken. Weil er kaum Energie verbraucht, hat der Koloss-Kalmar auch nur wenig Nahrung nötig. Mit 5 Kilo Fisch am Tag kommt er gut über die Runden.

Der Koloss-Kalmar selbst muss sich eigentlich nur vor dem Pottwal in Acht nehmen, der für einen leckeren Happen Kalmar sehr tief tauchen kann. Wissenschaftler glauben, dass der Koloss-Kalmar deshalb so große Augen hat. In der dunklen Tiefe kann er so seine Feinde besser auf sich zukommen sehen.

Der Koloss-Kalmar knackt jedes Schiff.

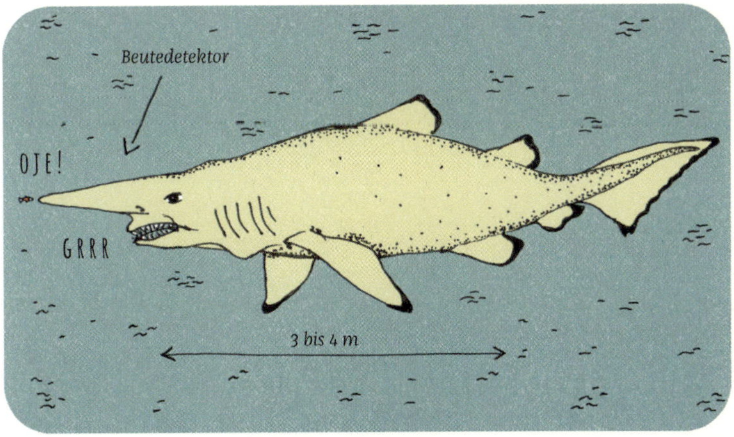

Koboldhai
Mitsukurina owstoni

217 DER HÄSSLICHSTE HAI IM GANZEN MEER

Es ist vielleicht nicht besonders nett, so etwas zu sagen, aber der Koboldhai macht seinem Namen alle Ehre. In Volkserzählungen versteht man unter einem Kobold oft einen zwergenhaften, bösartigen Geist – manchmal auch »Alb« genannt. Und ja, der Koboldhai sieht wirklich aus wie ein Tier aus deinem schlimmsten Albtraum …

Der Fisch ist zwischen 3 und 4 Meter lang und hat eine seltsam aussehende lange Schnauze. Sie erinnert an die Schneide eines Messers. Überall auf seiner Nase sitzen Elektrorezeptoren (die sogenannten *Lorenzinischen Ampullen*), die die elektrischen Felder anderer Lebewesen wahrnehmen. Damit ist die Nase also ein hervorragender Beutedetektor. Darunter befindet sich ein großes Maul voller schaurig scharfer Zähne. Ist die Beute nah genug, wirft der Koboldhai seinen enormen Unterkiefer nach vorn und schnappt zu.

Hinter seinem beeindruckend fiesen Kopf befindet sich ein leicht rosafarbener Körper. Der Farbton entsteht dadurch, dass die kleinen Blutgefäße des Hais ganz dicht unter der Hautoberfläche sitzen. Die Haut ist durchscheinend, wodurch das rote Blut in den Adern sichtbar wird. Auf dem Trockenen sieht das ziemlich gruselig aus, aber im tiefen Meer ist das Rot eine perfekte Tarnung, weil es da pechschwarz wirkt.

Zum Glück musst du keine Angst haben, jemals einem Koboldhai zu begegnen. Er lebt in der Tiefsee, auf 1300 bis 1700 Metern Tiefe. Da ist es stockdunkel, was dem Koboldhai nur recht ist. So kann er in Ruhe Jagd auf Fische, Krabben und Schalentiere machen. Eigentlich ist er ein schlechter Schwimmer, der sich etwas ungelenk im Wasser bewegt. Manchmal wird er selbst von anderen Haien gefressen.

Wissenschaftler wissen bisher nur wenig über den Koboldhai, aber sie möchten gern herausfinden, warum er so anders ist als andere Haie. Zu Forschungszwecken hat man früher einzelne Exemplare gefangen und in ein Aquarium gesetzt. Aber in Gefangenschaft ging es den armen Koboldhaien gar nicht gut, und sie starben immer sehr schnell. Diese Fische müssen offenbar in ihrer eigenen Umgebung bleiben, um zu überleben. Da ist es vielleicht besser, die Tiefseebewohner einfach in Ruhe zu lassen.

Yeti-Krabbe
Kiwa hirsuta

218 DIE HAARIGE BLONDINE AUS DEM OZEAN

Immer noch werden neue Tiere auf unserem blauen Planeten entdeckt. Und manche von ihnen sind wirklich cool.

Die 2005 südlich der Osterinsel entdeckte Yeti-Krabbe ist zum Beispiel so ein Tier. Sie lebt in großer Tiefe, in etwa 2200 Metern. Ihren Namen verdankt die Yeti-Krabbe den blonden »Haaren«, mit denen ihr ganzer Körper bedeckt ist. Die Haare sind aber kein gewöhnlicher Pelz wie bei anderen Tieren, sondern spezielle Borsten, »Setae« genannt.

Die Yeti-Krabbe ist höchstens 15 Zentimeter groß und schneeweiß. In der Tiefsee, wo sie wohnt, sind Farben schließlich überflüssig. Zwar verfügt die Yeti-Krabbe über kleine Augen, aber wahrscheinlich ist sie so gut wie blind. Sie hält sich im eiskalten Ozean gern in der Nähe von Heißwasserquellen auf. Sie muss also ständig aufpassen, dass sie nicht gekocht wird oder gefriert!

Warum die Krabbe behaart ist, ist noch nicht geklärt. Es kann sein, dass in den kleinen Borsten Bakterien leben, die der Krabbe als Nahrung dienen. Ob es da unten wohl auch einen Tiefseefriseur gibt?

219 FÜR MANCHE FISCHE IST DER MEERESBODEN EIN CATWALK

Die Galapagosinseln im Pazifik sind ein Traumziel für Biologen. Dort trifft man nämlich die außergewöhnlichsten Tiere.

Geh doch mal mit auf einen Tauchgang zum Grund des Ozeans. Dort wirst du bestimmt ein paar besonderen Fischen begegnen. Zum Beispiel der Darwin-Seefledermaus, auch »rotlippige Seefledermaus« genannt. Der Name sagt schon alles: ein sehr spezielles Tier.

Der Fisch ist hellbraun bis grau und hat mit ein wenig Fantasie Ähnlichkeit mit einer Fledermaus. Er wird etwa 20 Zentimeter groß. Auch wenn es komisch klingt für einen Fisch: Er ist kein guter Schwimmer. Darum lässt er sich lieber auf den Meeresgrund hinabsinken und spaziert da herum. Das kann er, weil seine Brustflossen sich zu Beinen entwickelt haben.

Vielleicht findest du das allein schon ziemlich seltsam, aber warte, bis du das hier liest: Der Fisch hat feuerrote Lippen. Sie leuchten fast! Das Ganze wirkt wie ein etwas zu dick aufgetragener Lippenstift. Warum das so ist, haben die Wissenschaftler noch nicht herausgefunden.

Sie vermuten, dass die roten Lippen dazu dienen, auf dem Meeresgrund ein bisschen aufzufallen. Dort hebt sich der Fisch ansonsten nämlich nicht besonders vom Sand ab. Ob die roten Lippen bei der Partnersuche helfen? Oder ist der Meeresboden für ihn einfach nur ein riesiger Laufsteg, für den er sich aufbrezeln will?

Das war noch nicht alles! Die Rückenflosse dieses Fischs hat sich zu einer hornförmigen Angel entwickelt. Die Angel und ein leuchtendes Büschel auf seinem Kopf ziehen Beutetiere an (wir haben doch gesagt, dass es immer komischer wird!). Neugierige Krebse und Krabben schwimmen auf das Licht zu und werden vom Fledermausfisch genüsslich verspeist.

Und? Sparst du schon für deine Expedition auf die Galapagosinseln?

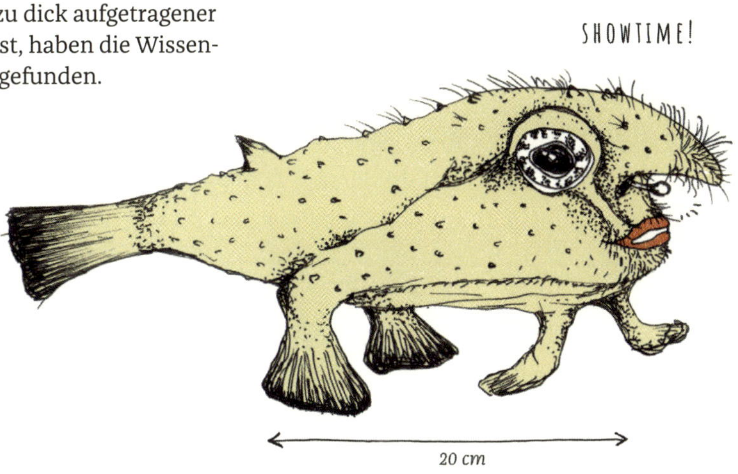

Darwin-Seefledermaus
Ogcocephalus darwini

220 EIN FROSCH MIT STUPSNASE

Kennst du das Sprichwort »Um einen Prinzen zu finden, muss man viele Frösche küssen«? Wir sind uns ziemlich sicher, dass du diesen hier nicht küssen magst. Er sieht – vorsichtig ausgedrückt – etwas speziell aus. Es ist noch gar nicht so lange her, dass *Nasikabatrachus bhupathi* (der Bhupathi-Nasenfrosch) in den indischen Bergen entdeckt wurde. Er hat eine leuchtend violette Haut, hellblaue Ringe um die Augen und eine spitze Schnauze. An seinem dicken, runden, glänzenden Körper sitzen kurze Beine mit Füßen, die sich sehr gut zum Graben eignen.

Den Großteil ihres Lebens verbringen diese Tiere unter der Erde. Nicht einmal zum Fressen kommen sie nach oben. Sie buddeln sich in der Nähe eines Termiten- oder Ameisenhügels ein und schlürfen mit ihrer langen Zunge die Tiere aus ihrem Nest.

Nasikabatrachus bhupathi

Wissenschaftlern zufolge zeigt die Entdeckung dieser Tiere, wie wenig wir eigentlich über Frösche wissen. Fast die Hälfte aller bekannten Froscharten ist vom Aussterben bedroht, trotzdem werden jedes Jahr wieder Hunderte neuer Arten entdeckt. Vielleicht ist ja irgendwann auch mal ein Frosch dabei, der wirklich zum Prinzen wird, wenn man ihn küsst ...

– 12 –

WIE TIERE WOHNEN

221 DIE EINGANGSTÜR DER BIBERBURG LIEGT UNTER WASSER

Biberburg

Wissenschaftler schätzen, dass es in Amerika und Kanada vor langer Zeit mehrere Hundert Millionen Biber gab. Das wären ungefähr vierzig Biber pro Quadratkilometer. Auch in Europa lebten einst viele Biber. Es ist wahrscheinlich, dass unsere Vorfahren Mäntel aus Biberpelz trugen.

Mit der Ankunft der europäischen Kolonisten in Amerika ging die Biberpopulation schnell zurück. Biber wurden ihres Fells wegen gejagt, aber auch, weil sie *Castoreum* oder »Bibergeil« produzieren, einen Stoff, dem Heilkräfte zugeschrieben werden und der auch in Parfüms und in Nahrungsmitteln zum Einsatz kommt.

Mittlerweile ist bekannt, dass Biber für das Ökosystem ungeheuer wichtig sind. Ein Biberdamm kann eine ganze Landschaft völlig verändern, aber er bietet auch Wohnraum für andere Tiere, darunter Frösche, Nagetiere, Insekten, Vögel und Fische. Der Damm wirkt wie ein Wasserfilter, durch den das Wasser sauberer wird, außerdem sind die faulen Blätter und Zweige, die zum Bau verwendet werden, ein ausgezeichneter Nährstoff für den Boden.

Biberdämme und -burgen sind kleine architektonische Meisterwerke. Die Burg ist das Haus, in dem eine Biberfamilie wohnt. Weil die Biber keine Lust auf Besuch von Räubern haben, bauen sie die Eingangstür ihrer Burg unter Wasser. Dafür muss der Wasserstand immer gleich bleiben, und dazu dient der Damm. Mit ihren scharfen Zähnen können Biber rasend schnell Bäume fällen und nutzen die Baumstämme, Äste und Zweige zum Bau des Damms. Seinen platten Schwanz nutzt der Biber unter anderem, um Schlamm auf den Damm zu streichen und ihn so wasserdicht zu machen. Prima Schreiner und Klempner also, diese Biber.

Zombiber

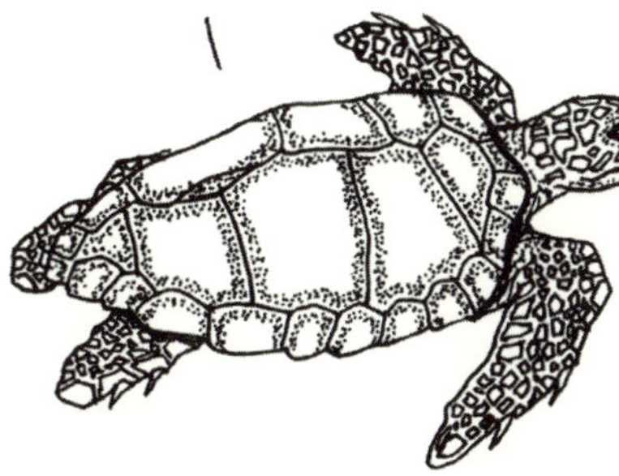

200 Millionen Jahre alte Schildkröte

222 EINE SCHILDKRÖTE WIRD NIE ZU GROSS FÜR IHREN PANZER

Schildkröten gehören zu den ältesten Reptilienarten der Welt. Man kann sie 200 Millionen Jahre zurückverfolgen, bis in die Zeit, als noch Dinosaurier auf der Erde lebten.

Ihr Schild ist eigentlich ein Skelett, das aus etwa sechzig Knochen besteht, auf denen Hornplatten liegen. Die Oberseite nennt man »Rückenpanzer«, die Unterseite »Bauchpanzer« und die Platten »Schilde«. Sie bestehen aus Keratin, dem Stoff, aus dem auch deine Nägel sind. Der Panzer sitzt fest am Körper an, also können die Schildkröten auch nicht rauskriechen. Aber er wird ihnen nie zu klein, weil er einfach mitwächst.

Schildkröten leben überall auf der Welt, im Wasser wie an Land. Sie kommen auf jedem Kontinent vor, außer auf Antarktika.

Schildkröten, die im Wasser zu Hause sind, haben einen stromlinienförmigen Körper, und ihre Füße sind an das Schwimmen angepasst. Meeresschildkröten kommen nur aus dem Wasser, um im Sand ihre Eier zu legen. Süßwasserschildkröten leben in Seen und Teichen. Sie klettern oft aus dem Wasser, um am Ufer Sonne zu tanken.

Landschildkröten haben rundere und stumpfere Beine, die sich gut zum Laufen eignen. Wenn es ihnen zu warm wird, graben sie ein Loch in den Boden, in dem sie sich verstecken.

Und sind Schildkröten nun wirklich so langsam, wie immer behauptet wird? Meistens ja. Sie haben schließlich einen Panzer, in den sie sich bei Bedrohung zurückziehen können. Aber wenn es wirklich drauf ankommt, können manche Schildkröten auch mal einen ordentlichen Sprint hinlegen.

Mexikanische Bulldoggfledermäuse in der Bracken Cave

223 15 MILLIONEN FLEDERMÄUSE IN EINER HÖHLE

Die größte Fledermauskolonie der Welt wohnt in der Bracken Cave, einer Höhle in Texas. Die gigantische Kolonie von Mexikanischen Bulldoggfledermäusen steuert die Höhle extra an, um dort ihren Nachwuchs zur Welt zu bringen. Nach der Ankunft klammern sich Millionen trächtiger Weibchen an die Höhlenwände. Im Juni bekommt jede Fledermaus ein Junges. Die Einwohnerzahl der Grotte verdoppelt sich also innerhalb weniger Tage, und an den Wänden hängen um die 15 Millionen Fledermäuse. Direkt nach der Geburt nimmt sich die Mutter ein Stündchen Zeit, um sich mit ihrem Jungen vertraut zu machen. Dabei lernen sie gegenseitig ihren Geruch und ihre Laute kennen. Danach kommt das Junge in die Kinderkrippe, wo die noch nackten Jungtiere dicht an dicht nebeneinandersitzen. Auf einem zehntel Quadratmeter hängen dann etwa 500 Babyfledermäuse!

Bei Anbruch der Dämmerung verlassen Millionen Fledermäuse die Höhle, um Insekten zu fangen. Die Fledermausmutter frisst sich satt und kehrt dann zurück in die riesige Krippe, wo ihr Junges schon auf sie wartet. Zweimal am Tag gibt sie ihrem Baby Milch.

Nach vier Wochen wagen die Jungen einen ersten Flugversuch. Sie lösen sich von der Wand, fliegen ein paar Meter, vollführen einen perfekten Salto und landen wieder an ihrem angestammten Platz. So ist zumindest der Plan. Meist geht es gut, aber nicht immer. Ein Zusammenstoß mit einer anderen Jungfledermaus kann fatal sein, ebenso wie eine Notlandung auf dem Boden. Dort sitzen nämlich Tausende hungrige Käfer, die das arme Fledermausjunge im Nu mit Haut und Haar vertilgen. Die Hälfte aller Jungtiere überlebt das erste Lebensjahr nicht.

Im Juli dann dürfen die Kleinen zum ersten Mal mit ihren Müttern auf Insektenjagd gehen. Sie sausen wie kleine Torpedos durch die Luft und vollführen dabei akrobatische Kunststücke.

224 DAS RIESENNETZ, DAS EINEN FLUSS ÜBERSPANNT

Findest du es auch so gruselig, in ein Spinnennetz zu laufen? Die Fäden bleiben immer kleben (und natürlich hast du Angst, dass die Spinne dann irgendwo auf dir hockt).

Im Regenwald von Madagaskar ist eine Spinne entdeckt worden, deren Netz einen ganzen Fluss überspannt. Es kann stolze 25 Meter Länge und einen Durchmesser von 3 Metern erreichen. Das ist gigantisch. Natürlich denkt man sofort, dass das auch eine enorme Spinne sein muss, die so ein riesiges Netz spinnt, aber das ist gar nicht der Fall! Die *Caerostris darwini*, die das Netz herstellt, ist von Beinspitze zu Beinspitze nur 1,5 Zentimeter groß. Das Weibchen wiegt kaum ein halbes Gramm, und die Männchen dieser Art bringen nur ein Zehntel davon auf die Waage.

Seltsamerweise wurde die Spinne erst 2010 von einem internationalen Team von Biologen entdeckt. Als Erstes sahen sie die großen Spinnennetze, die über den Namorona-Fluss gespannt waren. Dafür spinnt das Weibchen zuerst lange Seidenfäden, die vom Wind ans andere Ufer getragen werden und sich dort festsetzen. Dann läuft sie in die Mitte und beginnt, ihr enormes Netz zu spinnen. Die Seide, die sie benutzt, ist stärker als die anderer Spinnenarten. Damit kann sie auch große Insekten fangen, die über dem Wasser fliegen, wie zum Beispiel Libellen. Weil keine andere Spinne ihr Konkurrenz macht, ist für sie immer genug nahrhaftes Fressen vorhanden.

Wenn ihm ein großes Insekt ins Netz geflogen ist, dauert es immer eine Weile, bis das Weibchen das Netz wieder repariert hat. Und der Herr? Der sitzt lieber versteckt im Gebüsch und bestaunt von dort aus das architektonische Meisterwerk.

225 TERMITEN BAUEN WOLKENKRATZER (MIT KLIMAANLAGE)

Termiten sehen zwar ein bisschen so aus wie Ameisen, aber im Unterschied zu diesen sind sie weiß bis farblos und viel größer. Eine Durchschnittstermite kann 2 Zentimeter lang werden und die Königin sogar bis zu 10 Zentimeter.

Termiten leben in großen Kolonien mit Millionen Artgenossen zusammen. Ihre Nester kommen in allen Formen, Größen und Arten vor. Manchmal handelt es sich um besonders beeindruckende Konstruktionen aus Sand, Kot und Speichel. Bei manchen Gattungen kann man das Nest mit einem enormen Schloss vergleichen, das über eine Schlafkammer für König und Königin sowie Zimmer zur Pflege der Eier und Larven verfügt, außerdem über eine große Halle, in der auch ein ausgewachsener Mensch Platz hätte, Pilzzuchtkammern und noch weitere große und kleine Räume.

Termiten leben in Gegenden, in denen es nachts sehr kalt und tagsüber unerträglich heiß wird, zum Beispiel in einer Wüste. Schlau, wie sie sind, bauen sie ihr Nest unter der Erde, weil die Temperatur da weniger stark schwankt. Tief unter dem Sand allerdings ist weniger Sauerstoff vorhanden, und den braucht man dringend, wenn man sich zu so vielen auf so engem Raum tummelt. Darum schaffen sich die Termiten ihre eigene Klimaanlage, indem sie über ihrem Nest einen enormen Turm errichten, durch den Frischluft hinein- und alte Luft hinausströmen kann. Dies geschieht mittels vieler kleiner Löcher in der Decke, durch die die Luft ins unterirdische Nest fließt.

Und das ist noch nicht alles. Termiten züchten in ihren riesigen Nestern Pilze als Nahrung. Wenn es zu warm ist, trocknen die Pilze aus, also bauen die Termiten unter dem Turm ein riesiges Gewölbe mit Gängen, die zum tief im Boden vorhandenen Grundwasser führen. Von dort holen sie frischen Schlamm und legen den in Schichten auf die Pilze. So bleiben sie feucht, und das Wasser im Schlamm verdampft, wodurch die Temperatur noch weiter sinkt.

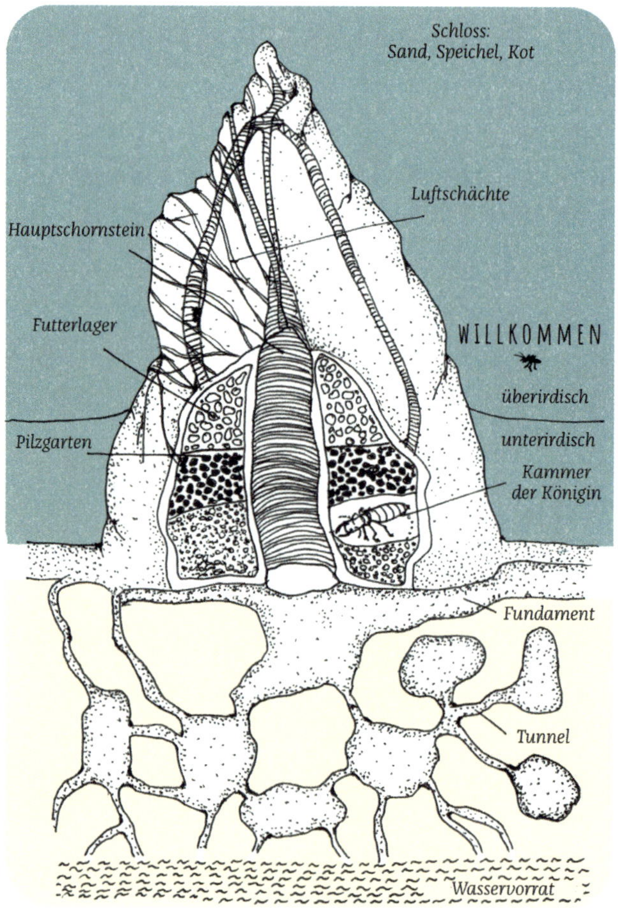

Termitennest

226 ZUM NESTBAU TRÄGT DER SPECHT EINEN SCHUTZHELM

Buntspecht

Spechte sieht man oft an einem Baum sitzen und dabei rasend schnell mit dem Schnabel gegen den Stamm hämmern – bis zu zwanzig Mal pro Sekunde! Wir wären wohl schon nach dem ersten heftigen Kopfstoß krankenhausreif, aber der Specht ist perfekt ausgerüstet, um die Erschütterungen zu dämpfen. Er verfügt über extrastarke Nackenmuskeln und eine biegsame Wirbelsäule. Außerdem enthält sein Kopf nur wenig Gehirnflüssigkeit, sodass die Erschütterungen das Hirn nicht schädigen können. Und dann verfügt er noch über einen schwammähnlichen Knochen zwischen Schnabel und Schädel, der wie eine Art Fahrradhelm die schlimmsten Schläge abfedert.

Spechte schlagen Löcher in Bäume, um sich im Stamm ihr Nest zu bauen. Oft dauert es zwei bis drei Wochen, bis es fertig ist, und sowohl das Männchen als auch das Weibchen setzen ihre Hämmerkünste dafür ein. Obwohl das Baumloch Jahr für Jahr wiederverwendet wird, richten die Spechte es sich nicht besonders gemütlich ein. Die Eier legen sie einfach direkt aufs Holz.

Singen können Spechte nicht, nur ein bisschen tschilpen. Wollen sie einander etwas mitteilen, trommeln sie auf allem, was einen Klang erzeugt. Das können Bäume sein, aber auch Pfähle, Schornsteine, Regenrinnen oder Mülltonnen. Auf diese Art erzeugen sie einen Heidenlärm.

Manche Spechte nutzen ihren Schnabel auch, um Nistkästen oder Schwalbennester zu zertrümmern, wenn sie Appetit auf Jungvögel haben. Oder sie klopfen auf Bäume, um Insekten herauszulocken. Ihre lange Zunge sitzt aufgerollt in ihrem Schädel und wird herausgestreckt, wenn sie ein Insekt im oder auf dem Baum entdeckt haben. An den Widerhaken auf der Zunge bleibt die Beute hängen und wird einfach mit hineingezogen. Ein kleines Wunderwerk der Technik, der Specht!

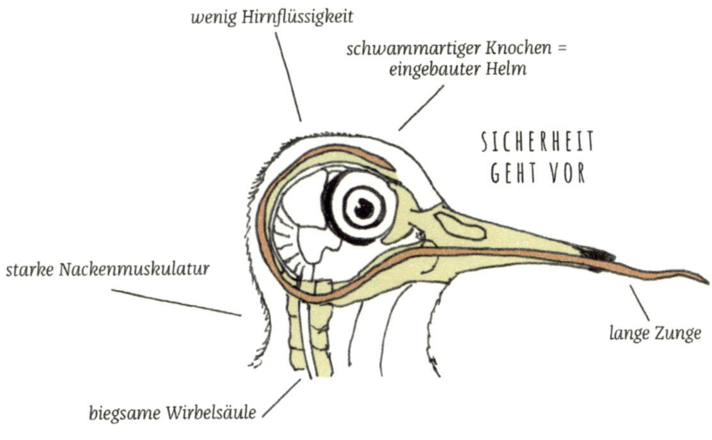

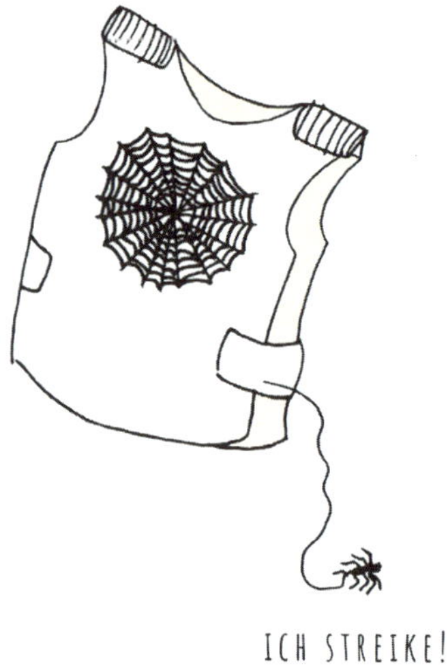

227 DAS HAUCHFEINE, ABER ÄUSSERST REISSFESTE NETZ EINER SPINNE

Die Netze der Spinnen faszinieren die Wissenschaftler schon lange. Das Material, aus dem sie bestehen, ist nicht nur ungeheuer dehnbar, sondern auch extrem leicht und stark. Fester als Stahl und dabei dehnbarer als Gummi. Ein ideales Material also, zum Beispiel für kugelsichere Westen.

Daneben sorgt auch die Form des Netzes für zusätzliche Stabilität. Auch wenn an einer Stelle einer oder mehrere Fäden reißen, bleibt das ganze Netz intakt. Es verliert auch so gut wie nie seine Form. Wenn ein Insekt hineinfliegt, geht ein kleiner Teil kaputt, aber die Spinne kann es anschließend wieder reparieren.

Spinnen nutzen zwei verschiedene Arten von Seide. Die eine dient zum Einfangen der Beute. Die ist besonders dehnbar und befindet sich in der Netzmitte. Die nichtklebrige Seide wird verwendet, um das Netz besonders reißfest zu machen. Kann das Netz einmal nicht mehr repariert werden, frisst die Spinne die Seide auf und recycelt sie, um ein neues Netz zu weben.

Es wundert also nicht, dass Wissenschaftler an einer künstlichen Form von Spinnenseide forschen. Noch besser wäre natürlich die Seide der Spinne selbst. Aber leider lässt sich nicht genug Spinnenseide ernten, um daraus Waren herzustellen. Darum sind die Wissenschaftler noch einen Schritt weitergegangen. Sie haben Ziegen die Gene eingepflanzt, die für die Seidenproduktion bei Spinnen verantwortlich sind. Die Stoffe, die sie zur Herstellung verschiedener Materialien brauchen, können sie so aus der Ziegenmilch gewinnen. In Zukunft soll es möglich sein, daraus etwa kugelsichere Westen, Airbags und Helme herzustellen. Auch die Chirurgie soll den Stoff verwenden können, zum Beispiel für die Erzeugung künstlicher Sehnen oder Kreuzbänder. Da sieht man mal, was wir von einer kleinen Spinne alles lernen können.

228 WILLKOMMEN IM DACHSSCHLOSS

- Der Dachs ist ein Nachttier, das man fast nie zu Gesicht bekommt. Tagsüber sitzt er gemütlich in seinem Bau. So ein Dachsbau ist oft ein regelrechter Palast. Er besteht aus mehreren Etagen, und die Kammern sind durch lange Gänge miteinander verbunden. In direkter Umgebung des Baus gibt es Spielplätze für die Jungen, Toiletten und Kratzbäume. Im Herbst steht bei Familie Dachs das große Saubermachen an, dann tauschen sie die Gräser und Farne aus, auf denen sie schlafen. Wie bei Adeligen bleibt so ein Dachsbau Generationen lang in der Familie. Dachsen macht es nichts aus, sich Teile des Baus mit Mäusen, Kaninchen, Iltissen, Steinmardern oder Füchsen zu teilen. Manchmal spielen Jungdachse auch mit den Jungfüchsen.

- Mit seinem schwarz-weiß gestreiften Kopf und dem grauen Rückenfell sieht der Dachs sehr niedlich aus. Er frisst alles, was ihm unter die Nase kommt: Regenwürmer, Raupen, Käfer, Larven, Früchte und sogar Vogeleier und Mäusejunge. Er kann auch nicht so wählerisch sein, denn er macht beim Herumschnüffeln so viel Lärm, dass die meisten Tiere schon längst über alle Berge sind, bevor der Dachs sie aufgespürt hat.

- Eine Dachsfamilie wird »Clan« genannt. Sie besteht aus den erwachsenen Tieren, den Jungen, die im jeweiligen Jahr geboren wurden, und den Jungen aus dem Vorjahr. Dachse desselben Clans drücken ihre Hinterteile aneinander, um Duftstoffe auszutauschen. Das nennt man »stempeln«. So bekommt jeder Clan seinen eigenen Geruch, und jeder kann Familienmitglieder von Eindringlingen leicht unterscheiden.

der Dachsbau – ein wahrer Palast

Gorilla auf Reisen

229 GORILLAS SCHLAFEN JEDE NACHT IN EINEM NEUEN BETT

Wenn Wissenschaftler herausfinden wollen, wie viele Gorillas in einem bestimmten Gebiet leben, zählen sie die Nester. Die sind nämlich leichter zu finden als die großen Menschenaffen selbst.

Gorillas bauen sich ihre Nester auf dem Boden oder in Bäumen. Dafür verwenden sie Äste und Zweige mit vielen Blättern, um sich eine möglichst weiche Schlafstätte zu bauen. Jeder Gorilla schläft in seinem eigenen Bett. Nur die Jungen schlafen noch bei ihrer Mutter, bis sie etwa drei Jahre alt sind.

Am Morgen verlassen sie ihr Nachtlager und ziehen weiter, immer auf der Suche nach Nahrung. Gorillas sind wahre Nomaden, die fast nie zweimal am selben Ort schlafen.

Die Nester der Gorillas verraten den Wissenschaftlern viel über die Tiere. Zum Beispiel, wie groß die Gruppe ist, aber auch, ob die Tiere gesund sind. Um das herauszufinden, nehmen sie Proben von Haaren aus den Nestern und von den Ausscheidungen in der Umgebung.

Eine Gruppe Gorillas besteht meistens aus ungefähr zehn Tieren. Ein Männchen ist das Leittier, und sein Harem besteht aus mehreren Weibchen. Der Rest der Gruppe setzt sich aus Gorillakindern und jungen Männchen zusammen. Niemand in der Gruppe regt sich schnell auf. Nur der Boss zeigt zwischendurch, wer das Sagen hat, indem er drohend auf ein anderes Männchen zurennt oder sich auf die Brust trommelt, aber ansonsten sind sie alle ganz entspannt. Den Anführer erkennt man an den grauen Haaren auf dem Rücken. Seine Aufgabe besteht darin, Streitereien zu schlichten und für ein friedliches Zusammenleben zu sorgen.

Leider gibt es mittlerweile nicht mehr viele Gorillas auf der Welt. Ihre Anzahl wird auf nur noch ein paar Hunderttausend geschätzt.

230 DIE WASSERSPINNE LEBT UNTER WASSER

Logisch, dass eine Wasserspinne unter Wasser lebt, denkst du jetzt vielleicht. Aber so logisch ist es nicht. Spinnen brauchen nämlich Sauerstoff zum Überleben. Und die meisten Spinnen meiden das Wasser.

Bis auf die Wasserspinne. Die verbringt ihr ganzes Leben unter Wasser. Es ist die einzige Spinne, von der wir wissen, dass sie das tut. Die kleine Spinne webt ein spezielles Netz, das sie mit zusätzlichen Fäden an Wasserpflanzen befestigt. Einzelne Fäden verlaufen auch nahe der Wasseroberfläche. Entlang dieser klettert die Wasserspinne nach oben. Sie streckt ihren Hinterleib und die Hinterbeine aus dem Wasser und taucht ruckartig wieder unter. Dabei entsteht eine Luftblase, die sie zwischen den Hinterbeinen zu ihrem Unterwassernetz trägt. Unter dem Netz formen die vielen kleinen Luftblasen eine große Blase, in der die Spinne wohnen kann. Sie hat sich also sozusagen eine Taucherglocke gebaut.

Auch ihr Netz hat eine besondere Funktion. Es dient als eine Art Kieme, mit der sie den aufgelösten Sauerstoff aus dem Wasser ziehen kann. Mit diesem Sauerstoffvorrat kann die Spinne einen ganzen Tag lang unter Wasser bleiben, wenn sie nicht zu viel Energie verbraucht.

Die Wasserspinne ist in Tümpeln, Teichen und langsamen Fließgewässern in Europa und Asien zu Hause. Sie bleibt ihr ganzes Leben lang unter Wasser. Paarung, Eierlegen und Beutefang finden alle in ihrer besonderen Taucherglocke statt.

Wasserspinne
Argyroneta aquatica

231 WARZENSCHWEINE SIND HAUSBESETZER

Warzenschweine werden wahrscheinlich nie einen Schönheitswettbewerb gewinnen. Wie der Name schon sagt, gehören sie zur Familie der Schweine und haben Warzen am Kopf. Das sind eigentlich Hautverdickungen, die dazu dienen, den Kopf zu schützen, wenn die Männchen während der Paarungszeit mal wieder miteinander in Clinch geraten.

Warzenschweine sind spärlich behaart, bis auf eine Art Hahnenkamm auf dem Rücken. Am Schwanzende sitzt außerdem ein niedliches Büschel. Warzenschweine sind in mehreren Gegenden Afrikas anzutreffen, wo sie in den Höhlen von Erdferkeln wohnen. Eigentlich sind Warzenschweine also Hausbesetzer. Allerdings kämpfen sie nicht mit den Erdferkeln um ihre Höhle, sondern warten in Ruhe, bis eine frei wird, und ziehen dann ein.

Sie ernähren sich von Wurzeln, Beeren, Baumrinde, Knollen, Gras und Pflanzen. Fleisch fressen sie nur, wenn es sonst nicht genug Nahrung gibt. Selbst erlegen sie keine Beute, aber sie nagen an toten Tieren, die von Raubtieren zurückgelassen wurden, oder versuchen, Würmer zu fangen.

Warzenschweine können monatelang ohne Wasser überleben. Wenn es doch Wasser gibt, tauchen sie sofort unter, um sich abzukühlen. Sie suhlen sich auch gern im Schlamm, um sich zu erfrischen und um lästige Insekten loszuwerden. Manchmal bekommen sie dabei Unterstützung von Madenhackern – Vögeln, die auf ihrem Rücken mitreiten und dabei die lästigen Krabbeltiere auffressen. Und zwischendurch singen sie natürlich *Hakuna Matata*.

Warzenschwein
Phacochoerus africanus

– 13 –

VON EXTRA SMALL BIS EXTRA LARGE

232 VON DER TIEFKÜHLTRUHE IN DIE MIKROWELLE

Wahrscheinlich hast du noch nie ein Bärtierchen gesehen. Kein Wunder, denn das Bärtierchen, auch Wasserbär genannt, ist kaum größer als ein Stecknadelkopf (0,1 bis 1,5 Millimeter groß). Diese winzigen Tierchen sind buchstäblich überall auf der Welt zu Hause, sie leben auf 6000 Meter hohen Bergspitzen bis hin zu 4000 Metern Tiefe im Ozean. In der klirrenden Kälte des Polareises ebenso wie in siedend heißen Wasserquellen. Ein Bärtierchen kann Temperaturen von minus 272 °C bis plus 150 °C aushalten.

Warum das so ist? Wenn die Umweltbedingungen schwierig werden, gerät das Bärtierchen in einen Zustand, der »Scheintod« oder fachsprachlich *Kryptobiose* genannt wird. Dabei verschrumpelt es regelrecht, und die Beine scheinen zu verschwinden – das nennt man das »Tönnchenstadium«. Sobald die Umstände wieder erträglicher werden, erwacht das Bärtierchen erneut zum Leben, und seine Beine kommen wieder zum Vorschein.

2007 wurden bei einem Experiment Bärtierchen in einer Art Käfig in den Weltraum geschossen. Sie überlebten nicht nur die Kälte, sondern auch die kosmische Strahlung und die Abwesenheit von Sauerstoff. Damit sind sie wahrscheinlich die einzigen Tiere, die im Weltraum überleben können.

Bärtierchen sind also bärenstark. Wissenschaftlern zufolge könnten sie auch den Einschlag eines Riesenasteroiden, eine Supernova oder einen Gammablitz überstehen. Nur das Erlöschen der Sonne würde schließlich auch das Ende dieser Tierchen bedeuten, aber sie würden wahrscheinlich länger überleben als alle anderen Lebewesen auf der Erde.

233 EIN WINZIG KLEINER UNTERWASSERZYKLOP

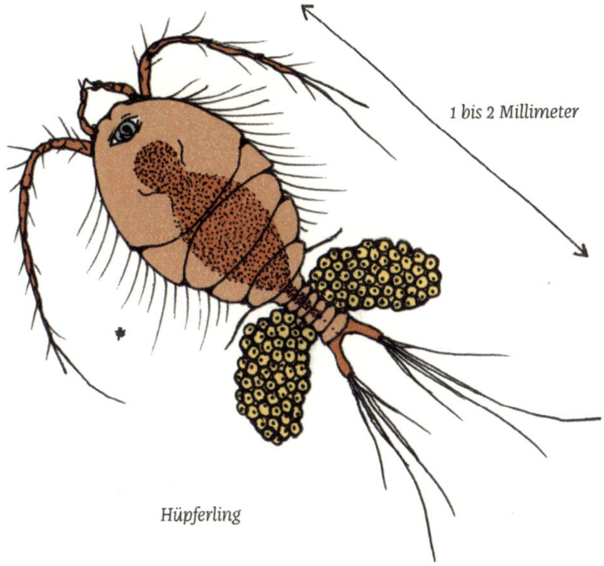

Hüpferling

- In der griechischen Mythologie werden die wilden Riesen mit nur einem Auge »Zyklopen« genannt. Die Hüpferlinge sind mit ihren 1 bis 2 Millimetern Körpergröße zwar wahrlich keine Riesen, aber sie haben – wie die Zyklopen – nur ein Auge in der Mitte ihres Kopfs. Darum lautet ihr lateinischer Name auch *Cyclops*.

- Die kleinen Krebse kommen in Salz- und Süßgewässern überall auf der Welt vor. Sie ernähren sich von Tierchen und Pflanzen, die sie im Wasser finden. Manchmal fressen sie auch die Parasiten auf den Körpern von Fischen, Vielborstern und anderen Würmern und Weichtieren.

- Droht bei diesen Schalentieren einmal Überbevölkerung, fressen sie ihre eigenen Eier auf. So verhindern sie, dass zu viel Nachwuchs geboren wird. Sonst wäre für die Jungtiere nicht genug Nahrung da.

- Hüpferlinge gehören zum sogenannten »Zooplankton«. Damit werden kleine Tiere bezeichnet, die sich im Wasser meist nur treiben lassen und sich dabei die Strömungen zunutze machen. Auf diese Weise sind sie Nahrung für verschiedene Fischarten und auch große Meeressäuger. Barten- und Blauwale zum Beispiel fressen hauptsächlich Zooplankton. So ernähren klitzekleine Lebewesen, die man mit bloßem Auge kaum erkennen kann, das größte Tier, das auf der Erde lebt.

- Hüpferlinge machen ihrem Namen alle Ehre, denn sie sind großartige Springer. Mit einem Schlag ihrer Antennen können sie bis zum Fünfhundertfachen ihrer Körperlänge in einem »Sprung« zurücklegen. Angenommen, du bist 1,50 Meter groß – als Hüpferling könntest du dann stolze 750 Meter weit springen. Nicht schlecht für so einen Winzling, oder?

234 IN DEINEM BETT WIMMELT ES VON LEBEN

Und nicht nur, wenn du drin liegst! In einem einzigen Bett leben nämlich Hunderttausende bis Millionen von Hausstaubmilben. Sie sind kaum 0,25 Millimeter groß und mit dem bloßen Auge nicht zu sehen. Diese kleinen Spinnen mit acht Beinen ernähren sich von deinen Hautschuppen. In einem Kopfkissen kann eine ganze Stadt von vierzigtausend Hausstaubmilben leben, ohne dass du etwas davon merkst.

Zum Glück beißen die Tierchen nicht. Allerdings sind manche Menschen gegen ihre Ausscheidungen allergisch. Ist das der Fall, muss unter anderem öfter gelüftet und das Bettzeug gereinigt werden.

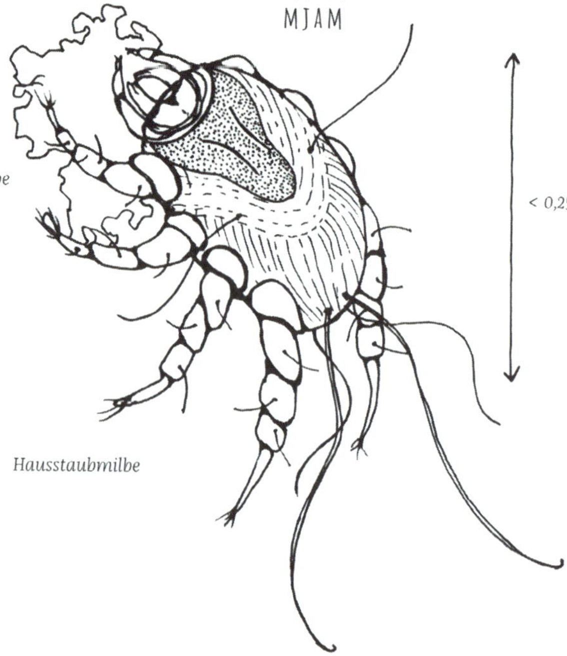

Hausstaubmilben speisen aber nicht nur in deinem Bett, sondern haben darin auch noch Sex (hör ich gerade ein lautes »Iiiiiiih«?). Nach der Paarung bekommt das Weibchen zwischen fünfundzwanzig und dreißig Junge, mit denen sich die Gruppe fröhlich weiter vergrößert. So eine Hausstaubmilbe kann in ihrem kurzen Leben bis zu hundert Eier legen. Wenn die Milben sterben, bleiben ihre Leichen natürlich einfach in deinem Bett liegen.

Du bist von all dem Trubel in deinem Bett nicht so angetan? Sie ganz fernzuhalten wird nicht gelingen. Aber du kannst dafür sorgen, dass sich ihre Anzahl in Grenzen hält.

Schlag morgens die Bettdecke auf, damit alles gut durchlüften kann. Frische Luft und vor allem Licht sind den Milben nämlich so gar nicht geheuer. Halte außerdem deine Haustiere vom Schlafzimmer fern, und staubsauge regelmäßig. Und mach unbedingt das Fenster auf, damit das Zimmer ordentlich durchgelüftet wird.

Und ansonsten musst du es einfach hinnehmen, dass dein Bett nie nur dir selbst gehört.

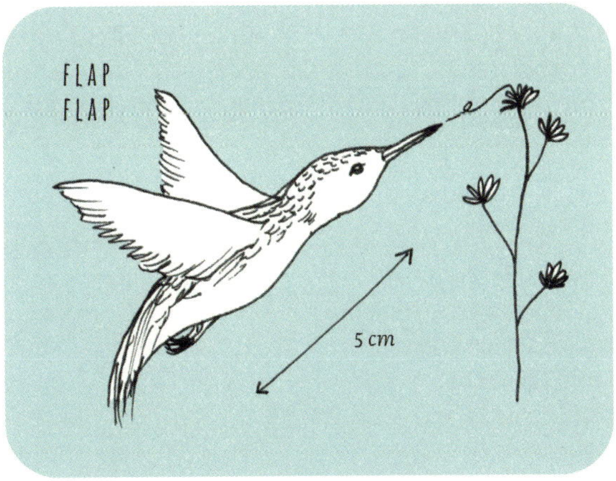

235 EIN VOGEL VON DER GRÖSSE DEINES KLEINEN FINGERS

Auf Kuba, einem Inselstaat in der Karibik, ist ein Vögelchen zu Hause, das nicht größer ist als dein kleiner Finger. Es misst nur etwa 5 Zentimeter und wiegt keine 3 Gramm. Seine Eier sind nur so groß wie eine Kaffeebohne.

Damit ist die Bienenelfe, auch Kubaelfe oder Hummelkolibri genannt, offiziell der kleinste Vogel der Welt. Aber unterschätz ihn nicht! Mit seinen Flügeln kann er rasend schnell schlagen: bis zu 200 Mal pro Sekunde! Diese Geschwindigkeit kannst du dir wahrscheinlich kaum vorstellen. Auf Englisch heißen Kolibris hummingbirds. Der Name bezieht sich auf das Geräusch, das die schnellen Flügelschläge erzeugen, nämlich eine Art Summen – Summvögel also.

Bienenelfe

Dank seiner besonderen Flügel kann der Kolibri mit Geschwindigkeiten von bis zu 15 Metern pro Sekunde (umgerechnet 54 Stundenkilometer) vorwärtsfliegen. Aber er kann auch auf der Stelle und sogar rückwärts fliegen.

Weil sie beim Flattern ungeheuer viel Energie verbraucht, muss so eine Bienenelfe auch viel fressen. Dazu steckt sie ihren langen, feinen Schnabel in eine Blüte und leckt mit ihrer langen Zunge den ganzen Nektar auf. Jeden Tag sucht sie so Hunderte von Blüten auf und trinkt dabei mehr als ihr eigenes Körpergewicht an Nektar. Zwischendurch fängt sie auch ein paar Mücken.

Man kann sich vorstellen, dass ein Kolibri von all dem Geflatter furchtbar müde wird. Um Energie einzusparen, schläft er. Das ist aber kein gewöhnlicher Schlaf, sondern der sogenannte *Torpor*, ein besonders tiefer Schlaf, bei dem der Vogel so gut wie keine Energie verbraucht. Es wirkt dann so, als ob er tot wäre. Auch wenn es sehr stark regnet und sie deshalb keine Blumen anfliegen können, gehen Kolibris in Torpor.

236 DER KIEMENFÜSSER IST NICHT KLEINZUKRIEGEN

Kiemenfüßer fühlen sich in stark salzhaltigen Gewässern am wohlsten. Man findet diese Krebstiere in Salzseen und Tümpeln in Salzabbaugebieten, wo kein Fisch überleben kann. Das trifft sich gut für die kleinen Krebse, denn so haben sie kaum natürliche Feinde.

Sinkt der Salzgehalt eines Gewässers, kommen nach und nach mehr Fische hinzu, die die Krebstiere fressen. Manchmal ist der Salzgehalt aber auch so hoch, dass selbst die Kiemenfüßer nicht mehr darin überleben können. Für diesen Fall hat sich Mutter Natur eine geniale Lösung ausgedacht. Normalerweise bekommt ein Kiemenfüßer lebende Junge. Das Weibchen bewahrt die Eier in einem Brutbeutel auf und wartet, bis die Jungen herauskommen. Ist das Wasser aber zu salzig (oder gefroren), legt das Weibchen Eier, aus denen nicht sofort Junge schlüpfen. Diese Eier sind viel kleiner als normale Eier und haben eine dickere Schale, damit sie besser geschützt sind. Werden die Lebensbedingungen wieder besser, öffnen sich die Eier nach ein paar Stunden. Diese »Wintereier« können Dutzende Jahre überleben.

Kiemenfüßereier werden gefroren oder getrocknet für Aquarien zum Verkauf angeboten. Zu Hause werden sie dann in einen großen Behälter mit Salzwasser gestreut. Ein paar Tage später wimmelt es darin von Leben.

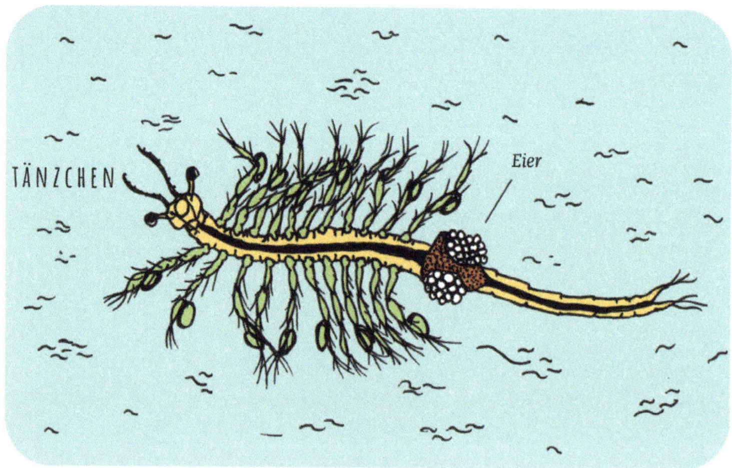

Kiemenfüßer
Anostraca

237 DAS KLEINSTE WIRBELTIER DER WELT IST NICHT MAL EINEN ZENTIMETER GROSS

Es ist ein dunkelbrauner Frosch aus Papua-Neuguinea, der vor allem morgens aktiv ist. Das Männchen schreit dann erst mal ein paar Minuten lang den Wald zusammen, um die Weibchen wissen zu lassen, dass es da ist. Der Ton ist so hoch, dass Menschen ihn fast nicht hören können.

Die kleinen Frösche gehören zur Gattung *Paedophryne*, was »Kindfrosch« bedeutet. Bis jetzt sind vier verschiedene Paedophryne-Arten entdeckt worden, die alle zwischen 7 und 10,9 Millimeter groß sind. Die allerkleinste von ihnen ist *Paedophryne amauensis.*

Die winzigen Amphibien leben im Regenwald zwischen feuchten Blättern auf dem Boden. Das liegt einerseits daran, dass sie mit ihren kleinen Zehen nicht besonders gut klettern können, aber auch daran, dass sie auf dem Boden besser vor Austrocknung durch die Sonne geschützt sind.

Kindfrosch
Paedophryne

238 EIN FLOH KANN ZWEIHUNDERTMAL SO HOCH SPRINGEN, WIE ER GROSS IST

Wenn du zweihundertmal so hoch springen könntest wie deine eigene Körpergröße, kämst du locker über den Eiffelturm. Ein Floh kann das. Das liegt an den Resilinpolstern knapp über den Hinterbeinen. Resilin ist ein ungeheuer elastischer Stoff. Lässt man einen Ball Resilin aus 100 Metern Höhe fallen, prallt er 97 Meter zurück. Dieses »Flohprotein« wird vom Menschen nachgemacht, um besonders elastisches Gummi herzustellen. So ein Floh hat auch eine ganz schöne Ausdauer: 30 000 Mal kann er ohne Unterbrechung auf und ab springen. Fang doch mal an zu springen und bitte jemanden, mitzuzählen. Mal sehen, wie lange du durchhältst!

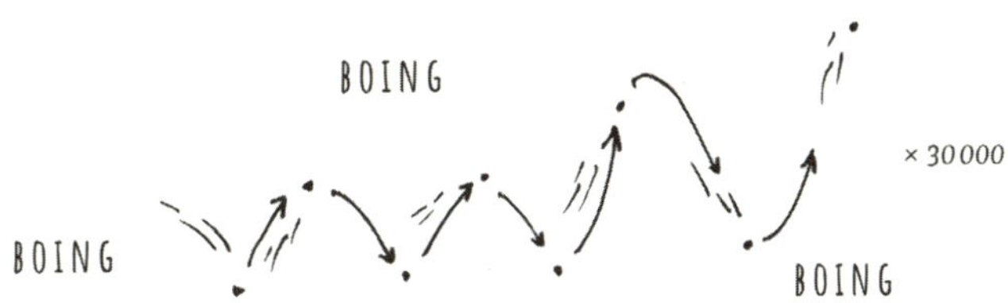

Flohkunde kompakt:

Wusstest du, dass Schoßhunde früher gehalten wurden, um die Flöhe wegzulocken? Menschen legten sich einen kleinen Hund auf den Schoß, damit nicht mehr sie selbst, sondern der Vierbeiner von den Flöhen gebissen wurde.

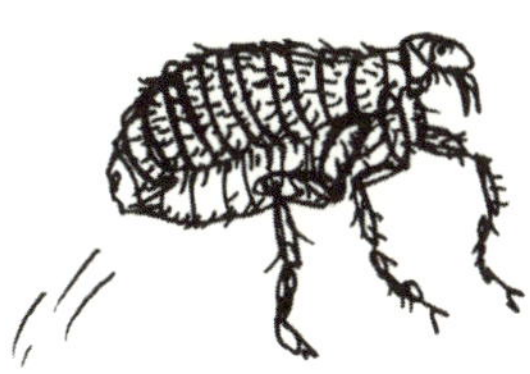

Floh
Siphonaptera

Schoßhündchen
mit Juckreiz

239 EIN 30 ZENTIMETER KLEINER ELEFANT?

- Das Rotschulter-Rüsselhündchen ist kaum 30 Zentimeter lang und 15 Zentimeter groß. Mit seinem langen Schwanz und den runden Öhrchen sieht es aus wie eine zu groß geratene Maus. Sein prächtiges Fell ist vorne orangerot und hinten blauschwarz gefärbt. Das Beste aber ist sein niedlicher Rüssel, mit dem es ununterbrochen zwischen Blättern herumschnüffelt, um Nahrung zu finden. Am leckersten findet es Käfer, Ameisen, Regenwürmer und andere Insekten. Das Rotschulter-Rüsselhündchen kommt nur in Afrika vor.

- Manchmal werden die Tiere auch als »Elefantenspitzmäuse« bezeichnet, weil sie von beiden etwas haben. Wissenschaftlern zufolge ist das Rüsselhündchen auch tatsächlich mit dem Elefanten verwandt, allerdings sehr entfernt. Das Rüsselhündchen gehört zur Ordnung der Rüsselspringer.

- Leider gibt es immer weniger Rüsselhündchen, was daran liegt, dass der Mensch immer mehr von seinem Lebensraum einnimmt, um Nahrungsmittel anzubauen, sodass für die Tiere nicht mehr genug Wald übrig bleibt.

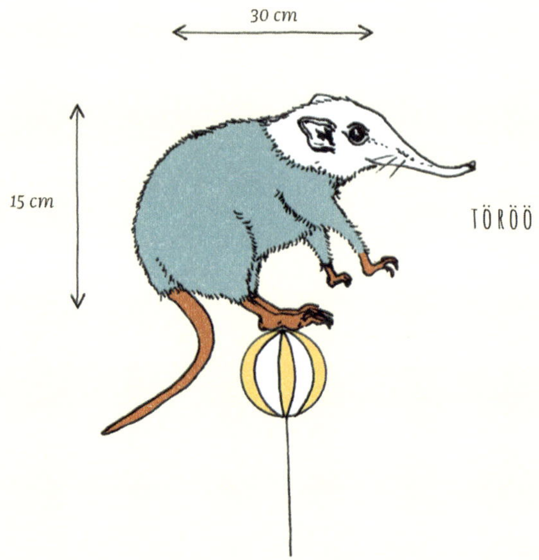

Elefantenspitzmaus im Zirkus

240 EINE ASSEL, SO LANG WIE DEIN ARM

Bei dem Wort »Assel« denkst du wahrscheinlich an die kleinen, grauen, flachen Tierchen, die man zum Beispiel unter einem Blumentopf findet. Aber hier geht es um die Riesenassel. Die wird in der Regel bis zu 46 Zentimeter lang, aber es sind schon Exemplare mit 70 Zentimetern Länge gemessen worden. Damit sind sie natürlich etwas zu groß, um sich unter einem normalen Blumentopf zu verstecken.

Riesenasseln sind keine Insekten. Sie gehören zu den Krebstieren und leben in den kalten Tiefen des Atlantiks. Der französische Zoologe Alphonse Milne-Edwards holte 1879 zum ersten Mal eine an die Wasseroberfläche. Das war eine kleine Sensation, denn bis dahin waren die Wissenschaftler noch davon überzeugt, dass in den kalten, tiefen Gewässern kein Tier überleben kann.

Die Riesenasseln leben am Meeresboden. Sie kommen in allerlei Brauntönen vor, aber auch in

Hellviolett. Sie graben sich in den Schlamm ein, sodass sie nicht zu sehen sind. Zwischendurch ernähren sie sich von den Resten toter Meerestiere. Und wenn einmal ein Schwamm – das ist ein urtümliches Meerestier ohne Gehirn oder andere Organe – träge vorbeizieht, kann es auch vorkommen, dass eine hungrige Riesenassel ihn packt und auffrisst.

Manchmal werden Riesenasseln gefangen und landen dann in asiatischen Restaurants auf der Speisekarte. Sie schmecken ähnlich wie Krebse und Krabben. Trotzdem haben Fischer sie lieber nicht in ihren Netzen. Gerät so eine Riesenassel nämlich in Bedrängnis, wird sie stinksauer und kämpft wie eine Besessene, um sich zu befreien.

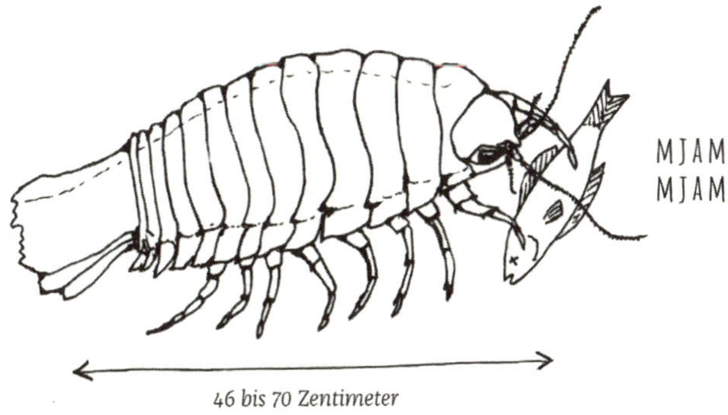

Riesenassel
Bathynomus giganteus

241 MAMA, ICH WILL EIN PFERD ALS HAUSTIER!

Und am liebsten nicht eins für die Weide, sondern für drinnen. Mit einem Falabella wäre das im Prinzip möglich, da dieses Pferdchen eine Widerristhöhe (vom Boden bis zum Widerrist, dem Knochen zwischen Hals und Rücken) von maximal 86 Zentimetern erreicht.

Schaukelfalabella *Schaukelhund*

Das Miniaturpferd erinnert ein bisschen an ein Fabeltier, doch damit hat sein schöner Name nichts zu tun. Der stammt von der Familie Falabella aus Argentinien.

Mitte des 19. Jahrhunderts sah ein Züchter ein paar auffällig kleine Pferde in einer Herde halbwilder Pferde herumlaufen. Er fing die Minipferde ein und begann mit ihnen eine Zucht.

Der Schwiegersohn des Züchters erbte schließlich die Herde. Der hieß Falabella und gab den Pferden seinen Namen. Es gelang der Familie, eine neue Rasse von Miniaturpferden zu züchten, die als Begleittier genutzt werden können.

Falabellas weisen alle Merkmale eines Großpferdes auf, nur im Miniaturformat. Sie haben einen schön geformten, edlen Kopf, einen langen, schlanken Hals, einen schlanken Körper und schlanke Beine. Damit sehen sie also ganz anders aus als Ponys. Die Miniaturpferde sind darüber hinaus sehr intelligent und lernen schnell, weshalb man sie auch öfter im Zirkus sieht.

Du möchtest gern ein Falabella als Haustier? Für ein reinrassiges Pferdchen, dessen Eltern beide Falabellas sind, muss man zwischen 4000 und 10 000 € hinblättern. Sieh lieber noch mal nach, ob du genug Kleingeld im Sparschwein hast!

242 EISBÄREN MACHT DIE WÄRME ZU SCHAFFEN

Genauer gesagt: Die Klimaerwärmung macht ihnen Probleme. Das größte Landraubtier der Erde lebt im Winter auf dem Packeis des Nordpols. Dort macht es Jagd auf Seehunde. Seehunde sind zum Überleben auf Packeis angewiesen, das aber mit alarmierender Geschwindigkeit schmilzt. In den Jagdgebieten der Eisbären gibt es also heute viel weniger Seehunde, wodurch die Bären nicht genug Nahrung bekommen. Und dadurch wiederum bekommen sie weniger Nachwuchs.

Weil sie auf dem Packeis nicht mehr genug zu fressen finden, bleiben sie während des Sommers immer länger auf dem Festland, wo es Nahrung für sie gibt. Dort aber treffen sie auf den Menschen, der sie lieber nicht in der Nachbarschaft haben möchte. Auch Verschmutzung und Ölförderung gefährden den Eisbären. Experten zufolge wird der Eisbär, wenn sich nicht bald etwas ändert, innerhalb der nächsten hundert Jahre aussterben.

Andererseits ist der Eisbär sehr anpassungsfähig, wenn sich seine Lebensumstände verändern. Untersuchungen haben gezeigt, dass er vom Braunbären abstammt. Die Bären, die auf der Nordhalbkugel landeten, entwickelten sich zu den größten, stärksten und schwersten Bären der Erde. Außerdem wurde ihr Fell weiß, sodass sie im Schnee weniger auffallen, und unten an ihren Pranken wuchsen Haare, mit denen sie auf dem Eis mehr Bodenhaftung haben.

Am kalten Nordpol entwickelten sich die Eisbären zu hervorragenden Jägern. Mit ihrem gut ausgebildeten Geruchssinn riechen sie einen Seehund schon von Weitem. Dann setzen sie sich an ein Loch im Eis und warten, bis der Seehund zum Luftholen herauskommt. In dem Moment schlagen sie dann gnadenlos zu und verputzen ihre Beute mit Haut und Haaren. Auch die Überreste gestrandeter Belugas, anderer Wale und Walrosse verschmähen sie nicht. Und wenn ein Eisbär wirklich großen Hunger hat, lässt er sich auch mal einen Moschusochsen, ein Rentier oder ein Nagetier schmecken. Zwischen April und Juli findet er so gut wie keine Nahrung mehr und zieht auf das Festland, wo er von seinen Fettreserven zehrt.
Die Männchen bleiben das ganze Jahr über aktiv, aber die trächtigen Weibchen halten eine Art Winterruhe.

Orca
Orcinus orca

243 ORCAS SIND DELFINE

Orcas heißen auch »Schwertwale«, aber dieser Name ist irreführend. Orcas gehören nämlich zur Familie der Delfine. Sie sind die größten unter den Delfinen. Ein ausgewachsener Orca kann bis zu 9 Meter lang und 5500 Kilo schwer werden. Schon ein Babyorca misst beeindruckende 2,4 Meter bei der Geburt und bringt stolze 181 Kilo auf die Waage.

Orcas sind echte Fleischfresser. Sie machen Jagd auf Tintenfische, Krabben, Krebse, Haie und Rochen. Auch Seehunde, Seelöwen, Meeresvögel, Pinguine, Meeresschildkröten und sogar Jungwale stehen gelegentlich auf dem Speiseplan. Experten zufolge fressen Orcas zur Not auch mal einen Elch oder einen Eisbären.

Schnappt der Orca sich einen Hai oder Rochen, muss er aufpassen, nicht gebissen oder gestochen zu werden. Dazu hält der Orca die Beute fest zwischen seinen starken Kiefern, sodass sich der Fisch nicht mehr bewegen kann und erstickt.

Bei einem Seelöwen, Pinguin oder Seehund geht der Orca es anders an. Wenn er einen von ihnen allein auf einer Eisscholle sitzen sieht, stößt er die Scholle um und erzeugt dabei enorme Strömungen. Dann muss er sich seine Beute nur noch schnappen. Ein Orca kann sogar aus dem Wasser springen und sich an Land werfen, um Vögel oder andere Tiere zu fangen.

Manche Orcas sind immer unterwegs, während andere lieber an ihrem angestammten Ort bleiben. Die Orcas, die gern an einem Ort bleiben, fressen am liebsten Fisch. Die reisenden Orcas bevorzugen Meeressäuger.

244 WENN'S NACH DER BIENE GEHT, KOMMT DER ELEFANT NICHT REIN

Dachtest du, Elefanten hätten Angst vor Mäusen? Das ist nur ein Märchen. Ein Elefant kann sich zwar manchmal erschrecken, wenn eine Maus oder ein anderes Kleintier ihm vor die großen Füße läuft, aber nur, weil sein Rüssel im Weg ist und er nicht sofort sieht, was unten vor sich geht.

Elefanten haben aber sehr wohl Angst vor Bienen. Ein ordentlicher Bienenstich in Bauch, Ohren, Augen und vor allem in den Rüssel kann ihnen starke Schmerzen zufügen.

Als Biologen entdeckten, dass Elefanten sich von Bienen lieber fernhalten, kam ihnen eine schlaue Idee. Eine Herde Elefanten kann die angebauten Nutzpflanzen auf einem Acker im Nu kaputt trampeln oder auffressen. Außerdem stellt die Herde eine Gefahr für die Menschen dar, die das Land bestellen. Um die Tiere ohne Gewalt von Ackern und Weideflächen fernzuhalten, ziehen Mitarbeiter der Organisation Save the Elephants einen Zaun aus Bienenstöcken darum. Das tun sie inzwischen in zwölf Ländern, in denen Elefanten heimisch sind. Das Gesumme ist den Kolossen nicht geheuer, und sie bleiben auf Abstand. So kann der Bauer sicher sein Feld bearbeiten und das Gemüse weiter wachsen.

Ein weiterer Vorteil ist, dass der Bauer dann den Honig aus den Bienenkörben ernten und auf diese Weise noch etwas mehr Geld erwirtschaften kann.

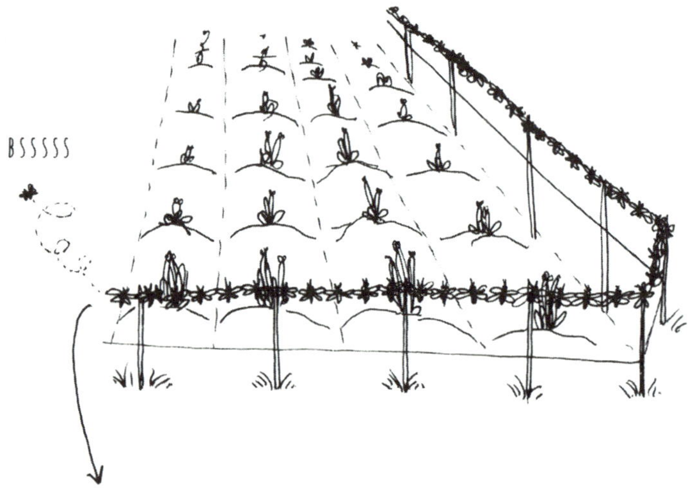

Elefanten-Abwehrzaun

245 ERSTAUNLICHE FAKTEN ÜBER EINEN ERSTAUNLICHEN VOGEL

- Afrikanische Strauße werden bis zu 2,70 Meter groß und 145 Kilo schwer. Damit sind sie die größten Vögel der Erde. Sie haben lange und kräftige Beine, mit denen sie selbst einem Löwen einen tödlichen Tritt versetzen können.

- Die Beine dieser Vögel eignen sich zudem bestens, um schnell zu rennen. An den Füßen haben sie nur zwei Zehen, andere Vögel dagegen drei oder vier. An der großen, inneren Zehe sitzt ein Nagel, der ein bisschen an einen Huf erinnert. Strauße können bis zu 70 Stundenkilometer schnell rennen. Damit sind sie die rasantesten Läufer unter den Vögeln und sogar unter allen Tieren auf zwei Beinen. Mit einem Schritt können sie bis zu 5 Meter zurücklegen!

- Strauße haben außerdem die größten Augen von allen Tieren, die an Land leben. Sie haben einen Durchmesser von 5 Zentimetern. Damit können sie auf dem afrikanischen Flachland ihre Feinde schon von Weitem sehen.

rennender Strauß: bis zu 70 km/h

- Der Strauß trägt ständig etwa ein Kilogramm Steine in seinem Magen mit sich herum. Er ernährt sich von Wurzeln, Samen und Blättern, aber auch von Echsen, Schlangen und kleinen Nagetieren. Damit zählt er zu den *Omnivoren*, den Allesfressern. Die gesamte Nahrung wird zusammen mit Sand und Steinchen verschluckt. Diese sorgen dafür, dass die Nahrung im Magen zerkleinert wird. Wasser beziehen die Strauße normalerweise aus ihrer Nahrung, aber wenn sie mal an einem Pfuhl oder einem See vorbeikommen, trinken sie auch.

246 HERKULES IST EIN GIGANTISCHER KÄFER

Der Herkules aus der Mythologie ist ein starkes Muskelpaket. Aber wusstest du, dass auch ein riesiger Käfer so heißt? Herkuleskäfer können bis zu 15 Zentimeter lang werden. Das entspricht etwa der Hand eines erwachsenen Menschen. Das gigantische Horn vorne am Kopf macht dabei etwa ein Drittel der Körperlänge aus. Übrigens macht der Herkuleskäfer seinem Namen alle Ehre. Er kann nämlich bis zum 850-Fachen seines eigenen Gewichts heben!

Der Herkuleskäfer kommt in den tropischen Regenwäldern Zentral- und Südamerikas vor, wo er sich meist in moderndem Holz aufhält.

Nur die Männchen haben das typische große Horn, das zusammen mit dem kleineren Horn darunter eine Art Zange bildet. Das gebrauchen sie vor allem während der Paarungszeit, um mit anderen Männchen zu kämpfen. Dabei packen sie den Gegner mit ihrer Zange und versuchen, ihn umzuwerfen. Das Männchen mit dem größten Horn gewinnt meistens und darf sich mit dem Weibchen paaren.

Frau Herkules legt bis zu hundert Eier in der Erde ab. Diese entwickeln sich erst zu Larven, dann zu Puppen und schließlich zu ausgewachsenen Käfern. Das Larvenstadium dauert weit über ein Jahr. Die Larven graben Tunnel unter der Erde, wo sie sich von verrottendem Holz ernähren. Während dieser Zeit sind sie das Lieblingsfressen von Stinktieren und Waschbären. Sobald er ausgewachsen ist, lebt der Herkuleskäfer nicht mehr lange. Vom Ei bis zum Tod als Käfer dauert sein Leben nur knapp zwei Jahre. Schade, dass seine Körperkraft ihn nicht ausdauernder macht.

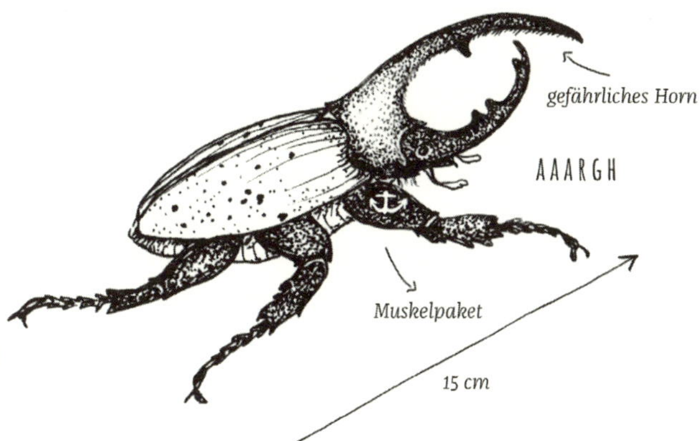

Herkuleskäfer

Buckelwal

247 DER REISENDE UNTER DEN WALEN

Die meisten Buckelwale sind echte Vielreisende. Jedes Jahr legen sie auf der Suche nach Nahrung ungefähr 25 000 Kilometer zurück. Im Frühling, Sommer und Herbst sind sie in den Polargegenden zu finden. Im Winter schwimmen sie in Richtung Äquator. Dort ist das Wasser wärmer, und es gibt mehr Nahrung, was wichtig ist, wenn sie ihre Jungen zur Welt bringen wollen.

Buckelwale ziehen meist in Gruppen von rund zehn Tieren umher. Nach ein paar Stunden haben sie meist genug voneinander und wechseln die Gruppe. Nur Mutter Buckelwal und ihr Kalb bleiben die ganze Zeit zusammen.

Buckelwale ernähren sich von Krill, Plankton, Schalentieren und Fisch. Manchmal schwimmen sie einfach mit offenem Maul mitten durch einen Schwarm Fische und filtern mit ihren Barten (das sind herabhängende Hornfasern im Oberkiefer) die Nahrung aus dem Wasser. Oder sie tauchen unter einen Schwarm von Krill oder Fischen und pressen Luft aus ihren Blaslöchern, während sie dabei im Kreis schwimmen. Dadurch entsteht eine Wolke aus Luftblasen um den Beuteschwarm, sodass der Wal ein leichtes Spiel hat, ihn einzufangen.

Schätzungen zufolge schwimmen in unseren Weltmeeren noch etwa 60 000 dieser Riesen. Ihre Anzahl steigt seit ein paar Jahren, aber weil Buckelwale nur alle zwei bis vier Jahre ein Kalb bekommen, wächst die Population nur langsam.

248 DAS MAMMUT IST DER GROSSONKEL DES ASIATISCHEN ELEFANTEN (UND NOCH MEHR TOLLE MAMMUTINFOS)

- Bei dem Namen »Mammut« denkt man sofort an riesenhafte Giganten. Groß waren diese Tiere zwar, aber eigentlich kaum größer als die Elefanten von heute. Mammuts wurden im Durchschnitt 4 Meter groß und wogen 5,4 Tonnen. Ihr nächster Verwandter ist der Asiatische Elefant. Mammuts hatten allerdings einen schmaleren Schädel, kleinere Ohren und einen kürzeren Schwanz. Außerdem trugen sie natürlich einen wärmeren Mantel zum Schutz gegen die Kälte. Die Haare in ihrem Fell konnten bis zu 3 Meter lang werden.

- Auch die Stoßzähne des Mammuts unterscheiden sich deutlich von denen eines Elefanten. Sie waren größer und stärker gebogen und kamen zweifellos beim Kämpfen zum Einsatz. Wahrscheinlich dienten sie auch dazu, Schnee und Eis aus dem Weg zu schaufeln, um besser an Nahrung zu gelangen.

- Im Maul des Mammuts befanden sich vier große Zähne – zwei oben und zwei unten. Die Zähne wuchsen etwa sechs Mal im Leben nach. Wenn es mit dem letzten Gebiss nicht mehr kauen konnte, verhungerte das Mammut. Es wurde in der Regel zwischen sechzig und achtzig Jahre alt.

- Die größten Feinde des Mammuts waren der Säbelzahntiger und der Mensch. Unsere Vorfahren machten Jagd auf das Mammut, um sein Fleisch, sein Fell und seine Knochen zu nutzen. Wahrscheinlich trug der Mensch auch seinen Teil dazu bei, dass dieses prächtige Tier ausstarb.

Ein kahl geschorenes Mammut ähnelt am meisten dem Asiatischen Elefanten.

249 UND DER ALBATROS FLIEGT WEITER …

Der Wanderalbatros ist der größte flugfähige Vogel der Welt. Seine Spannweite – also der Abstand von Flügelspitze zu Flügelspitze – kann über 3,50 Meter betragen. Mit diesen Flügeln kann er monatelang über dem Meer schweben, ohne zu landen. Bei Windstille lässt er sich auf dem Wasser treiben und wartet ab, bis er wieder aufsteigen kann. Albatrosse machen sich nämlich die Luftströmungen zunutze, wodurch sie bei ihren Schwebeflügen besonders wenig Energie verbrauchen.

Erst wenn der Vogel alt genug ist, um sich zu paaren, begibt er sich an Land. Das verliebte Paar sucht sich ein schönes Fleckchen aus, wohin es alle zwei Jahre zurückkehrt, ein Leben lang. Dort wird ein Ei gelegt, und Mutter und Vater wechseln sich mit dem Ausbrüten ab. Nach 75 bis 83 Tagen schlüpft das Junge, um das sie sich sieben bis neun Monate lang kümmern. Das Albatrosjunge braucht beide Eltern. Wenn eines der Elternteile während der Aufzucht stirbt, wird auch das Junge nicht überleben, weil es zu wenig Nahrung bekommt.

Mutter und Vater Albatros bleiben ihr Leben lang zusammen, manchmal über 50 Jahre. Und wenn einer von ihnen stirbt, suchen sie sich meist keinen neuen Partner.

Wanderalbatros
Diomedea exulans

Nilpferd
Hippopotamus amphibius

250 EIN KOLOSS MIT ZARTER HAUT

- Ein Nilpferdmännchen kann über 3000 Kilo auf die Waage bringen, ein Weibchen immerhin beachtliche 1500 Kilo. Und doch haben diese Kolosse eine sehr empfindliche Haut. Darum verbringen Nilpferde, auch Flusspferde genannt, am liebsten den größten Teil des Tages im Wasser, um sich nicht zu überhitzen. Unter der Haut haben sie spezielle Drüsen, die eine Flüssigkeit absondern, die ein bisschen wie Blut aussieht, aber eigentlich so etwas wie Sonnencreme und Desinfektionsmittel in einem ist. Im Kampf gegen lästige Blutsauger auf ihrer Haut lassen sie es gern zu, wenn sich Madenhacker und Kuhreiher – zwei Vogelarten – auf ihren Rücken setzen.

- Nachts kommen die Nilpferde zum Weiden aus dem Wasser. Hauptsächlich ernähren sie sich von Gras, wovon sie pro Nacht etwa 50 Kilogramm verputzen. Manchmal aber fressen sie auch vom Körper eines toten Tieres. In ihrem enormen Maul sitzen ein paar kräftige Eckzähne, die gut siebzig Zentimeter lang und pro Stück bis zu 3 Kilo schwer werden können. Sie nutzen die Eckzähne vor allem, um während der Paarungszeit mit anderen Männchen zu kämpfen.

- Erwachsene Nilpferde können nicht wirklich schwimmen, sondern hoppeln einfach durchs flache Wasser. Dafür sind sie aber Meister im Luftanhalten. Wenn sie ihre Ohren und Nasenlöcher verschließen, können sie länger als 5 Minuten unter Wasser bleiben.

- Die Wissenschaftler rätseln noch, warum die Nilpferde beim Koten ihren Schwanz kreisen lassen. Der stinkende Kot wird dadurch buchstäblich in alle Richtungen gewirbelt. Tun sie es, um ihr Revier abzustecken? Um Weibchen anzulocken? Oder hinterlassen sie damit eine Spur, um nachts wieder zum Wasser zurückzufinden? Es kann auch sein, dass die Nilpferde ihren Kot herumwedeln, um Insekten von ihrem Hinterteil fernzuhalten. Bei ihrer empfindlichen Haut tut es bestimmt sehr weh, wenn sie von einer Mücke gestochen werden.

Spitzmaulnashorn
Diceros bicornis

251 NASHÖRNER SIND EINZELGÄNGER

Nashörner gehören zu den größten Landsäugetieren. Ein weißes Nashorn kann 1,80 Meter groß und gut 2500 Kilogramm schwer werden. Das ist so viel wie dreißig erwachsene Männer.

Die Nashörner werden in fünf Arten eingeteilt: das Breitmaulnashorn, das Spitzmaulnashorn, das Panzernashorn, das Sumatra-Nashorn und das Java-Nashorn. Das Java-Nashorn und das Panzernashorn haben ein Horn, die anderen zwei.

Die Hörner bestehen aus Keratin, demselben Stoff, aus dem auch deine Haare und Nägel sind. Im Innern befindet sich auch Kalzium, um das Horn kräftiger zu machen, und außerdem Melanin zum Schutz gegen die Sonne. Beim Spitzmaulnashorn kann das vordere Horn stolze 1,3 Meter lang werden! Das hintere ist kürzer, kann aber auch bis zu einen halben Meter messen. Wenn Nashörner ihr Horn verlieren, kann es wieder nachwachsen.

Nashörner sind nicht gern in Gesellschaft. Am liebsten weiden sie allein. Ein Nashornmännchen markiert sein Revier mit großen, stinkenden Misthaufen, die Eindringlinge fernhalten sollen. Die einzigen Tiere, die sie gern in ihrer Nähe haben, sind die Madenhacker. Diese Vögel setzen sich nämlich auf den Rücken des Nashorns und picken ihm lästige Insekten aus der Haut. Außerdem warnen sie das Nashorn mit lautem Kreischen, wenn Gefahr droht. Wenn es mal viel zu warm wird oder die Insekten besonders stören, wälzt sich das Nashorn im Schlamm. So ein Schlammbad bringt nicht nur willkommene Abkühlung, sondern verscheucht auch die Insekten.

Obwohl das Nashorn so groß und schwerfällig ist, kann es sich ordentlich erschrecken. Und wenn das passiert, rennt es wie wild geworden auf das zu, was es erschreckt hat. Falls das ein Mensch war, sollte der jetzt besser einen Schritt zur Seite tun!

252 EIN FREUNDLICHER RIESE AM GRUND DES OZEANS

Im Indischen Ozean und im Pazifik leben riesige Muscheln, die bis zu 1,50 Meter groß werden. Die Großen Riesenmuscheln können ein Gewicht von über 200 Kilogramm auf die Waage bringen. Sie werden manchmal auch Taufbeckenmuscheln genannt, weil sie früher in Kirchen als Taufbecken verwendet wurden.

Den Riesenmuscheln wird nachgesagt, dass sie nach den Beinen oder Armen von Tauchern schnappen und nicht mehr loslassen. Aber das ist ein Märchen, die Weichtiere sind für Menschen ungefährlich. Sie öffnen ihre Schalenhälften und fressen Plankton und anderes vorbeitreibendes Material. Der Mantel - die innere Hülle - der Tiere ist mit Algen bedeckt. Tagsüber stülpt die Muschel den Mantel so weit wie möglich auf, damit die Algen Sonnenlicht einfangen können. Dadurch wachsen sie und vermehren sich in der Muschel. Einen Teil der Algen frisst sie auf.

Die Riesenmuschel ist über und über mit mikroskopisch kleinen Augen bedeckt, mit denen das Tier Schatten wahrnehmen kann. Sobald sich etwas in der Umgebung verändert, klappt die Schale zu.

Wissenschaftler haben herausgefunden, dass Riesenmuscheln für die Korallenriffe, in denen sie leben, lebenswichtig sind. Sie filtern nicht nur das Wasser, sondern bieten auch kleinen Tieren wie Krebsen und Krabben Unterschlupf. Sie sind Nahrungsproduzenten für das Korallenriff, und manche Fische legen ihre Eier in ihnen ab, um sie vor Räubern zu schützen. Manchmal fungiert die Muschel sogar als Kinderkrippe für die gerade geborenen Fische.

Obwohl die Große Riesenmuschel schon seit 65 Millionen Jahren in den Ozeanen lebt, ist ihr Fortbestehen nun bedroht. Einerseits durch die Klimaerwärmung, die den Tieren schadet, und andererseits durch Taucher, die sie oft vom Meeresboden aufheben. Dadurch verliert die Koralle nicht nur eine wichtige Nahrungsquelle, sondern wird auch durch das Abreißen der Muschel oft unwiederbringlich zerstört. Das ist traurig, denn mit dem Verschwinden der Riesenmuschel sind auch die Korallenriffe und damit der ganze Ozean in Gefahr.

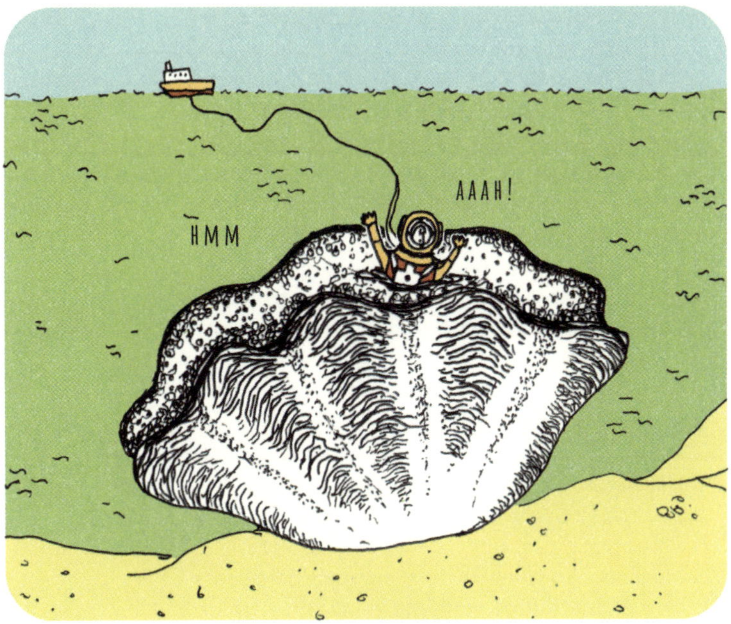

Große Riesenmuschel
Tridacna gigas

253 DER ELEFANT HAT DEN LEICHTESTEN SCHLAF VON ALLEN SÄUGETIEREN

Ein zwölfjähriges Kind braucht etwa zehn Stunden Schlaf, um sich nach einem anstrengenden Tag zu erholen. Im Schlaf wird unser Gehirn sozusagen auf null gesetzt, damit Platz ist für neue Informationen. Giftstoffe werden abgeführt, und das Gedächtnis wird wieder fit gemacht. Wenn wir nicht schlafen, sterben wir.

Und doch gibt es Tiere, die nur ganz wenig Schlaf brauchen. Elefanten zum Beispiel. In einer Studie wurden Elefanten mit einer sogenannten »Actiwatch« ausgestattet, mit der die Wissenschaftler ihre Aktivität messen konnten. Dabei fanden sie heraus, dass ein erwachsener Elefant mit zwei Stunden Schlaf pro Nacht auskommt. Und, ob du's glaubst oder nicht, die zwei Stunden schlafen sie auch nicht am Stück durch, sondern verteilen sie auf mehrere kleine Nickerchen. In Nächten, in denen Gefahr droht – zum Beispiel durch herannahende Löwen oder Wilderer –, schlafen Elefanten gar nicht. Sie bleiben beim Schlafen meistens gerade stehen und haben sowieso einen leichten Schlaf. Das kleinste Geräusch weckt sie auf. Wie es sein kann, dass Elefanten mit nur so wenig Schlaf auskommen, wissen wir nicht. Wahrscheinlich hat sich ihr Körper über einen sehr langen Zeitraum an diese Lebensweise angepasst

Am anderen Ende des Spektrums gibt es natürlich auch Tiere, die unheimlich viel Schlaf brauchen. Spitzenreiter ist die Kleine Braune Fledermaus, die täglich bis zu zwanzig Stunden im Land der Träume verbringt.

2 Stunden Schlaf

10 Stunden Schlaf

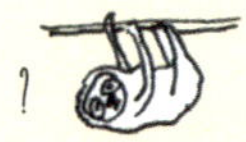

10 Stunden Schlaf

20 Stunden Schlaf

Moschusochse
Ovibos moschatus

254 MOSCHUSOCHSEN TRAGEN ZWEI MÄNTEL ÜBEREINANDER

In der weitläufigen Tundra im Norden von Kanada, Grönland und Alaska kann man manchmal einen Riesen sehen. Er trägt einen langen Pelzmantel und hat enorm breite Schultern. Vielleicht denkst du jetzt an den sagenumwobenen Yeti, aber den meinen wir nicht! Dieser Riese ist ein Moschusochse. Er kann bis zu 1,50 Meter groß und 400 Kilo schwer werden. Sein fantastischer Pelzmantel schützt ihn vor Temperaturen bis weit unter null Grad. Die Außenseite des Mantels besteht aus langem Deckhaar, das bis zu einem Meter lang wird und bis zum Boden reicht. Darunter befindet sich das Winterfell, eine spezielle Isolierschicht, die den Moschusochsen noch besser schützt. Im Frühling schüttelt er die untere Haarschicht ab, sodass allein der äußere Mantel übrig bleibt.

Moschusochsen sind typische Herdentiere. Sie leben in großen Gruppen von zwanzig bis dreißig Tieren zusammen, die von einer Leitkuh angeführt werden. Im Sommer wollen sich die Bullen paaren. Um Weibchen anzulocken, sondern sie einen sehr starken Moschusduft ab, der dem Tier seinen Namen gab. Während der Paarungszeit sind die Bullen äußerst aggressiv. Sie fordern andere Männchen heraus und liefern sich harte Kämpfe, bei denen sie aufeinander zurennen und die Köpfe heftig gegeneinanderrammen. Es ist ein Furcht einflößendes Spektakel, vor allem, weil sie dabei auch noch wie Löwen brüllen. Der Verlierer wird aus der Herde verstoßen und irrt fortan einsam durch die Tundra.

255 AUCH BEI DEN BUCKELWALEN ÄNDERT SICH DER MUSIKGESCHMACK

Buckelwale singen herrliche Lieder. So schön, dass Menschen sie aufnehmen und zur Entspannung hören. Aber wusstest du, dass der Gesang der Buckelwale den neuesten Musiktrends folgt?

In den Sechzigerjahren nahmen Forscher den Gesang der Buckelwale erstmals auf. Dabei entdeckten sie, dass die Buckelwale aus einer bestimmten Gruppe dasselbe Lied sangen. Zwar brachten sie ab und zu mal ein paar Noten durcheinander, aber das Lied blieb immer erkennbar.

Die australischen Buckelwale zum Beispiel sangen ein Lied, das die Wissenschaftler das *rosa Lied* tauften. Eines Tages stieß eine fremde Gruppe Buckelwale zu der Gruppe, in der das *rosa Lied* gesungen wurde. Sie selbst sangen ein anderes Lied, das die Forscher das *schwarze Lied* nannten. Nach einiger Zeit war in der Gruppe nur noch das *schwarze Lied* zu hören, das *rosa Lied* wurde nicht mehr gesungen.

Buckelwal
Megaptera novaeangliae

Die Forscher haben noch keine gute Erklärung für dieses Verhalten. Ob die Buckelwale einfach fanden, dass es mal an der Zeit war, eine neue Nummer aufzulegen?

256 EIN EI, MIT DEM DU 120 PFANNKUCHEN BACKEN KANNST

Kaum 6 Millimeter groß oder kleiner als eine Erbse. So groß (oder besser klein) ist das kleinste Vogelei. Es stammt vom Hummelkolibri, auch Bienenelfe genannt. In Info 235 hast du ihn bereits kennengelernt. Der Vogel wird nur 5 bis 6 Zentimeter groß und wiegt zwischen 1,6 und 2,6 Gramm.

Das allergrößte Ei stammt vom Elefantenvogel. Der ist leider schon seit langer Zeit ausgestorben, aber noch heute findet man Eier von ihm. Manchmal sitzt da sogar ein Embryo* drin. Elefantenvögel legten Eier von 34 Zentimetern Länge und mit einem Umfang von 24 Zentimetern. Damit sind sie größer als ein Fußball! Man könnte daraus gut hundert Omeletts machen.

In der Gegenwart verdient der Nordafrikanische Strauß den Preis in der Kategorie »größtes Ei«. Das wird immerhin 20 Zentimeter lang und hat einen Durchmesser von 15 Zentimetern. Das entspricht etwa 24 bis 28 Hühnereiern. Es hart zu kochen dauert etwa eine Stunde, und mit einem einzigen Ei kann man 120 Pfannkuchen oder 6 große Kuchen backen.

Interessanterweise legt der Strauß im Verhältnis zu seiner Größe und seinem Gewicht von allen Vögeln das kleinste Ei. Der Streifenkiwi hingegen, ein Vogel aus Neuseeland (siehe auch Info 98), ist nur etwa so groß wie ein normales Huhn. Aber sein Ei wiegt ein halbes Kilo und ist fast ebenso groß wie ein Straußenei! Wissenschaftler vermuten deshalb, dass der Kiwi einst viel größer war. Im Laufe von Hunderten von Jahren ist der Vogel immer kleiner geworden, um sich an seine Umgebung anzupassen, wobei das Ei seine Größe behielt. Gar nicht auszudenken, wie anstrengend es für Mutter Kiwi sein muss, das Ei herauszupressen ...

* Als »Embryo« bezeichnet man ein Tier oder eine Pflanze in der allerersten Entwicklungsphase.

Kiwi mit großem Ei

257 EINE KRABBE, DIE KAUM IN DEIN WOHNZIMMER PASST

Wer Angst vor Spinnen und Krabben hat, für den ist die Japanische Riesenkrabbe der Stoff, aus dem Albträume sind. Diese Krabbe kann von Beinspitze zu Beinspitze über 5,50 Meter groß werden. Ihr Körper in Form eines abgerundeten Dreiecks hat einen Durchmesser von etwa 30 Zentimetern. Es sind also die langen, spinnenartigen Beine, die die Krabbe so groß machen. Sie sieht auch aus wie eine riesige Spinne, die am Grund des Meeres ruhig auf ihre Beute wartet.

Aber für den Menschen ist die Riesenkrabbe eigentlich überhaupt nicht gefährlich. Sie kommt vor allem entlang der japanischen Küste und hier und da an der Küste Taiwans vor. Ihr Fleisch wird als Delikatesse serviert, aber die Krabbe wird auch zur Dekoration verwendet. Ihr japanischer Name lautet *takaashigani*, was »Krabbe mit langen Beinen« bedeutet.

Die Krabbe hat eine orange Färbung mit weißen Flecken auf den Beinen. Ihr Körper ist mit Knoten und stumpfen Dornen bedeckt. Damit spießt sie zum Beispiel Schwämme auf, um im Wasser besser getarnt zu sein. Sie bewegt sich nur sehr langsam fort und frisst unterwegs die Überreste toter Fische und Schalentiere. Eine Japanische Riesenkrabbe kann gut 100 Jahre alt werden.

Besonders gruselig dürfte es für manche werden, wenn die Riesenkrabben sich versammeln. Sie können dann zu Tausenden in zehn Lagen übereinanderliegen. Das tun sie, wenn sie einen neuen Panzer bekommen. In dieser Zeit sind sie leicht verwundbar und kauern sich zu ihrer eigenen Sicherheit zusammen. Am besten nicht daran denken, wie es wäre, beim Tauchen plötzlich so einen enormen Teppich aus spinnenartigen Krabben zu entdecken ...

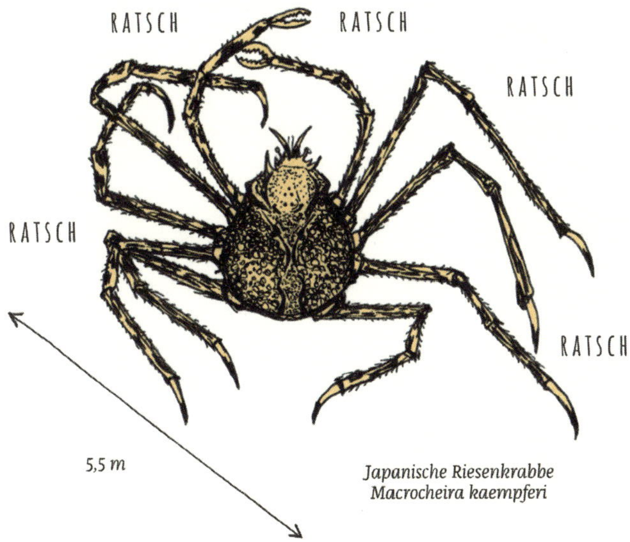

Japanische Riesenkrabbe
Macrocheira kaempferi

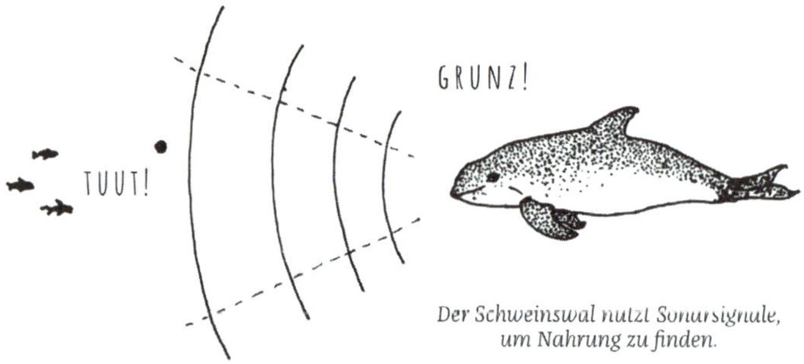

Der Schweinswal nutzt Sonarsignale, um Nahrung zu finden.

258 DER GEWÖHNLICHE SCHWEINSWAL IST KEIN SCHWEIN UND AUCH NICHT GEWÖHNLICH

Der Gewöhnliche Schweinswal ist ein Meeressäugetier. Früher wurde er auch Braunfisch genannt, obwohl er gar nicht braun ist. Ein Fisch ist er auch nicht, aber das wussten unsere Vorfahren noch nicht. Im Mittelalter stand der Schweinswal, der übrigens auch mit dem Schwein nichts zu tun hat, als »Braunfisch« oder »Meerschwein« oft auf der Speisekarte.

Der Schweinswal springt nicht aus dem Wasser, wie es andere Wale oder Delfine tun. Er lässt es lieber etwas ruhiger angehen. Man bemerkt ihn nur, wenn er zum Atmen an die Wasseroberfläche kommt – dann ist ein Stück von seinem Rücken zu sehen.

Die Tiere halten sich am liebsten in kälteren Küstengewässern wie zum Beispiel der Nordsee auf. Dort waren sie eine Zeit lang fast ausgestorben, weil das Wasser zu stark verschmutzt war, aber inzwischen sind sie wieder zurück, und ihre Anzahl steigt sogar stetig an. In der Nordsee schwimmen derzeit ungefähr 250 000 Gewöhnliche Schweinswale herum.

Auf dem Speiseplan der Schweinswale stehen meist kleine Fische, die sich nah am Grund des Meeres bewegen. Manchmal fressen sie auch junge Heringe oder kleine Plattfische. Sie jagen mit einer Art Sonarsystem, bei dem sie Signale aussenden, um Fische aufzuspüren.

Die Schweinswalmutter ist ungefähr elf Monate mit ihrem Kalb trächtig. Nach der Geburt trinkt das Junge noch ein paar Monate lang Muttermilch, aber bald lernt es von seiner Mutter, selbst auf Jagd zu gehen. Dazu bringt die Schweinswalmutter einen lebenden Fisch an die Wasseroberfläche und lässt ihn direkt vor ihrem Kalb wieder los. Das muss nun versuchen, den Fisch selbst zu fangen.

– 14 –

WIE TIERE SICH VERTEIDIGEN

(TARNEN, VERSTECKEN ODER MIT MIST WERFEN)

259 KOSTÜMIERTE KÜKEN

Peckhamsche Mimikry

- Stell dir vor, du bist das frisch geschlüpfte Küken des Grauen Tropfenflügeltyrannen, eines Sperlingsvogels aus dem südamerikanischen Regenwald. Deine Eltern sehen ein bisschen langweilig aus mit ihrem grauschwarzen Federkleid, aber du bist knallorange mit vereinzelten Punkten und weißen Federspitzen. Dadurch siehst du der giftigen Raupe der Schmetterlingsfamilie *Megalopygidae*, die im selben Regenwald wohnt, zum Verwechseln ähnlich.

- Dabei hat sich die Natur natürlich etwas gedacht. Durch das Nachahmen einer giftigen Raupe hält das Küken Raubtiere auf Abstand. Das Küken geht in seiner Nachäfferei sogar noch weiter. Bei Bedrohung fängt es an, seinen Kopf seitlich hin und her zu wiegen, wodurch es noch mehr einer giftigen Raupe ähnelt, die langsam über die Zweige kriecht.

- In der Wissenschaft wird dieses Verhalten *Batessche Mimikry* genannt. Ungefährliche und von Fressfeinden bedrohte Tiere vermummen sich als giftige und ungenießbare Tierarten, sodass Raubtiere sie in Ruhe lassen.

Batessche Mimikry

- Bei der *Peckhamschen Mimikry* ahmen Raubtiere ein harmloses Tier oder Beutetier nach, damit sie ihre Beute leichter fangen können. Tiefsee-Anglerfische hängen zum Beispiel eine Angel mit einem leuchtenden Köder aus, der kleine Fische anlockt. Sobald sie nahe genug sind, schnappt der Anglerfisch zu.

- Die *Müllersche Mimikry* wird von ungenießbaren Tieren verwendet. Indem sie sich dem Aussehen von anderen ungenießbaren, giftigen oder gefährlichen Arten anpassen, verhindern sie, dass ein unerfahrenes Raubtier sie aus Versehen frisst.

260 DER BESTE IMITATOR VON ALLEN

Oktopusse sind ungeheuer intelligente Tiere mit ausgezeichnetem Gedächtnis. Wissenschaftler sind immer wieder überrascht, was sie alles können.

Nehmen wir zum Beispiel den Mimik-Oktopus, auch Karnevalstintenfisch genannt. Er ist ein kleiner Tintenfisch von etwa 60 Zentimetern, der in den wärmeren Gewässern Südostasiens heimisch ist. Er ist ein perfekter Imitator. Er kann die Form eines Aals, einer Qualle, eines Plattfischs, eines Seesterns und einer Seeschlange annehmen. Und noch besser: Er nimmt nicht nur Form und Farbe des Tiers an, sondern auch das Verhalten. So trickst er seine Fressfeinde aus. Sein Angreifer mag keine Schlangen? Dann vergräbt er einen Teil seines Körpers und seiner Tentakel und bewegt bloß zwei Tentakel, sodass er aussieht wie eine Schlange. Der Feind hat keinen Appetit auf Plattfische? Dann legt der Oktopus alle Tentakel ordentlich nebeneinander und bewegt sich wie eine Flunder durchs Wasser. Er merkt sich sogar, an welchen Orten er mit welchen Räubern rechnen muss, und passt seine Tarnung an.

Der Mimik-Oktopus wurde erst 1998 entdeckt. Daran sieht man schon, wie gut er sich vermummen kann.

Und er kann sich nicht nur tarnen, sondern auch Löcher und Gänge in den Boden graben. Ist ihm doch einmal ein Feind auf den Fersen, taucht er darin ab und versteckt sich.

Selbst frisst der Oktopus Würmer, Krabben und kleine Fische und manchmal auch einen Artgenossen. Also ist er auch ein Kannibale.

Überraschend ist, dass sich die Oktopusse gar nicht unbedingt gegenseitig fressen, weil die Nahrung knapp ist. Offenbar tun sie es, um die Kontrolle über ihr Revier zu behalten. Oder kann es sein, dass sie alle so gut vermummt sind, dass sie gar nicht merken, wenn sie gerade einen anderen Oktopus fressen …?

als Schlange

als Plattfisch

als Seestern

Mimik-Oktopus
Thaumoctopus mimicus

261 ES IST EINE AMEISE! ODER DOCH NICHT?

In vielen Texten hier kannst du nachlesen, wie schlau Insekten sich anstellen, wenn es um Tarnung geht. Sie tun zum Beispiel, als wären sie Vogelkot, oder ahmen einen kleinen Vogel nach.

Aber die *Cyphonia clavata* aus der Familie der Buckelzikaden tut etwas ganz Besonderes. Sie trägt eine Ameise auf dem Rücken. Keine echte Ameise, sondern mehrere Stacheln und hohle Kugeln, auf denen Härchen wachsen. Das Ganze sieht aus wie eine Ameise. Wenn man ganz genau hinsieht, erkennt man, dass die Augen der Zikade am Hinterteil der »Ameise« sitzen. Und das ist besonders schlau: Wenn eine Ameise zum Angriff übergeht, bewegt sie sich nämlich rückwärts. Man sieht also eine Ameise laufen, unter der sich aber ein ganz anderes Insekt befindet. So bleibt die Zikade von Fressfeinden verschont.

Cyphonia clavata

Andere Zikaden, wie etwa die Buckelzirpen, verkleiden sich als blatt- oder dornähnliche Gebilde. Die perfekte Tarnung, finden wir!

262 SELBSTVERTEIDIGUNG BIS ZUM ERBRECHEN

- Manche Tiere legen sich ziemlich ins Zeug, um sich vor Feinden zu schützen. Die Küken der Blauracke zum Beispiel erbrechen sich auf ihr Gefieder, wodurch sie fies schmecken und von Fressfeinden in Ruhe gelassen werden.

schwallartig erbrechender Eissturmvogel

- Die Küken des Eissturmvogels kotzen nicht auf sich selbst, sondern spucken das Erbrochene in Richtung des Angreifers. Es stinkt scheußlich nach faulem Fisch, und man bekommt den Geruch nicht mehr raus – aus den Federn. Außerdem klebt das Erbrochene hartnäckig. Bekommt ein anderer Vogel es aufs Gefieder, kann er nicht mehr fliegen. Zum Glück sind die Eltern der Küken gegen die Klebekraft des Erbrochenen geschützt.

- Geier tun das Gleiche. Wird ein Geier angegriffen, erbricht er sich. Am liebsten über seinen Angreifer. Die Magensäure brennt so stark in den Augen des Raubtiers, dass es sofort das Weite sucht.

263 ECKSTEIN, ECKSTEIN, ALLES MUSS VERSTECKT SEIN!

Spielst du gern Verstecken? Das tut der Strauß auch! Bestimmt hast du auch schon einmal Abbildungen von Straußen gesehen, die ihren Kopf tief in den Sand stecken, vielleicht, weil sie glauben, dass man sie dann nicht mehr sieht. Das allerdings gehört ins Reich der Legenden. Der Strauß versteckt sich zwar wirklich, wenn ein Feind naht, aber das tut er auf andere Weise. Wenn er gerade auf einem Nest mit Eiern sitzt, legt er seinen Kopf und Hals möglichst flach auf den grasigen Boden. So sieht er von Weitem aus wie ein großer Felsbrocken in der Wüste. Kommt der Feind dann trotzdem näher, springt der Strauß auf und versucht, dem Angreifer einen ordentlichen Tritt zu verpassen. Die meisten Tiere fürchten sich vor den starken Beinen, aber ab und zu kommt auch ein mutiger Widersacher vorbei. Dann kann der Strauß nur noch fliehen. Beim Weglaufen erreicht er Geschwindigkeiten von bis zu 70 Stundenkilometern. Damit ist er der schnellste Zweibeiner der Welt. Wenn er »normal« schnell läuft, kommt er immer noch auf 50 Stundenkilometer mit seinen über drei Meter langen Schritten.

So ein langer Hals lässt sich nicht leicht verstecken.

Fliegen können Strauße nicht. Dafür sind sie mit ihren 125 Kilo viel zu schwer.

Manchmal veranstalten Menschen Straußen-Wettrennen. Dazu werden die großen Vögel ähnlich wie ein Pferd gesattelt und gezäumt. Die Rennen sind meist nur kurz, und die Jockeys werden oft abgeworfen, weil sie sich nicht richtig festhalten können. In erster Linie dient das Ganze wohl als ulkige Show. Tierschützer kritisieren die Veranstaltung als Qual und Stress für die Laufvögel.

Straußenrennen

264 NIEMAND SCHWIMMT GERN IN EINEM MEER AUS KOT

Der Zwergpottwal macht sich seine Exkremente zunutze. Der »nur« drei Meter lange Wal wird manchmal von Schwertwalen (Orcas) und sogar Delfinen bedroht. Wenn das passiert, lässt er eine stinkende, dicke Flüssigkeit aus seinem Anus strömen und schwimmt danach in seine Kotwolke. Die Angreifer haben natürlich keine große Lust, durch diesen Dreck auf ihn zuzuschwimmen. Und wenn sie es doch versuchen, lässt der Zwergpottwal einfach noch eine Ladung stinkenden Kot los.

Seegurken gehen noch einen Schritt weiter. Sie ziehen ihren Körper zusammen und schleudern dann ihre Gedärme und andere Organe in Richtung des Angreifers. Der bekommt natürlich einen ordentlichen Schreck. Manchmal sind die Innereien sogar giftig, sodass der Angreifer stirbt.

265 SCHÜTTEL DEN SKORPION AUS DEM SCHUH

Fürchtest du dich vor Skorpionen? Das musst du eigentlich gar nicht. Von den 1750 Arten verfügen nämlich »nur« 30 bis 40 über ein Gift, das für den Menschen tödlich ist. Skorpione wollen dich aber eigentlich gar nicht angreifen. Am liebsten verstecken sie sich in Felsen und Spalten, wo sie von niemandem gestört werden. Nur wenn sie Hunger haben, gehen sie auf Jagd. Dabei helfen ihnen ihre *Pedipalpen*, ihre Beine mit Scheren am Ende. Mit den Scheren ergreifen sie ihre Beute und halten sie fest im Griff. Dann biegen sie ihren Schwanz über ihren Körper und piksen die Beute mit ihrem Giftstachel. Die meisten Skorpione verfügen über ein Gift, das genau auf ihre Lieblingsbeute abgestimmt ist. Die stirbt dadurch oder wird gelähmt, sodass der Skorpion sie einfach auffressen kann. Das tut er nicht wie wir, indem er sie zerkaut. Stattdessen spuckt der Skorpion auf seine Beute, wodurch sie sich zu zersetzen beginnt. Dann saugt er den vorverdauten Nahrungsbrei auf. Mit einer Mahlzeit kann der Skorpion sechs bis zwölf Monate überleben. Doch es kommt vor, dass die Skorpionmutter ihr Junges frisst, wenn es nicht genug Nahrung gibt. Die Tiere leben nämlich meist in unwirtlichen Gegenden, wo ihnen nur selten ein saftiges Insekt über den Weg läuft.

Werden denn nie Menschen von Skorpionen gestochen? Und ob! Meist passiert das, wenn sie einen Skorpion bei seinem Schönheitsschlaf stören. Oder weil ein Skorpion sich versehentlich in einem Schuh versteckt hat. Also immer schön die Schuhe ausschütteln, wenn du dich in einer Gegend mit Skorpionen befindest!

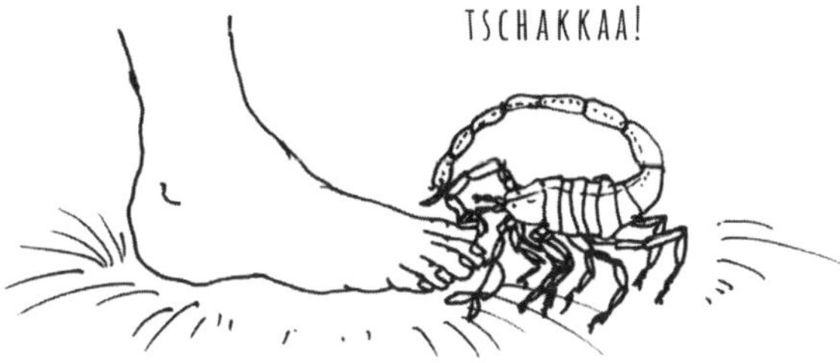

266 MOTTEN SIND MEISTER DER TARNUNG

Für viele Menschen sind Motten einfach die langweiligen Schwestern der viel farbenfroheren Schmetterlinge. Aber eigentlich sind Motten fantastische Tiere.

Manche Motten und ihre Raupen sind zum Beispiel Meister der Verkleidung. Dazu geben sie sich als besonders unappetitlicher Happen aus – als Wespe, Fangschrecke, Vogelspinne oder auch … als Vogelmist. So führen sie die Tiere, die die Motte oder ihre Raupe gern fressen würden, auf eine falsche Fährte. Der Totenkopfschwärmer, der sich von Honig ernährt, tarnt sich mit seinem Geruch: Er ahmt den Duft der Bienen nach und wird dadurch im Bienenstock nicht als Eindringling erkannt.

Der Totenkopfschwärmer führt Bienen an der Nase herum.

Andere Motten wiederum sind hervorragende Textilproduzenten. Wenn die Raupen des Seidenspinners ihren Kokon bauen, produzieren sie Seide. Das Material wird vom Menschen genutzt, um einen der teuersten und schönsten Stoffe, die es gibt, herzustellen.

Motten bestäuben verschiedene Pflanzen, deren Blüten sich nachts öffnen. Auf dem Kopf tragen sie Antennen mit Geruchsrezeptoren, die ihnen bei der Nahrungs- und Partnersuche helfen. Mit ihrer langen, aufgerollten Zunge können sie auch tief sitzenden Nektar aus einer Blüte holen.

Motten sind eine bedeutende Nahrungsquelle für Vögel, Amphibien, Säugetiere und Reptilien. In vielen Ländern essen auch Menschen die Raupen von Motten. In manchen Gegenden in Südafrika werden die Raupen der *Gonimbrasia belina*, eines Nachtfalters, sogar als Delikatesse angesehen. Die Mopaneraupe wird per Hand von den Blättern des Mopanebaums gepflückt und über offenem Feuer geröstet oder in der Sonne getrocknet. Angeblich schmeckt sie besonders gut in einem Eintopf mit Tomaten und Bohnen.

Saola
Pseudoryx nghetinhensis

267 DAS SÄUGETIER, DAS NOCH FAST NIEMAND GESEHEN HAT

Jeden Tag entdecken Zoologen neue Tierarten. Oft handelt es sich um Insekten aus dicht bewachsenen Regenwäldern oder um Tiere, die tief im Ozean leben. Aber ab und zu stoßen sie auch auf ein Tier, mit dem keiner gerechnet hat.

1992 arbeitete ein Team des World Wide Fund for Nature (WWF) mit der vietnamesischen Regierung zusammen, um die biologische Vielfalt im Naturreservat Vu Quang zu erforschen. Das Reservat befindet sich im Gebirge auf der Grenze zwischen Laos und Vietnam. Zur ihrer Überraschung entdeckten die Forscher in der Hütte eines Jägers ein paar Hörner, die sie noch nie zuvor gesehen hatten. Sie fanden auch eine vollständige Haut. Das war das erste Mal seit 1936, dass ein neues großes Säugetier entdeckt wurde! Es handelte sich dabei um die Saola, auch Vu-Quang-Antilope oder Vietnamesisches Waldrind genannt. Einige Jäger kannten sie zwar schon, aber die Biologen und Zoologen hatten keine Ahnung von ihrer Existenz.

Nachdem die Forscher Kamerafallen in der Gegend aufgestellt hatten, bekamen sie das Tier auch lebend ein paarmal zu sehen. Die Saola ähnelt zwar einer Antilope, ist aber mit den Rindern verwandt. Sowohl die Männchen als auch die Weibchen haben lange, leicht geschwungene Hörner. Ihr kurzes, glänzendes Fell ist kastanienbraun bis schwarz.

Bis heute wurden erst elf dieser besonderen Tiere lebend gesehen. 2010 wurde in Laos ein trächtiges Weibchen gefangen, doch es starb ein paar Tage später. Wissenschaftler schätzen, dass es noch etwa 70 bis 100 dieser Tiere gibt. Weil sie die Einzigen ihrer Art sind und es keine Saolas in Gefangenschaft gibt, mit denen man züchten könnte, fürchten Experten, dass die Art schon sehr bald aussterben könnte. Und das wäre schade, denn wir kennen diese schönen Tiere erst zu kurz, um viel über sie zu wissen.

268 DAS HIRSCHFERKEL VERSTECKT SICH AM GRUND DES FLUSSES

Hirschferkel, auch Zwergböckchen genannt, kommen sowohl in Asien als auch in Afrika vor. Der Kleinkantschil aus Asien ist das kleinste Mitglied der Hirschferkelfamilie. Das kleine Säugetier wiegt weniger als 3 Kilogramm und wird von Kopf bis Rumpf nur etwa 48 Zentimeter lang. Damit ist der Kleinkantschil der kleinste Paarhufer der Welt. Paarhufer sind Tiere mit einer geraden Anzahl von Zehen. Die mittleren Zehen bilden den »Huf«.

Der größere Bruder des Kleinkantschils ist in Afrika heimisch. Das Afrikanische Hirschferkel kann bis zu 16 Kilogramm schwer werden und eine Widerristhöhe (vom Boden bis zum Widerrist, dem Knochen zwischen Hals und Rücken) von ungefähr 35 Zentimetern erreichen. Das Afrikanische Hirschferkel hält sich am liebsten am Ufer eines Flusses auf. Sobald Gefahr droht, geht es ins Wasser und lässt sich zu Boden sinken. Dort läuft es klammheimlich davon. Es kann bis zu vier Minuten den Atem anhalten. Wenn ihm die Luft ausgeht, taucht es kurz auf und streckt zum Einatmen seine Schnauze aus dem Wasser. Manchmal hält es sich auf dem Grund an Wasserpflanzen fest, um nicht zu weit abzutreiben.

Auf dem Trockenen warnen sich Hirschferkelmännchen bei Gefahr gegenseitig, indem sie mit den Hufen sehr schnell auf den Boden trommeln. Damit versuchen sie auch, den Angreifer in die Flucht zu schlagen.

Hirschferkel sind gut im Verstecken und bewegen sich heimlich, still und leise, sodass Menschen sie oft gar nicht bemerken. Vielleicht spielen sie deshalb in ihren Heimatländern eine Hauptrolle in vielen Märchen.

Afrikanisches Hirschferkel
Hyemoschus aquaticus

269 KOTSCHLEUDERN FÜR FORTGESCHRITTENE

- Die Raupe des Dickkopffalters schießt mit Kot um sich. Ist ein Angreifer in der Nähe, kann sie die Mistkügelchen bis zu 1,50 Meter weit schießen. Der Kot dieser Raupe riecht sehr intensiv, was die Aufmerksamkeit des Fressfeindes anzieht. Anstatt die Raupe zu verfolgen, folgt er dem Kotgeruch, sodass sich die Raupe schnell aus dem Staub machen kann. Zum Glück schießen nicht alle Raupen Kot, sonst müssten wir uns wohl stärker in Acht nehmen, um nicht getroffen zu werden.

- Der Adeliepinguin wohnt am Südpol. Er ist ein eher kleiner Vogel mit schwarzem Kopf und einem weißen Ring um die Augen. Wenn ein junger Adeliepinguin mal eine Zeit lang allein bleiben muss, weil die Eltern gerade auf Fischfang sind, liegt immer schon ein Jäger auf der Lauer: ein Weißgesicht-Scheidenschnabel, dem so ein Daunenknäuel gut schmeckt. Aber der kleine Pinguin weiß sich zu verteidigen. Er dreht sich um und feuert, sobald der Feind nah genug ist, einen kräftigen Strahl Kot in seine Richtung. Der Angreifer erschreckt sich nicht nur, sondern wird auch mit einer klebrigen Dreckbrühe übergossen, sodass er sich nicht mehr richtig bewegen kann. Auch mit Wasser bekommt er sie nicht ab. Den kleinen Pinguin sollte man also nicht unterschätzen.

- Aber wer ordentlich stinken will, braucht nicht immer Kot. Wer einmal den Gestank aus den Analdrüsen eines Stinktiers gerochen hat, wird ihn nie mehr vergessen. Stinktiere sondern diesen Duft ab, wenn sie sich bedroht fühlen oder angegriffen werden. Der Geruch ist so scharf, dass der Angreifer sogar vorübergehend erblinden kann.

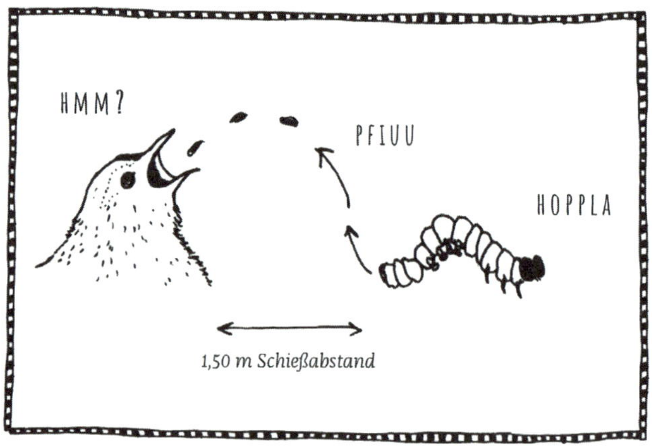

komischer Vogel

270 DER SCHMETTERLING, DER WIE EIN KOLIBRI AUSSIEHT

Den Ausdruck »konvergente Evolution« hast du wahrscheinlich noch nie gehört (wenn du nicht Biologin oder Biologe bist). So nennt man es, wenn zwei Tiere, die gar nicht miteinander verwandt sind – zum Beispiel Vögel und Insekten –, im Laufe der Zeit die gleichen äußerlichen Merkmale entwickeln. Sie sehen dann aus, als würden sie zur gleichen Familie gehören, was aber überhaupt nicht stimmt. Diese Ähnlichkeit zwischen nicht verwandten Tieren nennt man *Homoplasie.*

Ein besonders schönes Beispiel dafür ist das Taubenschwänzchen, auch Kolibrischwärmer genannt. Diese Art kommt in vielen Gegenden Nordafrikas, Asiens und Europas vor. Obwohl die Schmetterlinge überhaupt nicht mit den Kolibris verwandt sind, ähneln sie ihnen äußerlich stark. Und genau wie die winzigen Vögel schwirren sie mit rasend schnellen Flügelschlägen über einer Blüte, um mit ihrem langen Saugrüssel den Nektar herauszuholen. Sie können sowohl auf der Stelle fliegen als auch seitwärts und rückwärts. Dabei machen sie sogar das gleiche Geräusch wie ein Kolibri, was die Ähnlichkeit noch verstärkt.

Natürlich gibt es auch Unterschiede. Das Taubenschwänzchen ist etwas kleiner als ein Kolibri und hat wie alle Insekten sechs Beine. Auf dem Kopf trägt es zwei Antennen, und es hat keinen Schnabel. Auch die Flügel sehen anders aus.

Das Taubenschwänzchen gehört zu den am schnellsten fliegenden Insekten der Erde und kann spielend leicht 18 Stundenkilometer erreichen. Ganz schön schnell für so ein kleines Tier!

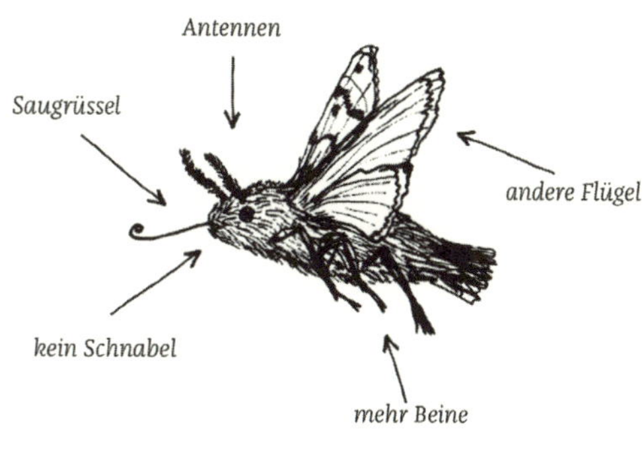

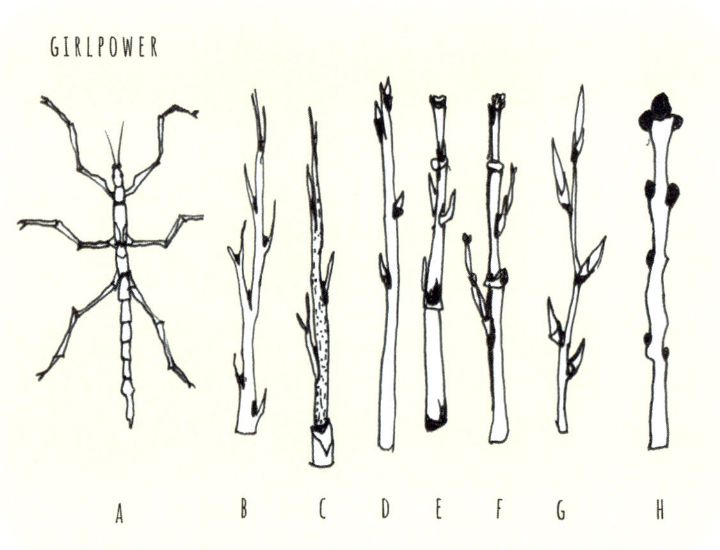

Welcher Zweig ist echt?

271 IST DA GERADE EIN STOCK VORBEISPAZIERT?

Um eine **Stabschrecke** zu sehen, brauchst du wirklich gute Augen. Dieses Insekt wird nämlich nicht umsonst auch Wandelnder Ast genannt. Stabschrecken haben einen braunen, grünen oder schwarzen Körper und passen sich perfekt den Bäumen an, in denen sie sich versteckt halten. Sie sehen aus wie kleine Zweige und verhalten sich auch so. Bei Wind wiegen sich die Schrecken leicht, ebenso wie Zweige. Durch kleine Streifen oder andere Muster auf ihrer Haut sind sie im Baum noch besser getarnt.

Kommt ihnen ein Angreifer zu nah, lassen sie sich zu Boden fallen und stellen sich tot. Das nennt man *Thanatose*. Einige Arten sondern auch einen übel schmeckenden oder stinkenden Stoff ab oder besprühen ihre Angreifer mit einem Gas. Es gibt auch Arten, die zwei grellbunte Flügel verbergen. Wenn ein Feind naht, lassen sie die Flügel für einen kurzen Augenblick aufblitzen. Überrascht macht sich der Feind auf die Suche nach dem bunt geflügelten Insekt, doch er findet nur Stöckchen. Völlig durcheinander zieht er unverrichteter Dinge wieder ab.

Und wenn der Angreifer sie doch mal an einem Bein zu packen kriegt? Dann lassen sie es einfach abbrechen und fliehen. Bei jungen Stabschrecken wächst das Bein wieder nach, wenn sie sich häuten. Auch bei etwas älteren Schrecken kann es vorkommen, dass das Bein wieder nachwächst.

Die Stabschreckenweibchen brauchen keinen Mann, um sich fortzupflanzen. Die Weibchen legen Eier, aus denen andere Weibchen schlüpfen. Es findet also keine Befruchtung statt. Von manchen Stabschreckenarten sind bis heute noch keine Männchen gefunden worden!

272 DAS SCHUPPENTIER TARNT SICH ALS KUGEL

Penggulung lautet sein Name im Malaiischen. Das bedeutet wörtlich »der, der sich einrollt«. Und genau das tut das Schuppentier, wenn es sich bedroht fühlt. Es formt dann einen harten, starren Ball, dem der Feind nichts anhaben kann.

Das Schuppentier sieht aus wie eine Art Ameisenbär mit Schuppen, wodurch es ein bisschen an ein Gürteltier erinnert. Es ist das einzige Säugetier mit einem so großen Panzer. Der bedeckt seinen ganzen Körper und besteht aus Keratin, dem Stoff, aus dem auch deine Haare und Nägel sind. Der Schuppenpanzer macht ein Fünftel seines Körpergewichts aus.

Schuppentiere haben zwar einen Panzer, aber dafür keine Zähne. Sie benutzen ihre lange, klebrige Zunge, um nach Ameisen zu angeln. Ganz ausgerollt, ist die Zunge länger als Körper und Kopf des Schuppentiers zusammen. Wenn das Schuppentier nicht frisst, liegt die Zunge aufgerollt in der Brusthöhle.

Jedes Jahr werden laut verschiedenen Schätzungen in Asien zwischen 10 000 und 100 000 Schuppentiere verbotenerweise eingefangen und verkauft.

In vietnamesischen Restaurants stehen sie als exotische Delikatesse auf der Speisekarte. Sie werden gegrillt oder als Suppeneinlage gegessen. Der Panzer wird zu einem feinen Pulver zermahlen, das in der chinesischen Medizin zum Einsatz kommt. Ein Kilo Schuppen kann stolze 450 € kosten. Aus dem Panzer werden auch Mode-Accessoires hergestellt. Das ist wirklich schlimm, denn sowohl die afrikanischen als auch die asiatischen Schuppentierarten sind heute vom Aussterben bedroht.

FINGER WEG, MEINE SCHUPPEN!

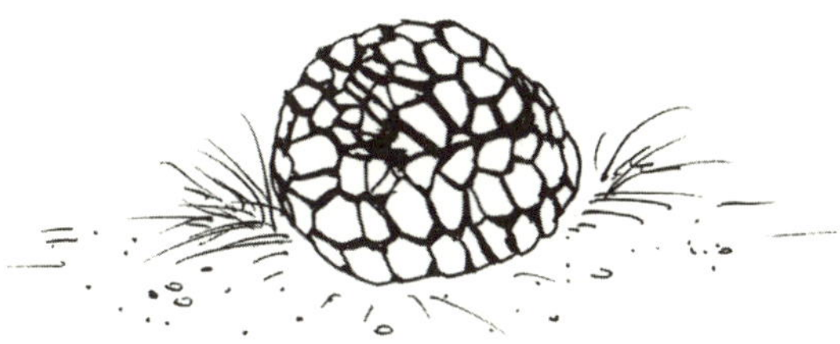

aufgerolltes Schuppentier

entrolltes Schuppentier

273 OKAPIS SIND GENIALE VERSTECKSPIELER

Das Okapi ist ein außergewöhnliches Tier. Am Hinterteil und an den Beinen hat es Streifen wie ein Zebra. Ansonsten erinnert es ein bisschen an ein Reh, aber eigentlich ist seine nächste Verwandte die Giraffe. Darum wird es manchmal auch Waldgiraffe genannt. Seine blaue Zunge kann bis zu 35 Zentimeter lang werden. Das Okapi nutzt sie, um Blätter aus Bäumen zu holen, aber auch, um beispielsweise seine Augen sauber zu lecken.

Das Okapi wurde erst um 1900 im Kongo entdeckt. Für so ein großes Säugetier ist das ungewöhnlich spät. Aber das Okapi ist auch besonders scheu und versteckt sich sofort im Regenwald, wenn Menschen oder andere Feinde in der Nähe sind. Durch die Färbung und die Streifen auf Hinterteil und Beinen ist es in seiner Umgebung fast nicht zu erkennen.

Um gesund zu bleiben, brauchen Okapis Mineralien und Salz. Darum gehen sie manchmal runter zum Fluss, um dort am Lehmboden zu lecken. Andere lebenswichtige Nährstoffe nehmen sie durch das Knabbern an Holzkohle von verbrannten Bäumen und durch Fledermauskot auf.

Experten sind sich nicht sicher, wie viele wild lebende Okapis es noch gibt. Schätzungen liegen zwischen 10 000 und 20 000 Individuen. Die Art ist vom Aussterben bedroht, weil Menschen Jagd auf sie machen und weil ihr Lebensraum immer kleiner wird. Mehrere europäische Zoos arbeiten darum zusammen an speziellen Zuchtprogrammen für Okapis. Vielleicht magst du ja auch mal in den Zoo gehen, um dieses wunderliche Tier in echt zu sehen.

Okapi
Okapia johnstoni

274 DER VOGELMIST LEBT JA!

Stell dir vor, du starrst auf ein Häufchen Vogelkot. Und plötzlich rennt es weg ... Wetten, dass du dich erschreckst?

Rennender Vogelkot existiert natürlich nicht. Höchstwahrscheinlich hast du eine Raupe, eine Spinne oder einen Falter gesehen, der sich als Vogelmist tarnt. So halten sie sich einige Tiere, die sie sonst auffressen würden, vom Leib. Vogelmist sieht ja auch wirklich alles andere als schmackhaft aus. Die Raupen mancher Motten haben eine weiß-braune Färbung, mit der sie genau wie ein Häufchen Vogelmist aussehen. Und wenn sie sich auf einem Blatt oder einem Zweig ausruhen, nehmen sie sogar die Form des Vogelkots an. So verstecken sie sich vor Vögeln, die Appetit auf eine saftige Raupe haben.

Manche asiatischen Radnetzspinnen, wie zum Beispiel die *Cyclosa ginnaga*, nehmen zur Vermummung ihr Netz zu Hilfe. Sie webt ein Klecksmuster aus selbst gesponnener Seide sowie einzelne Pflanzenstücke in ihr Netz und setzt sich selbst in die Mitte. Durch den braun-weißen Körper der

Spinne und das besondere Netz sieht das Ganze dann aus wie ein Klecks Vogelkot.

Es gibt sogar Spinnen, die Vogelkotspinnen *(Bird dropping spider)* genannt werden. Die *Celaenia excavata* sieht einem Kothäufchen zum Verwechseln ähnlich. Sie liegt regungslos am Boden und wird von Jägern in Ruhe gelassen. Um ihre Beute anzulocken, produziert sie einen Duftstoff, der riecht wie die »Pheromone« (Sexualbotenstoffe) weiblicher Motten. Die Mottenmännchen kommen dadurch näher und ... werden aufgefressen.

Vogelkotspinne?

275 »ICH FAND EINEN BAUM MIT LEBENDEN BLÄTTERN!«

»Auf dieser Insel findet man Bäume, deren Blätter nach dem Abfallen leben. Sie können laufen. Sie ähneln den Blättern des Maulbeerbaums, doch sie sind kürzer. Sie haben einen kurzen Stängel, von dem zu beiden Seiten zwei Beine abgehen. Bei Berührung laufen sie weg. Aber wenn man sie zertrampelt, tritt kein Blut aus. Ich habe eines von ihnen neun Tage in einer Schachtel aufbewahrt. Als ich die Schachtel öffnete, lief das Blatt in der Dose herum. Ich glaube, es ernährt sich von Luft.«*

Dies ist der Bericht eines Entdeckungsreisenden, der als Erster ein Wandelndes Blatt gesehen hatte. Er war überzeugt, er hätte einen Baum entdeckt, dessen Blätter leben, wenn sie zu Boden fallen. Das ist natürlich nicht der Fall. Wandelnde Blätter sind Insekten, die aussehen wie ein gezacktes Blatt und damit im Wald perfekt getarnt sind. Sie sind in der Regel grün und haben eine flache, ovale Körperform. Ihre Beine sind braun und mit kleinen Einkerbungen versehen, wodurch sie für einen Feind fast unsichtbar sind.

Wird ein Wandelndes Blatt gefangen, verhält es sich ganz still. Es wirkt dann, als ob es tot wäre. Insektenfresser lassen es links liegen, denn auf tote Insekten haben sie keinen Appetit.

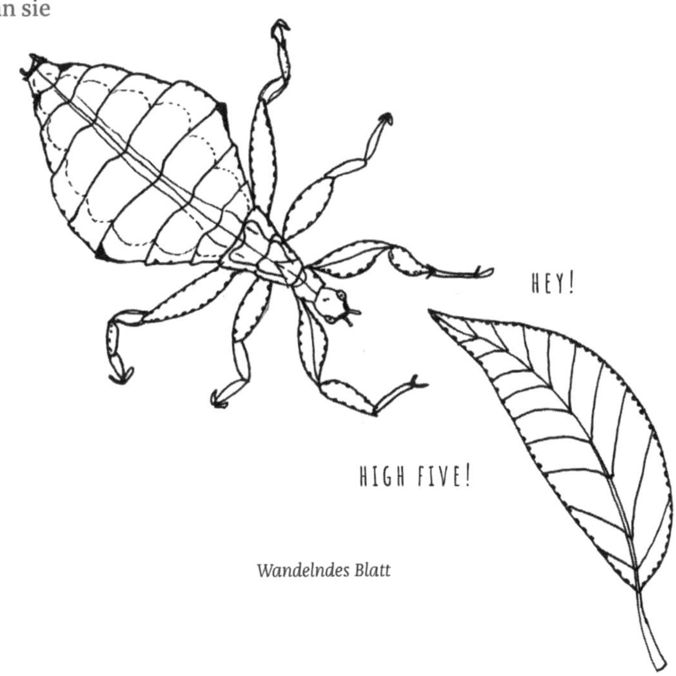

Wandelndes Blatt

* Aus dem Reisebericht von Antonio Pifagetta über seinen Besuch auf der Insel Cimbonbon bei Borneo.

276 DIE SPINNENAMEISE IST IN WIRKLICHKEIT EINE WESPE

Eines vorneweg: Die Spinnenameise ist keine Ameise. Und eine Spinne ist sie ebenso wenig. Aber woher kommt dann der Name?

Spinnenameise, manchmal auch »Bienenameise«, ist ein umgangssprachlicher Name für die Ameisenwespe, eine Wespenfamilie mit weit über 3000 Arten, fachsprachlich *Mutillidae* genannt. Bei den Ameisenwespen haben die Weibchen keine Flügel. Sie erinnern an große haarige Ameisen. Manche sind eher braun und schwarz, andere eher schwarz-weiß gefärbt. Die schwarz-weißen Ameisenwespen werden auf Englisch auch *Panda ants* (Pandaameisen) genannt, weil ihre Zeichnung an die des Großen Pandas erinnert.

Sie mögen harmlos aussehen, aber pass bloß auf, dass sie dich nicht stechen! Der Stich einer Ameisenwespe ist enorm schmerzhaft.

Ameisenwespen wurden erstmals 1938 an der chilenischen Küste entdeckt, aber inzwischen wurden sie auch in Argentinien, im Süden der Vereinigten Staaten und in Mexiko gesichtet.

Die Männchen der Ameisenwespen sind deutlich größer als die Weibchen. Sie sehen viel mehr wie Wespen aus und haben auch Flügel. Die Männchen sind nachtaktiv, die Weibchen tagaktiv. Man würde gar nicht darauf kommen, dass sie zur selben Art gehören, bis sie sich paaren.

Nach der Paarung legt das Weibchen seine Eier ins Nest einer anderen Wespe oder einer Biene im Boden. Sobald die jungen Ameisenwespen schlüpfen, fressen sie die Puppen und Larven der fremden Wespe oder Biene auf. Allerdings wird auch ein Großteil der jungen Ameisenwespen von Ameisenbären gefressen. Die können sie offenbar auch nicht von normalen Ameisen unterscheiden …

Ameisenwespe

– 15 –

VON SUPERSCHNELLEN UND SUPERTRÄGEN TIEREN

277 VERNEIGE DICH VOR DEM KÖNIGLICHEN HUND

Der Saluki oder »Persische Windhund« ist wahrscheinlich die älteste noch lebende zahme Hunderasse. Die erste Darstellung eines Salukis wurde auf einem Wandgemälde im türkischen Anatolien entdeckt. Diese Zeichnung soll im Jahr 5800 vor Christus entstanden sein. Anfangs wurde der Hund von umherziehenden Nomaden mitgenommen, die ihn nutzten, um in der Wüste und in den Bergen Jagd auf Gazellen und andere Tiere zu machen.

Der Saluki ist ziemlich groß und sehr schlank, hat einen langen, schmalen Kopf und haarige Hängeohren. Dank seiner langen Beine ist er ein erstklassiger Sprinter und kann Geschwindigkeiten von bis zu 64,4 Stundenkilometern erreichen. Nur der Greyhound ist mit 70 Stundenkilometern noch einen Tick schneller. Der Saluki kann überdies auch noch enorm hoch springen. Mit Anlauf überwindet er Hürden von fast zwei Metern.

Im alten Ägypten war der Saluki ein königlicher Hund. Die Machthaber setzten ihn zur Jagd auf verschiedene Wildtiere ein. Die Pharaos hielten

so große Stücke auf den pfeilschnellen Hund, dass sie ihn *El Hor* (»Der Edle«) nannten. Wenn ein Saluki starb, trauerte die ganze Familie, und alle schoren sich aus Respekt die Augenbrauen ab. Die Ägypter ließen den Saluki auch auf allerhand Tonwaren abbilden. Auf einer Abbildung aus dem Jahr 1350 vor Christus sieht man Pharao Tutanchamun gemeinsam mit einem Windhund Jagd auf enorm große Vögel machen.

Wenn der Pharao starb, wurden seine Salukis nach ihrem Tod auch einbalsamiert und als Mumie neben ihm ins Grab gelegt. An manchen dieser mumifizierten Salukis hat man sogar ein schönes Halsband mit ihrem Namen gefunden.

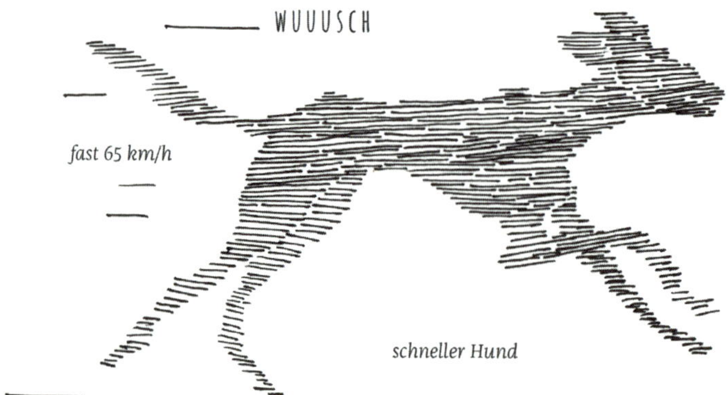

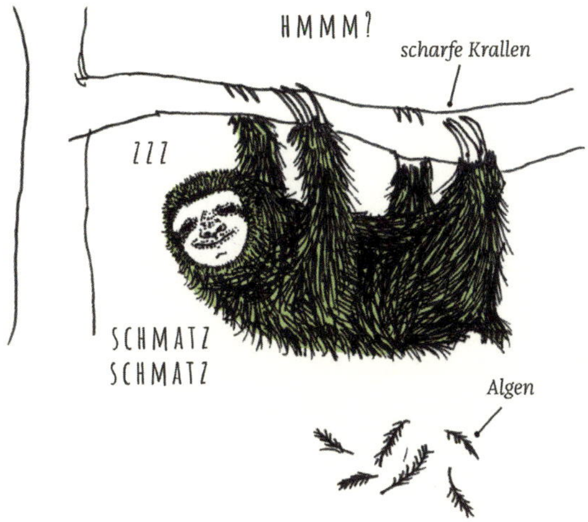

Dreifingerfaultier
Bradypus tridactylus

278 DAS FAULTIER MACHT SEINEM NAMEN ALLE EHRE

Stell dich mal hin und nimm dir eine Stoppuhr. Und jetzt leg in einer Minute ungefähr drei Meter zurück. Du wirst merken, dass es gar nicht so leicht ist, so superlangsam zu gehen. Aber das ist das Tempo, mit dem sich ein (gehetztes!) Faultier durch den Urwald bewegt. Das macht es zum wohl langsamsten Säugetier der Welt.

Um ein Drei- oder Zweifingerfaultier in freier Wildbahn zu sehen, musst du in die tropischen oder subtropischen Gegenden Mittel- oder Südamerikas reisen. Dort verbringen die Tiere in den Regenwäldern den größten Teil ihres Lebens damit, verkehrt herum in Bäumen zu hängen. Mit den starken Klauen an ihren Vorder- und Hinterbeinen halten sie sich fest.

Faultiere zu erspähen ist gar nicht so leicht. Weil sie sich überhaupt nicht oder nur sehr langsam bewegen, sind sie für Raubtiere so gut wie unsichtbar. Außerdem wachsen auf ihrem feuchten Fell kleine Algen, wodurch die Faultiere sich grünlich verfärben. So fallen sie zwischen den Blättern noch weniger auf.

Mit seinem lustigen Köpfchen sieht ein Faultier sehr putzig aus, aber wir raten trotzdem davon ab, ihm zu nahe zu kommen. Mit den scharfen Krallen kann es nämlich ordentlich zuschlagen. Lässt man es in Ruhe, stellt das Faultier aber keine Gefahr dar. Meist hängt es einfach nur kopfüber im Baum, zwischen fünfzehn und zwanzig Stunden pro Tag. Wenn es mal nicht schläft oder ruht, frisst es Blätter, Zweige, Knospen und weiche Früchte. Weil Blätter so langsam verdaut werden, produziert das Faultier nur einmal pro Woche ein Häufchen Kot. Selbst damit will es sich offenbar nicht mehr Mühe machen als unbedingt nötig ...

279 KEIN WUNDER, DASS DER WEIHNACHTSMANN RENTIERE VOR SEINEN SCHLITTEN SPANNT!

Rentiere – oder Karibus, wie sie im Norden von Kanada und Alaska genannt werden – sind Vielreisende. Jedes Jahr legen sie auf ihren Wanderungen zwischen 1000 und 3000 Kilometer zurück.

Ihre Wanderlust ist auch der Grund, warum die Rentiere noch nicht ausgestorben sind. Der Säbelzahntiger und das Mammut, die einst gemeinsam mit dem Karibu lebten, gibt es heute nicht mehr. Keine der beiden Arten war besonders reiselustig.

Im Frühling treten die Rentiere die Reise in den hohen Norden an. Dort finden sie immer noch ausreichend energiereiche Nahrung, und außerdem gibt es weniger Tiere, die Jagd auf sie machen, und weniger Insekten, die ihnen die Ohren vollsummen.

Die trächtigen Weibchen machen sich als Erste auf den Weg. Für sie ist die Reise beschwerlicher, weshalb sie länger brauchen. Ein paar Wochen später folgen die Männchen, die Kälbchen aus dem Vorjahr und die Weibchen, die nicht trächtig sind. Sobald die neuen Kälber geboren sind, zieht die Herde noch etwas weiter nördlich, bis an die Küste. Dort finden sie Nahrung wie Gräser, Beeren und Blätter im Überfluss.

Aber sobald im Herbst der erste Schnee fällt, wissen die Rentiere, dass es Zeit ist, zurückzukehren. Es folgt die lange Wanderung Richtung Süden über Berge, durch Flüsse und entlang uralter Pfade. Manche Herden nutzen schon seit über 27 000 Jahren dieselbe Strecke.

Im kalten Winter leben die Rentiere von Flechten, die unter dem Schnee wachsen. Das Eis schaben sie mit ihren kräftigen Hufen ab, die spezielle Kanten haben. Karibu bedeutet übrigens »Schneeschaufler« in der Sprache der Mik'maq, eines Volkes nordamerikanischer Ureinwohner. Die Hufe des Rentiers sind viel breiter als die eines normalen Hirschs. Dadurch können sie im Schnee leichter stehen und sacken nicht so schnell ein. Die Hufe helfen ihnen auch beim Paddeln, wenn sie einen breiten Fluss überqueren. Rentiere sind also zum Reisen gebaut. Kein Wunder, dass der Weihnachtsmann ausgerechnet sie vor den Schlitten spannt!

Rentier
Rangifer tarandus

280 DER RENNKUCKUCK HAT SEINEN NAMEN NICHT VON UNGEFÄHR

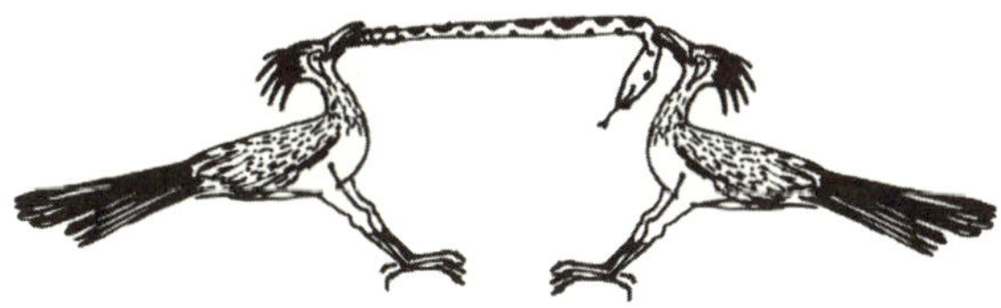

eine Partie Klapperschlangenziehen

Kennst du die Zeichentrickfigur Road Runner? Dieser superschnelle Vogel, der immer gegen den fiesen Kojoten gewinnt?

Roadrunner oder Große Rennkuckucke findet man vor allem in Nord- und Zentralamerika. Die Vögel können zwar fliegen, aber das tun sie nur selten. Mit ihren langen Beinen erreichen sie rennend 25 Stundenkilometer, was ihnen offenbar schnell genug für die Fortbewegung ist. Ihre Flugkünste sind auch nicht besonders beeindruckend. Über eine kurze Distanz können sie etwa eine Minute lang in der Luft bleiben. Das reicht gerade so aus, um vor einem Angreifer zu fliehen oder in ihr Nest zu fliegen. Gut so, denn obwohl sie am liebsten mit beiden Beinen auf dem Boden stehen, bauen sie ihre Nester in flachen Sträuchern oder Bäumen, damit Raubtiere nicht so einfach drankommen.

Die Leibspeise der Großen Rennkuckucke sind Klapperschlangen. Meist arbeiten sie zu zweit, um eine Schlange zu überwältigen. Einer von beiden lenkt die Schlange ab, während der andere sich von hinten nähert. Er packt die Schlange hinter dem Kopf und schleudert sie gegen einen Stein. Oder er durchsticht mit seinem scharfen Schnabel direkt den Kopf.

Die Schlange wird in einem Stück verschlungen. Wenn sie etwas zu groß ist, lässt der Kuckuck das Ende aus seinem Schnabel hängen, bis der erste Teil verdaut ist.

Die Vögel leben in Wüstengebieten. Sie sind so gut an ihre Umgebung angepasst, dass sie nie trinken müssen. Alles Wasser, das sie brauchen, ziehen sie aus ihrer Nahrung. Sie sind auch überhaupt nicht menschenscheu. Ein Rennkuckuck läuft dir einfach entgegen und starrt dich aus der Nähe an. Dabei schwenkt er fröhlich seinen Schwanz und richtet seinen Federschopf auf. Aber das Rennen gegen den Kojoten würde er leider nicht gewinnen. So ein Kojote schafft nämlich locker 60 Stundenkilometer, ist damit also mehr als doppelt so schnell wie der Rennkuckuck. Und wenn ein Kojote es auf ihn abgesehen hat, ist der Kuckuck für ihn leichte Beute.

Rennkuckuck, drei Schnabellängen voraus

281 LIBELLEN SIND DIE DÜSENJÄGER UNTER DEN INSEKTEN

Hast du schon einmal eine Libelle über einen Teich sausen sehen? Dann weißt du ja, wie wunderschön diese Insekten sind, mit ihren metallisch schimmernden Körpern und großen Flügeln. Aber wusstest du auch, dass sie unglaublich schnell fliegen können? Sie schaffen Geschwindigkeiten zwischen 50 und 95 Stundenkilometern. Damit sind sie die Schnellsten in der Insektenwelt.

Nur leider hat eine Libelle ihre Flügel nicht besonders lang. Nachdem die Libellenlarve aus dem Ei geschlüpft ist, häutet sie sich zwischen neun und sechzehn Mal. Ihre Flügel bekommt sie erst bei der letzten Häutung. Bei manchen Arten dauert es bis zu drei Jahre, bevor die Libelle fliegen kann. Ab diesem Moment sind ihre Tage gezählt. Sie fliegt noch einige Wochen herum und stirbt dann.

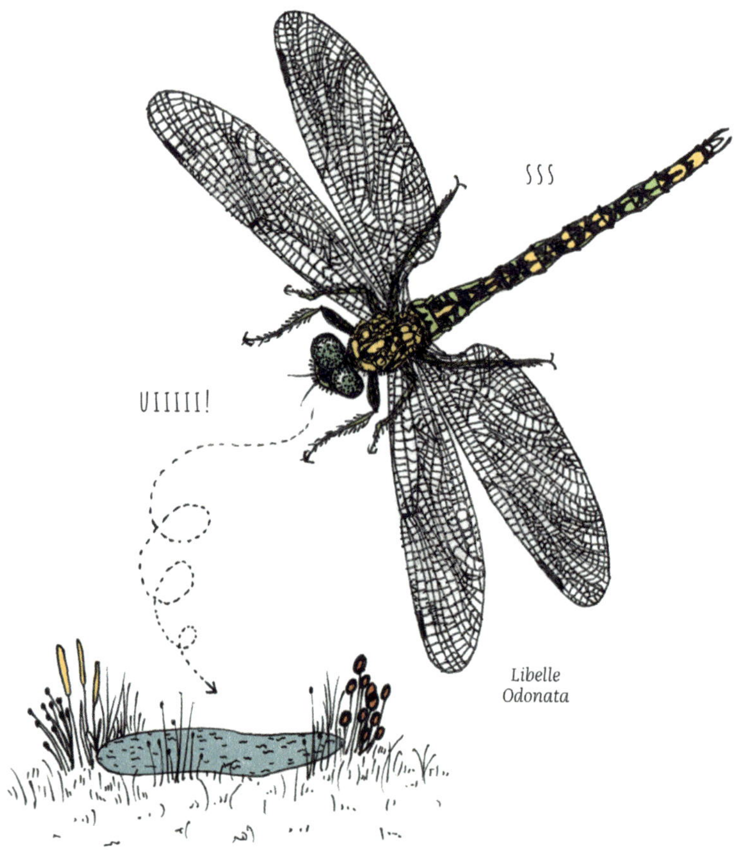

Libelle
Odonata

Der Blaue Marlin hackt den Schwarm in Stücke.

282 DER BLAUE MARLIN IST DER SCHÖNSTE SPRINTER

In den tropischen Gewässern des Atlantiks, des Indischen Ozeans und des Pazifiks ist ein prächtiger Fisch zu Hause: der Blaue Marlin. Seine Oberseite ist kobaltblau und seine Unterseite silbergrau. Aber das Auffälligste an ihm ist sein langer, spitzer Oberkiefer, der aussieht wie ein scharfes Schwert.

Dieser beeindruckende Speerfisch kann über vier Meter lang und bis zu 900 Kilogramm schwer werden. Beim Jagen erreicht er Geschwindigkeiten von bis zu 90 Stundenkilometern. Damit ist er das allerschnellste Tier im Wasser.

Der Blaue Marlin benutzt seinen Speer zum Beutefang. Er kann blitzschnell durch einen Fischschwarm schwimmen und zerhackt alles, was er erwischt. Die toten oder verwundeten Fische treiben dann an die Oberfläche, wo der Marlin sie auffrisst.

Frau Marlin ist drei- bis viermal so groß wie das Männchen. Sie legt zwar gut sieben Millionen Eier auf einmal, ist aber keine besonders fürsorgliche Mutter. Die meisten Eier schaukeln an der Wasseroberfläche und werden von anderen Meerestieren gefressen. Nur aus 1 % aller Eier entsteht ein neuer Blauer Marlin.

Unter Sportanglern ist der Blauer Marlin eine begehrte Trophäe. Ist er einmal am Haken, wird er nämlich äußerst wütend. Dann springt er aus dem Wasser und vollführt akrobatische Kunststücke, um sich zu befreien. Das Ganze sieht vielleicht spektakulär aus, ist aber natürlich eine entsetzliche Quälerei für diesen prachtvollen Fisch.

283 IN DREI SEKUNDEN VON NULL AUF SIEBZIG

Wenn dich jemand damit beauftragen würde, den perfekten Rennhund zu erfinden – einen Hund, dessen Körper vollkommen auf Geschwindigkeit ausgelegt ist –, käme wohl ein Windhund dabei heraus.

Windhunde sind nämlich zum Rennen gemacht. Schau dir ihren Körperbau einmal genauer an: ein schmaler Brustkorb, dahinter eine noch schmalere Taille. Vorne ein langer, schmaler Kopf mit Ohren, die ganz flach anliegen können. Und natürlich vier schlanke, lange und sehr muskulöse Beine, mit denen ihnen gar nichts anderes übrig bleibt, als zu rennen.

Auch ein erstklassiger Motor darf nicht fehlen. Windhunde haben ein großes Herz, eine große Lunge und Muskeln, die besonders viel Kraft entwickeln können.

Durch ihre aerodynamische Form und ihren starken Motor erreichen Windhunde mühelos Geschwindigkeiten von bis zu 70 Stundenkilometern. Und was noch beeindruckender ist: Sie schaffen diese Geschwindigkeit innerhalb von drei Sekunden. Sie haben also ein großes »Beschleunigungsvermögen«. Das liegt an ihrer speziellen Art zu laufen, bei der in einem bestimmten Moment alle vier Beine vom Boden abheben. Sie macht den Windhund zum zweitschnellsten Sprinter unter den Landsäugetieren. Nur der Gepard ist noch ein bisschen schneller.

Rennhund

– 16 –

WAS DU SCHON IMMER ÜBER TIERE WISSEN WOLLTEST

(ABER VERGESSEN HAST ZU FRAGEN)

Großer Vasenschwamm
Xestospongia testudinaria

284 WELCHES WAR DAS ALLERERSTE TIER AUF DER ERDE?

Das allererste Tier auf der Erde war ... ein Schwamm. Wissenschaftler fanden fossile Überreste von Schwämmen, die über 600 Millionen Jahre alt sind. Schwämme haben kein Gehirn, keine Nerven, keine Augen, keine Ohren und keinen Mund. Und doch sind es Tiere, sie gehören zu den sogenannten »Wirbellosen«.

Es gibt über 5000 Arten von Schwämmen, von denen die meisten in Salzwasser leben. Manche sind nur einen Zentimeter groß, andere können bis zu 3,50 Meter groß werden. Sie können gelb, grün, rot oder braun sein und die Form von Sträuchern, Bäumen, Krusten oder Gesteinsbrocken haben.

Mit dem geschlossenen Ende seines Körpers setzt sich der Schwamm am Boden fest. Mit der anderen Seite bleibt er mit seiner Umgebung in Verbindung. Das Wasser mit den Nahrungsteilchen nimmt er über seine Poren auf. Was nicht verdaut wird, tritt wieder aus. Der Rest wird von den »Wanderzellen« (frei beweglichen Zellen) durch den ganzen Körper des Schwamms transportiert.

Schwämme pflanzen sich auf unterschiedliche Weise fort. So können sie zum Beispiel Knospen formen, aus denen dann neue Schwämme entstehen, aber sie können sich auch fortpflanzen, indem sie Eizellen und Samenzellen bilden. Wenn die Eizelle eines Schwamms mit der Samenzelle eines anderen zusammentrifft, entwickelt sich eine Larve. Die schwimmt erst noch eine Zeit lang herum, heftet sich aber nach einiger Zeit am Boden fest und wächst zu einem neuen Schwamm heran.

285 WERDEN PLATTFISCHE PLATT GEBOREN?

Scholle, Seezunge, Steinbutt, Heilbutt und Kliesche sind nur einige der gut 500 Arten von Plattfischen. Meist leben sie am Meeresgrund, wo sie sich unter Sand verstecken. Durch ihre Tarnfärbung sind sie fast nicht zu erkennen. Nur ihre kleinen Augen ragen aus dem Sand heraus.

Plattfische werden nicht platt geboren. Wenn sie aus dem Ei schlüpfen, sind die nur wenige Millimeter großen Larven noch normale Rundfische. Die Jungfische schwimmen munter herum und ernähren sich von Plankton.

Aber nach etwa sechs Wochen passiert etwas Erstaunliches. Ein Auge wandert allmählich auf die andere Seite des Fischs. Jetzt sieht es aus, als würden die Fische schielen. Bei den meisten Arten wandert das linke Auge auf die rechte Seite und verschiebt dabei den Schädelknochen mit. Von da an legen die Fische sich auf die Seite und bahnen sich ihren Weg in Richtung Meeresgrund. Mit ihrer langen Rücken- und Afterflosse bewegen sie sich wogend fort. Die Unterseite des Fisches, wo sich kein Auge mehr befindet, wird mit der Zeit weiß. Die Oberseite nimmt die Farbe des Meeresbodens an. Und anstelle von Plankton stehen jetzt kleine Fische, Würmer, Muscheln und kleine Krebstiere auf dem Speiseplan. Dafür muss sich auch der gesamte Magen-Darm-Trakt der neuen Körperform anpassen.

die Entstehung eines Plattfischs

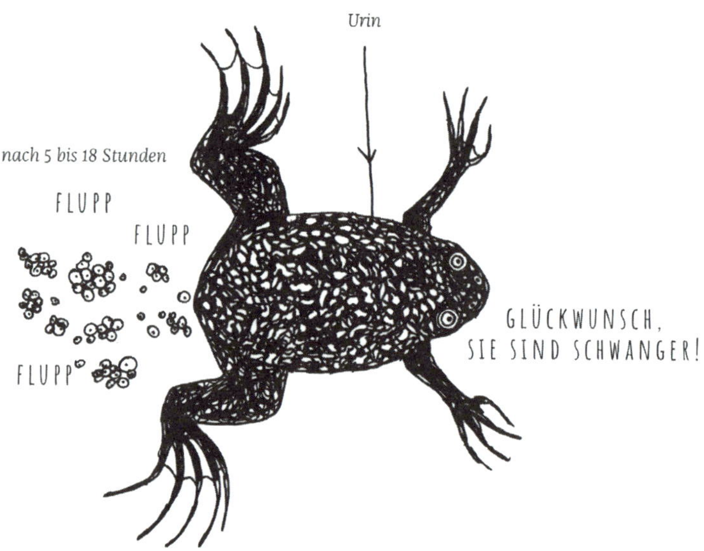

Afrikanischer Krallenfrosch

286 STIMMT ES, DASS MAN EINEN FROSCH FÜR EINEN SCHWANGERSCHAFTSTEST VERWENDEN KANN?

Stell dir einmal vor: Es ist 1965, und du bist eine Frau. Du denkst, du könntest schwanger sein, aber so ganz sicher bist du dir nicht. Du kannst nicht einfach in die Apotheke gehen, um einen Schwangerschaftstest zu kaufen, denn der wird erst 1971 erfunden. Es gibt zwar Testverfahren, aber dafür müsstest du zum Arzt.

Die einzige Methode, um herauszufinden, ob du ein Baby erwartest, ist, einen Krallenfrosch aufzutreiben und diesen mit deinem Urin zu bespritzen. Wenn du schwanger bist, wird der Frosch innerhalb von fünf bis achtzehn Stunden Eier legen.

Zwar ist der Froschtest nicht hundertprozentig zuverlässig, aber er war jahrelang die einzige Methode, um selbst herauszufinden, ob man schwanger war.

Der Frosch, der dafür verwendet wurde, ist der Afrikanische Krallenfrosch. Ursprünglich kommt er aus dem Süden von Afrika, aber inzwischen ist er auch an vielen Orten in Nordamerika und in Europa heimisch. Für andere Frösche ist das keine gute Entwicklung. Der Krallenfrosch verdrängt nämlich nicht nur die anderen Froscharten, die dort schon vorher lebten, sondern er kann auch von einem Hautpilz befallen sein. Ihm selbst macht der Pilz keine Probleme, aber andere Frösche werden davon krank und sterben später daran.

Bonus-Info

Nach 360 Millionen Jahren auf der Erde gehören Amphibien heute zu den am stärksten bedrohten Tierarten. Durch ihre für gewöhnlich sehr dünne Haut sind sie besonders anfällig für schädliche Stoffe. Und weil sie sowohl im Wasser als auch an Land leben, leiden sie unter der Verschmutzung von beidem.

287 WARUM HABEN PINGUINE KEINE OHRMUSCHELN?

- Weil sie im eiskalten Wasser abfrieren würden? Nein, denn Eisbären zum Beispiel haben sehr wohl sichtbare Ohren, und die frieren auch nicht ab. Pinguine haben keine Ohrmuscheln, weil es Vögel sind. Das bedeutet, dass sie durchaus Ohren haben, diese aber unter ihrem Federkleid verborgen sind. Mit Ohrmuscheln wäre der Pinguin auch etwas weniger stromlinienförmig und könnte deshalb weniger gut schwimmen. Und mal ehrlich: Ein Pinguin mit Schlappohren sähe auch ein bisschen albern aus.

beohrter Pinguin

- Pinguine gehören zu den Vögeln, weil sie Eier legen, warmblütig sind und Federn haben. Ihr schwarz-weißer Mantel besteht aus harten, steifen Federn, die ganz dicht aneinander anschließen. Sogar in starkem Sturm bewegen sich die Federn nicht. Unter dem Federkleid tragen Pinguine noch eine dicke Speckschicht, die sie gegen Temperaturen von bis zu minus 60 °C schützt. Wenn es besonders kalt ist, stellen sie sich alle dicht zusammen. Im Zentrum einer Pinguinschar kann es gut 10 °C wärmer sein als außen am Rand.

- Ihr warmer Wintermantel ist nicht ohne Grund vorne weiß und hinten schwarz. Im Wasser sorgt diese Farbgebung dafür, dass die Pinguine von unten mit der hellen Luft und von oben mit der dunklen See verschmelzen. Dadurch werden sie von Schwertwalen und Haien nicht gesehen – der schicke Anzug ist also die perfekte Tarnung.

- Pinguine können zwar nicht fliegen, aber manche Arten können durchaus hoch springen. Sie erzeugen um ihr Federkleid herum eine Schicht aus Luftbläschen, die den Wasserwiderstand verringert, und schwimmen dann pfeilschnell an die Wasseroberfläche. Dort springen sie bis zu drei Meter hoch und landen auf dem Eis. Das gelingt oft nicht beim ersten Versuch, und es sieht lustig aus, wenn ein Pinguin senkrecht aus dem Wasser schießt und das Eis verfehlt. Die gelungenen Sprünge sind übrigens auch praktisch, um Schwertwale und Seeleoparden zu überlisten.

288 GIBT ES SÄUGETIERE, DIE EIER LEGEN?

Aber ja! Es gibt sogar zwei eierlegende Säugetiere: den Kurzschnabeligel und das Schnabeltier. Sie bilden zusammen die Ordnung der Kloakentiere, und ihre Vorfahren lebten schon zur Zeit der Dinosaurier.

- Das Kurzschnabeligel-Weibchen legt ein Ei, das sie danach in einem Beutel an ihrem Bauch mit sich herumträgt. Wenn das Junge aus dem Ei geschlüpft ist, bleibt es noch weitere sechs bis acht Wochen im behaglichen Beutel wohnen. Der Kurzschnabeligel ist in Australien und im Osten Neuguineas zu Hause. Er hat Stacheln auf dem Rücken und eine spitze Schnauze, mit der er Ameisen, Termiten und andere Insekten fängt. Wenn er an einem Ameisenhaufen oder Termitenhügel vorbeikommt, gräbt er ihn mit seinen scharfen Krallen auf. Mit seiner klebrigen, gut achtzehn Zentimeter langen Zunge holt er die Insekten heraus.

- Das Schnabeltier ist ebenfalls in Australien und Tasmanien zu Hause und legt auch Eier. Aus denen schlüpfen kleine, unförmige Tiere von kaum drei Zentimetern Größe, die sofort anfangen, von der Muttermilch zu trinken. Mit seinem breiten Schnabel ähnelt das Schnabeltier einer Ente. Und wie eine Ente verbringt es als ausgezeichneter Schwimmer die meiste Zeit im Wasser. Nicht nur die Schwimmhäute an den Füßen, sondern auch der flache Körper und der biberähnliche Schwanz helfen dabei.

In Info 90 erfährst du noch mehr Wissenswertes zum Schnabeltier.

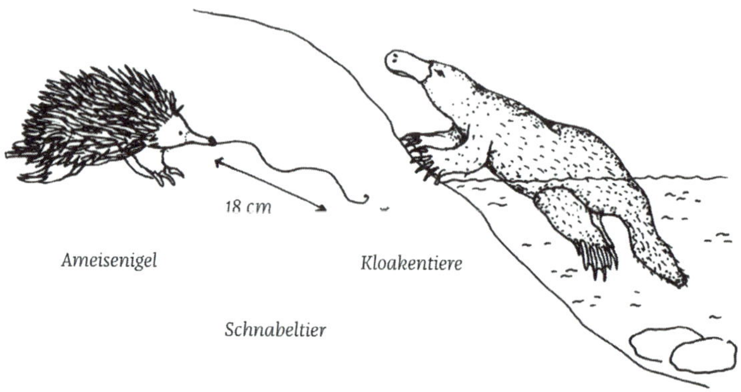

289 WIE ALT KÖNNEN TIERE WERDEN?

- Die Eintagsfliege hat ihren Namen nicht von ungefähr. Ein ausgewachsenes Exemplar hat im Durchschnitt 30 Minuten bis 24 Stunden zu leben – nicht viel Zeit, um sich alle Wünsche zu erfüllen und große Lebensziele zu erreichen. Eintagsfliegen können noch nicht einmal fressen, weil ihre Mundwerkzeuge dafür nicht entwickelt sind. Aber was sie können, ist, sich zu paaren. Zu diesem Zweck formen die Männchen einen »Hochzeitsschwarm«, und die Weibchen fliegen ihnen entgegen. Es kommt zur Paarung, woraufhin die Weibchen die Eier im Wasser (meist in Flüssen und Bächen) ablegen und dann sterben. So sieht also das kurze Leben der Eintagsfliege aus.

- Ganz anders beim Großen Vasenschwamm, der mehr als 2000 Jahre alt werden kann.

- Andere langlebige Tiere sind: die Nördliche Venusmuschel (410 Jahre), der Koi (ein Fisch, 226 Jahre), der Grönlandwal (200 Jahre) und die Galapagos-Riesenschildkröte (175 Jahre).

Eintagsfliege

- Es gibt sogar ein Tier, das als »unsterblich« gilt: *Turritopsis dohrnii*. Es handelt sich um eine Quallenart, die nach der Geschlechtsreife und Paarung zu ihrem ersten Entwicklungsstadium zurückkehrt. Das funktioniert so: Die Eier der Qualle verwachsen zu Polypen, die in einer Polypenkolonie zusammenleben. Daraus entstehen wieder Quallen, die innerhalb von zwei Wochen geschlechtsreif sind. Dann kehren sie wieder zum Polypenstadium zurück. Das ist, als würdest du wieder zum Embryo werden, nachdem du ein Baby bekommen oder gezeugt hast. Die Qualle hat also praktisch ein ewiges Leben und kann immer wieder von vorne anfangen. Die *Turritopsis dohrnii* tut das aber nicht immer. Sie verjüngt sich nur, wenn sie es schwer hat, weil zum Beispiel das Wasser zu kalt ist. Zurzeit halten sich diese Quallen ganz gut und erobern nach und nach die Weltmeere. Vielleicht übernehmen also bald unsterbliche Quallen die Macht!

290 WORAN ERKENNT MAN DAS ALTER EINES FISCHES?

1 Hast du schon mal von Jahresringen gehört? Ganz bestimmt! Das sind die Ringe, die man auf einem abgesägten Baumstamm sieht. Wenn man sie zählt, weiß man, wie alt der Baum ist.

2 Ob du's glaubst oder nicht, bei Fischen ist es genauso. Man muss den Fisch dafür nicht töten. Man braucht nur ein paar seiner Schuppen, die man dann unter dem Mikroskop untersucht. An den Ringen kann man ablesen, wie alt der Fisch ist. Oder zumindest schätzen. Denn ab und zu verlieren Fische auch mal ein paar Schuppen, und es wachsen neue nach, die dann weniger Ringe aufweisen.

3 Man kann auch die *Otolithen* eines Fischs zählen, aber dafür müsste man ihn töten. Und natürlich wissen, wo die Otolithen sich befinden. Das sind die Gehörsteine am Gleichgewichtsorgan. Die werden jedes Jahr ein bisschen dicker, und wenn man sie durchschneidet, kann man die Jahresringe darin zählen.

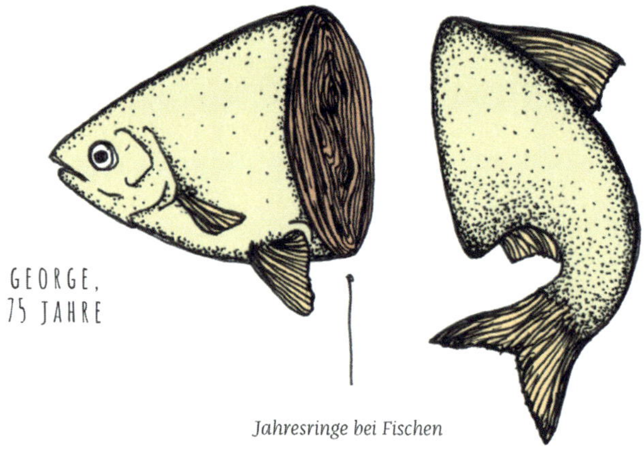

Jahresringe bei Fischen

4 Wusstest du eigentlich, dass Fische – genau wie Bäume – ihr ganzes Leben lang wachsen? Meistens hören Lebewesen auf zu wachsen, wenn sie erwachsen sind, aber Fische wachsen weiter. Das Wachstum ist aber von der Umgebung des Fisches abhängig. Im Winter wächst der Fisch nicht, im Sommer schon eher. Aber wenn er im Sommer nicht genug Nahrung findet, bekommt er vielleicht einen Extra-Ring, weil manche Ringe auch durch Stress entstehen. Es ist also gar nicht so leicht, das Alter eines Fisches genau zu bestimmen.

291 HAT EINE SCHLANGE EINEN SCHWANZ UND OHREN?

Frage 1: Hat eine Schlange einen Schwanz?
Allerdings! Und zwar sitzt der hinter der Kloake. Das ist der Anus der Schlange, ein Körperausgang, in dem die Harnleiter, der Mastdarm und (beim Weibchen) die Eileiter zusammenkommen. Über der Kloake befindet sich eine Art Klappe, sodass die Öffnung gut verschlossen ist. Beim Männchen befindet sich an der Kloake auch noch ein paariger Penis oder *Hemipenis*: eine Art Tasche, die er bei der Paarung ausstülpen kann. Dieser spezielle Penis passt nur in die Geschlechtsöffnung eines Weibchens derselben Art. Das verhindert, dass sich eine Viper mit einer Boa paart.

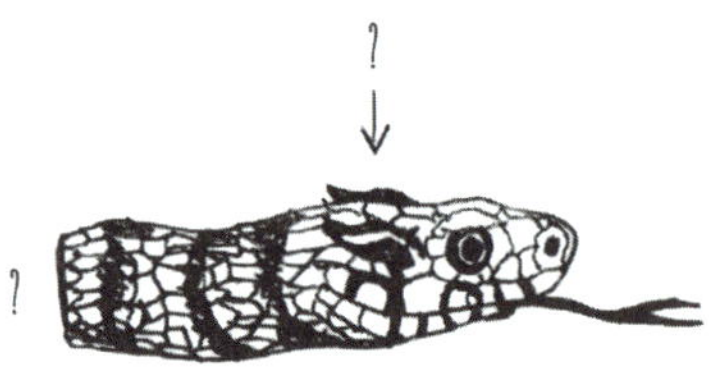

Frage 2: Können Schlangen hören?
Nein, weil sie keine Ohren haben. Aber sie können sehr wohl Erschütterungen im Boden fühlen und wissen daher ganz genau, wo sich ihre Beute befindet.

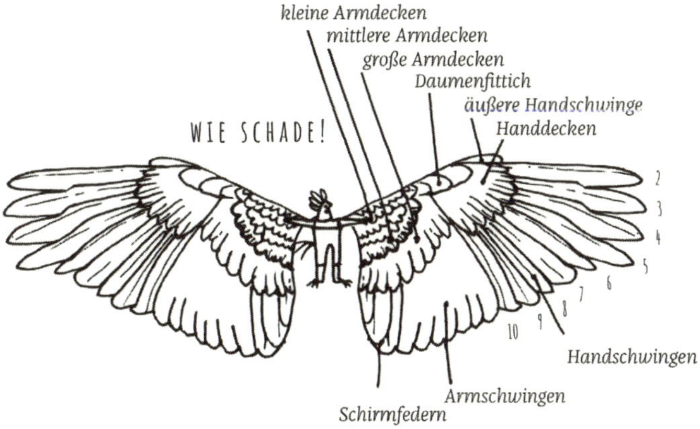

Der Mensch ist nicht zum Fliegen gebaut.

292 WARUM KÖNNEN VÖGEL FLIEGEN?

Wir Menschen lassen uns von einem Flugzeug oder Helikopter durch die Lüfte tragen, aber wie wunderbar muss es sein, wie ein Vogel durch die Wolken zu gleiten, während die Welt weit unten vorbeirauscht?

Vögel sind einfach zum Fliegen gebaut. Zunächst einmal wiegen sie nur wenig. Das liegt an ihren besonderen Knochen, die innen hohl sind. In den Knochen befindet sich ein Netzwerk aus Luftkammern und kleinen Verstrebungen, das ein wenig an Bienenwaben erinnert. Dank dieser Struktur sind die Knochen nicht nur superleicht, sondern auch superstark.

Zweitens haben Vögel Flügel mit Federn. Auch die Federn wiegen fast nichts. Verschiedene Federn haben dabei unterschiedliche Funktionen: Die Handschwingen oder Schwungfedern helfen Vögeln, abzuheben und zu beschleunigen. An den Flügelspitzen sitzen Federn, die die Vögel in verschiedene Positionen kippen können. Dies ermöglicht ihnen blitzschnelle Richtungswechsel im Flug.

Hinzu kommen noch der gut entwickelte Brustmuskel und ein spezieller Brustbeinkamm, an dem die Muskeln befestigt sind. Abheben kostet nämlich ungeheuer viel Kraft und ist sehr anstrengend. Damit es gelingt, sind starke Muskeln nötig.

Um sich in die Luft zu schwingen, flattern Vögel mit den Flügeln. Wenn ein Vogel seine Flügel spreizt, zieht der Wind erst über die Oberseite. Der Vogel flattert einige Augenblicke, bis der Wind unter den Flügeln angekommen ist, sodass der Vogel leicht angehoben wird. Durch das Flattern bewegt er sich gleichzeitig nach vorn und nach oben. Ist er erst mal in der Luft, nutzt der Vogel vor allem die Luftströme, um aufzusteigen und zu sinken. So verbraucht er viel weniger Energie, als wenn er mit den Flügeln flattern würde. Um die Richtung zu ändern, lehnt er sich einfach ein wenig nach links oder rechts.

293 WAS IST AM TINTENFISCH SO BESONDERS?

1 Ein Tintenfisch besitzt drei Herzen. Eins pumpt Blut durch den ganzen Körper, die anderen beiden Herzen pumpen Blut durch die Kiemen.

2 Tintenfische haben sozusagen neun Gehirne. Das Zentralhirn befindet sich im Kopf und kontrolliert die Bewegung der Arme. Aber in jedem der Arme sitzt ebenfalls ein Gehirn, das die Anweisungen des Zentralhirns verarbeitet und dafür sorgt, dass der Tintenfisch seine Beute packen kann.

3 Tintenfische riechen und schmecken mit ihren Tentakeln. Sie probieren also alles, was sie berühren. So können sie zum Beispiel eindeutig feststellen, ob ein Schneckenhaus leer ist oder nicht. Die Saugnäpfe an den Tentakeln sind sehr stark. An jedem Arm sitzen eine oder zwei Reihen von diesen Saugnäpfen. Das trichterförmige Ende *(Infundibulum)* der Saugnäpfe sorgt für perfekte Haftung.

4 Auch ein großer Tintenfisch ist so beweglich, dass er durch ein sehr kleines Loch passt. Wenn der Mund durchgeht, klappt es auch mit dem Rest des Tintenfischs ...

5 Die Tinte, die der Tintenfisch aus seinem Tintenbeutel abgibt, wenn ihm Gefahr droht, ist giftig. Bei Haien soll die Tinte auch den Geruchssinn beeinträchtigen. Für den Menschen ist nur die Tinte des Blaugeringelten Kraken tödlich.

Der Tintenfisch denkt stets neunmal nach, bevor er mit seiner Mahlzeit zufrieden ist.

294 IST DER WOLF WIRKLICH SO EIN SCHURKE?

Rotkäppchen und der Wolf. Die drei kleinen Schweinchen. Der Wolf und die sieben jungen Geißlein. Allesamt Märchen, in denen der Wolf die Rolle des Bösewichts spielt.

Dabei ist der Wolf in Wirklichkeit gar kein Schurke. Im Gegenteil! Wölfe sind äußerst soziale Tiere, die im Rudel leben. Ihre Familie bedeutet ihnen alles, und sie beschützen ihre Familienmitglieder notfalls auch mit dem eigenen Leben. Welpen werden vom ganzen Rudel großgezogen. Wölfe töten meist nur, um zu fressen. Vor allem Wild schmeckt ihnen. Vieh und Menschen dagegen lassen sie normalerweise in Frieden. Wir Menschen sind den Wölfen nämlich eigentlich nicht geheuer, und so halten sie sich lieber von uns fern.

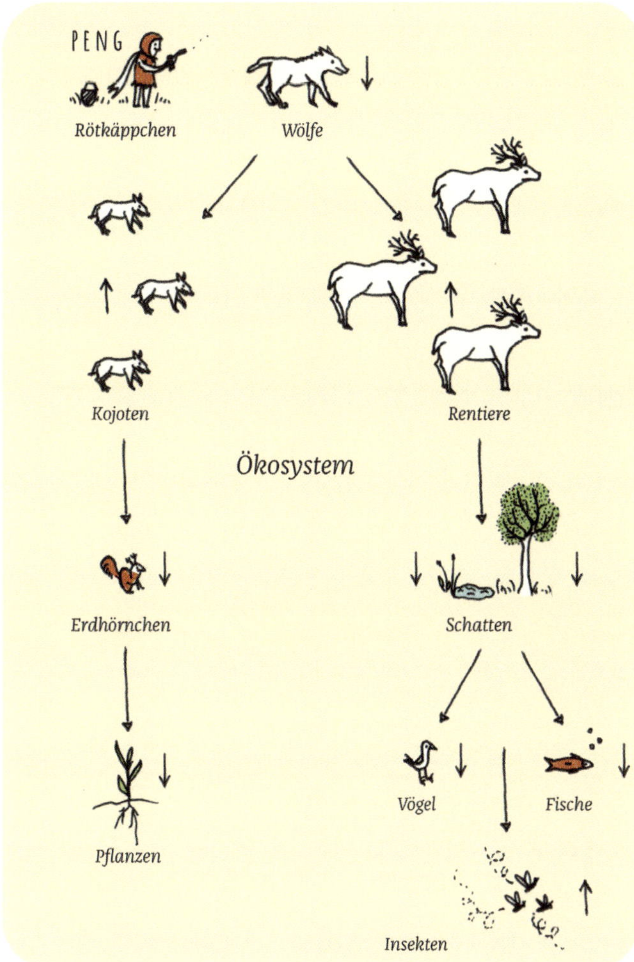

Wusstest du übrigens, dass Wölfe einen großen Einfluss auf unsere Umwelt haben? Ein einzelnes Rudel kann für die Gesunderhaltung eines Ökosystems (z. B. eines Waldes) sorgen.

In Montana gab es einst eine Gegend, in der besonders viele Wölfe lebten. Sie ernährten sich von den Rentieren, die dort weideten, aber sie töteten nie mehr, als sie brauchten.

Dann kamen die Menschen mit ihren Viehherden. Sie rotteten den Wolf aus, weil sie fürchteten, dass er ihr Vieh töten würde. Dadurch vermehrten sich auf einmal die Rentiere rasant, weil sie keine natürlichen Feinde mehr hatten. Sie fraßen die jungen Bäume auf, wodurch nur noch alte Bäume stehen blieben. Die Fische in den Flüssen wurden weniger. Sie hielten sich nämlich gern im Schatten der Bäume auf, die über den Flüssen hingen. Weniger Bäume bedeuteten weniger Schatten. Und weil es weniger Bäume gab, um Nester darin zu bauen, verschwanden allmählich auch die Singvögel. Der Rückgang der Singvögel sorgte für einen Anstieg der Insekten. Weniger Wölfe bedeuteten auch mehr Kojoten. Die fraßen die Erdhörnchen auf, wodurch die Wiesen nicht mehr umgepflügt wurden und daher weniger Pflanzen wuchsen.

Daran sieht man es ... Wölfe sind also sehr bedeutsam für die Umwelt. Sie sorgen dafür, dass andere Arten überleben und dass die Natur gesund bleibt. Ein echter Bösewicht ist der Wolf also nur im Märchen.

295 STIMMT ES, DASS HÜHNER MIT DEN DINOSAURIERN VERWANDT SIND?

Wer war zuerst da?

Paläontologen sind Wissenschaftler, die Fossilien oder Überreste von Organismen erforschen. Anhand ihrer Entdeckungen versuchen sie, sich ein Bild davon zu machen, wie die Erde und ihre Bewohner vor Millionen von Jahren aussahen.

Mary H. Schweitzer ist Paläontologin. Sie entdeckte 2005, dass ein Oberschenkelknochen eines *Tyrannosaurus rex* ein Stück weiches Gewebe enthielt. Sie machte Luftsprünge – durch die Proteine, die noch in dem weichen Gewebe vorhanden waren, konnte sie nämlich herausfinden, mit welchen heute noch lebenden Tieren der *Tyrannosaurus rex* verwandt ist.

Gemeinsam mit anderen Wissenschaftlern verglich sie das Erbmaterial (die DNA) des Sauriers mit dem von 21 Vogelarten. Darunter waren unter anderem Truthühner, Enten, Zebrafinken, Sittiche und Hühner. Von allen Vögeln sind die Hühner ihren Urahnen am ähnlichsten. Ihr Erbmaterial hat sich gar nicht so stark verändert, seit sie sich von den gefiederten Dinosauriern abspalteten.

Manche Paläontologen gehen noch ein Stück weiter. Jack Horner beispielsweise hofft, dass er in Zukunft mit Hühner-DNA einen neuen Dinosaurier erzeugen kann. Gib also acht, wenn du demnächst dein Frühstücksei isst – man weiß nie, ob sich ein Dino drin versteckt …

296 FLIEGEN FLEDERMÄUSE DIR IN DIE HAARE?

Manche Tiere können Gegenstände orten, indem sie ein Geräusch aussenden und auf das Echo horchen, das zu ihnen zurückkommt. Das tun sie, weil sie nicht besonders gut sehen und/oder, weil ihre Umgebung dunkel ist. Diese Art der Orientierung nennt man Echoortung oder auch »Sonar«.

Fledermäuse nutzen Echoortung, weil sie nicht gut sehen und im Dunkeln fliegen. Sie senden sehr hohe Pfeiftöne aus, die Menschen nicht hören können. Das Echo der Pfiffe hilft ihnen nicht nur dabei, nirgendwo gegen zu fliegen, sondern auch, die saftigsten Insekten zu fangen.

Weltweit gibt es über 1000 Fledermausarten. Darunter sind ganz kleine Fledermäuse, die mit ihren wenigen Zentimetern in eine Streichholzschachtel passen. Aber selbst so eine Zwergfledermaus kann mühelos 300 Mücken pro Nacht verputzen.

In Australien wiederum sind enorme Fledermäuse zu Hause, die Flughunde genannt werden. Sie können bis zu einem Kilo schwer werden und ernähren sich vor allem von Früchten.

Fledermausmännchen und Weibchen leben den Großteil des Jahres getrennt. Im Herbst machen sie sich auf die Suche nach einem Partner für die Paarung. Die Männchen geben dann ein »sexy« Geräusch von sich, um Weibchen anzulocken. Das können wir Menschen auch hören! Die Weibchen lauschen und entscheiden sich, ob sie bei diesem Männchen bleiben wollen oder nicht. Langsam, aber sicher bildet sich ein Harem, eine Gruppe paarungswilliger Weibchen, um das Männchen herum.

Die Jungen werden lebend geboren und sind rosafarben und fast haarlos. Die Mütter lassen ihren Nachwuchs in der Krippe (mehr dazu in Info 223) zurück, damit sie selbst auf Jagd gehen können.

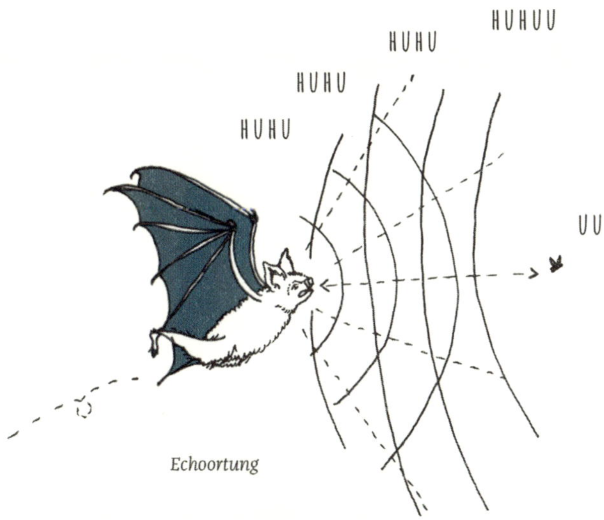

Echoortung

Und nein ... Fledermäuse fliegen dir nicht in die Haare. Freu dich also einfach über ihre großartigen Flugkünste, wenn du an einem schwülen Sommerabend draußen sitzt.

297 WIE KOMMT DER WURM IN DEN APFEL?

Du beißt in einen knackigen roten Apfel. Lecker, denkst du – bis du den kleinen Wurm siehst, der dir entgegenkriecht, um nachzusehen, was los ist. Wahrscheinlich isst du diesen Apfel nicht auf. Aber wie ist der Wurm in den Apfel gekommen?

Dieser Wurm ist vermutlich die Larve eines Schmetterlings, nämlich des Apfelwicklers, der seine Eier auf die Früchte und Blätter von Obstbäumen legt. Die weißen Eier sind kaum 1,3 Millimeter groß. Der Schmetterling sucht sich speziell Früchte mit Kernen aus, wie Äpfel, Birnen, Kirschen, Pfirsiche oder Pflaumen. Sobald die Larven aus den Eiern schlüpfen, fressen sie sich einen Weg zum Kerngehäuse der Frucht. Wenn du ganz genau hinsiehst, kannst du den Gang erkennen, durch den die Larve ins Obst gekommen ist. In diesem Gang liegen die Ausscheidungen der Larve. Die Larve gräbt sich bis zu den Kernen vor. Wenn das im Frühling passiert, fallen die Früchte vom Baum. Früchte, die später im Jahr befallen werden, nennt man »wurmstichig«. Ihnen sieht man an, dass sie nicht mehr lecker sind.

EINGANG

Im August oder September kommen die Raupen heraus und spinnen sich einen Kokon, in dem sie überwintern. Die Kokons sind beispielsweise in der Rinde eines Baums oder auf dem Boden zu finden. Daraus schlüpft später ein Schmetterling, der seine Eier wieder auf neue Früchte legt, wodurch der Kreislauf von vorn beginnt.

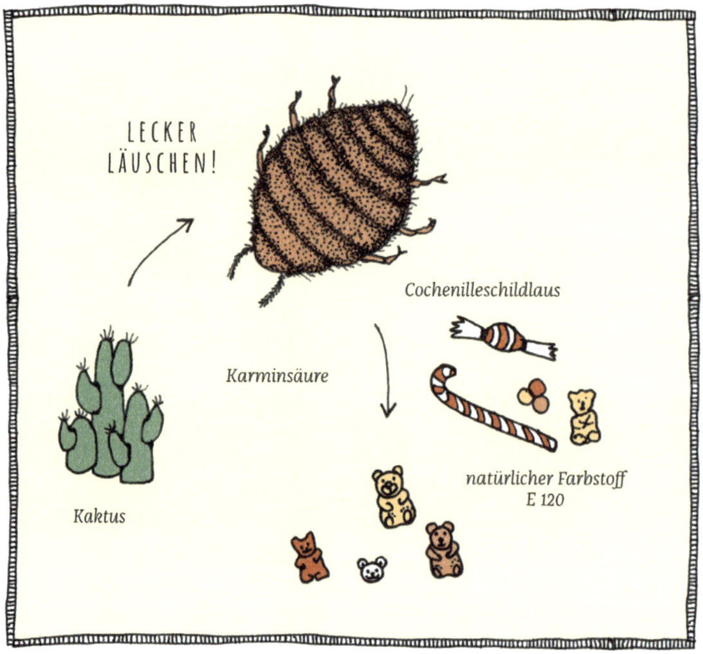

298 SIND DA WIRKLICH LÄUSE IN DEINEN SÜSSIGKEITEN?

Du glaubst es nicht? Aber es stimmt wirklich! In roten Süßigkeiten, roten Milchgetränken und einer ganzen Reihe anderer rot gefärbter Nahrungsmittel ist Karminsäure enthalten. Und die stammt von der Cochenilleschildlaus. In einem rosafarbenen Milchgetränk mit einer Erdbeere auf dem Etikett ist – ehrlich wahr! – mehr Laus als Frucht enthalten.

Die Cochenilleschildläuse leben auf Kakteen. Sie erzeugen die rote Säure, um sich gegen Angreifer zu wehren. Das wussten schon die alten Azteken und Maya vor Hunderten von Jahren. Sie nutzten die Karminsäure zum Färben ihrer Kleider und zur Herstellung von Kosmetika. Karmin galt als ungeheuer kostbar. Die Azteken zahlten damit sogar ihre Steuern.

Die spanischen Eroberer nahmen den Farbstoff von Mexiko mit nach Europa. Dort wurde er verwendet, um die Gewänder der Kardinäle (das sind wichtige Personen in der katholischen Kirche) und die Uniformen britischer Soldaten zu färben.

Die Europäer entdeckten irgendwann, dass sie die Läuse in der Nähe züchten konnten, nämlich auf den Kanarischen Inseln. Von da an nutzten sie den Farbstoff immer häufiger in verschiedenen Lebensmitteln. Getränke, Kuchen, Eis, Pudding, Süßwaren, Kaugummi und sogar Tabletten und Hustenpastillen haben ihre rote Farbe häufig der Karminsäure zu verdanken.

Schau dir doch demnächst mal die Inhaltsstoffe roter Süßigkeiten oder Getränke etwas genauer an. Steht da vielleicht *natürlicher Farbstoff E 120*? Dann weißt du, dass die Farbe von der Cochenilleschildlaus kommt. Als Vegetarier musst du also bei roten Lebensmitteln vorsichtig sein.

299 GIBT ES EIER, DIE NICHT GELEGT WERDEN?

Halt dich fest, denn es geht direkt los mit einem schwierigen Wort: *ovovivipar*. Das bedeutet »eierlebendgebärend«. Aber jetzt bist du wahrscheinlich auch nicht schlauer.

Der Ausdruck *ovovivipar* bezeichnet Tiere, die sich durch Eier fortpflanzen, aber anstatt dass die Eier gelegt und außerhalb des Körpers ausgebrütet werden, bleiben sie nach der Befruchtung im Körper des Muttertiers und werden dort ausgebrütet. Diese Art der Fortpflanzung findet man zum Beispiel bei Haien und anderen Fischen sowie bei Schnecken und Reptilien.

Aber wird nicht auch beim Menschen das Ei durch eine Samenzelle befruchtet? Und Menschen legen doch auch keine Eier – was ist der Unterschied?

Wenn beim Menschen eine Eizelle befruchtet wird, nistet sie sich in der Gebärmutter ein. Das Kind, das darin heranwächst, ist mit der Mutter durch die Plazenta (auch Mutterkuchen genannt) verbunden. Über die Nabelschnur bekommt das Kind Sauerstoff und Nahrung.

Bei eierlebendgebärenden Tieren wird das Ei befruchtet und verbleibt danach einfach im Körper der Mutter. Das Junge entwickelt sich in der Eihaut und ernährt sich vom Eidotter. Sonst ist es nicht weiter mit der Mutter verbunden. Es kommt auch vor, dass ein kräftigeres Jungtier noch im Körper der Mutter seine schwächeren Geschwister frisst, wenn es großen Hunger hat. Wenn das Junge ausgereift ist, kommt es heraus.

PS: Haben ovovivipare Tiere einen Nabel?

Gute Frage! Und ja, man könnte es so nennen. Säugetiere sind ja über die Nabelschnur mit dem Mutterkuchen verbunden. Der Nabel ist eine kleine Narbe an der Stelle, wo sich die Schnur befand. Tiere, die aus einem Ei kommen, sind meist über eine Art Schnur mit dem Dotter verbunden. Sie behalten also auch so etwas wie einen Nabel zurück, aber der ist so gut wie unsichtbar.

ovoviviparer Hai

300 WARUM HABEN ELEFANTEN SO GROSSE OHREN?

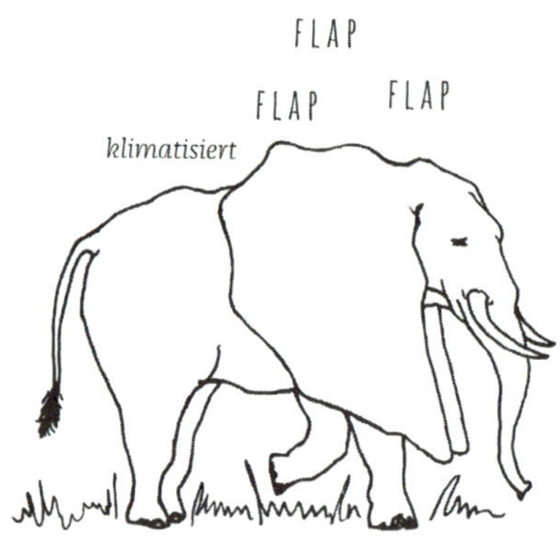

Ohren braucht man in erster Linie zum Hören. Manche Tiere haben besonders große Ohrmuscheln, die sie oft in mehrere Richtungen bewegen können. Das ermöglicht ihnen, viele Geräusche in ihrer Umgebung aufzunehmen. Die größten Ohren von allen aber hat der Elefant. Die nutzt er natürlich zum Hören. Ein Elefant kann so Geräusche aus mehreren Kilometern Entfernung wahrnehmen. Ein Elefant kann auch Töne hören, deren Frequenz zu niedrig ist für das menschliche Ohr.

Aber wusstest du auch, dass die Ohren für Elefanten eine super Klimaanlage sind? Elefanten können nämlich, anders als wir Menschen, nicht schwitzen. Weil sie so groß sind, erzeugen sie aber sehr viel Wärme, und sie leben außerdem in warmen Gegenden, wo die Temperaturen sehr hoch ansteigen. Zum Glück haben sie ein praktisches Werkzeug, um ihre Körpertemperatur zu regulieren: ihre enormen Schlappohren.

Direkt unter der Haut der Ohren befinden sich nämlich viele kleine Blutgefäße. Steigt die Körpertemperatur des Elefanten höher als die der Umgebung, kann er einen Teil der Wärme über seine Ohren abgeben.

Die Ohren dienen außerdem als gigantische Fächer. Schwenkt der Elefant sie hin und her, sind sie wie Ventilatoren, die für eine kühle Brise sorgen. Die beiden Funktionen zusammen können die Körpertemperatur des Elefanten um gut 5 °C senken.

Kannst du erraten, warum der Asiatische Elefant kleinere Ohren hat als sein afrikanischer Bruder?

Während die Afrikanischen Elefanten auf weiten Steppen zu Hause sind, wo oft brütende Hitze herrscht, leben Asiatische Elefanten in einer Umgebung, wo mehr Bäume wachsen, die ihnen Schatten spenden. Sie brauchen also zur Abkühlung weniger große Ohren.

301 WIE LANGE SCHLÄGT SICH DER MENSCH SCHON MIT KOPFLÄUSEN HERUM?

Juckt es dich hinter den Ohren und im Nacken? Dann lass am besten mal deine Haare untersuchen. Vielleicht hat sich ja auf deinem Kopf eine Familie von Kopfläusen eingenistet. Angst brauchst du vor ihnen nicht zu haben. Läuse übertragen in Europa nur selten Krankheiten und sind auch sonst nicht gefährlich, aber Menschen, die gegen ihren Speichel allergisch sind, bekommen von Läusebissen Juckreiz.

Kopfläuse leben schon lange mit dem Menschen zusammen. Selbst in uralten Mumien wurden Spuren von Läusen gefunden. Sie können nicht springen oder fliegen. Um von einem Kopf auf den nächsten zu ziehen, müssen sie wandern. Darum müssen die Köpfe einander berühren, oder die Laus muss in einer Mütze oder Kapuze mitreisen.

Eine Kopflaus ist in etwa so groß wie ein Sesamkorn. Sie ist hell- bis dunkelbraun und hat kleine

Beine mit Krallen daran, mit denen sie sich an den Haaren festklammert. Sie ernährt sich vom Blut aus der Kopfhaut. Wenn du eine Laus von deinem Kopf runternimmst, kann sie noch maximal 24 Stunden überleben.

Allerdings lässt sich eine Laus nicht ertränken, zum Beispiel beim Duschen. Sie kann nämlich sehr gut bis zu zwei Stunden lang den Atem anhalten. Eine Seifen- oder Shampoobehandlung kann ihr ebenfalls nichts anhaben. Läusen ist es auch egal, ob deine Haare gepflegt sind oder nicht. Sie finden jeden Kopf lecker und bevorzugen sogar sauberes Haar.

Die Weibchen legen zwischen vier und acht Eier am Tag, die sie an deinen Haaren festkleben. Diese »Nissen« genannten Lauseier sind noch schwieriger zu entfernen als die Läuse selbst. Läuse müssen sich nur einmal paaren, damit alle Eier des Weibchens befruchtet werden. Das Weibchen legt zwischen 90 und 120 Eier in seinem Leben. Also eine ganze Menge Läusekinder, die da auf deinem Kopf Feste feiern.

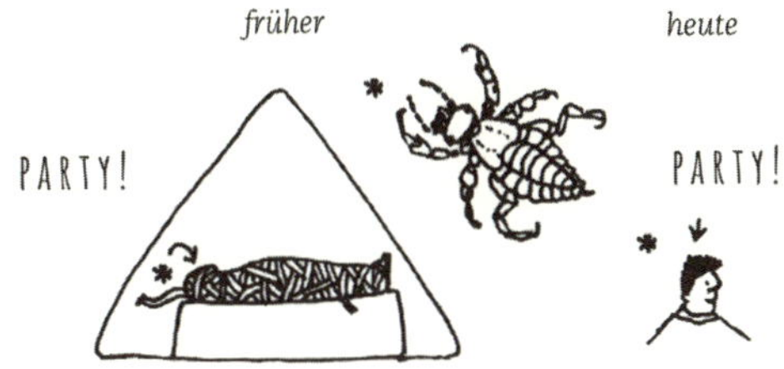

302 WARUM HABEN SCHLANGEN EINE GESPALTENE ZUNGE?

Eine Schlange nutzt ihre Zunge zum Riechen. Dazu streckt sie sie raus und bewegt sie rasch hin und her. Das nennt man passenderweise »züngeln«. Auf der Zunge bleiben dabei Geruchsstoffe haften. Die Schlange zieht die Zunge ein und führt die Riechstoffe in zwei kleine Vertiefungen in ihrem Gaumen. Dort befindet sich das Jacobson-Organ, das an das Gehirn Informationen darüber weiterleitet, was sich draußen so alles abspielt. Ob eine leckere Maus in der Nähe ist, zum Beispiel.

Aber warum ist die Zunge vorn gespalten? Die Spaltform ermöglicht es der Schlange, »in stereo« zu riechen. Sie spreizt die beiden Hälften so weit wie möglich und nimmt die Riechstoffe auf. Wenn sie dann ihre Zunge einzieht, sitzen auf der einen Seite vielleicht mehr Riechstoffe als auf der anderen. So weiß die Schlange, in welche Richtung die Beute sich bewegt hat. Weil die Schlange außerdem noch eine Nase hat, mit der sie auch riecht, kann sie besonders viele Geruchsinformationen sammeln. Schlangen riechen also praktisch dreidimensional. Versuch doch mal selbst, mit deiner Zunge zu riechen. Wetten, dass es nicht klappt?

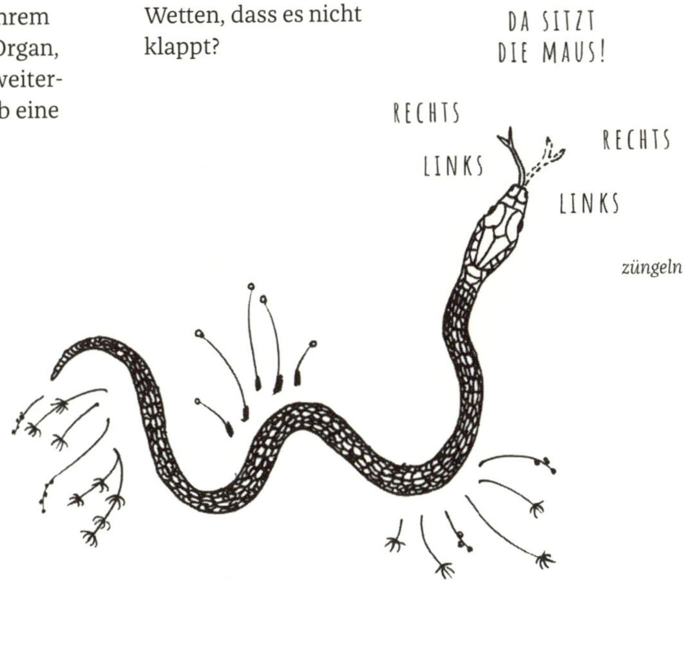

303 GIBT ES SÄUGETIERE, DIE FLIEGEN KÖNNEN?

Aber ja! Fledertiere.
Fledertiere kommen in allen Größen und Formen vor. Es gibt etwa 900 bekannte Arten auf der Erde, und Wissenschaftler vermuten, dass es noch viel mehr sein könnten. Jedes fünfte Säugetier auf der Erde ist ein Fledertier.

Und Fledertiere müssen auch fliegen können. Ihre Beine sind so schlecht entwickelt, dass die meisten von ihnen nicht einmal laufen können. Darüber erfährst du mehr in Info 306.

Es gibt zwei Typen von Fledertieren: Flughunde und Fledermäuse.

Flughunde sind zwar im Allgemeinen größer, aber es gibt auch Fledermausarten, die größer sind als die kleinsten Flughundarten. Der Indische Riesenflughund gehört zu den größten von ihnen. Von Flügelspitze zu Flügelspitze misst er bis zu 1,50 Meter. Er wiegt fast ein Kilo. Der kleinste Flughund ist der Große Langzungenflughund, dessen Flügelspannweite »nur« 25 Zentimeter beträgt. Er bringt etwa 14 Gramm auf die Waage.

Eine der größten Fledermäuse ist die Große Spießblattnase mit einer Flügelspannweite von bis zu einem Meter und einem Gewicht von 140 bis 190 Gramm. Die allerkleinste ist die Schweinsnasenfledermaus. Ihre Flügelspannweite beträgt kaum 3 Zentimeter, und sie wiegt bloß 2 Gramm, dafür hat sie aber einen Preis für den besten Namen verdient.

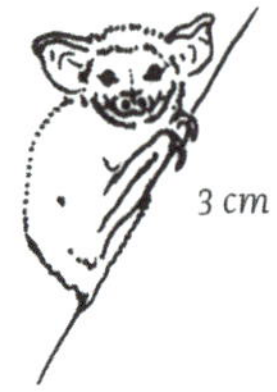

Schweinsnasenfledermaus

Die meisten Flughunde ernähren sich von Früchten. Manche Arten zerdrücken die Früchte zu Mus, bevor sie sie auffressen. Fledermäuse hingegen bevorzugen Insekten. Viele Insekten! Eine einzelne Fledermaus kann pro Nacht bis zu 300 Stück verputzen. Die Vampirfledermäuse trinken – wie du vielleicht schon erraten hast – Blut. Aber sei beruhigt: Sie beißen ihren Opfern keine Löcher in den Hals, um sie dann komplett leer zu saugen. Nein, sie setzen einen winzigen Schnitt oder piksen zwei kleine Löcher in die Haut und lecken das Blut auf, das austritt. Das klingt vielleicht immer noch ein bisschen gruselig, aber Angst brauchst du vor ihnen nicht zu haben. Vampirfledermäuse kommen bei uns sowieso nicht vor. Und allem Anschein nach spüren die Rinder und Hirsche von den Fledermausbissen kaum etwas – auch wenn wir das natürlich nicht mit Sicherheit wissen können.

eingefrorenes Mammut

304 KÖNNEN WIR DAS MAMMUT WIEDER ZUM LEBEN ERWECKEN?

Vor geschätzt 4700 Jahren starb das letzte Mammut. Diese Tiere starben aus, weil sich das Klima erwärmte und der Mensch Jagd auf sie machte. Mammuts lebten im hohen Norden, sie hatten sich an die Kälte angepasst. Mit der Wärme kamen sie nicht zurecht.

Dass wir heute trotzdem so viel über Mammuts wissen, liegt daran, dass ihre Fossilien (Überreste) im Permafrost (Dauerfrostboden) sehr gut erhalten geblieben sind. Infolge von Erosion und Klimaerwärmung erleben wir heute einen Rückgang der Permafrostböden. Dadurch werden viele ihrer gefrorenen Geheimnisse preisgegeben.

2007 entdeckten Wissenschaftler zwei fast vollständige Fossilien von Mammutjungen. Ihre Körper waren so gut erhalten, dass die Forscher sogar herausfinden konnten, woran sie gestorben waren. Der Rüssel und die Luftröhre der armen Mammuts steckten nämlich voll Schlamm, den sie nicht abhusten konnten. Dadurch waren sie erstickt.

Manche Forscher träumen sogar davon, das Mammut wieder zum Leben zu erwecken. Dafür wollen sie das Erbmaterial von Buttercup nutzen, einem Mammutweibchen, das etwa fünfzig Jahre alt wurde. Es wurde sogar ein Projekt ins Leben gerufen mit dem Namen *The Woolly Mammoth Revival* (Die Wiederbelebung des Wollhaarmammuts). Das Ziel ist es, Buttercup zu klonen.

Andere Wissenschaftler aber halten das für keine gute Idee. Schließlich hat sich die Welt stark verändert, seit die Mammuts ausgestorben sind. Außerdem verändern sich auch die Mikroben (z. B. die Bakterien) über die Jahrhunderte. Genau wie andere Tiere brauchen Mammuts spezifische Mikroben, um ihre Nahrung zu verdauen. Aber was, wenn es die nicht mehr gibt? Dann erwartet das geklonte Mammut ein grausames Schicksal. Vorläufig ist also noch kein Babymammut zu erwarten. Und vielleicht ist das auch besser so.

305 WARUM ÄHNELT DER KLEINE PANDA NICHT DEM GROSSEN PANDA?

Also mal ganz von vorn: Der Große Panda ist ein Bär, der Kleine Panda, auch Roter Panda genannt, ist kein Bär. Der Kleine Panda frisst zwar genau wie sein schwarz-weißer Namensvetter Bambusblätter und -schösslinge und ist ebenfalls in Asien zu Hause, aber da hören die Gemeinsamkeiten auch schon auf. Kleine Pandas sind eine eigene Familie und viel näher mit etwa dem Stinktier oder dem Waschbär verwandt als mit dem Großen Panda.

Das Fell auf der Oberseite des Kleinen Pandas ist rot und weiß, ebenso wie sein langer Schwanz. Sein Bauch und seine Beine sind schwarz. Erstaunlicherweise sind das perfekte Tarnfarben. Wenn er bedroht wird, verkriecht der Panda sich in Bäume, auf denen ein rötliches Moos wächst. Dort ist er fast nicht zu sehen.

In den Ländern, in denen der Kleine Panda heimisch ist, hat er natürlich verschiedene Namen. Ursprünglich hätte er im Westen »Wah« heißen sollen. Denn: Der englische Biologe Thomas Hardwicke entdeckte das Tier 1821 und stellte es in einem Vortrag der Linnean Society in London vor, einer wichtigen Organisation, die Erkenntnisse über die Natur sammelt und verbreitet. Hardwicke beschrieb das neue Tier, auf das er im Himalaya gestoßen war, und nannte es »Wah«, nach dem einheimischen Namen des Kleinen Pandas, der vielleicht auf dem Geräusch basierte, das dieses Tier Hardwicke zufolge von sich gab. Leider aber konnte Hardwicke seinen offiziellen Bericht erst 1827 fertigstellen. Zu dem Zeitpunkt hatte der französische Zoologe Frédéric Cuvier das Tier bereits *Airulus fulgens*, den »Glänzenden Panda« genannt. Schade. »Wah« war doch eigentlich schöner, oder?

Kleiner Panda
Airulus fulgens

306 WARUM SIEHT MAN FLEDERMÄUSE NIE LAUFEN?

Fledermäuse hängen kopfüber irgendwo herum oder sie fliegen. Man sieht sie nur selten laufen. Das liegt daran, dass sie es einfach nicht gut können. Ihr Körper hat eine aerodynamische Form, die es möglich macht, sich rasend schnell durch die Luft zu bewegen. Dazu kommen zwei dünne, bewegliche und hochempfindliche Flügel. Die sind mit Merkel-Zellen besetzt, das sind die gleichen Zellen, die auch in deinen Fingerspitzen sitzen und dir das Fühlen ermöglichen. Die Knochen der Fledermaus sind außerdem besonders leicht. Selbst die großen Fledermäuse wiegen nicht viel.

Ihre Beine nutzen sie, um kopfüber zu hängen. Die Knochen in den Beinen der Fledermaus sind sehr dünn. Das muss auch so sein, sonst wäre sie zu schwer zum Fliegen. Kräftig sind sie auch nicht, und die Knochen sehr zerbrechlich. Ihre Knie zeigen außerdem nach hinten. Bei den meisten Tieren, die laufen können, zeigen sie nach vorn.

Wenn eine Fledermaus auf dem Boden landet, zieht sie sich mit ihren Vorderbeinen nach vorn. So nimmt sie den Druck von ihren Hinterbeinen, damit diese nicht brechen. Das sieht ziemlich unbeholfen und sogar etwas bemitleidenswert aus.

Natürlich gibt es auch Ausnahmen. Die Vampirfledermäuse und Kurzschwanzfledermäuse können laufen. Eine Vampirfledermaus kann dabei sogar eine Geschwindigkeit von vier Stundenkilometern erreichen. Das ist zwar nicht besonders schnell, aber nicht schlecht für so ein kleines Tier. So kann diese Fledermaus auch am Boden nach Nahrung suchen. Die Kurzschwanzfledermaus hat Krallen an den Zehen und kleine Rillen in den Füßen, mit denen sie ganz ordentlich laufen kann. Natürlich können diese Fledermäuse trotzdem gut fliegen.

307 KÖNNEN FISCHE EIGENTLICH RÜCKWÄRTSSCHWIMMEN?

Gute Frage! Die Antwort lautet: ja! Manche Fische sind ganz ausgezeichnete Rückwärtsschwimmer. Aale, Buntbarsche und Zitteraale zum Beispiel, aber auch ganz gewöhnliche Goldfische schwimmen ab und zu gern mal rückwärts.

Natürlich sind Fische eigentlich nicht dazu gebaut. Normalerweise gebrauchen sie ihre Schwanzflosse für den Antrieb, wobei starke Muskeln hinten in ihrem Körper helfen. Manche Fische aber können ihre Rücken- und Afterflosse so bewegen, dass sie rückwärtsschwimmen.

Zitteraale zum Beispiel schwimmen fast genauso gut rückwärts wie vorwärts. Oft leben sie in schlammigen Gewässern, wo sie nicht gut sehen und sich somit nicht auf ihre Augen verlassen können. Ihre Beute spüren sie auf, indem sie elektrische Wellen aussenden. Die Signale nehmen sie mit der Unterseite des Körpers auf, während sie rückwärts über die Beute schwimmen. Erst wenn die Beute direkt vor ihnen ist, greifen sie sie mit einem Satz nach vorn an. Forschern zufolge schwimmt der Fisch in dieser Situation rückwärts, um die Beute einmal komplett zu »scannen«, damit er genau weiß, wie groß sie ist. Würde er sie stattdessen von vorn nach hinten scannen, wäre die Beute an seinem Schwanz und somit natürlich schwieriger zu packen.

Beim Schwertträger, einem beliebten Aquarienfisch, legt das Männchen den Rückwärtsgang ein, um dem Weibchen zu imponieren. Es ist, als wollte es sagen: »Hey, guck mal, wie fit ich bin! Ich schwimm sogar rückwärts.« Und ja, die Damen sind begeistert!

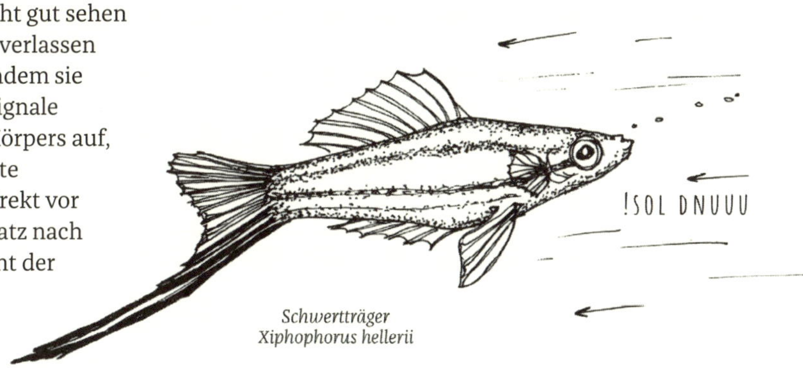

Schwertträger
Xiphophorus hellerii

308 WIE VIEL ANGST KANN MAN VOR TIEREN HABEN?

Es gibt Menschen, die beim Anblick eines Tiers die Nerven verlieren. Sie haben nicht nur ein bisschen Angst, sondern bekommen Schwindelattacken, Herzklopfen, Schweißausbrüche und möchten am liebsten wegrennen. Die eigentlich grundlose Angst vor Tieren nennt man *Zoophobie*.

Manche Menschen haben Angst vor allen Tieren, aber meistens geht es um eine bestimmte Art. Das können wirklich angsteinflößende Tiere wie Haie oder Bären sein, aber auch ganz harmlose wie zum Beispiel Muscheln.

All diese Ängste haben auch einen Namen. Oft verweisen sie auf das lateinische oder griechische Wort für das jeweilige Tier. Wir haben extra für dich eine Liste erstellt.

TIER	ANGST
Bienen	*Apiphobie*
Haie	*Selachophobie*
Hunde	*Kynophobie*
Insekten	*Entomophobie*
Katzen	*Ailurophobie*
Hühner	*Alektorophobie*
Ameisen	*Myrmecophobie*
Motten	*Mottephobie*
Mäuse	*Musophobie*
Frösche	*Bufonophobie*
Spinnen	*Arachnophobie*
Fische	*Ichthyophobie*
Vögel	*Ornithophobie*
Wespen	*Spheksophobie*
Würmer	*Scoleciphobie*

Zoophobie

309 BRINGT EINE SCHWARZE KATZE NUN GLÜCK ODER UNGLÜCK?

Lass es uns von vornherein klarstellen: Schwarze Katzen bringen genauso viel Glück oder Unglück wie gestreifte, gefleckte, weiße oder rote Katzen. Das kannst du uns glauben: Es ist alles nur Aberglaube!

Aber woher kommt diese Vorstellung? Vor langer Zeit waren die meisten Menschen noch ungeheuer abergläubisch. Das liegt daran, dass es früher nur selten wissenschaftliche Erklärungen für Naturphänomene gab. Frauen und Männer, die sich zum Beispiel mit der Wirkung von Kräutern beschäftigten, wurden als Hexe oder Hexer abgestempelt. Angeblich hatten sie einen Pakt mit dem Teufel geschlossen und führten allerhand schlimme Dinge im Schilde. Dem Aberglauben zufolge tarnten sie sich nachts als schwarze Katzen, um unbemerkt in die Häuser unschuldiger Menschen zu schleichen. Die Menschen hatten also große Angst vor schwarzen Katzen. Sie waren überzeugt, dass sie bald sterben würden, wenn eine ihren Weg kreuzte. Die armen Miezen wurden in der Folge in Massen ausgerottet. Sie und ihre Besitzer erwartete ein grausamer Tod.

In anderen Kulturen werden schwarze Katzen wiederum als Glücksbringer angesehen. Die alten Ägypter zum Beispiel behandelten ihre (schwarzen) Katzen wie Gottheiten.

zweifelnde schwarze Katze

Immerhin hielten die Tiere Mäuse und Ratten von allen Nahrungsvorräten fern. Wer eine Katze tötete, wurde bestraft. Die Katzenverehrung der Ägypter ging sogar so weit, dass eine Hauskatze nach ihrem Tod oft mumifiziert und in einem Grab beigelegt wurde.

Auch in Japan gilt die schwarze Katze als Symbol von Reichtum und Glück. Junge Frauen, die auf der Suche nach einem Mann sind, halten sich eine schwarze Katze, weil die viele Heiratskandidaten anlocken soll. Keine Ahnung, ob das funktioniert, aber es ist hoffentlich schön für die Katze!

310 WAS KANN MAN MIT ELEFANTENMIST ANSTELLEN? TEIL 1

Der Afrikanische Elefant ist das größte Landsäugetier. Logisch, dass er viel frisst, und zwar im Durchschnitt 140 Kilogramm Grünzeug täglich. Wer viel frisst, produziert natürlich auch viel Mist: durchschnittlich 100 Kilo pro Tag. Da kommt also ganz schön was zusammen.

Zum Glück kann man mit Elefantenmist kreativ umgehen. Wir nennen hier ein paar interessante Möglichkeiten.

Zum Beispiel ist ein Elefantenhaufen ein prima Antimückenmittel. Steckt man ihn in Brand, hält der Rauch alle lästigen Brummer fern. Und es stinkt sogar weniger als die chemischen Mittel aus der Spraydose, mit denen wir uns normalerweise Mücken vom Leib halten.

Medizinmänner in Afrika nutzen den Rauch, um Schmerzen oder Nasenbluten zu stillen. Elefanten fressen nämlich die verschiedensten Blüten und Pflanzen aus dem Wald, von denen einige heilende Eigenschaften haben. Ein Elefant verdaut nur etwa 40 % von dem, was er frisst. Der Rest wird einfach wieder ausgeschieden. Die Heilstoffe der Pflanzen sind also noch im Elefantenmist enthalten. Der Medizinmann zündet den Haufen an und lässt den Patienten daran riechen. Kopfschmerzen, Zahnschmerzen und andere Leiden sind im Nu verschwunden.

Wusstest du, dass frischer Elefantenkot dir sogar das Leben retten kann? Angenommen, du hast dich in der afrikanischen Steppe verirrt, und es ist nirgendwo Wasser zu finden. Zum Glück hat aber eine Elefantenherde gerade ein paar stattliche Haufen hinterlassen. Es spricht überhaupt nichts dagegen, das Wasser aus den Elefantenhaufen zu pressen und zu trinken. Es enthält viel weniger Bakterien, als man vermuten würde, und ist lang nicht so gefährlich wie Verdursten.

Elefantenmist

311 WAS KANN MAN MIT ELEFANTENMIST ANSTELLEN? TEIL 2

Elefantenmist steckt voller Fasern, aus denen man Papier herstellen kann. Ein durchschnittlicher Elefant produziert genug Mist, um jeden Tag 115 Papierbögen daraus zu machen. Es ist zwar ein bisschen gröber als Papier aus Holzstoff, aber ansonsten bestens verwendbar. Und um einiges umweltfreundlicher!

In Thailand lebt eine Elefantenherde, die gern Kaffeebohnen frisst. Die Tiere scheiden die Kaffeebohnen halb verdaut wieder aus. Sie werden aus den Haufen herausgelesen und geröstet. Aus ihnen wird *Black Ivory Coffee* hergestellt. Ein halbes Kilo dieser Bohnen kann gut 400 € kosten. Den Kaffee, der nach Schokolade und Kirschen schmecken soll, bekommt man nur in sehr teuren Hotels serviert.

Wer keinen Kaffee mag, der interessiert sich vielleicht für das Bier, das aus diesen Kaffeebohnen gebraut wird. Aus den fermentierten Kaffeebohnen wird in einer japanischen Brauerei ein mildes, süßliches Bier erzeugt. Es nennt sich *Un Kono Kuro* – ein japanisches Wortspiel. Das Wort für »Mist« lautet nämlich *unko* auf Japanisch.

Aus Elefantenmist kann auch Biogas hergestellt werden. Eine umweltschonende Alternative, mit der sowohl Wärme als auch Strom erzeugt werden kann. Zwar wird auf diese Weise nicht genug Biogas gewonnen, um alle Menschen mit Strom zu versorgen, aber es wäre eine schöne, umweltfreundliche Ergänzung zu unserer Stromproduktion.

So richtig kreativ geht der Künstler Chris Ofili mit Elefantenmist um. Er nutzt ihn nämlich in seinen Gemälden. Das hat ihm sogar einen wichtigen Preis eingebracht. Elefantenmist ist also sehr viel wertvoller, als er aussieht!

312 KÖNNEN WIR NICHT OHNE DIE NERVIGEN KRABBELTIERCHEN?

Du bist kein Freund von summenden Mücken und gruselst dich vor Spinnen und Tausendfüßlern? Klar. Aber weißt du, dass es eine Katastrophe für die Menschheit wäre, wenn all die Krabbeltiere aussterben würden? Insekten und andere Gliederfüßer sind nämlich notwendig für den Erhalt des Ökosystems unserer Erde. Sie bestäuben Feldfrüchte, Bäume und andere Pflanzen. Ohne Insekten gäbe es kein Gemüse und kein Obst. Und auch keine Schokolade, denn die Kakaopflanze ist auf eine klitzekleine Mücke angewiesen, um Früchte zu tragen. Die Insekten, die unter der Erde leben, sorgen außerdem dafür, dass Nährstoffe in den Boden gelangen. Und so gut wie alle Insekten stellen wie auch die Spinnen eine Nahrungsquelle für größere Tiere wie Vögel, Fledermäuse sowie verschiedene Amphibien und Reptilien dar. Manche Experten behaupten, wenn alle Insekten verschwinden würden, hätte der Mensch nur noch wenige Monate zu leben. Aber besteht dieses Risiko wirklich?

Entomologen sind Wissenschaftler, die sich auf Insekten spezialisiert haben. Sie entdeckten, dass die Anzahl der fliegenden Insekten innerhalb eines Zeitraums von 27 Jahren um drei Viertel gesunken war. Während sie 1989 noch rund ein bis anderthalb Kilo Insekten in einer Falle fangen konnten, waren es 2016 nur noch 300 Gramm.

Nicht alle Entomologen glauben, dass es Grund zur Panik gibt. Laut ihnen können wir das Blatt noch wenden. Insekten sind nämlich sehr robuste Tiere, die sich schnell anpassen. Sie haben ein kurzes Leben, bekommen aber meist viele Nachkömmlinge.

Wenn alle Insekten sterben, hauchen auch wir unser Leben aus.

Der Mensch muss sich jedoch an ein paar wichtige Grundsätze halten: keine oder viel weniger Pestizide; keine exotischen Pflanzen; viele Blumen am Wegrand und in den Gärten; geschützte Plätze für Insekten.

Und es muss mehr Entomologinnen und Entomologen geben! Denn die werden wir in den kommenden Jahren dringend brauchen. Du bist dir noch nicht sicher, was du studieren willst? Warum nicht Insektenkunde? Das ist ein Fach mit Zukunft.

313 WARUM HAT DER HIRSCHEBER KEINE KOPFSCHMERZEN?

Der Körper eines Schweins mit den schlanken Beinen eines Hirsches darunter. So richtig schön kann man den Hirscheber nicht nennen. Auf seine Stoßzähne aber kann das Männchen trotzdem stolz sein.

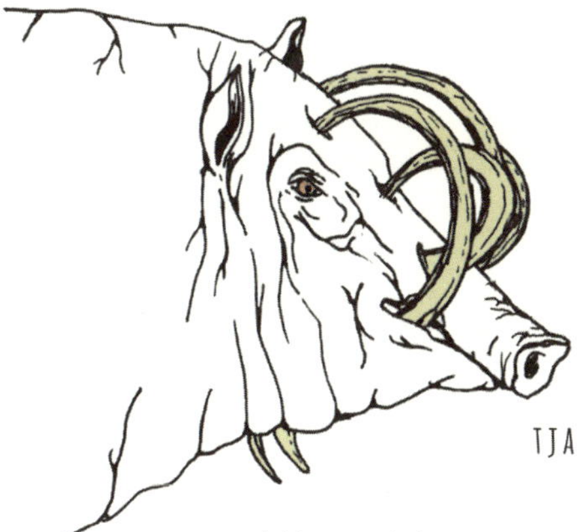

Molukken-Hirscheber
Babyrousa babyrussa

Die oberen Stoßzähne beginnen als ganz normale Zähne im Maul. Irgendwann krümmen sie sich und stechen nach oben durch die Schnauze des Hirschebers. Von dort wachsen sie weiter in Richtung Stirn. Bei einigen Arten werden die Stoßzähne wirklich riesig. Manchmal wachsen die oberen sogar wieder zurück in den Kopf! Man fragt sich, ob der Hirscheber davon nicht fürchterliche Kopfschmerzen bekommt.

Das zweite Stoßzahnpaar wächst von unten aus dem Maul. Niemand weiß mit Sicherheit, wofür der Hirscheber seine Stoßzähne braucht. Die Zähne sind nämlich nicht besonders stark und brechen leicht ab. Kämpfen tut er damit nicht. Dafür stellt er sich lieber auf die Hinterbeine und boxt mit den Hufen drauflos.

Wissenschaftler vermuten, dass die Stoßzähne dem Hirscheber vor allem dazu dienen, zu zeigen, dass er besonders fit ist. Es sieht ja auch wirklich beeindruckend aus!

314 WIE VERFRACHTET MAN EINE GIRAFFE?

Giraffen müssen aufrecht befördert werden. Liegen ist nämlich sehr schädlich für diese zerbrechlichen Tiere. Aber wie hat man dann früher überhaupt eine Giraffe aus Afrika in einen Zoo, zum Beispiel in Europa, befördert?

Lass dir gesagt sein, dass der Transport der ersten Giraffen eine echte Meisterleistung war. Nimm zum Beispiel die Giraffe Zarafa, die 1824 im Sudan gefangen wurde. Das Jungtier wurde auf dem Rücken eines Kamels (!) in die Hauptstadt Khartum gebracht. Von dort ging es weiter mit dem Boot über den Nil nach Kairo, der Hauptstadt Ägyptens. Mit einem weiteren Schiff wurde sie dann von Alexandria nach Marseille in Frankreich transportiert. Dort kam Zarafa 1826 an. Da war sie also schon zwei Jahre unterwegs! Aber ihre Reise war noch nicht zu Ende, denn Zarafa sollte nach Paris. Die 900 Kilometer zwischen beiden Städten legte sie zu Fuß in 41 Tagen zurück. Endlich hatte sie ihr Ziel erreicht! Zarafa lebte noch achtzehn Jahre im Zoo von Paris.

Inzwischen dürfen Zoos keine Giraffen oder andere Tiere in der Wildnis mehr einfangen. Sie haben ihre eigenen Zuchtprogramme, sodass in verschiedenen Zoos Jungtiere geboren werden. Manchmal müssen die Tiere in einen neuen Zoo ziehen, etwa weil in ihrem alten nicht mehr genug Platz ist. Oder weil ein anderer Zoo möchte, dass sie sich dort mit einem bestimmten Artgenossen paaren.

Für den Giraffenumzug werden enorme Container von gut sechs Metern Höhe verwendet, in denen die Tiere bequem aufrecht stehen können. Du kannst dir vorstellen, dass so ein Transport nichts Alltägliches ist und dass manchmal Brücken im Weg sind. Die Giraffe wird von ihren Pflegern begleitet, damit sie während der Reise nicht zu nervös wird. Die Giraffen, die man heute in einem Zoo sieht, sind also alle in Gefangenschaft geboren worden.

Zarafas lange Reise

315 WAS BEFINDET SICH IM HÖCKER EINES DROMEDARS?

Ein Dromedar, auch als »Einhöckriges Kamel« bekannt, kann bis zu 36 Kilogramm Fett in seinem Höcker lagern. Ist keine Nahrung und keine Flüssigkeit zu finden, wandelt es das Fett in Wasser und Energie um. So kann es Distanzen bis zu 150 Kilometern zurücklegen, ohne zu fressen oder zu trinken. Darüber hinaus kann es mühelos schwere Lasten tragen. Kein Wunder, dass diese Kamele oft zur Überquerung großer Wüstengebiete eingesetzt werden.

Aber hat ein Dromedar mal die Chance zu trinken, lässt es sich nicht zweimal bitten. In zehn Minuten zieht es sich mal schnell 100 Liter rein. Das ist eine ganze Badewanne voll!

Nicht nur der Buckel, sondern auch der Rest des Körpers ist bestens an die sandige Gegend angepasst. So können Dromedare ihre Nasenlöcher verschließen, um zu verhindern, dass Sand eindringt. Außerdem haben sie buschige Augenbrauen und zwei Reihen extrem langer Wimpern, die ihre Augen vor Sand und Sonne schützen. Ihre Füße sind ebenfalls speziell geformt, um auf Felsen und rutschigem Sand gut laufen zu können.

Vor etwa 5000 bis 4500 Jahren wurden die ersten Dromedare gezähmt. Heute gibt es noch etwa eine Million wilde und verwilderte Dromedare bei einer Gesamtzahl von zwölf Millionen. In Australien lebt zum Beispiel noch eine große Gruppe wilder Dromedare. 1880 wurde nämlich eine kleine Gruppe von Dromedaren dorthin verfrachtet, um den langen, trockenen Weg durch die Wüste mit schwerem Gepäck auf dem Rücken zurückzulegen. Als dann Straßen gebaut wurden, waren die Dromedare nicht mehr nötig und blieben in der Wüste zurück. Inzwischen zählt die Population über eine halbe Million Tiere, sodass die Dromedare als Nahrungskonkurrenten für die ursprünglichen Tiere ein Problem darstellen.

316 WELCHES IST DAS BELIEBTESTE TIER DER WELT?

Im Jahr 2013 wurden die Zuschauer des Fernsehkanals *Animal Planet* gefragt, was ihr Lieblingstier sei. Auf Platz eins landete der Tiger, dicht gefolgt vom Hund. Auf Platz drei schaffte es der Delfin.

Der Bengal-Tiger, auch Königstiger genannt, ist die größte Katze der Welt. Der Name Königstiger kommt nicht von ungefähr: Die Männchen werden bis zu drei Meter lang und 220 Kilo schwer. Sie haben ein prachtvoll gestreiftes Fell, das bei keinen zwei Tigern gleich ist. Die Streifen sind eine hervorragende Tarnung.

Tiger sind Einzelgänger und bleiben am liebsten für sich. Ihr Territorium markieren sie mit Urin, um mögliche Eindringlinge fernzuhalten. In der Nacht machen sie Jagd auf Büffel, Hirsche, Wildschweine und andere große Säugetiere. Dafür legen sie manchmal lange Strecken zurück. Sie schleichen sich an ihre Beute heran und schlagen dann blitzschnell zu. Wenn es sein muss, legen Tiger auch mal einen kleinen Sprint hin, bei dem sie bis zu 65 Stundenkilometer erreichen. Ein hungriger Tiger verputzt gut 40 Kilogramm Fleisch in einer Nacht.

Tiger brüllen nicht, um Angreifer in die Flucht zu schlagen, sondern um mit anderen Tigern zu kommunizieren. Das Geräusch ist bis in drei Kilometern Entfernung zu hören.

In der freien Wildbahn leben noch etwa 4000 Tiger. Etwa zwei Drittel davon sind Königstiger. Der Mensch jagt sie wegen ihres Pelzes, aber auch wegen der Innereien und Knochen. Aus bestimmten Teilen werden chinesische Heilmittel hergestellt. Drei von ursprünglich acht Tigerarten sind im 20. Jahrhundert ausgestorben. Darum leben sie heute oft geschützt in Naturreservaten. Wenn wir wollen, dass unser beliebtestes Tier weiter existiert, müssen wir uns besser darum kümmern.

beliebte Tiere

gut für die Haut

317 KANN MAN ETWA AUCH MIT NACHTIGALLKOT ETWAS ANFANGEN?

Aber selbstverständlich! Schon seit Jahrhunderten wird Nachtigallkot in Asien als Schönheitsmittel eingesetzt. Er soll die Haut heller und glatter machen. In Japan heißt das Mittel *Uguiso no fun*, was wörtlich »Kot der Nachtigall« bedeutet.

Ursprünglich nutzten die Koreaner das Mittel, um die Kimonostoffe zu bleichen und auf diese Weise komplizierte Muster auf dem Stoff zu erzeugen. Japanische Geishas und Kabuki-Schauspieler trugen bei ihren Auftritten weiße Schminke, die Zink und Blei enthielt. Das war sehr schlecht für ihre Haut. Um das Make-up zu entfernen, nutzten sie Nachtigallkot, der die Haut wieder schön machte. Buddhistische Mönche wiederum rieben sich damit ihre kahlen Schädel ein.

Auch heute noch wird das Mittel angewendet. David und Victoria Beckham beispielsweise schwören angeblich auf *Uguisu no fun*. Eine Behandlung damit kostet etwa 150 €.

Aber wie kommt man an den Kot? In Japan gibt es spezielle Nachtigallzuchtstationen, wo die Vögel ein besonderes Futter bekommen. Ihre Ausscheidungen werden sorgfältig aus den Vogelbauern geschürft. Die im Kot enthaltenen Bakterien werden mit ultraviolettem Licht abgetötet. Damit man sich den Kot ins Gesicht schmieren kann, muss er mit Wasser vermengt werden, sodass eine Paste entsteht. Nach der Behandlung ist das Gesicht dann so weich wie ein Babypopo.

318 WEM GEHÖREN ALLE UNBERINGTEN HÖCKERSCHWÄNE IN GROSSBRITANNIEN?

Okay, du hast dir diese Frage noch nie gestellt. Aber jetzt willst du die Antwort trotzdem wissen.

Die britische Königin ist Eigentümerin aller unberingten Höckerschwäne in Großbritannien.

Jedes Jahr in der dritten Juliwoche werden alle Höckerschwäne im Land gezählt. Das geschieht im Auftrag von *Her Majesty The Queen* höchstpersönlich. Das Ritual nennt sich *Swan upping*, ein Ausdruck, für den es keine direkte Übersetzung gibt. Fünf Tage lang fahren Männer in Booten den Fluss Themse ab und fangen die Schwäne ein. Alle »freien« Höckerschwäne in öffentlichen Gewässern gehören der britischen Königin. Als frei gelten alle Schwäne ohne Ring. Die Jungen von beringten Schwänen bekommen auch einen Ring.

Die Tradition besteht seit dem 12. Jahrhundert. Damals ging es wahrscheinlich hauptsächlich ums Essen. Schwäne galten in der Zeit als Delikatesse bei königlichen Festessen. Inzwischen werden die Tiere nicht mehr gegessen. Heute ist es sogar eine Straftat in England, einen Schwan zu essen. Wer es doch tut, riskiert ein heftiges Bußgeld und in manchen Fällen sogar eine Gefängnisstrafe. Schwäne stehen nämlich unter Schutz, und das Einfangen eines Schwans gilt als Diebstahl von der Königin.

So schlimm ist das aber nicht. Schwanenfleisch ist eigentlich gar nicht so lecker. Es ist ziemlich zäh und hat wenig Geschmack.

die Queen in ihrer Freizeit

319 WELCHE WOLLE WÄRMT AM BESTEN?

Trägst du im Winter auch so gerne Wollpullis? Kein Wunder, schließlich hält dich die Wolle schön warm. Wenn dein Pulli zu 100 % aus Wolle besteht, kommt sie wahrscheinlich vom Fell eines Schafs. So ein Schaf produziert im Jahr etwa drei bis vier Kilogramm Wolle. Nach dem Winter wird das Schaf geschoren und die Wolle zu langen Fäden gesponnen. Das ist möglich, weil das Fell des Schafs aus Keratin besteht. Jedes Haar ist mit kleinen Widerhaken ausgestattet, die sich miteinander verhaken. So erhält man nach dem Spinnen einen langen, kräftigen Strang.

Es gibt verschiedene Schafrassen, die verschiedene Arten von Wolle produzieren. Die feinste Wolle bekommt man vom Merinoschaf, das bis zu 5 Kilogramm davon pro Jahr produziert.

Aber nicht alle Wolle kommt von Schafen. Kaschmir zum Beispiel kommt von der Kaschmirziege, die ihren Ursprung in Asien hat, aber heute auch an anderen Orten der Welt gezüchtet wird. Die Angorawolle wiederum stammt vom Angorakaninchen. Alpakawolle ist eine besonders feine Wolle, die vom Alpaka, einer in den Anden heimischen Kamelart, stammt. Und dann wäre

Angorawolle

da noch Shahtoosh, eine sehr feine Wolle, die aus dem Unterfell der Tibetantilope gewonnen wird. Jäger töten die Tiere, um an die Wolle zu gelangen, sodass die Art heute vom Aussterben bedroht ist.

Wolle war schon immer ein kostbares Gut. Als Richard Löwenherz 1192 gefangen genommen wurde, bezahlten die Mönche einen Teil des Lösegelds mit 50 000 Säcken Wolle. Auch heute ist sie noch ein wertvolles Produkt: Für einen guten Wollpulli kann man ein kleines Vermögen loswerden.

320 WER SORGT DAFÜR, DASS ES SAND AM STRAND GIBT?

Papageifische sehen wunderschön aus. Sie sind oft leuchtend bunt und scheinen immer ein Lächeln auf den Lippen zu haben. Ihre Zähne und Kiefer sind zu einer Art Papageienschnabel verwachsen, daher der Name. Mit diesem besonderen Schnabel kratzen sie Algen von Felsen und Korallen. Sie beißen auch Stücke aus den Korallen, um an die Polypen zu gelangen, in denen die Algen leben. Die Fels- und Korallenstücke zermahlen sie tiefer in der Kehle. Den feinen Staub oder Sand, der dabei entsteht, scheiden sie wieder aus.

Ein einzelner Papageifisch kann bis zu 90 Kilogramm Sand im Jahr produzieren! Sie sind also mitverantwortlich für den Sand am Meeresboden, für die Sandbänke und für die Tropenstrände, wo man schneeweiße Sandburgen bauen kann.

Papageifisch
Scaridae

321 BIN ICH AUCH EIN TIER?

Natürlich bist du auch ein Tier! Du glaubst es nicht? Dann nimm dir einen Bleistift und kreuze alles an, was auf den Menschen zutrifft.

- ☐ Säugetiere haben ein Skelett.
- ☐ Säugetiere atmen durch die Lunge Luft ein. Auch Säugetiere wie Wale und Delfine, die unter Wasser leben, tun das.
- ☐ Säugetiere sind Warmblüter. Das bedeutet, dass sie selbst Wärme erzeugen und regulieren. Sie sind also nicht von der Sonne oder anderen Quellen abhängig, um sich aufzuwärmen.
- ☐ Säugetiere haben Ohren, auch wenn die nicht immer von außen zu sehen sind.
- ☐ Säugetiere bringen ihre Jungen meist lebend zur Welt. Es gibt nur zwei Säugetiere, die das nicht tun: das Schnabeltier und der Kurzschnabeligel. Sie legen Eier.
- ☐ Säugetiere ernähren ihre Jungen mit Milch, die aus der Zitze oder Brustwarze kommt. Bei eierlegenden Säugetieren lecken die geschlüpften Jungen die austretende Milch vom Fell um die Milchdrüsen auf.
- ☐ Säugetiere sind meistens behaart. Bei Tieren werden die Haare Fell genannt. Sogar Wale sind leicht behaart.
- ☐ Säugetiere leben zum überwiegenden Teil an Land. Meeressäugetiere – Wale, Seekühe und Seehunde zum Beispiel – leben in Ozeanen oder Meeren. Die einzigen fliegenden Säugetiere sind die Fledertiere.

Menschen sind also Säugetiere. Sie sind sehr intelligent, neugierig und finden leicht Lösungen für Probleme, sodass sie praktisch überall auf der Erde leben können. Übrigens genau wie Ratten und Kakerlaken.

Aber sind wir Menschen nicht anders, weil wir sprechen? Tja ... andere Tiere kommunizieren auch miteinander. Bienen zum Beispiel tauschen sehr komplizierte Informationen aus, um einander mitzuteilen, wo der leckerste Nektar zu finden ist. Und viele Tiere erzeugen Laute, die man durchaus als Sprache betrachten kann. Forscher haben sogar entdeckt, dass Buckelwale in ihren Gesängen Grammatik anwenden.

Einem Tier die menschliche Sprache beizubringen ist bis jetzt noch nicht gelungen. Genauso wie Menschen noch keine tierische Sprache gelernt haben. Die Sprachsysteme von Menschen und Tieren sind nun einmal sehr unterschiedlich aufgebaut.

Aber es gibt immer wieder neue Entwicklungen. Im Zoo von Indianapolis wohnt der Orang-Utan Rocky. Rocky kann Laute seines Pflegers nachahmen und auch neue Laute lernen. Seine Sprachversuche nennen die Forscher *wookies* – Laute, die ein Orang-Utan von allein nie machen würde.

Richtig sprechen wird Rocky nie lernen. Dafür sind seine Sprechorgane nicht ausreichend entwickelt, und vielleicht fehlt ihm auch eine bestimmte sprachliche Intelligenz. Aber wenn du *wookie* mit ihm sprichst, kann er dir antworten.

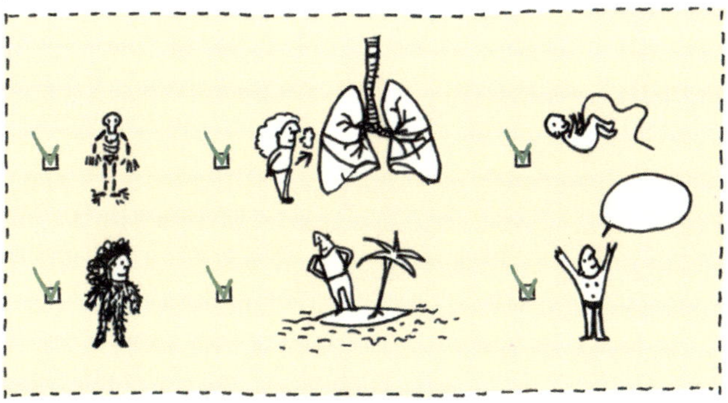

Bist du ein Tier?

KREUZE AN

Die Originalausgabe erschien 2018 unter dem Titel
321 superslimme dingen die je moet weten over dieren
bei Lannoo.

Für den Inhalt dieses Buchs haben wir verschiedenste Quellen zurate gezogen. Wir haben Bücher, nationale und internationale Magazine sowie Zeitungen gelesen und natürlich jede Menge im Internet recherchiert. Wir hatten sogar eine Jahreskarte für den Zoo, um uns einige Tiere aus der Nähe anzusehen.

Willst du noch mehr über Tiere lernen?
Wir empfehlen die folgenden Bücher:

- Bibi Dumon Tak: *Mücke, Maus und Maulwurf*
- Sabina Radeva: *Darwins Entstehung der Arten*
- Henning Wiesner: *Das große Buch der Tiere*
- Henning Wiesner: *Müssen Tiere Zähne putzen?*

Die folgenden Zeitschriften zu wissenschaftlichen Themen enthalten oft interessante Beiträge über Tiere, sowohl in gedruckter Ausgabe als auch auf ihren Internetseiten: *Geo, Geolino, National Geographic, Spektrum der Wissenschaft.*

Auch die Webseiten der verschiedenen Naturschutzorganisationen sind eine unerschöpfliche und wertvolle Informationsquelle, z. B. NABU – Naturschutzbund Deutschland e.V. (www.nabu.de) oder der World Wide Fund For Nature (WWF): www.wwf.de

Alle superschlauen Bände auf einen Blick:

- 321 superschlaue Dinge, die du unbedingt wissen musst
- 99 superschlaue Dinge, die du unbedingt wissen musst – Superschlau to go
- *321 superschlaue Dinge, die du über Tiere wissen musst*
- 99 superschlaue Dinge, die du über Tiere wissen musst – Superschlau to go
- 123 superschlaue Dinge, die du über das Klima wissen musst
- 321 superschlaue Dinge, die du über Geschichte wissen musst
- 123 superschlaue Dinge, die du über Liebe und Sex wissen musst
- 321 superschlaue Dinge, die du über Wissenschaft wissen musst – mit Angelique Van Ombergen
- 321 superschlaue Dinge, die du über die Natur wissen musst

Dieses Buch wurde mit Unterstützung der Flanders Literature herausgegeben (flandersliterature.be).

FLANDERS LITERATURE

HANSER hey! Schau vorbei und teile dein Leseglück auf Instagram

2. Auflage 2025

ISBN 978-3-446-26436-6
© Text: Mathilda Masters 2018 | © Illustrationen: Louize Perdieus 2018
All rights reserved
Alle Rechte der deutschen Ausgabe:
© 2025 Carl Hanser Verlag GmbH & Co. KG, München
Kolbergerstraße 22 | 81679 München | info@hanser.de
Wir behalten uns auch eine Nutzung des Werks für Zwecke des Text und Data Mining nach § 44b UrhG ausdrücklich vor.
Umschlag: nach einem Entwurf von Louize Perdieus & Studio Lannoo, Mieke Verloigne
Satz im Verlag | Druck und Bindung: CPI books GmbH; Leck
Printed in Germany

FSC www.fsc.org
MIX
Papier | Fördert gute Waldnutzung
FSC® C083411